2013年中國大陸地區投資環境與風險調查

大陸新政

拓商機

台灣區電機電子工業同業公會　著

台灣區電機電子工業同業公會
「2013年中國大陸地區投資環境與風險調查」
執行委員會成員

理　事　長◆郭台強

榮譽理事長◆焦佑鈞

大陸經貿委員會主任委員◆蔡豐賜

研　究　顧　問◆許士軍

計畫主持人◆呂鴻德

執　行　委　員◆王美花、史芳銘、吳明機、呂榮海
　　　　　　　　李永然、李念祖、杜啟堯、沈榮津
　　　　　　　　林全能、林祖嘉、邱一徹、洪明洲
　　　　　　　　徐基生、徐鉦鑑、高　長、高孔廉
　　　　　　　　張俊福、張致遠、張銘斌、張寶誠
　　　　　　　　許介立、陳文義、陳信宏、陳德昇
　　　　　　　　陳向榮、曾欽照、游瑞德、黃文榮
　　　　　　　　黃慶堂、詹文男、鄭富雄、賴文平
　　　　　　　　羅懷家、蘇孟宗
　　　　　　　　（依姓氏筆劃排序）

研　究　人　員◆吳長廷、吳家珮、吳穗泉、李仁傑
　　　　　　　　汪育正、林怡余、莊文綺、陳至柔
　　　　　　　　劉鴻儀、賴力蓮、謝慧臻、簡妤珊

研　究　助　理◆吳雅雯、林妤濃

洞悉中國大陸新政・開拓經濟升級商機

今年5月24日，本人從榮譽理事長焦佑鈞手中，接下台灣區電機電子工業同業公會理事長一職，深感重責大任。然秉持著傳承與躍升的心志，冀盼繼續帶領此一會員廠商產值超過2,500億美元，占台灣工業產值的50%以上的公會組織，積極推動「走出去戰略」，整合兩岸共創市場，彩繪台商全球布局的第二曲線，再攀台商中國大陸經營創利新高峰。

近日，巴克萊資本（Barclays）提出「李克強經濟學」（Likonomics）一詞，歸納以李克強總理為首的大陸新一屆政府的經濟思路和經濟政策導向。一言以蔽之，「李克強經濟學」就是「打造中國大陸經濟的升級版」，而核心理念就是穩增長、調結構、促改革、保就業、控通脹、防風險等六要點，而其理論的三大支柱在於：（1）政府不推出刺激經濟的政策，而是通過逐步縮減政府主導的投資行為結束財政刺激政策；（2）去槓桿化，以大幅削減債務，降低借貸與產出比；（3）推行結構性改革，以短痛換取長期的可持續發展策略。具體而言，經濟升級版的關鍵在於推動經濟轉型與經濟升級，也就是把改革紅利、內需潛力、創新動力三者產生綜效，形成經濟升級與發展的新動力。

面對中國大陸經濟新政，台商應注意大陸轉型升級產生的經營風險並跳脫傳統思維框架，必須有與時俱進的經營心態、自我升級的經營理念，精準掌握企業換軌的時機，進行核心競爭力的延展與擴張，方能基業長青、永續經營、可持續發展。尤其中國大陸政府近日提出拉動資訊消費及加強節能環保政策，此均對台資企業產生極大的市場商機，以本人服務的正崴集團就看好頁岩氣的發展前景，已於集團內設立工程材料相關部門，並與國際重要石化大廠進行戰略聯盟，開發無毒、無鹵環保材料，且研發新機殼材質，以預應全球日益嚴格的環保要求。

台灣區電機電子工業同業公會執行之《TEEEMA調查報告》始於2000年，迄今已14載，目前已成為研究中國大陸城市競爭力權威性報告，該報告由於數據的長期累積可觀察到中國大陸城市投資環境與風險的變遷，亦可歸納出變化的趨勢，每年的年度研究主題均能扣合當時中國大陸政經新情勢及台商關切的新課題，且報告亦秉持「跳脫舊思維，迎接新局勢」的價值主張，為廣大電電公會會員廠商提供最完整、最系統、最新穎的布局資訊。感謝研究顧問許士軍教授、計畫主持人呂鴻德教授與其領導的研究團隊，以及本研究之執行委員們多年來為本報告所做出的貢獻，冀望藉由兩岸產、學、研的智慧整合，共同打造出兩岸經濟的升級版。

台灣區電機電子工業同業公會理事長

深化新領域‧激發經濟發展與交流

　　兩岸首次官方會商——1992年辜汪會談後的第二年，台商對大陸的投資行為正式化暗為明，成為公開合法的商業行為，勢不可擋。20年來，除了幾次如東南亞金融風暴的外在因素外，台商對大陸的投資金額與兩岸經貿往來趨勢，一直都是呈現高度正向成長。

　　一直到過去五年前左右，隨著中國大陸人力成本快速增加及經濟發展帶動內部消費，大陸也逐步由「世界工廠」成為主要消費市場，主要以製造業為主的台商，面臨了許許多多如基地移轉、升級轉型、由製造轉商貿等等的機會與挑戰。這本每年依據台商問卷調查統計製作的「中國大陸投資風險評估報告」，已經是第14年出版，不僅詳實記錄了各地台商在此「大移動大轉型」中蛻變消長的脈絡路線，也忠實反映了台商面對各區域及城市經營環境丕變，挑戰種種風險與機會的心聲反應。其聲音是真實懇切，其資料是充實公正，對有心尋求新投資機會的台商，或用心改善投資環境的政府單位，都是深具參考價值的一本書。

　　台商為兩岸經濟發展及交流合作，埋下深層基石，做出重要奉獻。目前遭遇許多的困難及挑戰，本報告在匯集眾人意見後，在本書後段，做出許多建議，若能獲得兩岸當局高層給予重視與協助，當有助於深化兩岸公司新領域的經濟發展及交流合作，是大家樂見其成的。

台灣區電機電子工業同業公會
大陸經貿委員會主任委員

立足兩岸‧布局全球

　　對外貿易一向是台灣經濟成長的命脈，自由開放是過去幾十年來台灣經濟及社會得以壯大繁榮的最高原則。面對目前嚴峻的國內外經濟情勢，台灣需要前瞻與突破性的做法，善用兩岸的優勢、布局全球、優化台灣的經濟結構，才能提升國際競爭力，為國家開創嶄新格局。

　　兩岸自從恢復制度化協商以來，已簽署19項協議，務實解決兩岸人員、貨物、資訊與金融交流等問題，其中今（2013）年2月生效的「海峽兩岸投資保障和促進協議」，提供了臺商更制度化的投資保障，為深化兩岸經濟發展奠定基石。此外，台灣要走出去要靠自己的強項，特別是我們在電子商務、金融等服務業發展相對中國大陸進步很多，甫於今年6月簽署的「海峽兩岸服務貿易協議」就是要利用中國大陸轉型為世界市場，將台灣軟實力推銷到中國大陸很重要的契機，也正是台灣走向全面自由化之重要一環，更可向國際宣示，台灣已經準備好邁向更開放的市場。

　　台灣區電機電子工業同業公會自2000年起每年辦理《大陸地區投資環境與風險調查》，透過實地問卷訪查並公開分享研究成果，令人感佩。面對當前中國大陸領導人更迭及經濟發展之新局勢，甫完成的2013年調查資訊，更值得台商及政府參考。兩岸經貿是台灣整體經貿政策的一環，政府在思考台灣全球定位及企業需求下規劃經貿政策，期勉台商與政府一起攜手合作，實現「立足兩岸，布局全球」的目標。

行政院院長　*江宜樺*

掌握大陸政經變革　迎接第四波布局潮

　　回顧台商西進史，從第一波的「中小企業先占卡位」到第二波的「兩岸開放加速西進」，再到2008年全球金融危機、歐債風暴衝擊，台商第三波「產業升級蛻變躍升」，2013年中國大陸新任國家主席習近平提出建設「美麗中國」的願景，及新任總理李克強所提出「不刺激、去槓桿、調結構」的李克強經濟學，此一習李新政的變革，對台商而言，又是新一波的商機。而電電公會2013《TEEMA調查報告》特以台商投資中國大陸第四波「大陸新政典範移轉」作為年度研究主題，實具有前瞻性、時代性及戰略性的布局視野。

　　台商布局中國大陸20餘載，早期台商利用中國大陸低廉勞動力，加之台灣製造產品的品質優勢及台商國際通路布局的首動利益，然隨著中國大陸經營環境的丕變，諸如：勞動工資持續上漲、中國內地人才逐步優化、內資企業循序茁壯，早期台商所憑恃的優勢，正逐漸地消退中。自2008年起，轉型升級、價值鏈整合、突破經營困境、尋找第二曲線，已成為大陸台商經營企業最熱門的關鍵詞，面對中國大陸習李新政新商機，台商企業應秉持「提早十年想，提前五年做」的預應思維，才能夠在第四波西進商機中先占卡位，取得先占優勢。

　　2013年《TEEMA調查報告》為迎接台商第四波的布局潮，特別揭櫫未來台商投資的三種最主要的布局模式：（1）國際企業型：即利用台商對國際市場、國際通路的熟稔，加以整合國際資源與大陸市場的綜效，並秉持「兩岸合，贏天下」的思維，聯合台商企業或大陸企業共同進軍國際市場；（2）文創價值型：所謂「中華元素＋全球思維＝未來趨勢」，著力於中華文化的發掘、精煉、擴散，將大中華文創品牌發揚光大；（3）腦力密集型：除藉由自動化取代傳統勞力外，更應積極開發員工的「智力」，形成高技術、高創意的附加價值型企業。由上述三項顯示台商應持「人無我有、人有我優、人優我廉、人廉我特、人特我速」的經營哲理，才能夠在遽變的中國大陸市場取得戰略制高點。

　　很高興電電公會以宏觀思維及前瞻視野，預應台商的需求出版2013年《TEEMA調查報告》，該報告已成為兩岸政府極為重視的年度研究專書，對台灣政府而言，可提供台商在中國大陸的投資動態訊息；對中國大陸政府而言，可督促當地政府持續改善投資環境，至盼2013年《TEEMA調查報告》能成為兩岸交流合作的橋樑，為兩岸共同繁榮發展作見證，本人樂於為序祝賀出版。

立法院院長　王金平

掌握兩岸經貿發展契機

　　綜觀2013年中國大陸經濟在歐、美經濟動能和緩及內部進行產業結構調整下，招商策略轉變，加上工資、土地等生產成本不斷高漲，經濟環境日益嚴苛。台商須更務實了解大陸投資環境與投資法令，加強提升競爭力，才能因應日益激烈的市場競爭與挑戰。

　　為協助在大陸台商善用當地資源及拓展潛在市場，政府已設置台商聯合服務中心、籌組台商服務團、辦理企業診斷及領袖共識營協助台商升級轉型。另為協助台商重新調整布局，行政院自2012年11月起實施「加強推動台商回台投資方案」，協助解決人力、土地資訊取得、設備進口及提供專案貸款等具體措施，進而達成擴大投資、增加就業、帶動經濟成長之目標。

　　此外，為使兩岸經貿交流朝更加制度化發展，政府自2008年以來，透過兩會溝通平台，迄今已簽署19項協議。「兩岸經濟合作架構協議」（ECFA）已自2010年9月12日生效，開始良性互動機制。其中大陸台商期盼多年的「海峽兩岸投資保障和促進協議」，也於2013年2月1日正式生效，為保障台商投資權益締造新的里程碑。而「海峽兩岸服務貿易協議」也於2013年6月21日第九次會談完成簽署，擴大兩岸服務業業者的交流合作和市場經營規模，未來則將持續就貨品貿易及爭端解決等進行協商，進一步創造兩岸合作商機。

　　台灣區電機電子工業同業公會的《中國大陸地區投資環境與風險調查報告》，向為會員廠商、大陸台商甚至國際投資者掌握大陸投資環境之重要參考依據。今年更針對中國大陸經濟發展新情勢、內需市場消費商機等方面，進行詳實之分析評估，值得推薦給所有關心兩岸經貿發展的各界人士。

經濟部部長　張家祝

兩岸關係不是單純的經貿關係

　　由台灣區電機電子工業同業公會推動的「中國大陸地區投資環境與風險調查」自2000年開始到2013年本報告為止，已經進行了14個年度。在這不算短的期間內，每年調查各有不同的主題，已如本年度調查報告在主題回顧中予以陳述，但整體說來，其背後又顯示有所謂典範移轉（paradigm shift）之脈絡。這些主題和典範之改變乃反映當今世界，尤其兩岸之情勢之重大調整和變遷。自此高度來看每年報告的內容，發現其間錯綜複雜的動態關係，從而獲得更深刻而宏觀的體會。

　　基本上，本系列報告所關心的，乃是自台商立場看大陸各城市的投資環境和風險狀況，屬於經貿活動層次的兩岸關係，這反映在報告中所使用的「商機」和「布局謀略」這些字眼上。但是，在實際上，兩岸關係絕對不是一般的經貿或純經濟關係；在這背後更含有文化、歷史、政治以至於意識形態的關係。

　　本來，這種關係存在於任何國際之間的經貿交流活動之中，但兩岸關係並非一般國際關係，使得這方面所造成的影響更是微妙而複雜。

　　關鍵在於，這些複雜的高層次關係，在某種程度內影響或支配了下層次的經貿關係；但是，應無疑義的，這些低層次或接近現實層次的活動也未嘗不可又回過頭影響上層關係。

　　這種說法，還是比較籠統的。因為即使在表面上屬於單純經貿活動的關係本身，也帶有不同程度的高層次關係內涵。以在已經簽署之兩岸「服務業貿易協議」中，引起當前社會高度重視和爭議的有關「印刷業」開放問題，就是一個活生生的例子，顯示它不是單純的經貿關係問題，因為其間牽扯到兩岸政治體制和意識形態的深層差異。

　　基於兩岸關係之特殊性，在此建議從兩個層次進行思考和探究其行動含義：

　　首先，在較宏觀層次，令人慶幸的是，在當前兩岸交往在某些方面的活動中，已存在有相當廣泛而較少政治敏感性者，包括兩岸人民在一般生活、教育、學術方面，最顯著的，就是餐飲、衣飾、娛樂活動，事實上兩岸交流在這些活動上是相當開放而自由，幾乎沒有什麼限制，這也是近年來可以看得到的發展。這些活動之普遍化，提供了兩岸交流和合作之良好基礎。

　　但是，在較具體層次，即使在經貿活動方面，除了依產業分類予以探討外，

還可增加一個新的構面,此即從它們在上層關係中的敏感與複雜度予以評估,如果某些活動涉及基本意識型態或政治體制高度敏感程度觀點,不可能冀望那一邊能改變另一邊,因此對於具有這種性質的活動,不必強納入某種協議中,要求對等。堅持這一點,結果可能反而帶來對整體的牽扯和不利影響,上述有關「印刷業開放問題」就是一個例子。

　　本來,兩岸關係較之一般國際關係,存在著微妙的差異,有深層上的共源互利關係,也有現實上的矛盾利害衝突。因此,相信業界或政府在應用本報告所提出的資訊和分析於決策上時,必須納入這一構面的思維和酌酌,庶幾合乎現實與預期獲得可行的結果。

元智大學榮譽講座教授
計畫研究顧問

多數人看見・少數人看透

　　所謂「少數人的視界，決定多數人的世界」；「瓶頸永遠發生在瓶子的上端」，一個國家領導者的更迭，往往決定了國家未來的昌盛與衰敗，2013年中國大陸習李體制正式接任，其所勾勒出的「清廉政治，美麗中國」使命、「空談誤國，實幹興邦」方針，以及實現「中華民族偉大復興」、打造「中國大陸經濟升級版」願景，已成為中國大陸未來十年政經主要核心價值主張，2013年《TEEMA調查報告》特以「大陸新政拓商機」為研究主題，希冀在習李新政中，洞悉新商機，在大陸新局中，布局新謀略。

　　所謂「境轉心轉，心轉念轉」，預應能力、邏輯能力、取捨能力及頓悟能力乃是現代化企業策略能力的核心，面對習李新政的治理理念，2013《TEEMA調查報告》提出台商經營典範的五項移轉，即：（1）從投資導向到內需導向轉變：隨著中國大陸經濟升級版，強調內需市場發展潛力為經濟成長主要動力，台資企業應改變工廠管理模式，朝向市場行銷策略思維；（2）從勞力導向到腦力導向轉型：隨著中國大陸勞動力緊缺，強調自動化升級、附加價值型產業轉型，已成為企業發展主旋律；（3）從城市導向到區位導向轉移：單一城市的政策優惠已被經濟區域的投資引力所取代，加之區域經濟整合的龐大商機，更是台商先占卡位的重要契機；（4）從製造導向到創造導向轉念：台商應積極擺脫過去利用廉價勞動力與降低成本的陳舊思維，強化創新能力，朝中高階產品升級，提升整體經營附加值；（5）從進入導向到永續導向轉升：昔日台商著重進入策略與擴張策略，然而隨著台商二十載經營，應側重永續發展及核心競爭力的延展，台商若能及早五念轉變即能「正念順行」、「基業長青」。

　　「環境影響策略，策略影響結構，結構影響績效」，此邏輯乃是企業經營的動態典範，習李新政主張打造「環境友好型、資源節約型」的社會，強調「自主創新、自創品牌」的兩自戰略，基於此中國大陸環境變遷，2013年《TEEMA調查報告》，特別匯整出台商新階段布局中國大陸的十大謀略，即：標準製造、加盟連鎖、專業設計、自創品牌、自創通路、深耕物流、精益製造、兩岸整合、跨界聯盟及轉軌文創等十大謀略，盼台商以新謀略掌新商機、新思維創新格局，勿再陷入「舒服到忘了轉型升級的陷阱」、執著「在最賺錢的地方而忘了換軌」。機會是眷顧有準備的人，讓台商成為那些不只是「看見」商機，而是「看透」商機的智慧型台商。

計畫主持人　呂鴻德

2013年中國大陸地區
投資環境與風險調查
|目錄|

【序】

洞悉中國大陸新政・開拓經濟升級商機 ◆ 郭台強 ………………………… III

深化新領域・激發經濟發展與交流 ◆ 蔡豐賜 ………………………………… IV

立足兩岸・布局全球 ◆ 江宜樺 ………………………………………………… V

掌握大陸政經變革　迎接第四波布局潮 ◆ 王金平 ………………………… VI

掌握兩岸經貿發展契機 ◆ 張家祝 …………………………………………… VII

兩岸關係不是單純的經貿關係 ◆ 許士軍 …………………………………… VIII

多數人看見・少數人看透 ◆ 呂鴻德 ………………………………………… X

第 1 篇 | 全球經貿情勢 | 新格局

第1章 2013 TEEMA調查報告典範轉移 ……………………… 2

第2章 2013全球經濟發展前景與趨勢 ……………………… 7

第 2 篇 | 習李政經變革 | 新展望

第3章 中國大陸習李政經新願景 …………………………… 14

第4章 中國大陸習李改革新挑戰 …………………………… 23

第5章 中國大陸習李紅利新商機 …………………………… 30

第 3 篇 | 中國大陸經濟 | 新情勢

第6章 2013中國大陸經濟現勢與展望 ………………………… 44

第7章 2013中國大陸政經局勢與挑戰 ………………………… 60

第8章 2013中國大陸經貿風險與衝擊 ………………………… 65

第9章 2013中國大陸投資新區與新政 ………………………… 71

第10章 2013台商布局中國大陸新謀略 ……………………… 81

CONTENTS

第 **4** 篇 | 中國大陸城市 | 新排名

第11章 2013 TEEMA 調查樣本結構剖析 ·················· 106

第12章 2013 TEEMA 中國大陸城市競爭力 ·············· 114

第13章 2013 TEEMA中國大陸投資環境力 ·············· 119

第14章 2013 TEEMA 中國大陸投資風險度 ·············· 144

第15章 2013 TEEMA 中國大陸台商推薦度 ·············· 163

第16章 2013 TEEMA 中國大陸城市綜合實力 ·········· 173

第17章 2013 TEEMA 單項指標十佳城市排行 ·········· 205

第18章 2013 TEEMA 中國大陸區域發展力排名 ········ 209

第 **5** 篇 | 電電調查報告 | 新總結

第19章 2013 TEEMA 調查報告趨勢發現 ·············· 216

第20章 2013 TEEMA 調查報告兩岸建言 ·············· 225

第 **6** 篇 | 大陸城市評比 | 新資訊

第21章 2013 TEEMA 城市綜合實力彙總 ·············· 238

第22章 2013 TEEMA 調查報告參考文獻 ·············· 276

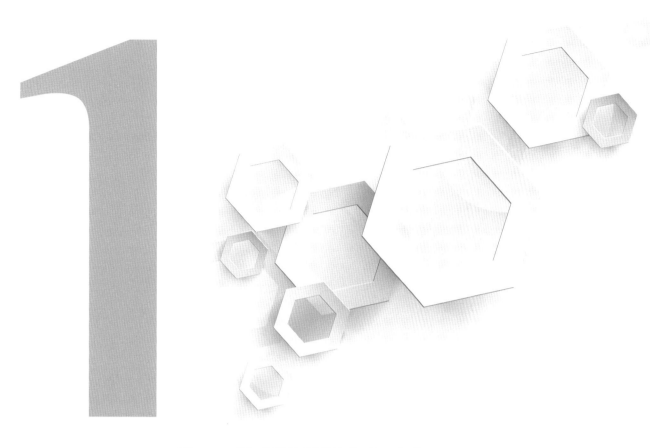

全球經貿情勢
新格局

第 1 章　　　2013 TEEMA 調查報告典範轉移
第 2 章　　　2013 全球經濟發展前景與趨勢

第1章

2013 TEEMA 調查報告
典範轉移

台灣區電機電子工業同業公會（Taiwan Electrical and Electronic Manufacturers' Association；TEEMA），於 2000 年開始進行中國大陸地區投資環境與風險調查報告（簡稱 TEEMA 調查報告），以「兩力兩度」評估模式（即「城市競爭力」、「投資環境力」、「投資風險度」、「台商推薦度」）探析中國大陸台商投資密集城市的投資環境與投資風險，希冀藉此報告的「城市綜合實力」排行，作為台商布局中國大陸、經略海峽兩岸投資之參鑑，此外，更彙整台商想法與建言，提供兩岸政府作為擬定政策之參考。

一、《TEEMA 調查報告》歷年研究主題回顧

2000、2001 年之 TEEMA 調查報告僅為內部研究報告，尚未對外發行，然為擴大報告研究成果與影響，自 2002 年起與商周編輯顧問出版合作發行，至 2012 年共出版發行 11 本《TEEMA 調查報告》，除 2002 年的發行版本未賦予其年度主題外，其餘皆聚焦台商拓展中國大陸的「商機」，並結合當年度中國大陸投資主要議題以及 TEEMA 年度研究主題，分別完成 2003《當商機遇上風險》、2004《兩力兩度見商機》、2005《內銷內貿領商機》、2006《自主創新興商機》、2007《自創品牌贏商機》、2008《蛻變躍升謀商機》、2009《兩岸合贏創商機》、2010《新興產業覓商機》、2011《十二五規劃逐商機》以及 2012《第二曲線繪商機》等調查報告發行版，亦針對中國大陸當年度的政策議題與脈動、台商關切的焦點作為研究主題並深入剖析與探討，有關 2002-2012《TEEMA 調查報告》年度研究主題如表 1-1 所示。

《TEEMA 調查報告》執行至今已逾 14 載，在中國大陸官方有此一說：「《TEEMA 調查報告》的排行對各城市領導的升遷，有絕對性的參考功能」。換言之，《TEEMA 調查報告》具有高度的專業公信力、豐富的研究成果，不僅為台商提供布局中國大陸的參考及降低投資失敗的風險，也成為諸多國際機構研究中國大陸市場的重要參考資訊，此外，更獲得中國大陸政府與地方官員的重視。

表 1-1 2002-2012 TEEMA 調查報告年度研究主題一覽表

序號	年度	書籍名稱	年度研究主題
01	2002	-	中國大陸加入 WTO
02	2003	當商機遇上風險	SARS 對台商之衝擊與影響
03	2004	兩力兩度見商機	宏觀調控對台商經營的影響
04	2005	內銷內貿領商機	中國大陸內銷市場
05	2006	自主創新興商機	自主創新
06	2007	自創品牌贏商機	自創品牌
07	2008	蛻變躍升謀商機	轉型升級
08	2009	兩岸合贏創商機	兩岸競合
09	2010	新興產業覓商機	七大戰略性新興產業
10	2011	十二五規劃逐商機	十二五規劃
11	2012	第二曲線繪商機	台商再造成長第二曲線

資料來源：本研究整理

註：2000-2001 年末有年度主題，2002 年才有年度主題。

二、《TEEMA 調查報告》典範轉移

　　中國大陸自改革開放至 20 世紀結束前，國家由封閉走向開放，經濟由計畫走向自由，短短 20 年間中國大陸呈現爆炸性成長。及至 21 世紀的十餘年間，中國大陸更是有翻天覆地的轉變，角色上由「世界工廠」轉為「世界市場」；產業上由「勞力密集」改為「腦力創造」；而思想上則由「人定勝天」改為「人與智人的永續發展」。短短幾十年間，中國大陸面臨巨大的轉變，當局者勢必得因勢而為，如同俗諺所示：「人隨時勢走，水趨潮頭流」，不僅如此當局者如能及早掌握未來「勢」的走向，更可趁勢而為。以下以中國大陸「從投資導向到內需導向轉變」、「從勞力導向到腦力導向轉型」、「從城市導向到區位導向轉移」、「從製造導向到創造導向轉念」及「從進入導向到永續導向轉升」等五項典範轉移敘述如下：

轉變一：投資導向到內需導向轉變

　　根據《華爾街日報》（The Wall Street Journal）（2013）發布〈中國大陸流失世界工廠優勢〉一文指出：「中國大陸的低製造成本競爭優勢正逐漸流失，導致不少全球製造商正逐漸將生產基地由中國大陸轉移至更具成本優勢的東南亞各國」，其主要認為勞動力成本上漲、調整產業結構變遷下，衝擊原有的投資模式。然根據中國社科院工業經濟研究所所長金碚向（2013）表示：「雖中國大陸製造業正發生新的變化，但對任何一個工業國家而言，這場革命背後也是個機遇」。以龐大消費潛力市場為基礎的內銷經濟模式來臨，原有強勁的出口力道及低廉生產成本優勢，進而轉向策略新興產業型態、高附加價值、零售食品等因素蛻變。

根據中國大陸商務部（2012）提出：「中國大陸未來將透過擴大安全消費、綠色消費、服務消費、品牌消費、網路消費以及信用消費等六大途徑，全面提升中國大陸的內需消費市場」。而根據中國大陸國家統計局（2013）發布〈2012年1-12月份全國固定資產投資主要情況〉一文指出：「中國大陸在2002年至2012年固定投資額成長幅度皆達20%以上」，由此顯示，中國大陸市場擁有龐大投資潛力，方能為企業再創另一發展高峰。根據台灣外貿協會董事長王志剛（2012）表示：「隨中國大陸十二五計劃上路，相當看好中國大陸內需消費市場」，因此，企業應藉著自身優勢及資源，加以掌握布局，以利掌握先占卡位優勢（first mover advantage）。台灣連鎖餐飲店85度C也看好中國大陸餐飲市場，早於2007年前往進駐；而岳豐科技原本生產電源線，為滿足中國大陸市場需求，於2011年也開始透過轉型投入零售賣場抓住內需商機；過去專注於外銷的仕霖集團於2012年因看好中國大陸龐大消費潛力，也於2012年開始投入中國大陸內需市場布局。因此，中國大陸龐大的內需市場潛力，除提供企業投資布局的機遇，更從而覓出無限的市場商機。

轉變二：勞力導向到腦力導向轉型

1978年中國大陸改革開放以來，憑藉人工成本低廉、勞動力眾多等人口紅利優勢，迅速吸引各國製造業至中國大陸設廠，從玩具、成衣到3C產品，中國大陸製產品的比例逐漸增加，Made in China的產品遍布全球，「勞力導向」策略使中國大陸儼然成為世界工廠。時至今日，法國南特人民銀行（Natixis）（2012）發布《Have all the consequences of the rise in producer costs in China been drawn？》報告指出：「中國大陸的勞動力成本將在2016年內趕上美國、2017年內追平歐元區、2019年內與日本持平，工資上漲正威脅『中國製造』的競爭力，也撼動中國大陸『世界工廠』的地位」；另全球人力資源管理顧問公司合益顧問集團（Hay Group）於2012年12月10日刊登〈2013年全球主要國家工資上漲幅度預期〉一文指出：「中國大陸工資預期上漲9.5%」，顯示中國大陸勞動成本不斷高漲，成本低廉之優勢將逐漸消失殆盡。

面對中國大陸缺工現象日益嚴重以及勞動成本不斷上升，中國大陸已無法再仰賴過去的「勞力導向」，許多工廠紛紛以自動化作為升級標的，使中國大陸由「勞力導向」逐漸邁向「腦力導向」。根據中國大陸寶信金屬總經理史申（2012）表示：「使用機械手後，使工廠減少20%的用工，但效率卻可以提高20%左右」，顯示「腦力導向」的自動化升級，為解決中國大陸「勞力導向」消逝的不二法門。此外，富士康（Foxconn）董事長郭台銘（2012）亦表示：「鴻海於中國大陸的工廠，所有單調重複的手工操作將於五至十年間被自動化操作所取代」，顯示中國大陸投資之廠商已開始著手進行產業升級，並朝「腦力導向」邁進。

轉變三：城市導向到區位導向轉移

中國大陸地域範圍廣大、地理差別明顯，為使國家經濟策略能夠更適切地落實，以創造更佳的功效，政策發展不僅不可全中國大陸以一貫之，更不可僅以單一城市為單位發展，必須以區域作為單位並根據不同區域的經濟區位條件與地理區位條件相互搭配，因地制宜以做出最好的規劃。因此，近年來中國大陸當局紛紛頒布以區域為主體的經濟發展策略，形成「同城效應」，大幅降低企業內部的資訊傳遞和組織成本，且有利於進一步發揮市場資源配置的基礎性作用，促進各經濟圈形成明確的城市分工，強化不同區域之特色。

第 12 屆《財富》全球論壇（Fortune Global Forum）於 2013 年 6 月 6 日於中國大陸成都舉行，《財富》全球論壇是由美國時代華納集團所屬的《財富》雜誌（Fortune）於 1995 年創辦，此次主題為「中國大陸的新未來」，成都也是繼 1999 年上海、2001 年香港、2005 年北京之後，成為第四個被《財富》全球論壇青睞的中國大陸城市。根據渣打銀行（Standard Chartered Bank）（中國）有限公司西區行政總裁馮少基（2013）表示：「透過中國大陸西部大開發十餘年的高速發展，目前西部經濟站在全新的歷史起點，十分看重以成都、重慶、西安為核心的西三角經濟圈，其將成為繼長三角、珠三角、環渤海之後，中國大陸第四波經濟發展動能」。由上可知，不管是由《財富》全球論壇於中國大陸舉辦之地點，抑或是企業人士，均可看出中國大陸區域板塊崛起由 1990 年代的沿海經濟圈轉向 2010 年的內陸地區。

轉變四：製造導向到創造導向轉念

中國大陸改革開放以來，Made in China 對中國大陸的經濟發展貢獻良多，「製造導向」策略於改革之初，為中國大陸當局有效解決過去勞動力過剩的就業問題，並強而有力地支撐中國大陸經濟飛速成長。然當中國大陸面臨勞動成本不斷上漲、人民幣升值及國際原物料價格的飛漲下，過去創造「中國大陸奇蹟」的「製造導向」策略已面臨困局。2013 年 3 月 4 日，中國大陸人大代表、TCL 集團公司董事長兼總裁李東生表示：「若中國大陸製造業想在國際上擺脫低端廉價的形象，使中國大陸製造業在國際經濟中有更大的價值體現，則需要依靠中國大陸企業不斷的加強自主創新能力，堅定不移的走中高階路線，發展更多創新性技術應用，生產革命性的產品」。顯示中國大陸當局已察覺「製造導向」策略的困境，並希望企業由微笑曲線的中段位置走向曲線的兩端，將中國大陸的「製造導向」策略轉換成「創造導向」策略。

全球管理顧問公司博斯公司（Booz & Company）與比荷盧商會、溫州商會、中歐國際工商學院（2012）共同發布《2012 中國創新調查》報告顯示，在受訪的 100 多家企業中，有 45% 認為，部分中國大陸企業的創新實踐與自己相當或已超越。而中國大陸公司具備兩大核心優勢，一是政府支持，二是讓產

品快速上市的能力，此源於其決策果斷、行動迅速以及貼近市場等特色。根據
2013 年 5 月 16 日，全球最大的管理顧問公司埃森哲（Accenture）受歐洲最大
商業遊說組織 Business Europe 委託的一項調查，該調查涉及 500 名來自不同
規模企業的高管及公共部門主管，結果顯示超過 66% 的商界企業家表示，到
2023 年中國大陸將會在創新方面趕超歐洲，更有高達 55% 的企業家表示，中
國大陸未來將擴大對創新的投入，且創新能力將領先於歐洲。由此可知，中國
大陸創新能力已非昔日吳下阿蒙。

轉變五：進入導向到永續導向轉升

中國大陸自 1978 年改革開放以來，提供投資優惠、充足且低廉的勞工等
良好生產要素，吸引來自世界各地的企業進駐，台商於此市場也不缺席。根據
2012《TEEMA 調查報告》得知，蘇州昆山市為中國大陸三大台商投資密集地區
之一，昆山在歷年的《TEEMA 調查報告》中，四度蟬聯冠軍寶座，且報告指出，
截至 2012 年 5 月底統計，在昆山台資企業有 4,097 家，與 2011 年 5 月相較之
下，增加 1,000 多家。由此可知，在《TEEMA 調查報告》明確指出台商推薦城
市排名後，台資企業一窩蜂地進駐投資，遍及台商推薦的中國大陸各地城市，
如蘇州昆山、南京、天津與杭州等城市。但隨著近年中國大陸土地成本上升及
《勞動基準法》的施行，於中國大陸生產的台商產品已失去價格競爭力，此時，
台商面臨是否應持續將工廠搬遷至生產要素低廉的地區，抑或選擇長留中國大
陸的問題。

2013 年 1 月 10 日，宏碁電腦創辦人施振榮表示：「台灣廠商可以持續朝
向製造業發展，只是應以製造服務業作為發展方向，以提升競爭力，並於未來
引領世界潮流」。此外，台灣經濟研究院副所長呂耀志（2012）亦表示：「壓
縮成本的競爭模式，使製造業無法再創造出更高的附加價值，唯有對製造業進
行『服務化創新』，才能提高製造業的競爭力」。即使於知識經濟的時代中，
製造業仍難以擺脫逐低成本而居的遊牧特性，為此，除積極轉型升級外，便只
能消極地為大環境所推移。面臨中國大陸生產成本上升的台商，雖有部分已遷
往東南亞國家，但更有許多台商選擇留在中國大陸進行轉型升級、永續發展，
使企業由過去的「進入導向」移轉為「永續導向」。

第 2 章
2013 全球經濟發展前景與趨勢

全球環境發展猶如潮汐般的日夜交替，瞬息萬變，今日也許情勢高漲，改日卻可能萬念俱灰。回顧以往主要以歐美經濟體為主要的重點市場，如今情勢轉變，原先歐美市場的優勢如同過眼雲煙般消逝殆盡，經濟焦點轉向亞洲地區國家，並逐漸醞釀出一股龐大的經濟力道。因此，面臨千變萬化的全球經濟環境，各國須做好風險評估與分配，對任何跡象都不容小覷。

一、全球經濟新發展

瞬息萬變的全球經濟環境中，從 2008 年的金融海嘯到 2011 年歐美等國債務危機發生，全球經貿環境瀰漫一股不安的氣氛，並持續衝擊各國經貿發展。輾轉進入 2013 年，各國皆致力改變低迷的全球經濟，紛紛祭出相關的經濟改革措施等，希冀透過相關政策能扭轉全球經濟環境發展，並殷切期盼能走向康莊大道。然而全球經濟狀況仍未見好轉，根據中國大陸國際金融公司於 2013 年 5 月 6 日發布《2013 年二季度宏觀經濟展望報告》指出，全球貨幣寬鬆政策將持續實行，而此狀況下美國經濟可望增長 2%，呈現 V 型成長態勢；歐元區則全年將小幅萎縮，而關於新興市場則弱復甦的格局悄然定型。

根據全球最大債券基金公司太平洋投資管理公司（Pacific Investment Management Company；PIMCO）（2012）表示：「2013 年全球經濟成長因私營部門不夠健全，難以推動經濟成長，因此將從 2% 降為 1.3% 至 1.8%」。顯示全球經濟成長速度日漸趨緩，無法快速達到顛峰。此外，聯合國（United Nations；UN）（2012）亦表示：「全球剛從 2010 年的金融海嘯陰影中見到復甦的曙光，但持續不到兩年，全球經濟又再次淪陷於另一次的大衰退」。可知全球經濟景氣在短暫逃離衰退陰霾後，又再次淪落於低氣壓的環境中。此外，國際貨幣基金組織（International Monetary Fund；IMF）（2013）發布《世界經濟展望最新預測》（The World Economic Outlook）亦表示：「全球經濟走勢為悲觀狀態，且全球經濟疲弱程度將持續惡化」，再次顯示全球經濟復甦的可能性極低，且呈現一股微弱的復甦氣息。

二、研究機構對全球經濟預測值

走過 2012 年的經濟寒冬，2013 年全球經濟雖然依舊呈現低迷狀態，但稍有復甦的跡象顯現。茲針對國際機構所闡述全球經濟發展狀況整理如下：

表 2-1 研究機構預測 2013 年全球經濟成長率

國際組織機構			論述
研究機構	國際貨幣基金組織（International Monetary Fund；IMF）		發布《世界經濟展望》（The World Economic Outlook）指出：「全球經濟表現仍不及預期的原因在於：（1）歐元區域經濟衰退程度較預期更為嚴重，信心低迷；（2）新興經濟體的成長表現不佳；（3）財政緊縮抑制住私人需求的改善，亦限制住美國經濟的成長」。顯示全球經濟的發展態勢仍相當不樂觀。
前次預測	2013/04/16	3.3%	
最新預測	2013/07/09	3.1%	
研究機構	世界銀行（World Bank；WB）		發布《全球經濟展望》（Global Economic Prospects）報告說明：「新興市場從中國大陸一直到巴西的經濟成長放緩程度皆大於預期，而投資者信心缺失更使歐洲經濟的衰退更加惡化」。可知世界銀行下調全球經濟成長率原因仍在於新興市場與歐洲市場的持續衰退。
前次預測	2013/01/19	2.4%	
最新預測	2013/06/12	2.2%	
研究機構	經濟合作暨發展組織（OECD）		發布《OECD 經濟展望》（OECD Economic Outlook）指出：「處於歷史高位的失業率仍為各國政府當前所需面臨的一項最大挑戰」。顯示 OECD 削減全球經濟成長預測主要原因。
前次預測	2012/11/27	3.4%	
最新預測	2013/05/29	3.1%	
研究機構	聯合國（United Nation；UN）		發布《全球經濟局勢與前景》（World Economic Situation and Prospects）指出：「2013 年全球經濟將有緩慢成長的趨勢，但成長速度仍低於潛力，且就業成長率仍維持弱勢的狀態」。
前次預測	2013/04/09	2.4%	
最新預測	2013/05/23	2.3%	
研究機構	歐盟委員會（European Commission；EC）		發布《2013 年春季預測》（Spring Forecast 2013）指出：「雖然稍微下修經濟成長率預測，但全球經濟於 2013 年可望較為穩定」，顯示歐盟委員會認為 2013 年全球經濟可望步入新一階段，致力朝新成長機會邁進。
前次預測	2013/02/22	3.2%	
最新預測	2013/03/05	3.1%	
研究機構	歐洲中央銀行（European Central Bank；ECB）		2013 年 5 月 22 日，歐洲中央銀行發布《歐盟工作人員對歐元區的宏觀經濟》（EU system staff macro Economic projection for the Euro area Prediction）報告指出：全球經濟呈現不穩定狀態，故將經濟成長率下調 0.2%。
前次預測	2013/02/22	3.8%	
最新預測	2013/05/22	3.6%	

表 2-1 研究機構預測 2013 年全球經濟成長率（續）

	證券金融機構			論述
	研究機構	花旗銀行 （CitiBank）		發布《全球經濟展望與策略》（Global Economic Outlook and Strategy）指出：「新興市場的成長有進一步放慢的趨勢，但全球經濟成長比率仍穩定在 2.6%」，顯示其對於全球經濟的預期成長仍保有較為樂觀的態度。
citibank	前次預測	2013/02/08	2.6%	
	最新預測	2013/06/24	2.6%	
	研究機構	德意志銀行 （Deutsche Bank）		發布《2013 年世界展望》（World Outlook 2013）報告指出：「受到美國經濟成長趨緩以及歐元走弱的態勢影響，對於全球市場經濟前景仍持悲觀態度」。
Deutsche Bank	前次預測	2012/09/27	3.2%	
	最新預測	2013/01/15	3.2%	
	研究機構	高盛集團 （Goldman Sachs）		發布《2013 經濟展望半年期更新報告》（2013Economic Outlook mid-year update），下調 2013 年全球經濟成長率為 3.0%，顯示出高盛集團對於 2013 年經濟情勢仍不看好。
Goldman Sachs	前次預測	2012/04/18	3.3%	
	最新預測	2013/07/20	3.0%	
	研究機構	美銀美林 （BofA Merrill Lynch）		2013 年 3 月 20 日更新《美銀美林 2013 年年初全球展望》（BofA Merrill Lynch Global Research 2013 Year Ahead Outlook），維持 2013 年全球經濟成長預測，並指出：「2013 年將是由中國大陸與美國帶領的一年」。
Merrill Lynch	前次預測	2013/01/24	3.2%	
	最新預測	2013/03/20	3.2%	
	研究機構	摩根士丹利 （Morgan Stanley）		發布《2013 年春季全球宏觀展望》（Spring Global Macro Outlook）指出：「2013 年上半年將在歐美財政拖累及新興市場放緩中度過，但下半年可望好轉」。
Morgan Stanley	前次預測	2012/11/20	3.1%	
	最新預測	2013/03/12	3.2%	
	研究機構	瑞士信貸集團 （Credit Suisse Group； AG）		發布《Less Stimulus, More Volatility, Same Tepid Economy?》指出：「預期 2013 年的全球經濟成長與 2012 年較為相似，歐元區與新興市場的預測略有改善，而美國與日本的經濟成長預測則有稍微的下調」。
CREDIT SUISSE	前次預測	2013/03/14	3.3%	
	最新預測	2013/06/19	3.1%	
	智庫研究機構			論述
	研究機構	環球透視 （IHS Global Insight）		受到歐元危機問題，因此環球透視（IHS Global Insight）下修 2013 年全球經濟預測 0.1%。
IHS GLOBAL INSIGHT	前次預測	2013/06/15	2.5%	
	最新預測	2013/07/15	2.4%	

表 2-1 研究機構預測 2013 年全球經濟成長率（續）

智庫研究機構			論述
研究機構	經濟學人智庫（Economist Intelligence Unit；EIU）		經濟學人智庫（EIU）認為全球經濟有逐漸復甦趨勢，但稍幅調降中國大陸以及全球經濟成長預測，並預言 2013 年商品價格將不會大幅上漲。
前次預測	2013/01/16	3.4%	
最新預測	2013/03/16	3.3%	
研究機構	惠譽國際信評機構（Fitch Ratings）		發布《全球經濟展望》（Global Economic growth Outlook）指出：「歐元區解體、美國面臨財政懸崖，且許多國家的消費者與企業的信心疲軟，再加上沉重的債務負擔及仍在實施的財政整頓，皆為全球經濟復甦的阻力」，全球經濟成長仍受阻礙，且缺乏成長的動力。
前次預測	2012/09/27	2.4%	
最新預測	2013/06/26	2.2%	

資料來源：各研究機構、本研究整理

三、全球經濟版圖變遷

　　面臨捉摸不定的全球經濟環境，全球經濟發展由西方經濟體主導到現今東方經濟體為主要導向，然而面臨全球經濟環境的變遷，政府應審慎思考，並祭出相關經濟政策，才能夠使自身國家在眾多競爭國家中嶄露頭角，免於受到經濟危機威脅。攸關全球經濟趨勢的變化及演進，茲將其經濟發展趨勢分析如下：

趨勢一：從西方歐美強權到東方亞半球崛起

　　從 2008 年全球性的金融危機，到 2010 年歐洲各國陸陸續續傳出債務危機，皆顯示出西方各國的經濟情勢委靡不振。因此，從西方國家為主要焦點到現今東方世界國家的崛起；從最初的世界工廠轉變成現今的世界市場，更顯示出東方國家已逐漸超越西方世界國家。根據《西方迷失之路》（2012）一書中，描述西方經濟強國是如何淪落到政治地位與財富下滑，且逐漸失去以往他們所追求的一切，顯示出西方國家已不再擔任全球經濟發展的主要推手。《世界向東方移動》（2011）一書亦指出，隨著新興市場發展逐漸良好，甚至可將已開發國家的經濟從泥淖中拉出，致使全球經濟轉往東方移動的發展趨勢亦悄然成型，顯示當東方國家成為拯救全球經濟主力時，也逐漸掌握全球經濟發展局勢。除此之外，英國首相 Cameron 先生於 2012 年訪問馬來西亞，主要目的為加強兩國的關係，顯示英國有意願將外交重心轉往亞洲。面對東方國家的崛起，因挾持龐大的人口紅利，使得西方國家曾貴於全球主要經濟體的霸主地位黯然失色。

趨勢二：從重要發達市場到新興白地市場

　　新興市場因國家財務穩健、GDP 持續向上攀升與負債比率低，使得全球資金將焦點由重要發達市場逐漸轉向新興市場。根據富蘭克林華美投信於 2013

年 4 月 26 日指出：「近年來新興市場因受惠於人口紅利、政府經濟改革措施，與對醫療保健的需求提高，使其快速崛起」。由此可知，新興市場匯集龐大的商機，使得投資者投資意願大增。而玫瑰石資本（Rosetta Stone Capital Ltd）有限公司董事謝國忠於 2013 年 1 月出版《不確定的世界—全球經濟漩渦和中國經濟的未來》一書指出，跨國公司因營運成本上的考量，而選擇薪資成本低廉的新興國家，進而降低西方經濟發展機會。由此可知，新興國家因擁有不同於成熟市場的紅利商機，因此吸引投資者進入布局。然根據經濟合作暨發展組織（OECD）（2012）表示：「成長市場的經濟成長速度正逐漸趨緩」，顯示新興市場國家已開始進入經濟轉型期，經濟成長速度已逐漸放慢，發展前景已不如以往。因此，各國紛紛尋找下一個具發展潛力的處女地，以利國家產業持續成長，企業以往將焦點放在成長市場，如今轉換為找尋白地市場。根據富蘭克林（Franklin）坦伯頓邊境市場基金經理人 Mobius（2013）：「邊境市場因具備高成長、低連動性與低本益比等三大優勢，使其為現今全球注目焦點」。經由以上可知，邊境市場發展潛力不容小覷，也為愁雲慘霧的全球經濟景氣撥雲見日，帶領全球經濟迎向陽光璀璨的地域。

趨勢三：從華盛頓共識到北京共識

「三十年河東，三十年河西」，出自清朝吳敬梓《儒林外史》，道盡現今全球經貿版圖盛衰無常，象徵經濟政權的更迭。然而 1989 年「華盛頓共識」提倡的結構性調整計劃，伴隨全球金融危機席捲全球而瓦解，取而代之的是強調重新定位創新價值的 2004 年的「北京共識」。北京共識帶領中國大陸度過金融風暴，且在全球經貿氛圍低迷中仍保有 9% 經濟成長率，成長幅度有目共睹，可謂一枝獨秀。正如國際貨幣基金組織（IMF）總裁 Lagarde（2013）指出：「從 2008 年至今亞洲經濟崛起，貢獻全球經濟成長三分之二，且中國大陸占其中的一半」。顯示中國大陸經濟發展規模迅速，且 2012 年 GDP 更是超越日本，躍身成為全球第二大經濟體，成長幅度令人驚豔，吸引全球目光轉向，對此委內瑞拉總統 Moros（2013）表示：「將借鑑中國大陸模式，積極開放經濟特區及引進先進的設備技術」，可看出中國大陸歷經亞洲金融危機和歐債風暴中還能穩健成長，使歐美國家重新審視自身經濟發展模式，並向中國大陸學習發展策略模式，日漸形成「北京共識」，成為全球經濟發展的借鏡。

趨勢四：從重返亞太到亞太再平衡戰略

美國外交政策由「重返亞太」（Back to Asia）到「轉向亞太」（Pivot Towards Asia），2012 年進而轉向「亞太再平衡策略」（Rebalanced Asia)，企圖穩定美國與亞洲關係，並深耕中國大陸與東南亞國家的雙邊關係，且美國國防部長 Panetta（2013）更表示：「呼籲歐洲國家共同參與亞太再平衡策略」，可看出亞洲權力發展勢如破竹，致使美國調整外交策略，企圖為全球秩序帶來

平衡。正如美國總統國家安全事務顧問 Donilon（2013）表示：「將提升中國大陸與美國的合作質量、共同促進經濟健康發展，並減少雙方分歧，以保護美國利益、普世權利價值」。顯示出美國相當關注中國大陸發展，期盼借重穩定雙方外交，維持穩定發展的競合關係。然而美國不僅重視中國大陸發展，更看重東南亞國家的經濟潛力，對此美國亞洲協會華盛頓主任 Limaye（2013）指出：「美國亞太再平衡戰略將針對泰國、菲律賓以及新加坡等國家給予高度關注」。綜觀上述亞洲區域經濟日漸形成，美國欲扭轉趨勢，改進雙邊關係發展，並借重亞洲經濟成長帶動全球穩定發展。

表 2-2 美國重返亞洲之外交政策

	重返亞太 （Back to Asia）	亞太再平衡戰略 （Rebalanced Asia）
提 出 者	Hillary Diane Rodham Clinton	Leon Panetta
提出年份	2011 年	2012 年
提出內容	❶ 加強雙邊安全聯盟 ❷ 深化美國與新興國家的關係 ❸ 參與區域性機構 ❹ 擴大貿易和投資 ❺ 打造基礎的軍事存在 ❻ 促進民主與人權	❶ 美國強化亞太地區盟友和安全合作夥伴之間的雙邊關係 ❷ 與亞太地區大國發展更為廣泛深入的接觸，比如中國大陸、印度和印尼 ❸ 更加積極和直接地參與亞太地區多邊機制的建設，特別是經濟、外交和安全領域等

資料來源：本研究整理

趨勢五：從單邊貿易到區域貿易經貿協盟

相較於世界貿易組織（World Trade Organization；WTO）多邊貿易體系立場不易整合、共識不易達成的情況下，造成多邊自由化談判進程緩慢，全球區域結盟更趨明顯，區域貿易協定數目呈倍數成長，掀起新一波經貿整合潮，亦使得全球經貿版圖將重新洗牌。2013 年 4 月 30 日，外交部長林永樂表示：「面對全球化發展趨勢、世界經貿前景不穩定及各區域貿易自由化發展，台灣將持續強化與其他國家的經貿合作，並積極爭取與亞洲及其他區域簽署自由貿易協定」，此外，根據博鰲亞洲論壇（Boao Forum for Asia）研究院（2013）發布《博鰲亞洲論壇亞洲經濟一體化進程 2013 年度報告》指出：「2013 年全球經濟發展依舊不樂觀，亞洲經濟體需依靠內部市場需求的擴大來保持經濟的成長；依靠重量級的區域貿易協定強化亞洲生產網路；協調彼此對區域一體化路徑的共識，以提升區域經濟合作品質」。目前全球已形成歐洲經濟共同體和北美自貿區兩大經濟一體化體系，而全球人口數最多以及經濟成長最快的亞洲，其經濟一體化亦在成形中，其中中國大陸、東協、日本、韓國和印度都積極參與洽簽區域貿易協定，不僅強化經貿利益，更能提升國際地位，顯示區域貿易合作成為各國提升國家競爭力的重要途徑。

習李政經變革
新展望

第 3 章　　　中國大陸習李政經新願景

第 4 章　　　中國大陸習李改革新挑戰

第 5 章　　　中國大陸習李紅利新商機

第 3 章
中國大陸習李政經新願景

「窮則變,變則通,通則久。」一語出自於《易經》,意謂當事物發展到一定程度,就得必須進行變革,變革才能繼續發展,不斷發展才能夠長久存在。中國大陸在 2013 年面臨新國家領袖習近平先生上任,面對全球局勢的改變及影響,國家主席習近平先生(2012)提出:「中國大陸承續先前國家領導者的理念,並且要藉以『中國夢』改變現況,發揚中華民族精神」,可知中國大陸從改革開放之後,創造出令全球驚豔的傲世成績,為鞏固並維持中國大陸在全球的地位,透過中國夢的新願景,促進中國大陸國家發展改革。然而,中國大陸國家主席習近平先生就任後,隨即透過視察各地狀況,效仿前國家領導者鄧小平先生而規劃建立「新南巡」,了解各地經濟發展,其亦指出:「我要再一次強調『空談誤國,實幹興邦』此口號」。這響亮的口號為前國家領導者鄧小平先生於 1992 年南巡時所提出,可見中國大陸國家主席習近平先生未來將遵循改革開放道路,促進中國大陸更加開放、解放思想,此外,也提出習八條、十大戒等規定,以落實清廉政治。因此,在中國大陸新願景、新改革、新規定下,就是為了實現「清廉政治、美麗中國」的美好願景。

一、習李改革結構開展新中國

中國大陸舉辦第十八次全國代表大會後,國家主席由習近平先生擔任,正式宣告「習李體制」時代來臨,然而,面對外在總體環境的影響,中國大陸經濟面臨挑戰,因此,中國大陸國家主席習近平先生為帶領中國大陸有更好的成績,祭出相關改革舉措及規範,其分述如下:

1. 習八條

「習八條」為中國大陸國家主席習近平先生提出,是關於改善工作作風及密切聯繫群眾的八項規範,其八項規範如:「要改進調查研究」、「要精簡會議活動」、「要精簡文件簡報」、「要規範出訪活動」、「要改進警衛工作」、「要改進新聞報導」、「要嚴格文稿發表」及「要力行勤儉節約」。由此看出,中國大陸國家主席習近平先生對未來治理國家的原則,徹底改變以往中國大陸的工作作風,決心革新「新中國」的一面。

表 3-1 習八條各項規範一覽表

規範	內容
❶ 要改進調查研究	從基層調查研究要深入了解現況,與群眾學習並實踐,破除困難與矛盾,切忌逃避、搞形式主義;此外,要輕車簡從、減少陪同、簡單接待,不設置標語橫幅、群眾迎送、迎賓地毯、花草、宴請等
❷ 要精簡會議活動	確實改進會風,嚴格控管以中央名義召開的重大活動,未經中央批准,一律不可出席各項剪綵、地基活動及慶祝會、博覽會等各類活動,提高會議績效,以開短會、戒空話、講短話為訴求
❸ 要精簡文件簡報	確實改善文風,沒有實質內容或沒必要發的檔及簡報,一律不發
❹ 要規範出訪活動	在外交工作需要合理的出訪活動安排,嚴格控制出訪人員、乘坐的交通工具,且不能安排中資機構、華僑華人、留學生代表等在機場迎送
❺ 要改進警衛工作	堅持方便群眾的原則,減少交通管制,在一般狀況下不可封路、清場閉館
❻ 要改進新聞報導	中央政治局同仁出席的會議和活動,應視工作需要、新聞價值及社會效果,來決定是否需要報導,並減少報導數量、字數及時間
❼ 要嚴格文稿發表	除中央統一安排外,個人不能公開出版著作及講話單行本,不可發賀信、電話、題詞、題字
❽ 要力行勤儉節約	嚴格遵循廉潔從政有關規定,如住房、車輛配備等有關工作及生活待遇之規定

資料來源:本研究整理

2. 十大戒律

「十大戒律」為中國大陸要展開 2013 年全國兩會時,由中國大陸中宣部所提出,要求媒體務必保密,會議內容由主要負責人掌握,且內容不能傳至網路。由此顯示,中國大陸對召開 2013 年全國兩會相當謹慎,重視準確訊息的傳遞。

表 3-2 十大戒律各項規範一覽表

十大戒律各項規範內容
❶ 涉及官員財產公示的報導,兩會期間一律不可報導、評論、轉發外媒
❷ 兩會期間,陝西突發事件與群體性事件,得通報宣傳部後聽從安排
❸ 各地媒體暫時停止跨地區輿論的監督
❹ 未經過各地黨為紀律檢查委員會證實的反腐資訊,一律不能報導
❺ 減少首頁負面文稿數量,網路資訊辦公室要求即時處理,重點管好社群
❻ 媒體人員的微博不可發布對政治有害訊息
❼ 不把兩會的報導娛樂化,多報導委員及基層代表的聲音
❽ 轉發來源要使用權威媒體報導,並且做好配合性報導
❾ 報導不可偏題,不可出現負面影響
❿ 會風、作風,重點在取得新的成就,要掌握好尺度

資料來源:本研究整理

3. 中國經濟升級版

中國大陸從 1992 年改革開放以來，經濟快速發展締造令全球經驗的亮眼佳績，因此擁有「世界工廠」之稱；然而，在國際情勢變化劇烈情況下，2008年金融海嘯、2011 年歐美債務危機等全球性災害，席捲全球各國經濟，中國大陸難以倖免，經濟成長因而受到波動。根據中國大陸國家統計局（2013）公布：「中國大陸 2013 年經濟成長率為 7.7%，低於原本 8% 的預期值」。一語道出，中國大陸經濟成長率低於預期，也間接透露出中國大陸勢必得面對結構轉型升級的挑戰。2013 年 3 月 17 日，中國大陸國務院總理李克強先生首次提出中國大陸打造「中國經濟升級版」的概念，由此可知，中國大陸未來的經濟發展不再是世界的工廠，應積極朝向「世界市場」的道路邁進。

表 3-3 中國經濟升級版方向一覽表

方向	內容
速度和品質緊密結合體	創造經濟升級之際，速度要與品質俱進，於 2020 年中國大陸要實現國內生產總值與城鄉居民人均收入，要比 2010 年增加一倍。要達成此目標，需要持續維持經濟穩定的成長，保持年均 GDP 7%左右的成長
新動力來自創新、內需與改革	推動經濟升級之際，關鍵在於經濟轉型，應把改革的紅利、內需潛力、創新動能等堆疊起來，促進新動力產生
改善民生及促進社會公平	促進經濟升級之際，著實改善民生環境，讓人民有良好的生活品質，涵蓋範圍如教育、醫療、養老保險、住房等項目，以保障全民基本民生需求

資料來源：本研究整理

表 3-4 中國大陸國務院總理李克強闡述「中國經濟升級版」一覽表

做法	總理闡述內容
立足內需、面向世界、深耕亞太	中國經濟升級版要全面化，要穩固內需實現升級，並在擴大開放之中，拓展內需市場，以利抓緊機遇，立於不敗之地
提高經濟增長品質和效益	中國大陸還是發展中國家，品質與效益不高，應鼓勵企業著實努力提高品質與效益
體現就業與收入並重視服務業	經濟發展要建立於就業及收入，體現於人民生活水準的提升，並在發展工業之際，不可忽略服務業，服務業也是產業，潛力相當大
面對環境資源約束問題	絕不允許先汙染後治理，需要全體人民想辦法，絕不以犧牲資源換取經濟成長
靠制度創新釋放紅利並開放促改革	中國大陸倚靠改革，要穩中求進、進中求好

資料來源：本研究整理

4. 中央經濟工作會議

在 2012 年 12 月 15 日至 16 日於北京舉行中央經濟工作會議，其為評定當前經濟局勢及定調 2013 年宏觀經濟政策的風向標，為一年一度的重要會議。此次會議重要關鍵字，圍繞著「穩增長、轉方式、抓改革、保民生」，可知中國大陸受到國際經濟情勢變化影響，以往在全球分工體系下，提供良好的生產要素條件，而擴大出口及加快投資，如今全球各國受到歐美市場風險影響，傳統的經濟發展策略已不適用。因此，在會議內容（2012）指出，中國大陸勢必要擴大內需、提高創新能力及促進經濟發展方式轉變等新機遇，走出國際環境所帶來的困境。綜觀以上，中國大陸在全球環境變動之下，面臨前所未有的處境，經濟成長率受歐美風險問題嚴重影響，對此，針對 2013 年經濟工作端出重要方針，希冀能改善外在環境所帶來的衝擊，如表 3-5 所示。

表 3-5 中國大陸 2013 年中央經濟工作會議主要任務

2013 年經濟工作主要任務
❶ 加強及改善宏觀調控，促進經濟持續健康發展
❷ 加快調整產業結構，提高產業整體素質
❸ 加強民生保障，提高人民生活水平
❹ 厚實農業基礎，保障農產品供給
❺ 積極穩妥推進城鎮化，著力提高城鎮化質量
❻ 全面深化經濟體制改革，堅定不移擴大開放

資料來源：本研究整理

5. 清廉政治

中國大陸經濟發展取得令世界驚艷的成績，同時，腐敗問題也一直困擾著中國大陸，為改善此狀況，中國大陸國家主席習近平先生（2013）指出：「針對腐敗問題及建設廉潔政治，做出系統性的部署」。更進一步明確提出：「建設廉潔政治為重大任務，要求落實『三清』，為幹部清正、政府清廉、政治清明」。由此顯示，中國大陸此舉極力改變內部組織，期許透過清廉政治破除消極腐敗的現象，進而秉公用權取得民心。中國大陸國家行政學院教授汪玉凱（2013）指出：「在以往案例分析得知，腐敗分子大部分是從不良作風開始墮落」。由此道出，中國大陸國家主席習近平先生揭示要改進作風與防治腐敗密切相關，亦是從源頭預防腐敗的有效途徑。綜上可知，清廉政治的推行，將扭轉中國大陸走向清新形象，帶來重大轉變。

6. 三公經費

「三公經費」係指中國大陸財政撥款，支付安排的出國旅費、車輛購置及

運送費、公務接待費等三項經費，此三項費用長期以來遭受到濫用，形成公費旅遊、公車消費、公款消費等不良行為，嚴重引發社會觀感不佳，引起社會的不滿。中國大陸財政部財科所副所長劉尚希（2013）表示：「『三公經費』是黨政機關用來維持運作或完成相關工作任務，所需要的相關支出，如國家外交外事活動、公務車所需的維護費用等」。由此道出，中國大陸在發生三公經費濫用狀況下，財政部有效重申使用認知，並不是「三公消費」而是「三公經費」。此外，中國大陸國務院總理李克強先生（2013）表示：「讓權力公開透明化，最有效反腐的『防腐劑』，要逐步實現政府公務接待經費的透明化，公開的形式要通俗，使人民了解」。由此可知，中國大陸政府要全面加強控管三公經費的使用透明化，使人民了解三公經費財務動向。綜上可知，中國大陸對內部經費使用的浪費，如今習李體制上任改革，要革除壞習，走向正軌。

二、新願景立根基展現中國夢

在 2012 年全國代表大會落幕後，新任中國大陸國家主席習近平先生提出「中國夢」的新願景，希冀能透過政策全面性的改革來實現中國夢，但在中國大陸轉變的過程中，面臨各界的衝擊與挑戰，無論是全球環境變化，抑或是中國大陸國內產業結構及社會結構等問題，都對中國大陸的改革帶來考驗。茲將實現新願景的相關敘述，分述如下：

1. 穩定經濟現況：【穩增長、控通膨、防風險】

中國大陸國家統計局在 2013 年 7 月公布，中國大陸第二季度經濟成長率為 7.5％，低於市場預期，由此看出，其經濟成長數字的警訊，不僅因全球經濟狀況持續低迷而影響經營貿易，亦反映經濟長期的結構性問題，得反思如何突破經濟困境。然而，在 2013 年 3 月 17 日，中國大陸國務院總理李克強先生於全國兩會提出：「要用開放來促進改革，也要以勇氣及智慧來打造『中國經濟升級版』」。由此得知，中國大陸對未來經濟發展的展望。因此中國大陸國務院隨即在 2013 年 4 月 3 日發布《政府工作報告》指出：「國務院要求把『穩增長、控通脹、防風險』三項的統籌考慮，以加快轉變經濟發展的方式，以利打造中國經濟升級版」。此話道出，中國大陸高層領袖堅決改變且穩定經濟現況，以不空談的實際作為，展開改革行動。

2. 改變經濟體質：【改結構、促升級、展契機】

中國大陸國務院總理李克強先生自從 2013 年全國兩會提出「中國經濟升級版」後，接續於多個重要會議中提出此概念，中國大陸國務院也迅速端出政府相關落實政策，期許能快速促進中國大陸經濟的改變。北京大學副校長劉偉（2013）以〈著力打造中國經濟的升級版〉一文中指出：「在打造中國大陸經濟升級版之際，以現代化的內在要求、新階段應對發展新挑戰的需要、轉變發

展方式及創新動力等為重點」，由此可知，中國大陸在推出「中國經濟升級版」後，不僅得考量未來國家發展的相關經濟政策，也得考慮國內市場及社會結構的適應性，能否一同撐起中國大陸經濟轉型升級重擔，是整體政策一大挑戰。於此之際，在2013年5月6日，中國大陸國務院總理李克強先生指出：「要實現『新四化』，打造『中國經濟升級版』，進一步用開放促進新一輪的改革」。道出總理李克強先生一再強調打造「中國經濟升級版」，可見對未來中國大陸經濟改革的決心，並要以實現「新四化」來促使「升級版」的達成。

3. 描繪美麗中國：【承理念、繪藍圖、造新境】

中國大陸國家主席習近平先生於全國代表大會（2012）指出：「實現『中國夢』必須走中國道路，發揚中國精神」。一語道出，承襲先前幾代領導者的中國大陸特色社會主義道路，藉由中國夢的實踐，弘揚中華民族的精神。在新一代領袖習李體制以「中國經濟升級版」為中國大陸經濟改革的重點方向後，未來將面對全球及中國大陸國內的各界挑戰。然而，中國大陸國務院總理李克強先生（2013）指出：「打造『中國經濟升級版』的五大路徑，第一是要立足內需、面向世界，深耕亞太；第二要提高經濟成長品質及效益；第三要體現在就業及收入上，並重視服務業；第四為環境資源約束的問題改善；第五要靠制度創新釋放紅利，以開放促進改革」。由此看出，總理李克強先生所道出的經濟升級版路徑，是為實現「中國夢」而鋪路，期許在中國大陸以政策促進改革之際，能實現「美麗中國」的到來。

三、李克強經濟學帶領經濟轉型

「前程長遠，勤苦曠劫，方始得成」，可知為讓中國大陸經濟成功轉型及長遠發展，中國大陸國務院總理李克強先生決定「以短痛換長期利益」，願意付出短期經濟減速代價來換取長期的可持續性發展，以全面性方式尋找帶動經濟的新引擎，展望中國大陸朝向民富國強的願景。根據中國大陸國務院總理李克強先生（2013）表示：「改革是中國大陸最大的紅利，中國大陸經濟轉型將以內需和創新打造『中國經濟升級版』」。此外，前中國大陸國務院總理朱鎔基，其以驚人的改革魄力克服眾多挑戰，並涉及全方位改革，引領中國大陸走向轉軌經濟之路。李克強先生同具有朱鎔基的改革魄力，強調市場化改革方向，帶領中國大陸走向經濟轉型之路。

1. 李克強經濟學政策背景

中國大陸國務院總理李克強先生在擔任國務院總理一職後，致力推動中國大陸經濟發展的轉型。然而，中國大陸經濟成長速度卻面臨下滑壓力，以及過去中國大陸一直以擴大政府投資刺激經濟成長，卻無實質帶動整體經濟成長。為打破此局面，對此，李克強先生推出不刺激經濟成長相關經濟政策，以短痛

換長期益處之作為備受全球矚目。巴克萊資本董事總經理、經濟學家黃益平因而為此新經濟成長計畫提出「李克強經濟學」（Likonomics）一詞，並（2013）指出：「李克強經濟學的重點內容涵蓋『不推出刺激措施、去槓桿化及結構性改革』三項核心項目，將是帶動中國大陸經濟朝向可持續發展之路」，顯示著眼長遠，李克強先生犧牲採短期經濟減速措施，全面與深層地改革，以換取長期經濟發展和經濟成功轉型的道路。

2. 李克強經濟學三大支柱

「李克強經濟學」被視為中國大陸制定經濟成長計畫之詞，提出「不推出刺激措施、去槓桿化與結構性改革」概念，冀望成功改革中國大陸經濟社會發展，使中國大陸經濟重回可持續發展的軌道。茲將李克強經濟學三大核心項目「不刺激」、「去槓桿」和「調結構」及李克強先生所推動的相關政策分別敘述如下：

➲ **不刺激**

根據中國大陸國務院總理李克強（2013）表示：「激化財政存量資金」，強調有效提高財政資金的使用率，積極整頓與糾正不當的財政資金使用，將有限資源集中投入於重點領域，滿足國民的迫切需求，以提高資金使用效益。顯示政府不採大規模刺激財政和擴張貨幣政策，反而穩健步伐、宏觀調控的將資源有效投入關鍵和迫切領域，確保經濟穩健成長。以下分別敘述「不刺激」所推動之政策：

❶ **不刺激經濟成長**：李克強先生上任總理一職後，分別在 2013 年 3 月推動上海自由貿易區，使上海、長三角和長江流域行政改革開放新格局；4 月強調加快環渤海地區一體化建設；更在 5 月強調加快推動服務貿易發展，並於（2013）指出：「發展服務業是穩定經濟成長和保持就業穩定的重大引擎，發展服務業不僅可提高民生生活質量、增加有效供給，更透過與新四化之間協調與融合，實現更全面的經濟發展，將發展服務業作為打造經濟升級版重要策略。此外，中國大陸將持續拓展服務貿易，促進投資流向服務領域」，顯示政府採取擴大內需動力促進提升國內與國外的投資和消費，進一步帶動經濟成長。

❷ **不刺激投資成長**：根據中國大陸國務院總理李克強先生（2013）指出：「中國大陸依賴刺激政策、政府主導投資以促進經濟成長之作為，成長空間已不大，甚至須仰賴市場機制」，顯示過去仰賴政府直接投資和發行債券，大規模投資基礎建設來增加就業和提升經濟成長作為，已不適用於目前的經濟環境，不少產業出現嚴重產能過剩。因此李克強先生強調「簡政放權」的重要性，釋放更多空間予市場和社會，藉由市場和社會資源配置的基礎作用和市場機能，促進更多民間投資，穩定長期經濟成長，避免經濟大起大落。

➲ **去槓桿**

2013 年中國大陸各式經濟、社會相關報告出爐，結果皆顯示中國大陸地方債務高漲、資產泡沫問題越發嚴重，急需透過大幅降低借貸與產出比，重新進行富有成效的投資，是故，李克強上任以來即積極推動去槓桿化，並於

（2013）國務院會議上表示：「擴內需，防債務風險」，顯示其去槓桿化的主張。茲整理李克強上任以來「去槓桿」之政策做法如下：

❶ **去地方債務**：根據中國大陸審計署（2013）發布《36 個地方政府本級政府性債務審計結果公告》內容顯示，截至 2012 年底，中國大陸 36 個地方政府本級政府性債務餘額已接近 3.85 兆元人民幣，可知，地方債務已成中國大陸經濟「穩成長」道路上，不得不關注的絆腳石。對此，李克強採取不挹注資金，任由市場機制運作，藉著 2013 年 6 月的「錢荒」，迫使地方政府處理壞帳，盼能防範地方債務持續升高的風險於未然。

❷ **去財務擴張**：中國大陸由於採取積極的財政政策加上美國採取量化寬鬆貨幣政策，使得中國大陸不得不發行大量貨幣對衝美元，造成通膨、資產泡沫、擴大貧富差距等影響。然而李克強先生上任以來，便不斷提出「啟動貨幣信貸存量」，道出其停止擴張性政策、讓金融服務於實體經濟的主張，一方面協調中國大陸央行穩定匯率，避免人民幣過度升值，另一方面推動人民幣國際化，緩解貨幣擴張壓力。

❸ **去信貸投放**：從 2008 年底以來，中國大陸的金融槓桿快速擴張，根據巴克萊資本（Barclays Capital）（2013）指出：「2013 年初時，中國大陸總體信貸規模已經從 2008 年的 9 兆美元躍升至 23 兆美元」。此外「影子銀行」放貸的問題亦有爆發的風險。對此，為整頓金融業及促進經濟結構平衡，李克強與中國大陸央行不像以往那般，透過各種手段投放流動性，僅透過微調貨幣政策，加強管控流動性，要以金融之手，藉市場的調節讓資金流向最該去的地方，以恢復經濟結構平衡。

⮕ 調結構

2013 年 7 月 10 日，李克強於廣西召開部分省區經濟形勢座談會，並於會中表示：「穩增長可以為調結構創造有效空間與條件，調結構能夠為經濟發展增添後勁，兩者相輔相成」，顯示「調結構」是中國大陸經濟可持續性成長的重要因素，李克強先生將致力透過改革，於眾多結構性問題中尋找出路。茲整理李克強先生「調結構」之作為如下：

❶ **調房市結構**：自習李上任以來，面對中國大陸房地產泡沫化的問題，陸續提出「國五條」、第二套住房購買限制、限貸限離婚規避政策等，以調整房地產市場結構。李克強先生（2013）並於中國大陸國務院常務會議中指出：「要繼續搞好房地產市場調控，加快建立長效機制」，道出其調整房市結構之主張。然而，根據中國指數研究院於 2013 年 7 月 1 日發布〈百城房價數據〉指出，中國大陸 6 月房價環比上漲 0.77％，連續第 13 個月環比上漲，道出「李克強經濟」的確還需一段時間實現調整房市結構的成效。

❷ **調利率市場**：2013 年 6 月 7 日，中國大陸中國人民銀行發布《中國大陸

金融穩定報告 2013》指出：「中國大陸的利率市場化改革必須立足國情，採取漸進的方式推進」。並於 2013 年 6 月發生「錢荒」，使得銀行間拆借利率大幅上升，因此中國大陸政府採取公開市場方式，靜觀銀行間利率回落，藉此調整中國大陸金融市場不健全之問題。野村證券首席亞洲經濟學家 Subbaraman（2013）對此現象下註解表示：「這不僅是一個短期現象，更顯現出打擊經濟當中大量的槓桿的企圖」。

❸ 調行政體系：2013 年 3 月 5 日舉辦的中國大陸十二屆全國人大一次會議批准《國務院機構改革和職能轉變方案》，其主旨為轉變政府職能，簡政放權，要最大限度減少對生產經營活動、一般投資項目資格等的許可、審批。對此，李克強先生要求各部門按季度列出工作時間表，限時辦結，並陸續於 4 月 24 日取消 71 項行政審批事項；於 5 月 6 日取消和下放 61 項行政審批事項；於 6 月 19 日取消和下放 32 項行政審批事項，藉此降低政府對生產活動批准的干預，放權於市場。

3. 李克強經濟學三大特點

根據中國大陸國務院總理李克強先生在國務院機構職能轉變動員電視電話會議中（2013）指出：「必須處理好政府與市場、政府與社會的關係，政府應捨得放權，把該放的權力放掉，而把該管的事務管好，透過『簡政放權』讓市場發揮基礎的資源配置能力」，顯示李克強先生採行轉變新政府職能以增加市場和社會創新運作作用，茲將李克強經濟學重要特徵分別敘述如下：

❶ 強化市場：李克強先生強調進一步轉變政府職能，釐清政府與市場的邊界，以及與社會之間的關係，政府以不越軌讓市場發揮其資源配置機制，以刺激市場活力，進而強化市場，增強經濟內生動力。然而，政府仍是市場重要支柱，須創建一個市場賴以運作的制度，以及創造良好發展環境，並建立強化市場型政府，藉以實現市場經濟體制。

❷ 放鬆管制：李克強先生為實現強化市場目標就必須放鬆管制，減少政府對企業與市場的干預，減少政府行政審批，以尊重市場機制，使企業和產業在競爭中優化升級。李克強先生上任總理職位後，承諾將 1,700 多項行政審批事項削減 30% 以上，大幅減少審批項目，才能真正達到放權，進而激發經濟社會發展活力。

❸ 改善供給：稅賦偏高都可能導致民間消費與投資力道減退現象，如中國大陸的個人所得稅、企業稅、海關關稅、和營業稅等普遍偏高，因此李克強先生強調透過減稅政策來激發民生消費力和投資力，然而減稅政策將使政府收入成長下滑，但在削減各項稅賦同時，卻可進一步增加人民消費和刺激內需動能，實現中國大陸經濟升級版。

第4章
中國大陸習李改革新挑戰

2012 年中國大陸政權交替，由中國大陸國家主席習近平先生與中國大陸國務院總理李克強先生當選新任領導人，媒體亦稱「習李」，意味著中國大陸領導人正式權力交接。隨著習近平與李克強上台執政，各項新政策悄然實施，中國大陸政治宛如迎向新氣象。中國大陸國家主席習近平先生（2013）表示：「將深化改革開放並且擴大創新，讓創新成為驅動國家發展力度」。一語道出改革決心，然而習李體制如何面臨改革所伴隨而來的挑戰，將政策實施得當且果斷，全球皆對此高度關注，期盼新任領導人能帶領中國大陸克服挑戰，帶來新政治新氣候。

習李改革 16 大挑戰總體環境分析

習李新政府面臨中國大陸經濟、外交、民生等結構調整壓力，考驗習李改革的魄力。中國大陸與世界經濟研究中心主任李稻葵（2013）指出：「中國大陸雖已走出發展低迷態勢，但想要步上可持續性成長之路，則迫切需要改革挑戰」。顯示出政府改革之路顛簸，猶如腹背受敵四面楚歌，從內部民生社會問題延伸至外部政治權力消長，各方面挑戰接踵而來，茲將習李改革挑戰以 PEST 分析模型論述如下：

1. 政治權力挑戰

「正心、修身、齊家、治國、平天下」出自《禮記》，闡述儒家道理須以正人心修其身為先，進而整頓家庭，才能治理國家平定天下。且隨著國際態勢變化迅速，伴隨著亞太國家經濟地位逐漸提升，亞太地區日漸成為拉動世界經濟復甦的重要引擎，因此一舉一動皆引發世人關注。然而中國大陸想穩定外交首要整頓內政，對此中國大陸國家主席習近平先生（2013）表示：「有腐必反、有貪必肅，殲滅中國大陸腐敗現象，以實際效果取信於民」。上述皆考驗習李改革新政的施政魄力，考驗習李體制如何為中國大陸帶來穩定外交，也給人民一個公正清廉政府的新希望，茲就論述政治權力挑戰如下：

❶挑戰一：穩定全球局勢鞏固穩定外交

根據玫瑰石顧問公司（Rosetta Stone Capital）董事謝國忠（2013）點出：「財富轉移導致全球經濟不穩定，新興市場經濟有泡沫化危機」。一語道出，

亞太地區局勢正處於緊張不穩狀況。2013年中國大陸與美國銀行相繼關閉北韓外貿銀行帳戶，日本首相安倍晉三先生（2013）表示：「中國大陸軍事能力的增加缺乏透明化，將成為全球共同的關切事宜」。顯示出日本對於中國大陸軍事發展有所顧慮，期盼中國大陸政府能將國防透明化，以維繫亞太地區和平發展。然而，中國大陸國家主席習近平先生（2013）表示：「和平就像是空氣和陽光，受益其中而不易察覺，失之則難存」，顯示出新政府將穩定政治局勢與維護和平是為使命，中國大陸國務院總理李克強先生（2013）更表示：「發展和平道路是中國大陸堅定不移的決心，維護國家主權和領土完整，亦是不可動搖的意志」。由上可知，全球政治局勢和平機制有待完善。亞太各國應加強合作，攜手共創經濟發展，消除各國緊張氛圍，實現長治久安的國際關係並增加互信。

❷挑戰二：政經版圖消長增強競爭力度

世界經濟論壇（WEF）（2013）發布《2012-2013全球競爭力》（Global Power City Index；GPCI）內容指出：「亞洲經濟局勢錯綜複雜，亞洲四小龍和日本競爭力仍領先亞洲其餘各國。其中新加坡連續二年奪得世界第二，屬於全球最具競爭力的經濟體；反觀中國大陸則下降三個名次，名次為第29位，中國大陸自2005年來排名首次下降」，更可以從報告中看出，亞洲發展中國家表現亮眼，也顯示東南亞國家經濟發展挾磅礴氣勢而來，如馬來西亞在亞洲發展中經濟體排名第24位，位列前茅；菲律賓進步十個名次；柬埔寨則躍升13個名次，排名第85名。反觀中國大陸表現雖仍亮眼，卻敵不過亞太地區新興國家崛起，政經版圖消長之威脅。

❸挑戰三：打破政府央企壟斷資源現狀

中國大陸國民經濟研究所所長樊綱（2013）表示：「中國大陸需要打破國企壟斷，包括消除諸多行政管理限制，並鼓勵市場恢復自由平等的競爭環境，使中國大陸的經濟邁向新里程碑」，顯示出中國大陸經濟改革開放仍有許多阻礙資產最適分配的因子，對此壟斷態勢之挑戰，首先要打破國有企業壟斷資源利益、扶植民營企業的成長、加速審核民營企業銀行貸款、實施全面經濟整頓改革、同時削弱國有企業壟斷的措施，使得市場資源均分，為人民帶來公平正義的發展機會。

❹挑戰四：遏止行政官僚貪腐政治作風

習李新政積極修正貪腐歪風，北京首都經濟貿易大學統計系2013年公布《2012年北京社會經濟生活指數》內容指出：「中國大陸人民對於政府廉政感知指數為54.6，相較2011年48.77有所成長」。顯示出中國大陸人民對於習李改革深具信心。此外，中國大陸中央政治局會議（2012）發布《中央改進工作作風密切聯繫群眾八項規定》報告，説明政府對於積極厲行節約、不宴會等遏

制公款浪費的強勢作風；2012 年發布《中央軍委加強自身作風建設十項規定》報告，規定政府官員在接待時，不可安排宴會招待、不送禮、不喝酒。然而多種限制規定卻也影響中國大陸高階餐飲市場的發展，由中國大陸烹飪協會 2013 年發布《春節餐飲市場分析》報告指出：「春節期間北京、上海等城市的高端餐飲會所營收欠佳，且有 60％以上的餐飲企業都出現退訂潮，其中遭到退訂的餐飲企業中，大多為高端餐飲和星級飯店」。可看出遏制貪腐雷厲風行。

2. 經濟發展挑戰

中國大陸在經濟發展上面臨不少發展中的困境與挑戰，然而中國大陸國家主席習近平先生（2013）表示：「將把握經濟轉型這條路，並集中精力把改革做好」。可看出轉型為中國大陸改革主軸，並擴大內需市場、抑制經濟以超高速成長、解決政府四兆投資熱後遺症等問題，茲將論述經濟發展挑戰如下：

❶挑戰一：解決政府四兆投資熱後遺症

2008 年全球經濟陷於金融海嘯風暴中，而時任中國大陸前總理溫家寶先生採取「四兆救市」措施，企圖力挽狂瀾拯救低迷的經濟氛圍，但大量資金瞬間湧入市場雖使經濟再度騰飛，卻也使熱錢大量挹注地方政府基礎設施的營建與房地產投資，戰火瞬間點燃，導致房地產價格居高不下。隨著執政更迭，由中國大陸發改委規劃的《促進城鎮化健康發展規劃（2011-2020）》已於 2013 年完成初稿，於新政策規劃新城鎮化將吸引超過 40 兆元人民幣投資、投資區域遍及 20 多座城市、180 餘個地級城市以及增加四億城鎮人口，其中，值得關注的是 2008 年四兆人民幣救市計劃，引發中國大陸三、四線城市土地供給過剩的後遺症尚未得到解決，新政策的措施將使土地供給過剩的問題更為嚴重。習近平先生與李克強先生如何攜手面對挑戰，對症下藥，實值得關注。

❷挑戰二：轉型經濟方式擴大內需市場

面對當前全球經濟錯綜複雜、快速變化的態勢，中國大陸國家主席習近平先生（2012）表示：「將深化經濟改革、完善市場體制，誰的動作慢，就會錯失機會」。一語道出改革決心，然而中國大陸經濟長期以出口貿易為導向，使得經濟成長率年平均都以雙位數字速度成長，雖然經濟快速成長，卻造成區域發展不均。在驅動經濟發展的三駕馬車上，最穩健的發展經濟之路，即為增加消費擴大內需，因此經濟成長重心轉向為擴大內需，對此中國大陸國務院總理李克強先生（2013）亦表示：「將積極擴大內需，提高消費力」。顯示中國大陸將致力開發內需市場，期盼藉此形成良性的可持續經濟成長，不再一味追求國內生產總值（Gross Domestic Product；GDP）成長。然而，不完備的市場機制，讓中國大陸的經濟轉型處於困境。因此中國大陸政府在追求穩定外部投資的同時，須致力擴大內需，且注重產業轉型升級，以及民生消費的發展，才是穩步推進經濟轉型發展之道路。

❸ 挑戰三：保持較高速度經濟成長方式

中國大陸長期保持經濟持續性的超高速成長，根據江蘇市經信委（2012）指出：「1982 年至 2011 年間，中國大陸平均年經濟成長率達到 10.23％」。由此可知，中國大陸相當長時間處於快速成長期，卻也埋下通貨膨脹以及資產泡沫化的禍根，然而超高速的經濟成長，也非中國大陸所期盼，中國大陸國家主席習近平先生（2013）表示：「中國大陸經濟有可能繼續保持較高成長，但不會以超高速方式成長」。顯示出調整經濟發展結構時，亦要防止市場過熱、房地產價格過高以及物價通膨等危機。

❹ 挑戰四：不落入中等收入陷阱之格局

世界銀行（WB）2006 年提出「中等收入陷阱」概念，指一個國家的人均 GDP 達到中等收入水平後，由於政府沒有促進產業轉型和實施轉型發展策略，因此陷入經濟低迷的狀態，根據國際貨幣基金組織（IMF）（2013）發表《亞太地區經濟展望報告》（Regional Economic Outlook for Asia and Pacific）報告中呼籲：「中國大陸以及其他亞洲新興經濟國家需修正經濟機制，以免落入中等收入陷阱」。由此可知，中國大陸歷經改革開放，經濟快速起飛，人民生活雖得以安飽，但總體經濟環境卻出現陷入中等收入陷阱之徵兆，即是產業停滯成長、貧富差距不斷擴大、政府官員貪腐等問題，雖習李體制提出相關政策，希冀克服經濟陷入中等收入陷阱，但政府如果不加快腳步，實施經濟產業轉型升級，將會使中國大陸經濟停滯不前。

3. 社會問題挑戰

「中國夢」即是實現體面勞動、讓勞動亦有尊嚴生活的夢，中國大陸國家主席習近平先生（2013）指出：「勞動即是財富的源頭，也是幸福的來源，要實現社會的美好，唯有透過誠實勞動才能實現」，可看出政府對於勞工的重視，然而貫徹尊重權益並致力調整勞資雙方的溝通協調，才能真正的實踐社會公平正義，讓勞動者實現體面勞動，進而實現「中國夢」，政府亦能夠藉此強基固本、邁向穩健執政之道路，茲將論述社會挑戰如下：

❶ 挑戰一：實現體面勞動保障勞動權益

中國大陸人口高達 13 億之多，對於如此龐大人口數的國家，要如何實現體面勞動最重要關鍵即實現機會與權利兩大平等，讓「中國夢」落實在每一個勞動者身上，以及財政如何支撐提供勞動福利所需的龐大財政負擔，實現體面勞動，正是習李體制所需面對的挑戰。對外經貿大學公共管理學院勞動與社會保障系主任李長安（2013）表示：「勞動體面，社會才和諧」。顯示出實現勞動體面有助於社會良性發展。因此創造充分的公平就業機會、健全勞工社會保障制度、解決與民爭利的不當政策、擴大勞資雙方的談判平台，才能保障每位勞工都能擁有保障權利，從「社會公平正義」擴展到「體面勞動」，讓每一個

2013 年中國大陸地區投資環境與風險調查

勞動者都擁有體面生活，才能與民共創「中國夢」。

❷挑戰二：緩和富人階級移轉海外速度

《富比士》（Forbes）與宜信財富（Credit Ease）（2013）共同發布《中國大眾富裕階層財富白皮書（Chinese mass affluent report 2013）》報告顯示：「中國大陸富人階級迅速增加，2012 年有 1,026 萬人達到富裕階層，且皆具有移民傾向，有意將子女送往海外留學亦高達 3%」。可看出中國大陸富人階級成長快速，但如何留住富人階級，是為一大挑戰。富人階級向海外拓展資產的目的，除拓展海外事業版圖，不外乎對於資產保值和增值、對醫療和生活品質的訴求、提供下一代更好的教育。中國大陸國營企業綠地集團（Greenland Group）董事長張玉良（2013）表示：「投資海外版圖和受僱於海外的富產階級人數增多」，綜觀上述，皆顯示出富人階級外移，執政者應如何落實對境內公民財產保護、提高生活品質以及改革教育制度等問題，都是新任領導者應深思解決的重要課題。

❸挑戰三：縮小城鄉收入二元差距結構

華中師範大學中國農村研究院（2012）發布《中國農民經濟狀況報告》中顯示：「中國大陸農村人民吉尼係數（Gini coefficient）在 2011 年已達到 0.3949，逼近警戒的 0.4 數值」，從數據中可看出農村貧富不均現象嚴重。北京國際城市發展研究院（2012）發表《社會管理藍皮書—中國社會管理創新》報告指出：「中國大陸貧富差距正在急速擴大，這也意味著經濟缺少中產階級的支撐，因此穩定執政的基礎、縮小貧富差距、消除財富兩極化才是中國大陸改革方向」。顯示城鄉經濟結構差距擴大，不利於經濟轉型。中國大陸總理李克強先生（2013）更表示：「提倡城鎮化，富裕農民、造福農民」。可知，習李體制力圖縮小貧富差距、還富於民，但城鄉差距問題日益突出。新任政府對於縮小貧富差距、收入分配失衡、土地制度缺陷、改善社會保障稅制度的能力值得拭目以待。

❹挑戰四：落實公平教育解決異地高考

教育不僅可以縮小社會經濟差距，更提供許多家庭翻身的機會，擁有公平的教育機會，能讓社會變得更加富有，才能有效推動的社會發展，然而中國大陸國家督學羅崇敏（2013）表示：「教育問題首要解決缺少創造力、價值流失嚴重、體制僵化三大問題」。由 2012 年發生「異地高考」事件更可看出中國大陸教育體制出現爭議問題，「異地高考」意指中國大陸沿海城市經濟發展迅速，吸引大量人口移動至沿海大城市，但隨著時間的推移，外移人口子女卻被限制參加當地高考，顯示出中國大陸地緣遼闊人口眾多，但尚未有完善的政策，針對流動人口設立教育配套措施。綜觀上述，中國大陸教育體制改革，正面臨如何促進公平教育，並提升教育品質問題，然而作育英才方為追求經濟長遠發

展之道。

4. 科技環境挑戰

經濟騰飛為中國大陸攜來龐大的財富，雖經濟得以發展，但環境汙染卻成為文明進步的代價，由公眾環境研究中心（Institute of Public and Environmental affairs；IPE）（2013）發布《2012 年城市空氣質量信息公開指數評價報告》內容指出：「中國大陸城市空氣汙染狀況嚴重，主因來自燃煤、交通和揚塵」。由此可知，環境汙染以為中國大陸帶來眾多挑戰，政府首要任務為改革當前環境問題。茲將論述科技環境挑戰如下：

❶挑戰一：正視先發後治環境惡化問題

每年春天北京皆會遭受霾害，根據中國大陸環境保護部（2013）發布《第一季度 74 個城市空氣質量狀況》顯示：「2013 年 3 月 74 個環評城市中，重度汙染占 5.9％，嚴重汙染達到 2.8％，其中汙染物 PM 2.5 平均超標率達 36.5％」。可看出空氣汙染問題嚴重，不僅能見度不到一公里，更是阻礙交通往來。香港陽光衛視董事長陳平（2013）表示：「沒有乾淨的空氣；缺少可使用的水；充斥汙染的土壤，為下一代著想，也只能離開」。由此可見，習李改革要還予中國大陸人民一個乾淨整潔、永續發展的生活環境，自然能使地區發展鍾靈毓秀，譬如入芝蘭室，久而必香，要以乾淨的生存環境才能帶動經濟永續發展。

❷挑戰二：傳染疾病以及食品安全問題

中國大陸食品安全日益爆發，從三聚氰胺奶粉、毒膠囊、馬肉醜聞以及假羊肉等問題席捲整個中國大陸，不僅食品安全問題，傳染病問題更是接踵而來。從 2009 年廣東爆發 SARS，影響中國大陸境內經濟發展，造成全球人心惶惶，且 H1N1 以及 H7N9 的發生，皆可看出政府對於衛生防疫的控制及預防力度稍嫌不足、造成遺患匪淺。然而，在廠商欠缺自律精神與道德意識缺乏的情形下，廠商逐利追求低成本高營收，忽略食品安全問題，導致全球對於中國大陸的社會保障、國家安全形成質疑。中國大陸工程院院士鐘南山（2013）認為：「食品安全監管欠缺完善的體制來規範，造成在監管食品安全過程出現紕漏，且無嚴格的懲罰制度來抑制廠商惡劣行為」。顯示市面販售的食品仍缺乏體制的規範，習李體制要如何改革食品安全問題值得關注。

❸挑戰三：積極投資以及開發創新科技

中國大陸國務院發展研究中心技術經濟研究部呂薇（2012）認為：「影響科技創新發展的主因是政府體制和機制問題」。由上可知，科技創新力影響到國家的核心競爭優勢的形成，若不積極投資技術開發並提出創新機制，將會對中國大陸造成不利的局勢。中澤嘉盟投資基金董事長吳鷹（2013）更表示：「建請政府盡早發放 4G 牌照並鼓勵企業投資光纖」，顯示出中國大陸在科技環境

創新體制尚未完善，政府在監管行為上，應跳脫傳統的管理思維、主動適應和調整，且快速應變科技創新與開放、大幅提升創新能力，才能形成國家競爭優勢，以利搶攻科技產業大餅。綜觀上述，中國大陸科技創新和產業升級正面臨艱鉅挑戰，習李改革如何調整體制，將是一項重大考驗。

❹挑戰四：提升開採技術挑戰能源開發

中國大陸地層擁有新興資源「頁岩氣」，且積極研發開採頁岩氣資源技術，卻因地層複雜而面臨開採工程艱鉅的問題，太平洋能源發展公司董事長 Ingriselli（2013）表示：「頁岩氣的開發，將為中國大陸帶來更多機會」。顯示新能源的發現，不僅可以讓中國大陸擺脫仰賴煤氣以及減少環境汙染，且開採問題以及頁岩氣革命勢必將改寫全球經貿版圖。中國大陸政府致力提升深海油氣鑽井技術，以利開發中國大陸「海洋石油 981」深海鑽井平台，更會同俄國總理普京，會談擴大合作核能電力煤炭等能源開發事宜，中俄雙方於 2013 年批准《2013-2016 年中俄睦鄰友好合作條約實施綱要》，皆顯示出政府開發能源不遺餘力，習李體制要如何提升開採技術，同時保護環境為一項艱鉅挑戰。

表 4-1 習李改革 16 大挑戰總體環境分析

PEST 構面	十六大挑戰	
	挑戰	項目
① 政治權力（Political）	❶	穩定全球局勢鞏固穩定外交
	❷	政經版圖消長增強競爭力度
	❸	打破政府央企壟斷資源現狀
	❹	遏止行政官僚貪腐政治作風
② 經濟發展（Economic）	❶	解決政府四兆投資熱後遺症
	❷	轉型經濟方式擴大內需市場
	❸	保持較高速度經濟成長方式
	❹	不落入中等收入陷阱之格局
③ 社會問題（Social）	❶	實現體面勞動保障勞動權益
	❷	緩和富人階級移轉海外速度
	❸	縮小城鄉收入二元差距結構
	❹	落實公平教育解決異地高考
④ 科技環境（Technological）	❶	正視先發後治環境惡化問題
	❷	傳染疾病以及食品安全問題
	❸	積極投資以及開發創新科技
	❹	提升開採技術挑戰能源開發

資料來源：本研究整理

第 5 章
中國大陸習李紅利新商機

四化同步是中國大陸立足全域、著眼長遠的重大決策。若要達到全面小康社會，意味著不僅要有繁榮的經濟，亦要解決發展中所面臨的各種問題，而只有同步發展新四化，才能達到促進全面與協調的經濟發展，且促進社會進步與創新的發展。根據中國大陸前總書記胡錦濤先生（2012）在第 18 次全國代表大會上的報告指出：「將推動新型資訊化和新型工業化之深度融合，以及新型城鎮化和新型農業現代化之相互協調，進而促進新四化同步發展」。此外，習李體制在轉型中國大陸之際，將激發改革與轉型所帶來的紅利，根據中國大陸國務院總理李克強先生（2013）表示：「改革紅利、城鎮化紅利、人才紅利將支撐中國大陸經濟持續穩健發展」，由此可知，新體制將釋放多種紅利為企業帶來許多商機。然而，中國大陸國務院總理李克強先生亦在第 18 次全國代表大會上的報告中提出的建設「美麗中國」之目標，將推進生態文明建設，希冀改善中國大陸整體生態環境與環境保護，並且改善人民生活質量、健康安全等，而在此推動下，又為企業興起一波與生態環保相關產業之商機，由此可知，未來中國大陸市場發展潛力無限，投資企業不可錯過此良機。

一、中國大陸市場新紅利

中國大陸正處於經濟轉型升級的關鍵時期，擁有巨大的發展潛力，根據中國大陸國務院總理李克強先生（2013）表示：「為實現 2020 年經建目標，需以每年平均 7% 的速度成長，其中，透過改革紅利、內需紅利、創新紅利等形成未來中國大陸發展之新動力」，此外，知識紅利與轉型紅利亦將成為未來發展潛力，茲將針對中國大陸市場發展潛力彙整五大新紅利進行探討。

紅利一：改革紅利

中國大陸逐漸走向興盛之局面，其主要是因改革開放政策的促進，並徹底破除舊體制和舊機制，在新體制和新機制下，改善中國大陸的經濟、政治、文化、社會及生態等，為人民社會發展帶來益處。根據中國大陸國務院總理李克強先生（2013）於國務院醫改領導小組第 12 次會議上表示：「改革開放就是中國大陸發展最大的紅利，並要透過此紅利讓廣大人民受益」，顯示中國大陸政府希望透過改革制度讓全國人民擁有更好的生活。

2013年4月13日,中國大陸企業家調查系統發布《經濟轉型與創新:認識、問題與對策——2013中國大陸企業家成長與發展專題調查報告》顯示:「91.8%的企業家認為改革開放將推動未來經濟發展,亦是中國大陸發展的最大紅利,並希冀政府透過不斷改革,如完善財稅體制和法治體系、深化收入分配、加快壟斷行業和行政管理體制、推進市場化等,為企業創造良好經商環境」。由此可知,企業家希冀藉由政府改革制度完善總體經商環境,使其享有改革所釋放的紅利。而根據中國大陸海南改革發展研究院院長遲福林(2013)發表《改革紅利:十八大後轉型與改革的五大趨勢》一書指出:「中國大陸的改革重點分別是走向消費大國、人口城鎮化、形成六億中等收入群體、市場導向、優化權力結構」。中國大陸改革腳步已踏出,企業應追上改革腳步,以免錯失改革所帶來之紅利。

紅利二:內需紅利

隨著中國大陸的消費習慣逐漸改變、農村城鎮化加快改變人民生活方式,再加上由世界工廠轉向世界市場,為中國大陸帶來龐大消費潛能,累積多年的內需紅利將被釋放出來。2013年4月6日,中國大陸國家發改委副主任張曉強於博鰲亞洲論壇「失速的新興經濟體:跨越成長陷阱」表示:「內需將是提供中國大陸可持續發展的巨大潛力」,換言之,中國大陸透過改革紅利釋放的內需潛力,是中國大陸經濟持續發展的重要動能。

在積極追求擴大內需之下,中國大陸國務院總理李克強先生(2013)指出:「為提高居民消費能力,將改善消費政策。此外,中國大陸的服務業發展滯後,在GDP中所占比重與其他同等水準的國家低10%,因此將大力發展服務業,如開發和培育醫療、養老、文化、旅遊及資訊消費等,進而帶動人民消費,並發揮內需潛力」。政府已從主要依靠出口的發展方式進一步轉向擴大內需,而服務業的開放所帶來的內需紅利,提供企業在此找到一個巨大發展的機會,如資訊技術服務、金融保險理財服務等,也是提供企業在公平競爭的市場環境下,提升企業成長和升級的機會。

紅利三:轉型紅利

中國大陸最迫切需要解決的問題是實現經濟轉型,成為市場經濟。根據中國社科院人口與勞動經濟研究所所長蔡昉(2013)表示:「中國大陸的人口紅利逐漸喪失,未來經濟發展應靠轉型推動技術進步、提高生產力和勞動素質,否則經濟成長將出現停滯」。由此可知,中國大陸的經濟發展勢必進入轉型階段,而勿留戀原有的紅利。中國大陸國務院總理李克強先生(2013)亦表示:「應結合改革紅利、創新活力,以及內需潛力推動經濟轉型,有效提升就業和收入、環境保護和資源節約、質量及效益等,實現中國大陸經濟升級版」。藉由改革和相關體制推進產業轉型,將充分發揮企業主體作用,並為企業帶來轉型紅利,

提升其競爭實力。

　　根據中國大陸國務院總理李克強先生（2012）表示：「政府實施《營業稅改徵增值稅試點工作方案》主要是推進第二產業轉型升級，有效升級製造業及解決服務業發展滯後的問題，將打通二、三產業抵扣鏈條，促進工業專業分工並增強研發和銷售，使產業層次由低階走向中高階」。顯示，營業稅改增值稅被視為推動轉型之重大紅利，中國大陸正進行產業結構轉型，企業應把握其所帶來的紅利，有效發揮企業內在潛力。

紅利四：創新紅利

　　全球最大策略管理顧問公司羅蘭貝格管理顧問公司（Roland Berger Strategy Consultants）大中華區副總裁丁傑（2012）表示：「中國大陸將從製造大國轉向為創新研發大國」，對此，中國大陸須從「中國製造」走向「中國智造」，以突破製造業大國所面臨的困境，並以全新的「智」時代引領中國大陸走向智慧技術的創新道路，為中國大陸經濟發展注入新動力。此外根據中國大陸國家主席習近平先生（2013）表示：「實施創新驅動發展策略，主要為加快轉變中國大陸經濟發展方式及增強內生動力，並以不斷開創國家創新的發展方式，改變過去主要以要素驅動為發展重點，進而轉向透過技術進步提升生產效率的創新」。顯示中國大陸將從過度依賴的人口紅利逐漸轉向創新紅利，提供企業發展持久動力。

　　全國人大常委兼經濟學家辜勝阻（2012）針對《十八大報告》所提出的創新驅動發展策略指出：「中國大陸製造業與全球產業鏈相比，仍處於產業鏈低階，缺乏核心競爭力，只有透過創新的社會體制，才能促進企業實現進軍產業鏈高階」，可看出中國大陸企業缺乏核心技術，企業亟需一個創新的產業體制以突破目前陷入的弱勢地位。綜上可知，政府所提出的創新驅動發展策略，將可改善整體外商投資環境及提高外商投資便利程度，因此，企業若依循政府提出的創新計畫，將可獲得創新紅利，並改善和提升在產業中的競爭力。

紅利五：知識紅利

　　根據北京大學人力資源開發與管理研究中心主任蕭鳴政（2013）表示：「人才資源才是中國大陸未來發展經濟的紅利」，由此可知，推動中國大陸未來發展的動力，已從人口紅利轉向為強調人才資源的知識紅利。為實現中國大陸整體人才實力提升，政府不斷突破高等教育規模，全面提升和帶動高等教育整體質量，進而使中國大陸從人口大國轉變成人力資源的腳步邁進。中國大陸政府從 1990 年的「211 工程」，透過重點建設讓高等學校系統化；其次是 1998 年的「985 工程」，重點支援高等學校建設成世界一流和高水準的大學，鼓勵與國際交流合作等。此外為推動協同創新和產學結合，2011 年推動「2011 計畫」，企圖將打造中國大陸成為人才培育以及高等學校與企業融合之發展陣地，藉此

提升中國大陸軟實力。

　　「2011 計畫」是延續「211 工程」和「985 工程」的一項計畫，以大學為實施主體，推動國內外科研究機構、企業和地方政府深度交流，目的是提升創新能力與教育質量。另外，根據中國大陸教育部部長袁貴仁（2012）表示：「在高校、科研與企業合作之下，必須把知識條理化和規範化，並豐富學科，且亦在培養人才之下實現知識創新」。學校與企業之創新能力緊密結合，帶動中國大陸整體經商環境和創新實力，企業可透過高等教育計畫所釋放的知識紅利，提升企業核心競爭力。

表 5-1　中國大陸市場新紅利構成要素

五大新紅利	構成要素
① 改革紅利	❶ 走向消費大國的轉型與改革
	❷ 人口城鎮化的轉型與改革
	❸ 市場導向的轉型與改革
	❹ 優化權力結構為重點的政府轉型與改革
	❺ 形成六億中等收入群體的轉型與改革
② 內需紅利	❶ 農業城鎮化改變人民生活方式
	❷ 消費習慣逐漸改變
	❸ 大力發展服務業
	❹ 世界工廠轉向世界市場
③ 轉型紅利	❶ 打造中國大陸經濟升級版
	❷ 實施營業稅改徵增值稅試點工作方案
	❸ 城鎮化轉型
	❹ 產業結構轉型
④ 創新紅利	❶ 實施創新驅動發展策略
	❷ 體制創新促進低端產業鏈進入高端產業鏈
⑤ 知識紅利	❶ 全面提升高等教育整體質量
	❷ 「2011 計畫」鼓勵高等學校與企業深度合作

二、中國大陸新四化前景

　　中國大陸國務院總理李克強先生提出的新四化和舊四化內容有不同之處，但總體上都是推動中國大陸經濟繼續向前發展的重要階段。舊四化是於 1979 年中國大陸前國務院總理周恩來先生在《政府工作報告》中所提出，以爭取國民生產總值達人均 1,000 美元實現小康家庭為發展目標，推動工業現代化、農業現代化、國防現代化與科學技術現代化；而新四化是中國大陸國務院總理李克強先生在 2012 年《十八大報告》中所提出：「推進新型工業化、資訊化、城鎮化和農業現代化」，主要是引領中國大陸未來發展，實現中國夢，希冀 2020 年全面建成小康社會，實現工業化、提升資訊化水準、提高城鎮化質量，

以及富裕農民等，同步推進四化並協調發展，將會帶動諸多產業及內需蓬勃發展，茲將新四化所帶動的商機分別敘述如下：

1. 新型城鎮化受惠產業：

中國大陸發改委（2013）發布《全國促進鄉鎮化健康發展規劃（2011-2020）》，將中國大陸 20 多個城市群、180 多個地級城市進行完善規劃。中國大陸國務院總理李克強先生（2013）指出：「要維持穩定經濟實力，就得抓緊機遇，大力推動城鎮化帶動內需消費市場」，顯示出，中國大陸政府希冀透過該項方案，帶來龐大的消費市場商機，根據中國大陸前國家發展副主任彭森（2013）表示：「2012 年城鎮人口超過 7 億，城鎮化率達 52.57％，若城鎮化政策推行成功，且達到每年以 1％穩定成長，預計至 2030 年城鎮化比例將達70％，意味將再新增三億人口」，由此可知，城鎮化成為引領未來經濟成長之動力。茲將分析中國大陸推行新型城鎮化引動之三大商機分別敘述如下：

受惠產業一：【水泥建材產業】

2012 年 12 月 25 日，中國指數研究院（2012）發布《未來十年（2011-2020）中國房地產市場趨勢展望》內容指出：「在中國大陸城鎮化推動下，預計未來十年，中國大陸民眾對住宅需求約 175 億平方公尺」，道出推行城鎮化帶來人民對於住房建設之需求，因此亦刺激建材之需求而帶來商機。根據中國大陸國家統計局（2012）數據統計顯示：「中國大陸城鎮化率每提升 1％，就會有 1,000萬人口轉往城市，若依照每人住房面積 30 平方公尺來計算，總共新增三億平方公尺之住宅，而依照每平方米住方建設須 0.2 噸水泥，換言之，每提升 1％，對水泥的需求將是 0.6 億噸」，綜上可知，伴隨新型城鎮化的推行，帶動房地產及基礎建設之發展，水泥作為其配套材料，亦隨之帶來龐大需求。中國大陸水泥協會名譽會長雷前治（2012）表示：「中國大陸推行城鎮化帶來大量對水泥之需求，給予水泥業很好的機會」。

受惠產業二：【綠色建築產業】

中國大陸中央經濟工作會議（2012）提及「積極穩妥推進城鎮化，著力提高城鎮化質量」為 2013 年經濟工作六大任務之一，並表示：「將生態聞名理念和原則融入城鎮化之過程，並以集約、智慧、綠色、低碳為新型城鎮化道路」，上述可知，新型城鎮化之重點在於提高質量，並希冀與節能環保與低碳做結合。中國大陸建築設計研究院副院長張軍（2012）表示：「城鎮化發展趨勢，預言綠色人居和建築節能產業具有巨大發展潛力」，道出建設綠色節能、環境友好型之社會文明建築將是未來新型城鎮化所必備的條件。此外根據中國大陸住房和城鄉建設部（2012）公布《『十二五』建築節能專項規劃》內容指出：「截至 2015 年，中國大陸城鎮建築執行不低於 65％之建築節能標準，且城鎮新建設建築 95％需符合建築節能強制性標準的規定」，可知政府亦大力扶持綠色建

築。

受惠產業三：【醫療服務產業】

早於 2011 年，國際會計事務機構德勤（Deloitte）發布《新時代：中國醫藥市場機遇無限》內容即顯示：「中國大陸『十二五』規劃、老齡化時代來臨和城鎮化人口驅動下，中國大陸有望在十年內成為世界第二大醫療服務市場」，上述可知，中國大陸扶植醫療產業之發展，將帶動醫療保健及相關服務產業之商機。新型城鎮化之推行，勢必帶動醫療服務需求呈大規模成長。根據中國大陸衛生部（2012）發布《健康中國 2020 戰略研究報告》內容表示：「未來將投入 4,000 億元人民幣資金，並推出七大重大醫療體系建設，其中包含基層醫療體系、心理疾病防治體系、基於網路體系的全民健康系統建設、慢性病及重大疾病的預防和大力推行民族健康產業等」。中國大陸政府在新型城鎮化執行下，大力發展醫療服務產業以滿足城鄉居民之需求，將為醫療服務產業帶來無限商機。

2. 新型農業現代化受惠產業：

中國大陸政府全面貫徹十八大精神，將深化發展農業現代化，提升農業產品品質，以及保障農產品安全。因此，中國大陸各省、政府亦推出諸多相關政策及規劃，例如：《關於推進體制改革創新，進一步提升農業發展活力亦見》及《全省實施農業現代化工程十項行動計劃》等相關政策，根據中國大陸科學院（2012）發布《中國現代化報告 2012：農業現代化研究》報告亦顯示：「預計 2030 年前後，中國大陸將有可能完成第一次農業現代化，達成上世紀 60 年代農業發達國家之水準；2025 年，實現世界農業中等發達水準，實現農業現代化」，由此可知，中國大陸農業發展屬於初等發達國家，前往農業現代化之道路有所差距，其中之差距，便是存在具有潛力之商機。茲將中國大陸通往農業現代化之道路中，擁有之商機敘述如下：

受惠產業一：【機械設備產業】

中國大陸北京尚普資訊顧問公司（2012）發布《2010-2013 年中國農業機械市場調查報告》內容顯示：「從 2007 年以來中國大陸農業機械複合成長率達 21％，預計未來五年年平均成長率可達 15％至 20％」，顯示中國大陸農業機械發展將穩定成長，前景看好。再根據全球最大農業機械企業約翰迪爾（John Deere）董事長 Allen（2012）表示：「為促使中國大陸農業可持續發展，必須增加農產量並且減少用水，對此情況，先進技術與農機設備對其農業之發展相當重要，對於中國大陸農業前景十分看好」，上述可知，對於未來中國大陸將引進先進農業機械設備增加產能，將帶給農業機械設備產業無限商機。

受惠產業二：【生物科技產業】

中國大陸農業部副部長李家洋（2012）指出：「2030 年前後，中國大陸

人民糧食總需求將達七億噸以上,然而隨著工業化及城鎮化,將促使農用耕地不斷減少,勢必依靠農業生物科技保障未來人民之糧食供應」,由此可知,農業生物科技發展已是大勢所趨,具有保障中國大陸糧食和食品安全,並提升農業現代化之發展。加上中國大陸國務院(2013)發布《生物產業發展規劃》內容顯示:「2020年生物產業發展將成為中國大陸經濟的支柱產業,其中,預計2015年農業生物科技產值達3,000億元人民幣」,可看出政府重視並大力扶植中國大陸生物科技產業,以增強生物科技產業對經濟社會發展的貢獻。

受惠產業三:【食品加工產業】

中國大陸國務院總理李克強先生(2013)表示:「做好廣積糧、積好糧、好積糧之工作」,在追求農業現代化之下,中國大陸將大力穩定糧食產量、研發高品質之糧食品種並快速傳送糧食提供人民為目標。而要促使糧食開發出具有潛力之產品或副產品,並兼具產品品質和安全,則需透過食品加工產業。中國大陸工信部消費品司司長張莉(2012)指出:「中國大陸加工食品站消費食品比率僅30%,遠遠低過發達國家60%至70%之水準,而預計2015年,中國大陸食品工業總產值將達十兆元人民幣,年平均成長15%以上」,道出中國大陸食品加工產業具有巨大潛力,潛藏著龐大的市場商機。

3. 新型信息化受惠產業:

「十二五」期間是中國大陸全面發展小康社會的關鍵時期,更是深化改革及加快經濟轉型的里程碑。然而,軟體和資訊技術服務帶動中國大陸產業創新改革、融合發展的產業新商機。因此,中國大陸在2012年期間發布諸多扶植政策,例如:《信息化發展規劃(2011-2015)》、《信息產業『十二五』發展規劃》及《2006-2020年國家資訊化發展戰略等相關政策》,皆是為加快發展新一代資訊技術。依循著中國大陸城市資訊化產業的蓬勃發展,此商機如磁鐵般吸引系統整合業者、軟體業者、設備業者、電信營運商以及城市設計規劃業者等投身其中。茲將中國大陸推行信息化所引動的三大商機,分別敘述如下:

受惠產業一:【網際網路產業】

中國大陸使用網路之數量迅速增加,14億人口中使用網路的數量超過42%,且根據中國大陸網路資訊中心(2013)指出:「中國大陸移動網路使用者占總網路使用者的比重,由2011年69.3%增加至2012年74.5%」,可看出網際網路產業蘊含龐大商機。再加上根據中國大陸網路協會副理事長高新民(2013)發布《2012年中國網路產業發展綜述》指出:「中國大陸網路產業將以穩定的速度成長,帶動國民經濟和社會發展,而2012年網路接入和網路訊息服務的產業規模約達4,500億元人民幣」,顯露出網路產業潛藏巨大發展潛能。

受惠產業二:【電信通訊產業】

根據中國大陸工業和信息化部(2013)發布《通信業十二五發展規劃》指

出：「將積極落實國務院所要求的電信網、廣播電視網、網際網路三網融合，並頒發條件符合之企業相關業務經營許可。此外，預期 2015 年，電信業務收入將超過 1.5 兆元人民幣，其中 1.1 億元人民幣為基礎電信企業業務之收入」，由此可知，中國大陸通訊業將快速發展與升級。此外，根據中國大陸工業和信息化部通信發展司司長張峰（2013）表示：「中國大陸資訊通信業以穩健腳步調整結構，並積極發展三網融合，推動新一代之通訊產業發展，從而有利帶動通訊業消費速度」，綜觀而言，中國大陸在網際網路不斷升級以及政府扶持之下，資訊化將帶動通訊業進一步發展，並且在通訊消費需求拉動之下，更可快速提升中國大陸通訊設備之發展。

受惠產業三：【雲端計算產業】

雲端計算是一種商業模式變革，在資訊化與工業化兩化融合及全社會資訊化的帶動下，中國大陸雲端計算市場迅速起飛。根據中國大陸工信部總工程師朱巨集任（2013）指出：「未來將積極應用雲端計算等資訊技術協助中小企業在管理、市場等方面轉型升級，以提升企業資訊化水準」，可看出雲端技術將成為未來企業營運模式之主流。此外，根據國際顧問機構市場研究公司（International Data Corporation；IDC）（2012）預測：「2013 年中國大陸雲端計算服務市場規模將達到 18.3 億美元，且同比成長 52.2％」。雲端技術的快速成長，不僅優化企業的銷售與服務系統，亦將改變大眾生活模式。由此可知，雲端技術的影響力及其應用領域具有發展潛力，企業若有效應用雲端技術與服務所帶來之益處，將可抓住雲端計算帶來之龐大商機。

4. 新型工業化受惠產業：

中國大陸工信部長李毅中（2012）表示：「能源安全、氣候變化和生態變化等已經成為影響全球共同議題，若工業化產業要持續永續發展，必須進行產業結構轉型」。透過加快創新技術，來提升傳統產業價值鏈，並且在汰弱留強的基準下，重新兼併，進而推動產業轉移和融合。為深入貫徹落實科學發展觀，推進資訊化與工業化深度融合，以及中國大陸特色新型工業化道路，工業和資訊化部在中國大陸開展「國家新型工業化產業示範基地」創建工作。工業和資訊化部亦積極推出諸多扶植相關政策及規劃，例如：《工業轉型升級規劃（2011-2015 年）》及《高端裝備製造業『十二五』發展規劃》，將進一步提升中國大陸高階裝備製造業發展水準，以及有利新型工業化轉型。未來將新型工業化打造高科技、經濟效益及低汙染的新興策略性產業，將激發巨大商機，茲將分析中國大陸推行新型工業化引動之三大商機分別敘述如下：

受惠產業一：【自動控制產業】

近年來在經濟持續成長的同時，由於勞工成本上漲及勞動供給逐漸減少，製造業大量採用機器人取代勞動力以提高勞動生產效率。根據中國大陸最大區

隔市場調研機構中研普華機械設備研究報告分析師張祥光（2013）表示：「中國大陸機器人的銷售量，由 2010 年 14,980 台提升到 2011 年 22,577 台，同比成長 50.7％；而 2012 年機器人銷售量達到 26,902 台，成長 19.2％，預計 2015年中國大陸機器人需求量將高達 35,000 台」，顯見，中國大陸的機器人市場快速發展，其需求量逐年成長，帶來龐大商機。中國大陸機器人國家工程研究中心副主任曲道奎（2013）亦指出：「未來機器人產業將以 40％以上的成長速度成長，再加上由 40 多家權威科技研究單位和機器人企業共同發起的中國大陸機器人產業創新聯盟，整合此行業的優勢資源」。可看出自動控制產業不斷創新力爭將此做大做強，存在巨大潛力。

受惠產業二：【3D 列印產業】

新型工業化是中國大陸工業之新進程，而 3D 列印技術是推動中國大陸整體工業結構顛覆性的改變。3D 列印是以數字模型檔為基礎，運用可黏合材料如粉末狀金屬、塑膠等，在透過逐層列印的方式來構造成物體的技術，根據中國大陸 3D 列印技術產業聯盟秘書長羅軍（2013）表示：「3D 列印技術從事珠寶、建築、汽車、航空、醫療、零件等工業應用領域，具有不可忽視的產業帶動作用」，可看出 3D 列印所應用的領域貼近人民日常生活。為推動 3D 列印技術產業化和市場化，由北京航空航太大學、清華大學等具權威性之科技研究機構及 3D 領先企業共同成立「中國 3D 列印技術產業聯盟」。其根據中國大陸 3D 列印技術產業聯盟第一副理事長華中科技大學教授史玉升（2013）指出：「中國大陸在 3D 技術的核心領域已達與國際企業之基本水準，但在材料、裝備等開發尚有差距，希冀政府更加重視與扶持實力強的企業」，3D 列印技術產業聯盟的成立，將改變企業與研究機構單打獨鬥之不利局面，並更加快 3D 列印技術產業化速度。

受惠產業三：【智慧終端市場】

國際顧問機構市場研究公司國際數據資訊公司（IDC）（2012）預測：「2013年中國大陸智慧終端市場出貨量將成長 33.1％，智慧手機市場可成長 44％。到 2016 年，智慧終端市場規模可達到 5.6 億台，並且會有超過 2.5 億人同時擁有兩種智慧終端產品」。可知在持續提升工業化程度的驅動下，有利智慧設備發展，且成長規模驚人。根據美國行動裝置數據分析公司 Flurrys（2013）亦指出：「截至 2013 年 2 月，中國大陸使用智慧設備的數量高達 2.46 億台，而美國為 2.23億台，顯示出中國大陸使用 Android 和 iOS 系統和平板電腦的數量已超越美國，成為世界上使用最多的國家」。隨著中國大陸不斷增加的網路用戶，及使用智慧手機與平板電腦等智慧產品的普及下，不斷改變民眾的生活及工作方式，使得中國大陸在智慧設備與終端應用方面具有龐大的發展潛力，成為全球最大的智慧設備市場。

三、美麗中國勾勒新商機

中國大陸於 2012 年的《堅定不移沿著中國特色社會主義道路前進 為全面建成小康社會而奮鬥》報告中首次提出「建設美麗中國」的理念，並將中國大陸的特色社會主義事業總體布局，由先前的經濟建設、文化建設、政治建設與社會建設的「四位一體」，加入生態文明建設，成為「五位一體」的布局模式，希冀中國大陸能藉由「五位一體」的總體布局打造美麗中國，創造美麗商機，本研究依照「五位一體」的總體布局，歸納出「生態中國」、「智慧中國」、「綠能中國」、「文創中國」、「健康中國」與「幸福中國」等六大美麗新商機，茲將六大商機分述如下：

1. 生態中國：【植樹造林產業、生態修復產業、美麗園林產業】

隨著中國大陸發展新型城鎮化與生態文明建設下，建造生態園林城市已成為城市發展的必經之路，而中國大陸住房和城鄉建設部更於 2012 年頒布《生態園林城市分級考核標準》及《生態園林城市申報與定級評審辦法》，希冀以生態作為標準，打造宜居又健康的美麗家園。此外，根據中國大陸全國工商聯環境商會會長文一波（2013）表示：「隨著企業在環保領域的投資日益增加下，環保產業不但將為環境品質改善做出貢獻，更將同時成為重要的新興產業」。

經濟快速進步下，形成的環境汙染卻亦為中國大陸帶來投資商機，如 PM2.5 的空氣汙染雖使許多城市霧霾來襲，但卻也使汽車尾氣治理與空氣淨化器的企業從中受益。根據中國大陸全國政協人資環境副主任王玉慶（2013）表示：「中國大陸生態綠色產值，預計將超過 4.5 兆元人民幣」。顯示出生態中國所創造出的龐大成長力，此外，中國大陸在建設生態中國的概念下，亦為植樹造林、生態修復、環境保護、水利水電與美麗園林等產業帶來新商機，如生態修復與生態景觀等經營業務為主的「鐵漢生態」，2013 年獲得 316 國道老河口市城區梨花大道景觀項目工程的大單，此外，善於植樹造林的「福建金森」、生態修復的「蒙草抗旱」及致力於環境保護的「迪森股份」，亦於生態中國的商機中獲取龐大收益，而生態建設更被視為永續經營的項目，因此，台商可看準此項商機，抓緊機會前進中國大陸布局生態市場，獲取更大的收益。

2. 智慧中國：【智慧交通產業、智慧建築產業、智慧醫療產業】

根據上海森德金融研究所分析師宣繼遊（2013）表示：「『十二五』期間投資智慧城市的建設投資可能高達 5,000 億元人民幣，而各地的智慧城市建設項目，亦將帶入兩兆元人民幣的產業機會」。是故，智慧中國的推動，為各地帶入不少商機，而與智慧交通、智慧醫療與智慧建築有關之產業，也在智慧中國的理念推動下，呈現快速成長的趨勢，如「銀江股份」做為智慧城市系統解決方案供應商，以「致力智慧城市建設」作為企業之願景，從事領域橫跨智慧醫療、智慧交通、智慧建築與雲端計算等項目，並成為智慧中國商機中獲利的

企業，而從事數位化城市管理的「數位政通」與從事安防視頻監控的「大華股份」等公司，亦皆在智慧中國理念宣揚下獲得收益。此外，量子計算機的強大計算能力，更將使量子電腦於中國大陸掀起一波新商機，並帶動相關智慧產業成長，而移動互聯網產業更在中國大陸積極建設 4G 之際，成為智慧中國下的新興產業，顯示台商此時更可找尋合適的路徑，與中國大陸相關智慧企業共同掌握商機，並創造更高的收益。

3. 綠能中國：【LED 半導體產業、石化產業、太陽能產業】

在面臨資源銳減、環境汙染嚴重及生態系統逐漸退化的嚴峻形勢下，中國大陸對開始重視尋找新型環保材料、開發可替代能源及節能減排等項目。根據中國大陸國務院發布的《『十二五』節能環保產業發展規劃》（2012）中指出：「中國大陸力爭節能環保產業總產值於 2015 年達 4.5 兆元人民幣」，強調節能減排的電動車、太陽能與 LED 半導體等產業因而從中獲益，其中，專營 LED 封裝的「億光電子」同時獲得中國大陸與台灣的平板電腦背光源及 LED TV 訂單，使其 2013 年 4 月合併營收創下 19.35 億元人民幣的單月歷史新高，此外，頁岩氣、地熱能與石墨烯等產業也因此成為當前的新興產業，其中，石墨烯正處產業化狀態，「方大炭素」於 2013 年 5 月 9 日獲石墨烯發明專利權通知書，股價並隨即上漲，而「永泰能源」於 2013 年獲得頁岩氣的探勘許可，並將乘石化產業中的頁岩氣商機於未來獲取更大收益，且頁岩氣產業中的「潛能恆信」、「杰瑞股份」與「江鑽股份」等企業，與地熱能產業中的「常發股份」、「海力股份」與「大冷股份」等企業，亦在此波商機獲益，是故，台商更應把握商機積極與此類企業合作學習，除可為中國大陸建造綠能中國，亦可為台灣創造更優質的美麗台灣。

4. 文創中國：【影視製作產業、出版發行產業、數位內容產業】

綜觀中國大陸國內外文化產業的發展態勢，文化與科技的融合趨勢已日益顯現，而文化、科技及創意三者相互結合更將對社會經濟發展產生強大作用力，此外，中國大陸更於 2012 年提出《國民經濟和社會發展第十二個五年規劃綱要》中，更以傳承創新以推動文化大發展與大繁榮為主旨，積極發展其文化事業與產業。

根據中國大陸北京大學文化產業研究院《中國大陸文化產業年度發展報告（2013）》指出：「中國大陸 2012 年文化產業總值突破四兆元人民幣」，顯示中國大陸文創產業正快速發展，而影視製作、印刷複製、文化創意、演藝娛樂、數位內容、出版發行及動漫等文化產業的商機亦逐漸浮現，兩岸連鎖協會理事長王國安（2012）更指出：「中國大陸文創產業占 GDP 比重將於 2015 年時達 5％的比例」，可看出中國大陸文創產業仍擁有龐大的商機，其中，中國大陸影視業龍頭「華誼兄弟」挾帶文創產業之商機獲取龐大收益，2013 年第一

季季報指出，第一季營業收入已達 5.6 億元人民幣，而出版發行產業的「天舟文化」與動漫文化創意產業中的「美盛文化」，也皆於文創商機中取得不錯的成績，此外，台商在兩岸大力倡導兩岸文創之際，更可藉由此次機會布局中國大陸，並把握文創產業帶來的龐大商機。

5. 健康中國：【生物醫藥產業、保健品產業、養老產業】

隨著高齡化、中產化發展的大趨勢逐漸顯現下，老年人的醫藥消費將成為巨大的消費市場，而中產階級的消費行為亦將從物質消費緩緩轉向健康消費，中國大陸健康產業發展的春天逐漸到來。

根據中國保健協會理事長張鳳樓（2012）指出：「中國大陸健康產業占 GDP 產值比例約 5％，估計 2015 年產值將達一兆元人民幣，年成長率將達 20％」。顯示，中國大陸健康市場仍擁有很大的成長空間，政府更計畫於十二五期間投資 63 億美元於生物醫藥領域之上，而基因測序產業因能對未來的疾病風險做出判斷，而成為健康中國下的新興產業，其中，達安基因 2012年時已啟動基因測序分子的診斷項目，而許多企業更在健康市場的龐大商機吸引下順勢而為，如「輝瑞」與中國大陸的「海正藥業」於 2012 年合資建造「海正輝瑞製藥有限公司」，此外，更有不少醫藥企業正處於轉型與多元化發展的階段，根據天士力國際公司總經理戴標（2013）表示：「天士力將進軍養老復健之醫療領域，並已開始布局於全球」。而「同仁堂」、「東阿阿膠」、「浙江醫藥」與「東北醫藥」等醫藥企業，更紛紛展示旗下之保健品，希冀於中國大陸的龐大健康市場中獲取商機，台商應把握此機會，抓緊腳步與中國大陸企業合作聯盟，共同於健康商機中創造佳績。

6. 幸福中國：【宗教產業、心靈產業】

隨著中國大陸多年來的快速經濟成長，人們對自身狀況與社會發展的價值觀已開始產生變化，中國大陸雖仍持續追求 GDP 的成長，但民生、安全、環境與健康等綜合性的發展，卻也逐漸成為當前政府更重視的項目，因此，中國大陸衡量國民幸福的新指標開始由 GDP 轉為 GNH（Gross National Happiness），此外，中國大陸《21 世紀經濟報導》更於 2012 年 12 月 3 日舉辦「21 世紀 GNH 國民幸福論壇」宣揚幸福中國的理念，希冀探索全球不同文化圈的幸福觀，以增進全體人民的福祉，而中國大陸國民幸福研究中心主任劉向東（2012）更指出：「談幸福並沒有太過分，幸福只是我們在人生過程中一個簡單且必然追求的項目」，由此可知，在中國大陸高談幸福中國之際，幸福的觀念早已深植於人們心中。

隨著中國大陸的經濟不斷成長，人們的生活更加富裕，然幸福感卻未與經濟同步成長，為打造幸福中國以提升國民幸福指數，整體產業皆應以幸福為導向來改善與轉型，而幸福導向型的產業亦為幸福社會所不可或缺的要素，且是

用以提升人民生活水準的產業。而幸福社會之基礎條件即為勞有所得、住有所居與病有所醫等多種項目所構成，因此，不管是教育、醫療甚至是住房等產業，皆可為打造幸福中國做出貢獻，此外，宗教與心靈產業亦為建造幸福中國的重要角色，如力行公益活動的「中國福利基金會」、由一般民眾所發起的草根民間公益組織，皆是以行動換取人們內心的幸福，讓中國大陸人民在精神層面上也獲得幸福感，更有效地打造出幸福中國。

　　建設美麗中國已成為全中國大陸人民、企業與政府共同努力的目標，根據全國人大代表金長征（2013）表示：「美麗中國的建設，必須以打造美麗鄉村作為主戰場，致力推進美麗鄉村之建設，以實現美麗中國建設之基礎」。由此可知，中國大陸在推行美麗中國之際，亦重視到各地均衡發展的重要性，避免出現不美麗之處，而全國政協常委傅成玉（2013）亦表示：「建設美麗中國並實現中國夢的遠大目標，應以中央企業首先帶頭建設」。是故，中國大陸之美麗中國建設，更重要的是中國大陸政府的全力支持，期許在各地政府與人民的共同努力下，能夠在未來實現美麗中國的偉大夢想。

中國大陸經濟
新情勢

第 6 章　　2013 中國大陸經濟現勢與展望

第 7 章　　2013 中國大陸政經局勢與挑戰

第 8 章　　2013 中國大陸經貿風險與衝擊

第 9 章　　2013 中國大陸投資新區與新政

第 10 章　　2013 台商布局中國大陸新謀略

第6章
2013 中國大陸經濟現勢與展望

回顧 2012 年，中國大陸經濟成長率首度跌破 8%，各種經濟、社會問題浮現，中國大陸未來將在全球經濟發展扮演什麼樣的角色成為世人目光焦點。是故，中國大陸將「平衡」、「穩健」、「可持續」視為未來發展重點目標，中國大陸新任領導階層面臨決策的兩難，務必審慎思考各方風險，宏觀放眼全球定位，找出中國大陸步向成熟市場的康莊大道。

一、研究機構對中國大陸 GDP 預測

2013 年是中國大陸邁向嶄新經濟格局的一年，伴隨經濟結構轉型聲浪四起，以及新任領導團隊習李政權上任，各項經濟調整政策出爐，其政策效果是否能順利帶領中國大陸步入新的成長旅程，抑或仍將無法改變中國大陸經濟結構根本問題，對此議題，各國際機構及研究單位紛紛提出報告，發表對於中國大陸 2013 年經濟局勢及 GDP 成長率看法，茲將各主要研究機構對 2013 年中國大陸經濟的論述及預測敘述如下：

表 6-1 2013 年全球主要研究機構對中國大陸經濟成長率之預測

❶	國際組織機構			論述
研究機構	國際貨幣基金組織（IMF）			發布《世界經濟展望更新》（World Economic Outlook Update）指出：「由於中國大陸因為過去的投資規模過大而希望減少投資，其經濟成長放緩的程度可能要比預期更嚴重」。此外，對於報告內容，IMF 首席經濟學家 Olivier Blanchard（2013）進一步表示：「中國大陸經濟成長結構失衡，當地存在投資比重過高、消費比重過低的現象」，道出中國大陸的改革任重而道遠。
前次預測	2013/04/18		8.0%	
最新預測	2013/07/09		7.8%	
研究機構	世界銀行（WB）			發布《全球經濟展望》（Global Economic Prospects）指出：「中國大陸的高投資率可能難以維繫，而如果投資在缺乏管理的狀態下無序撤出則會導致中國大陸經濟迅速減速」。
前次預測	2013/01/15		8.4%	
最新預測	2013/06/12		7.7%	

表 6-1 2013 年全球主要研究機構對中國大陸經濟成長率之預測（續）

❶	國際組織機構			論述
研究機構	經濟合作暨發展組織（OECD）			發布《OECD 經濟展望》（OECD Economic Outlook），下修中國大陸 2013 年、2014 年經濟成長預估，從先前預估的 8.4%、8.9%分別降到 7.8%、8.4%。
前次預測	2013/04/08	8.6%		
最新預測	2013/05/29	7.8%		
研究機構	聯合國（UN）			發布《世界經濟局勢與前景》（World Economic Situation and Prospects）指出：「中國大陸重新調整經濟，朝向消費導向型態發展」，顯示中國大陸可望收入更加均衡，帶動消費力成長
前次預測	2013/01/17	7.9%		
最新預測	2013/05/23	7.8%		
研究機構	歐盟委員會（EC）			發布《2013 年春季預測》（Spring Forecast 2013）指出：「消費將是中國大陸 2013 年 GDP 成長主要動力」，顯示歐盟委員會看好中國大陸消費力帶動其由世界工廠轉向世界市場。
前次預測	2013/02/22	8.0%		
最新預測	2013/03/05	8.0%		
研究機構	花旗銀行（Citi Bank）			花旗銀行發布聲明下修中國大陸 2013 年經濟成長率至 7.4%，並指出，中國大陸銀行業者拆借市場的問題發生，凸顯出政府與市場欠缺溝通協調。
前次預測	2013/02/08	7.8%		
最新預測	2013/07/08	7.4%		
研究機構	豐業銀行（Scotiabank）			發布《全球預測更新》（Global Forecast Update）指出：「儘管中國大陸內需逐步成長，但受到信貸問題、出口減少與貨幣緊縮等因素影響，下修 2013 年經濟成長率至 7.8%」。
前次預測	2013/04/30	8.0%		
最新預測	2013/06/27	7.8%		
❷	證券金融機構			論述
研究機構	高盛證券（Goldman Sachs）			高盛首席投資策略師哈繼銘（2013）表示：「中國大陸經濟增速將『辭 8 迎 6』」，2013 年 6 月 24 日發布聲明下修中國大陸 2013 年經濟成長預測由 7.8%降至 7.4%。
前次預測	2013/04/18	7.8%		
最新預測	2013/06/24	7.4%		
研究機構	美銀美林（BofA Merrill Lynch）			2013 年 7 月 23 日表示：「7.5%將是中國大陸經濟成長底限，且通膨率上限為 3.5%」。
前次預測	2013/05/14	7.6%		
最新預測	2013/07/23	7.5%		
研究機構	亞洲開發銀行（ADB）			主因為工業國家需求持續低落，以至於中國大陸經濟成長速度放緩。
前次預測	2013/04/10	8.2%		
最新預測	2013/0716	7.7%		
研究機構	摩根士丹利（Morgan Stanley）			發布《中國大陸「超級熊市」情景》（China 'Super Bear' Scenario）指出：「未來半年至一年內，中國去槓桿化會持續進行，而中國大陸金融業的去槓桿前景增加硬著陸風險，故預測中國大陸 2013 年經濟成長率 5.5%」。
前次預測	2013/03/12	8.2%		
最新預測	2013/07/10	5.5%		

表 6-1 2013 年全球主要研究機構對中國大陸經濟成長率之預測（續）

❷	證券金融機構			論述
Deutsche Bank	研究機構	德意志銀行 （Deutsche Bank）		德意志銀行將中國大陸經濟成長率下調主要原因為企業信心不足以及錢荒加劇，迫使中國大陸經濟可能呈現下降態勢。
	前次預測	2013/06/03	8.2%	
	最新預測	2013/07/12	7.6%	
CREDIT SUISSE	研究機構	瑞士信貸集團 （AG）		發布《Less Stimulus, More Volatility, Same Tepid Economy》指出：「中國大陸新政權試著為長期經濟成長奠定新基礎，也因此經濟會偏離傳統由投資驅動的模式，轉向消費驅動模式，2013 年改革可能將優先於成長」。
	前次預測	2013/03/14	8.0%	
	最新預測	2013/06/13	7.4%	
❸	智庫研究機構			論述
E·I·U The Economist Intelligence Unit	研究機構	經濟學人智庫 （EIU）		發布《EIU 全球經濟展望》（EIU Global Outlook Report）表示：「中國大陸 2013 年第一季於民眾消費、生產與投資皆不如預期，故下修其 2013 年經濟成長率至 7.5%」。
	前次預測	2013/05/16	7.9%	
	最新預測	2013/07/18	7.5%	
IHS GLOBAL INSIGHT	研究機構	環球透視 （IHS Global Insight）		環球透視於 2013 年 7 月 17 日公布各國經濟成長率預測值更新，下調中國大陸 2013 年經濟成長率為 7.5%。
	前次預測	2013/06/17	7.8%	
	最新預測	2013/07/17	7.5%	
FitchRatings	研究機構	惠譽國際信評機構 （Fitch Ratings）		發布《全球經濟展望》（Global Economic Outlook）指出：「中國大陸於製造業 PMI、固定資本投資以及出口等數據皆表現不如預期，說明中國大陸經濟將持續放緩」。
	前次預測	2012/09/28	7.8%	
	最新預測	2013/06/27	7.5%	

資料來源：各研究機構、本研究整理

二、中國大陸經濟八評論

中國大陸新任領導人習近平先生上任，中國大陸政經局勢正處於邁入轉折點，各方前瞻未來發展可能的同時，回顧中國大陸存在已久的經濟、社會結構等問題，其中更充滿各種矛盾及交互影響關係，致使各方學者專家論點不一。如何在此錯綜複雜的經濟局勢中取得平衡，帶領中國大陸走出經濟低谷，將是中國大陸新領導團隊首要任務。茲整理各方對中國大陸政經等八評論：（1）中國大陸政經影響論；（2）中國大陸經濟復甦論；（3）中國大陸經濟型態論；（4）中國大陸經濟心態論；（5）中國大陸經濟保八論（6）中國大陸經濟著陸論；（7）中國大陸經濟矛盾論；（8）中國大陸經濟熱冷論，供讀者參考如下：

◯ 中國大陸政經影響論

1. 中國崛起論

❶**倫敦經濟學院亞洲研究中心研究員 Jacques**：《當中國統治世界》作者 Jacques（2013）表示：「從 2010 年到 2030 年這個階段，中國大陸的現代化主要體現在城市化，經濟發展模式越來越成熟，科技創新方面投入更多，與此同時，中國大陸的現代化將對世界產生更大的影響」道出中國大陸已從「關乎自己」的現代化，轉為「關乎世界」的現代化，未來中國大陸必須以更具建設性的方式發揮自身的全球影響力。

❷**北京大學國際關係學院教授朱鋒**：2012 年 5 月 28 日表示：「無法擁有內在成熟的政治體制、強大的市民社會、法治的市場環境和創新科技實力的中國大陸，是無法實現可持續崛起的」，由此顯現中國大陸還處於崛起的成長期，必須持續參考多方經驗、轉型和走向成熟。

2. 中國支撐論

❶**高盛資產管理公司前主席 O'Neill**：「金磚之父」O'Neill 於 2013 年 5 月 17 日表示：「由於中國大陸的崛起，全球經濟在這個十年裡將以剛好超過 4％的速度成長」道出中國大陸的影響力。此外，並預測如果中國大陸經濟在未來十年裡一直以約 7.5％的速度成長，同時美國、歐洲和日本的經濟增速恢復，那世界經濟將以更加強勁的速度成長，顯示中國大陸已成為全球經濟不可或缺的一部分，可望帶領全球走向經濟復甦。

❷**中國投資董事長樓繼偉**：2013 年 1 月 26 日出席「2012-2013 中國經濟年會」時表示：「2013 年中國大陸經濟成長可能在 8％以上。中國大陸經濟支撐非常大的全球需求」由此顯現在全球經濟不景氣的情況下，中國大陸創造出龐大的消費需求，可望帶動全球經濟。此外並指出，全球重債國家的問題意味著中國大陸的機遇。是故，政府應該鼓勵中國大陸企業抓住機遇，讓企業自由投資海外。

3. 中國崩潰論

❶**經濟學者作家章家敦**：2001 年中國大陸入世之際，章家敦便出版《中國即將崩潰》，預言中國大陸將於 2011 年倒台，然而，此一預言並未實現，但章家敦仍堅持其「中國崩潰論」看法，並於 2013 年表示：「當下中國大陸的經濟發展模式已經隱憂重重，而改革停滯和人口紅利的終結，將成為中國大陸經濟陷入衰退的主要原因」顯示對於中國大陸經歷高速成長後，於 2012 年、2013 年面臨經濟拐點，章家敦抱持負面看法。

❷**經濟學者作家 Fukuyama**：芝加哥大學社會學博士 Fukuyama（2012）表示：「中國大陸由上至下的政治制度，在日益茁壯的中產階級壓力下，可能在某個時間點崩潰」並進一步道出中國大陸沒有自由媒體、沒有地方選舉之體系，造成政府無法確切判斷人民在想甚麼。由上可知，伴隨中國大陸人民自我意識興起，Fukuyama 認為中國大陸目前之政治體系難以與社會人民意識取得

平衡，是「中國崩潰」的主要原因。

　　❸ 耶魯大學經濟學者 Roach：曾擔任摩根士丹利亞洲區主席的 Roach（2012）表示：「『中國崩潰論』的觀點忽略推動中國大陸經濟前進的核心力量，即中國大陸正在進行的以城市化為主的現代化」，顯示 Roach 看好中國大陸正在實施的「十二五規劃」將通過城鎮化、提高工人最低工資、健全社會保障體系等，刺激中國大陸穩健成長。

4. 中國威脅論

　　❶ **喬治華盛頓大學政治學和國際關係教授沈大偉**：2013 年 3 月 20 日在《紐約時報》（The New York Times）發表〈Falling Out of Love With China〉指出：「中國大陸不受其他國家歡迎。對歐洲、美國及拉美地區國家來說，中國大陸是個經濟威脅；在亞洲，中國大陸在軍事上之進逼，也使鄰近國家感到不安」，顯示伴隨中國大陸經濟成長，與其他國家之間的關係可能會為新政權帶來諸多困難，新任領導團隊須認真應對。

　　❷ **中國大陸國家主席習近平先生**：2013 年 3 月 23 日在莫斯科國際關係學院（Moscow State Institute of International Relations）演說回應「中國威脅論」表示：「中國大陸是很多周邊國家的最大貿易夥伴、最大的出口市場和出口國，因此中國大陸若是積貧積弱，是世界真正的麻煩」，由此道出中國大陸國家主席習近平先生認為在經濟上，中國大陸與諸多國家處於相互依賴的關係，如何共創利益則是其較關注的部分。

⊃ 中國大陸經濟復甦論

1. 類型一：弱復甦

　　❶ **中國大陸國家資訊中心經濟預測部研究員張茉楠**：2013 年 5 月 6 日表示：「中國大陸經濟弱復甦的『弱』主要體現在工業生產增加值，而工業增加值的『弱』則源於製造業投資弱」，道出中國大陸過去產能擴張較快，而庫存水平較高，導致企業投資意願不強，製造業投資增速減緩，未來中國大陸除政府必須促進改革，調整產業結構外，企業亦必須改變過去生產至上之心態。

　　❷ **匯豐中國首席經濟學家屈宏斌**：2013 年 5 月 2 日表示：「由於外需惡化、去庫存壓力增加，中國大陸 2013 年 4 月製造業活動增長放緩，印證中國大陸經濟的弱勢復甦」，由此顯示中國大陸製造業活動放緩問題顯現，未來問題更可能進一步擴大至勞動市場，政府當局必須思考應對措施。

2. 類型二：波復甦

　　❶ **摩根大通中國大陸首席經濟學家朱海斌**：2013 年 1 月 22 日表示：「2013年中國大陸經濟將經歷週期性復甦，但成長潛力仍處於長期下行通道，預測中國大陸 2013 年經濟成長率為 8.0％」，顯示朱海斌認為中國大陸自 2012 年下

半年經濟局勢反彈之力道可望延續至 2013 年，而伴隨中國大陸經濟結構轉型，經濟成長率將逐漸下滑。

❷香港國元證券研究副總監徐景順：2013 年 1 月 11 日表示：「中國大陸經濟好轉，加上美、歐、日等國實行量化寬鬆導致熱錢流入，有利於中國大陸和香港股市，因此看好中國大陸經濟週期性復甦」，由此顯示中國大陸經濟前景仍受各方看好，外國投資有成長空間，可望帶領中國大陸經濟週期復甦。

● 中國大陸經濟型態論

1. 類型一：U 型

❶德意志銀行大中華區首席經濟學家馬駿：2012 年 10 月 26 日表示：「中國大陸於 2012 年至 2013 年的經濟將會呈現 U 型的復甦軌跡」，並預測 2013 年下半年，產能過剩的企業將退出市場，多數企業產能利用率可以恢復正常，盈利回到過去水準，企業將開始自主投資，從而拉動經濟復甦，顯示馬駿認為中國大陸製造業將面臨市場機制調整，重新步回正軌，拉動經濟。

❷清華大學中國與世界經濟研究中心主任李稻葵：2012 年 7 月 2 日表示：「中國大陸經濟已經呈現 U 型回升態勢，房地產市場於價、於量皆將回暖，與房地產相關的消費產業也在逐步回暖」，顯示李稻葵認為中國大陸的 U 型復甦是由房地產消費帶動所引領，伴隨經濟好轉，房地產市場可望重回繁榮景象。

2. 類型二：N 型

❶中國大陸中科院：2013 年 1 月 28 日發布《2013 年中國經濟預測與展望》指出：「2013 年中國大陸經濟回升將呈現 N 型」，道出 2013 年上半年中國大陸經濟可望回升，於年中出現下滑態勢但年底將重新反彈。此外，報告並預測 2013 年中國大陸貨物和服務淨出口對 GDP 成長的貢獻率為 -3.6％，顯示中國大陸中科院雖預期中國大陸能於 2013 年經濟回升，但出口仍將處於谷底。

❷海通證券副總裁兼首席經濟學家李迅雷：2012 年 12 月 12 日表示：「2013 年中國大陸 GDP 走勢為 N 型，成長率約 8％」，而對於推動成長的來源，李迅雷指出投資依舊是重要因素。然而，投資驅動的經濟成長亦有可能再度造成產能過剩等問題，是故，中國大陸政府當局仍需考量多方因素，尋求平穩、可持續的成長。

3. 類型三：W 型

❶亞洲知識管理協會院士陸德：2012 年 11 月 19 日表示：「從 2008 年至 2012 年是中國大陸經濟的二次下滑，也就是 W 型經濟的第二個底端」，顯示出 2013 年可望是中國大陸經濟觸底反彈的一年。然而，陸德亦指出，若十二五規劃未能完成轉型，人口紅利消失、貧富差距問題、投資轉換率降低等三項問題將可能致使中國大陸經濟巨大波動。是故，中國大陸政府當局需加緊

改革步伐。

❷匯豐銀行大中華區首席經濟學家屈宏斌：2013 年 1 月 18 日表示：「2013
年中國大陸領導階層面臨的主要任務，便是使經濟好轉的趨勢得以延續，並避
免出現 W 型經濟復甦風險」，顯示屈宏斌認為中國大陸 2013 年經濟仍有下滑
之可能，若不能維持良好經濟局勢，則可能重新回到谷底。

4. 類型四：倒 V 型

❶高盛證券中國大陸首席投資策略師哈繼銘：2013 年 1 月 22 日表示：
「中國大陸 2013 經濟呈倒 V 型，全年經濟成長率為 7.5％至 8.5％」，顯示哈
繼銘認為 2013 年上半年中國大陸將延續 2012 年下半年經濟反彈的氣勢，但於
2013 年下半年起，各層面問題浮現，經濟開始放緩。

❷中國大陸國家資訊中心經濟預測部宏觀經濟研究室主任牛犁：於 2013
年 4 月 17 日表示：「2013 年中國大陸經濟將呈現倒 V 型」，此外，牛犁亦對
中國大陸庫存問題抱持樂觀態度，認為企業減庫存將發揮效果，伴隨未來生產
效率增加下，庫存問題可望獲得舒緩。

➲ 中國大陸經濟心態論

1. 樂觀論

❶前世界銀行首席經濟學家林毅夫：2013 年 4 月 24 日指出：「中國大陸
按購買力計算之人均收入於 2008 年達到日本 1951 年、韓國 1977 年之水準，
按照趨勢，中國大陸經濟有條件維持 20 年的 8％的高速成長」，由此道出林毅
夫對中國大陸未來經濟局勢看好，未來 20 年「保八論」潛力大。

❷中國大陸北京大學中國經濟研究中心副主任盧鋒：2013 年 1 月 8 日表示：
「2012 年中國大陸 GDP 增速為 7.8％，創十年最低水準，但從世界範圍看，中
國大陸經濟增速仍屬較高的」。此外，盧鋒進一步預計，2013 年中國大陸外貿
形勢趨好，GDP 增速將達 8.1％至 8.2％，顯示盧鋒對於中國大陸經濟前景抱持
較樂觀之態度。

2. 中庸論

❶美銀美林大中華區經濟研究部主管陸挺：2013 年 4 月 19 日指出，中國
大陸 2013 年第一季生產總值成長速度令人失望，加上 H7N9 疫情持續擴大，可
能對中國大陸 2013 年經濟成長率造成影響，但房地產固定資產投資成長速度
可望趨於穩定，與消費者價格指數膨脹率降低可望減緩信貸收緊，以及新任領
導階層把中國大陸發展重點轉向經濟，預期中國大陸 2013 年經濟成長率將維
持 8.0％之水準，顯示陸挺認為對中國大陸經濟前景不需太過悲觀。

❷中國大陸國務院發展研究中心市場經濟研究所研究員吳敬璉：2012 年
10 月 12 日表示：「中國大陸靠投資驅動成長的模式導致資源匱乏、環境破壞，

投資和消費的失衡、民眾收入水準提高過慢、最終需求不足、產能過剩等問題，對於未來不應太過樂觀」，顯示吳敬璉認為中國大陸仍有許多問題待解決，必須繼續改革，推動經濟可持續的成長。

3. 悲觀論

❶ **天則經濟研究所學術委員張曙光**：2013 年 1 月 23 日表示：「2013 年中國大陸經濟形勢不樂觀，預計經濟成長率 7.6％」，顯示張曙光認為中國大陸持續高成長的潛力已經消失。此外，張曙光並指出中國大陸經濟發展中最大的問題是結構失衡，使經濟效率下降，導致長期穩定發展受到威脅，由此道出中國大陸政府應更加注重長期經濟發展，以制定合適之經濟成長政策。

➲ 中國大陸經濟保八論

1. 經濟成長率 8.0％以上

❶ **經濟合作暨發展組織**：2013 年 4 月 8 日發布《OECD 經濟調查：中國大陸》（OECD Economic Surveys：China），除預測中國大陸 2013 年經濟成長率為 8.6％之外，2014 年更可望進一步擴張至 8.9％。此外，報告並預估，中國大陸當前十年的平均經濟成長率可望為 8％。上述可知，經濟合作暨發展組織對中國大陸「保八」極具信心。

❷ **亞洲開發銀行**：2013 年 4 月 10 日發布《亞洲發展展望》（Asian Development Outlook），預測中國大陸受旺盛的消費及投資帶動，2013 年可望「保八」。此外，報告亦指出，中國大陸目前通膨壓力不大，這給中國大陸政府相對寬鬆政策的空間，顯示亞洲開發銀行認為中國大陸有溫和復甦的機會。

2. 經濟成長率 8.0％以下

❶ **花旗集團**：2013 年 2 月 8 日發布《全球經濟展望與策略》（Global Economic Outlook and Strategy）指出：「中國大陸於 2012 年下半年出現經濟反彈回升，憑藉著政策寬鬆和基礎建設投資，未來中國大陸 GDP 成長率可維持在 7.0％以上，但要達到 8.0％以上非常困難」，顯示花旗銀行認為中國大陸市場漸趨成熟，未來難以再出現過去超高速成長的景象。

❷ **野村證券**：2013 年 3 月 15 日發布《亞洲專題報告》（Asia Special Report），預估中國大陸 2013 年經濟成長率為 7.7％，然而，野村證券亞洲首席經濟學家張智威於 2013 年 4 月 15 日將該數據下修至 7.5％，並指出：「中國大陸工業產值及固定資產投資的成長速度不如預期，且社會消費品零售總額僅微幅上升」，顯示中國大陸各項經濟指數表現趨弱，導致野村證券對其經濟發展信心不足。

⊃ 中國大陸經濟著陸論

1. 已軟著陸

❶ **渣打銀行首席經濟學家王志浩**：2012 年 12 月 12 日表示：「中國大陸 2012 年對於製造業來說是非常困難，但是對非製造業而言形勢尚可，而中國大陸沒有出現嚴重失業問題，很多人從製造業轉到非製造業，這是一個轉型的趨勢」，顯示王志浩認為中國大陸的復甦已開始，經濟已經軟著陸。

❷ **中國大陸國民經濟研究所所長樊綱**：2013 年 2 月 21 日表示：「中國大陸經濟已實現軟著陸，最低谷時期已經過去，如果 2013 年實現 8％以上成長，就為今後二到四年的平穩成長奠定基礎」，顯示中國大陸歷經泡沫化趨勢、經濟過熱等現象後，並未造成巨大衝擊，2013 年將處於平穩復甦態勢，然而，如何將潛力發揮出來，有賴中國大陸政府當局持續改革和進一步調整。

2. 已硬著陸

❶ **美國南卡羅來納大學艾肯商學院教授謝田**：2012 年 9 月 5 日表示：「從 GDP 成長停滯、進出口、房地產市場，到銀行壞帳問題出現，以及產能過剩，造成失業率上升和通貨膨脹，種種現象顯示中國大陸已硬著陸」，顯示謝田對中國大陸各方面經濟問題不樂觀，認為未來中國大陸經濟前景嚴峻。

3. 正軟著陸

❶ **英仕曼集團亞洲區主席 Lagrange**：2013 年 1 月 16 日表示：「與中國大陸領導人見面後給我的感覺是，中國大陸既有能力也有強烈意願讓經濟保持成長，中國大陸的軟著陸是可以實現的」，由此道出 Lagrange 對於中國大陸新領導團隊深具信心，且認為中國大陸正在實現軟著陸。

❷ **道富環球投資管理首席經濟學家 Probyn**：2013 年 1 月 22 日表示：「預計 2013 年中國大陸經濟會實現軟著陸，全年 GDP 增長約為 7.5％，2014 年則有望回升至 8％」，顯示 Probyn 對中國大陸前景看好，經歷調整後，經濟可再度回溫。

4. 正硬著陸

❶ **中華元智庫創辦人張庭賓**：2013 年 2 月 3 日提出中國大陸：（1）廣義貨幣餘額過高；（2）資本和金融項目出現 1999 年以來首次年度逆差，該現象可能吸引大量熱錢流入中國大陸，助推資產泡沫。張庭賓此一論述道出中國大陸可能正在處於硬著陸的狀態，政府當局對此必須高度警覺，主動採取措施進行調控，否則拖得越晚，硬著陸的代價將更巨大。

❷ **索羅斯基金會創辦者 Soros**：2013 年 4 月 10 日表示：「中國大陸的影子銀行、政府融資平台及房地產信貸引發的壞帳風險浮現，中國大陸影子銀行的快速發展及次貸情況，與美國金融危機前的次貸風險有相似性」，Soros 認為中國大陸房地產投資過熱，房價上漲提高人民儲蓄率，抑制消費傾向，同時

銀行體系的壞帳出現上升，可能將中國大陸推向硬著陸。

● 中國大陸經濟矛盾論

1. 投資擴張與投資緊縮

❶北京大學金融教授Pettis：2013 年 1 月 22 日發表《偉大的再平衡：貿易、衝突、以及世界經濟的危險前路》（The Great Rebalancing：Trade, Conflict, and the Perilous Road Ahead for the World Economy）指出：「中國大陸的成長模式是高度資本密集型的投資驅動模型，而這種成長模式是不可持續的，因為過剩的投資將開始流向那些根本無法盈利的項目，最終導致債務危機或極為緩慢的經濟成長」，顯示中國大陸過度重視投資驅動的模式，可能帶來損害經濟的結果，Pettis 認為中國大陸不應持續擴張投資。

❷中國大陸國務院發展研究中心金融研究所綜合研究室主任陳道富：2013 年 1 月 2 日表示：「中國大陸在上一輪投資高速擴張後，目前產能過剩較為嚴重，設備利用率並不高」，顯示中國大陸投資擴張已有遭遇瓶頸之現象。此外，根據中國大陸國家統計局（2013）資料指出，2013 年第一季中國大陸固定資產投資成長 20.9％、出口總額同比成長 18.4％的同時，PMI、工業品價格、企業盈利卻表現不佳，出現這般「宏觀指標穩定，微觀指標低迷」的現象，道出中國大陸經濟需要在這種環境中，逐步從負債支撐的資產擴張，轉向有助於成本、費用節約的投資。

2. 貨幣寬鬆與貨幣從緊

❶瑞士信貸董事總經理陶冬：對於中國大陸人民銀行於 2012 年調降基準利率，以刺激經濟成長率之做法，陶冬認為效果有限，且對企業獲利無太大幫助，並於 2012 年 7 月 26 日指出：「中國大陸經濟陷入流動性陷阱，貨幣擴張政策對經濟失去拉動效果」，由此道出陶冬認為貨幣寬鬆並非中國大陸經濟成長的良藥，開放服務業、減稅，尋求制度上的突破，才是令中國大陸經濟重回佳境的正解。

❷野村證券亞洲首席經濟學家張智威：2013 年 3 月 17 日指出，中國大陸正面臨（1）信用貸款總額占 GDP 比例過高；（2）房價泡沫破裂風險居高；（3）勞動力下降與生產效率趨弱等問題，並預期中國大陸將採取貨幣緊縮政策。然而，其亦指出：「如果中國大陸維持寬鬆政策而無法遏制上述相關風險，2013 年經濟雖可能強勁成長 8％，卻會提高 2014 年通貨膨脹率與爆發金融危機的風險」，一語道出中國大陸貨幣寬鬆與貨幣從緊間之矛盾。

3. 匯率升值與匯率貶值

❶中國大陸人民銀行副行長易綱：2013 年 4 月 19 日表示：「當前市場環境適合考慮擴大人民幣浮動幅度，這對市場有利，且繼 2012 年人民幣兌美元

的浮動區間由 0.5％擴大至 1％後，未來將進一步擴大」，顯示人民幣匯率將逐漸以市場為導向，循序漸進地推動調控。

❷ **中國大陸中科院經濟分析師易憲容**：對於中國大陸人民幣持續升值，易憲容於 2013 年 4 月 15 日表示：「人民幣匯率的迅速升值將危害中國大陸經濟的發展」，顯示中國大陸人民幣必須有計畫、階段性的升值，以免未來中國大陸經濟轉型帶來的不確定性和美元走強的可能性，進而造成中國大陸經濟危機。

4. 房市調控與房價暴漲

❶ **中國大陸國務院總理李克強先生**：中國大陸房市處於積極的擴張期，融資與買地的氣氛高漲，對此，李克強先生於 2013 年 3 月 30 日的中國大陸國務院常務會議上表示：「將持續進行房地產市場調控，加速建立房地產穩定健康發展的長效機制」，顯示中國大陸於房市之政策採取穩定房價，以利長期發展之導向，短期可能造成成交量變動大於價格變動的現象。

❷ **北京大學教授陳國強**：陳國強回顧中國大陸近五年之房市調控政策，於 2013 年 2 月 23 日表示：「中國大陸從過去較多著眼於短期的市場效果，轉變為關注到調控後整個行業的中長期發展」，顯示陳國強認為中國大陸新「國五條」政策可望能建立起房市調控的長效機制，並促進房地產市場長期發展。然而，「國五條」帶來的短期不確定性對中國大陸房市之影響逐漸發酵，據中國大陸國家統計局（2013）資料指出，2013 年第一季房地產開發投資同比成長 20.2％的同時，土地購置面積與房屋新開工面積各有 22.0％及 2.7％的下滑，道出市場對國五條仍處於觀望階段，需等待調適期結束，才能重回正軌。

5. 保持增長與控制通膨

❶ **中國大陸人民銀行行長周小川**：對於中國大陸 2013 年消費者物價指數上漲之情形，周小川（2013）表示：「通貨膨脹需要高度警惕」，並指出，中國大陸接下來的貨幣政策目標是低通脹、促成長、促就業、保持國際收支基本平衡。顯示中國大陸已開始重視通膨問題，並將採取較穩健的貨幣政策，以持續控制通貨膨脹之問題。

❷ **中國大陸首都經貿大學財政稅務學院教授焦建國**：2012 年 12 月 17 日指出：「通貨膨脹使得老百姓重要的剛性消費的價格，比如說住房、教育、醫療的價格居高不下，民眾不但收入未能大幅提升，反而物價上漲太快於工資收入的增漲」，由此道出焦建國認為中國大陸的通貨膨脹有其嚴重性，人民的實際感受和官方公布的價格指數存在差距，有必要進行改善。

6. 增加稅賦與降低稅賦

❶ **北京理工大學經濟學教授胡星斗**：2012 年 12 月 19 日表示：「未來中國大陸房市的調控方式將有所轉變，從行政手段轉向市場手段，從對買房的限制演變成通過稅收等市場手段來調節」，顯示將來中國大陸可能採取增加房地

產交易稅的方式，從更深層次的角度控制土地價格，使調控手段更趨多元。

❷中國大陸北京大學博士王福重：2013 年 3 月 5 日指出：「中國大陸的流轉稅非常多。加上中國大陸國內銷售環境的增值稅、消費稅等，商品價格比美國、歐洲、香港都要貴。長期看來中國大陸效應，應該減少財政支出」，顯示王福重認為中國大陸稅賦偏多，其中，大多稅賦屬於商品稅，可能造成消費結構上呈現不合理的現象，是故，中國大陸稅賦政策仍有改善空間。

⊃ 中國大陸經濟熱冷論

1. 宏觀熱、微觀冷

中國大陸經濟成宏觀熱，微觀冷之現象，就宏觀經濟資料而言，無論是經濟成長率、投資成長率、實現利潤、財政收入、PMI 等，於 2012 年末至 2013 年初，都出現明顯的提升。2013 年 2 月 23 日，廈門大學與新華社《經濟參考報》社聯合在北京舉行「2013 年中國大陸宏觀經濟高層研討會暨中國大陸季度宏觀經濟模型（China's Quarterly Macroeconomic Model；CQMM）春季預測發布會」，發布《2013 年中國大陸春季預測報告》，內容顯示 2013 年中國大陸經濟仍將繼續保持穩定增長態勢，GDP 增速將比 2012 年提高 0.43％，達 8.23％；儘管外部經濟體寬鬆的貨幣政策對中國大陸產生通脹壓力，但不會產生嚴重的通貨膨脹，2013 年消費者物價指數（Consumer price index；CPI）也可望保持在 3.11％的水準。

然而，從微觀角度來看，並沒有宏觀表現得那麼亮眼，根據渣打銀行（Standard Chartered Bank）以自創的中國大陸 CPI 先行指標（CPILI）做出預測，2013、2014 年中國大陸通脹開始顯現，CPI 平均通脹率 2013 年為 4％，2014 年達 5％，高於彭博社（Bloomberg）（2013）提供預期的 3.1％及 3.5％。主因為市場仍處於低迷狀態，特別是於實體經濟密切相關的產品銷售市場，需求明顯不足，消費明顯乏力。因此，中小企業、實體企業等經營困難程度偏高，信心不足；另一方面，困擾實體企業的資金問題、成本問題、資源價格問題等，多數企業無法負荷，導致很多企業寧可停產、減產、關門，也不願繼續生產。因此，宏觀熱、微觀冷的現象，也就在當前中國大陸經濟發展上顯現。

2. 投資熱、消費冷

在外部環境劇烈變動的情況下，由於投資對經濟的拉動作用效率高、速度快，且能在短時間內看出績效，因此投資仍然是目前經濟止跌轉穩最主要的拉動手段。因此，地方政府也更熱衷於通過投資拉動經濟增長，帶動 GDP 成長，拉動政績。若無投資的拉動作用，在周邊經濟環境、實體經濟發展嚴峻的情況下，經濟很難在短時間內止跌轉穩。2013 年 4 月 24 日，由中國大陸建投投資研究院、社會科學文獻出版社聯合主辦的「城鎮化與投資研討會・2013 年《投

資藍皮書》發布會」在北京舉行。內容顯示，2013 年中國大陸 GDP 增幅為 8%，且 2013 年政府主導的投資力度將延續 2012 年下半年以來的成長強度，將帶動經濟增速緩慢回升。而投資領域將持續關注在基建投資和房地產投資此兩項為拉動經濟成長的主力。其中，基礎設施建設的投資力度預計不會低於 2012 年。

相比於投資熱度不降，消費力度呈現疲軟狀態。2013 年 01 月 24 日，由經濟預測機構經濟學人智庫（EIU）和市場研究機構英敏特（Mintel）聯合發布年度消費報告，預測 2013 至 2016 年間，中國大陸的消費支出每年將以高達 15％以上的幅度成長。由上可知，龐大的消費成本，使中國大陸居民對消費持更拘謹的態度。據中華人民共和國國家統計局（2013）統計，2013 年 4 月份，中國大陸居民消費價格（Consumer Price Index；CPI）總水準與同期相比上漲 2.4％，說明中國大陸經濟存在通貨膨脹的危機，國家將面臨緊縮貨幣政策和財政政策的風險，從而造成經濟前景不明朗。雖然國慶長假、雙十一等出現少有的消費火爆現象，似乎看到一些消費轉熱的希望。但大多曇花一現，很快又轉入到低迷狀態，陷入寒冷季節。

3. 進口熱、出口冷

根據中華人民共和國商務部（2013）統計，中國大陸 2013 年 1 至 4 月，進出口總值為 8.36 兆元人民幣，與 2012 年同期增長 14.0％。其中出口 4.37 兆元人民幣，增長 17.4％；進口 3.99 兆元人民幣，增長 10.6％；貿易順差高達 3,834.6 億元人民幣，與同期成長 225.1％。進出口數據表現亮眼，然大陸對外經貿大學研究院院長張漢林（2013）卻認為：「亮麗數據背後，不排除有熱錢影響，呼籲當局嚴密監管熱錢，並打擊虛報出口數據、騙取出口退稅等不法行為」。在全球各經濟大體爭先祭出執行量化寬鬆政策下，2013 年來國際熱錢快速流入中國大陸，加大人民幣升值的壓力。截至 2013 年 5 月 13 日，人民幣兌美元中間價累計升值已達 1.4％。

然而人民幣的加速升值，導致外貿企業換匯成本提升，利潤壓縮，2013 年 5 月 13 日，法國興業銀行（Société Générale）首席經濟學家魯政委認為：「儘管人民幣對美元的升值幅度剛超過 1％，但是人民幣有效匯率的升值很快，漲幅達到 5％，這對中國大陸出口企業來說是龐大的壓力」。由上可知，受制於人民幣升值的影響，從事出口貿易的企業利潤空間受限，負擔與日俱增，進而造成中國大陸企業出口冷而進口熱的態勢。

4. 樓市熱、股市冷

受到房地產市場回暖影響，一、二線城市中，除哈爾濱外，其他城市今年一季度住宅地價全部環比上升。中國大陸土地勘測規劃院地價所所長趙松（2013）認為：「國際經濟形勢複雜，中國大陸經濟溫和復甦，流動性仍處高位是一季度以來地價持續上漲的宏觀背景，在 105 個重點監測城市中，92 個城市一季度住宅地價環比上漲，共八個城市漲幅超過 3％。其中，住宅地價成長

速度最快的為河南省安陽市環比漲幅高達 12.18%，而深圳則以 5.7% 的漲幅居次」。根據美國泛美銀行副董事長梅鳳傑（2013）表示：「人民幣升值，中國大陸政府要追求國內生產總值（GDP）成長，但整個經濟的需求又依靠外匯出口，使得中國大陸採取多印鈔票的手段，造成通貨膨脹。在通貨膨脹情況下，房地產就成為保值的東西」。

然而，著眼投資人對樓市的熱情，股市的交際量顯得黯淡許多。美銀美林全球研究中心（BofA Merrill Lynch Global Research）最新基金經理人調查結果（2013）顯示：「全球投資人對於中國大陸經濟硬著陸感到憂心的比例，從 2013 年 2 月的 10%，大幅增加到 3 月的 18%，全球基金經理人已更加看多美國和日本股市，但逐漸看空包含中國大陸在內的新興市場」。根據匯豐銀行 HSBC-Markit 於 2013 年 2 月 1 日的調查，中國大陸的採購經理人指數（Purchase Management Index；PMI）從 2013 年 2 月份的 52.3 掉到 3 月的 50.4，顯示對中國大陸經濟前景的不看好。由上可知，中國大陸經濟呈溫和復甦之態勢，造成投資人對中國大陸樓市熱情遠高於股市。

5. 政府熱、企業冷

在市場經濟下，經濟要發展、要平穩、要有可持續性，企業的發展是最關鍵因素。只有企業活，經濟才會活，只有企業熱，市場也才會熱。反之，則很難步入平穩軌道。然成就中國大陸經濟之熱的根本，卻大多表現在政府之熱，政府在投資方面具有熱情，祭出政策也多。2013 年 2 月，山西省政府投資目標確定為項目簽約 1.5 兆元人民幣；3 月，貴州省政府面向全國民營企業，拋出總投資額近 1.7 兆元人民幣的 506 個項目；4 月，廣西發改委公布的計劃顯示，2013 年廣西將統籌推進 552 項重大項目，總投資超過 1.5 兆元人民幣、四川省政府在與全國知名民營企業投資合作洽談會上表示，將推出近 2,000 個、總額 4.3 兆元人民幣投資項目招商引資，再再顯示，政府的投資熱度十分高昂。

然而，根據《2013 年投資計劃》，非生產性投資大多高於生產性投資。原因在於中國大陸企業仍面臨生產經營困難、銷售通路不暢、產品價格浮動、生產成本攀升、利益處於低水準等困境，導致企業的投資熱情較弱。政府與企業一頭熱、一頭冷，說明經濟離全面復甦仍有相當大的距離。如何將企業的投資熱情激發出來，需要政府拿出更多的政策與配套措施加以因應。

6. 國資熱、民資冷

自 2008 年金融海嘯爆發以來，中國大陸一直存在國資熱、民資冷的現象。國有企業、特別是中央企業，投資擴張的願望強烈，速度也十分迅速。據中國大陸《第一財金日報》統計，從 2009 至 2011 年，中央企業在地方投資總額分別達到 2.81、5.12 和 11.38 兆人民幣，2009 年至 2011 年成長幅度高達 304%，由此可知，近四年中央企業投資總額十分驚人。於 2012 年，中央企業更擴大在內地投資力度，亦將規模集中投資於西部。4 月，52 家中央企業在京

與陝西簽署重大戰略合作協議 206 個，新增投資逾 7,000 億元人民幣；5 月，118 家中央企業與重慶市簽約 72 個合同項目，總投資將達 3,506 億元人民幣；7 月，22 家中央企業與長沙市簽下合作協議，項目投資總額 350 億元人民幣，截至 2012 年底，中央企業在河北已開建項目 60 項，總投資高達 2,772.5 億元人民幣。再再顯示，中央企業雄厚的資金以及高度的投資欲望。

然而與中央企業的投資熱情相比，民營企業和民間投資就顯得黯淡多了，雖然投資增幅仍在 20％以上，但與中央企業投資增幅破百相比，仍有很大的差距。且民間投資的重點主要以房地產領域為主，生產性投資、實業性投資情況更差。導致「國進民退」的現象發生。2013 年 4 月 6 日，博鰲亞洲論壇（Boao Forum for Asia）舉行民營企業家圓桌會議上經濟學家張維迎表示：「投資應廢除政府批准，廢除企業的身份差別，真正給民營企業公平待遇」。是故，國資與民資如何形成互動，將民間投資的熱情激發出來，是中國大陸經濟能否盡快復甦、並步入良性發展軌道的關鍵之一。

7. 平價熱、奢侈冷

自 2012 年 11 月 15 日中國大陸國家主席習近平先生上任後，堅決反對形式主義、官僚主義、享樂主義以及奢靡之風等，使得中國大陸的奢侈品市場從 2006 年來首次成長放緩，2012 年奢侈品消費金額的成長從過去的 30％驟降為 7％。政府大力反腐，也讓奢侈品消費回歸到原本的個人需求市場上，不再注重於禮品市場，使得奢侈品業者進入銷售寒冬。世界奢侈品協會（World Luxury Association；WLA）（2013）表示：「2013 年 1 至 2 月，中國大陸奢侈品消費總額為 8.3 億美元，與 2012 年春節期間相比銷售下跌高達 53％」。可知中國大陸奢侈品市場熱度已漸漸趨緩。

受制於政策反奢靡風氣的影響，國際奢侈品品牌均已放緩在中國大陸的布局腳步。路易・威登（Louis Vuitton）（2013）表示：「於中國大陸的擴張計畫將全面抑制，不會在二、三線城市繼續開店」。古馳（Gucci）（2013）亦表示：「2013 年將維持在中國大陸門市數量，不再前往新的城市開店」。然而，購買平價商品熱度卻日漸增加。2013 年 4 月 23 日，全球領先的商業地產服務公司世邦魏理仕集團（CBRE）表示：「就新進入零售市場的品牌而言，現在中價位流行時尚零售商在亞洲擴張的速度比高級精品品牌快」。顯示中國大陸奢侈品市場已進入寒冬，平價風潮將於中國大陸興起。

8. 回歸熱、出國冷

隨著中國大陸高等教育乃至社會經濟的快速發展，國家擴大高水準人才引進的力度，在國際學術界嶄露頭角的一大批學術人才、將才乃至帥才正在源源不斷地回歸，在中國大陸高校和科研機構全職從事學術研究的外籍人才也日益增加。根據北京大學管理學博士向勇（2012）統計：「僅中組部組織實施的千人計劃項目，自 2008 年底實施以來已累計吸引 2,793 人，其中大學占較大比

例」。中國科學技術大學召開 2012 年度第二次優秀人才引進學術委員會，審議通過了 13 人的任職申請。這些優秀人才均擁有在國外知名高校、研究機構或高科技企業學習、工作或從事博士後研究的經歷。由上可知，中國大陸社會經濟發展已演進到足以形成人才窪地效應的地步。

中國大陸留學生正由「出國熱」朝向「回歸熱」邁進，是自十六大以來中國大陸高等教育界出現的現象，且高階人才回歸熱現象不僅在東部經濟發達的地區，也出現在中西部地區的大學。根據中國與全球化研究中心（2012）編寫《國際人才藍皮書‧中國大陸留學發展報告》統計，2012 年中國大陸出國留學人數已達 41.36 萬人次，回歸率有 36.5％。而中國大陸對於學成歸國的留學生，秉持鼓勵回國的態度，不斷頒布相關鼓勵政策和專項經費，為留學回國人員提供全面的支援和服務，吸引更多優秀留學生回國工作和創業。再再顯示，中國大陸政府對於留學生的期盼。

9. 質量熱、數量冷

2000 年迄今，中國大陸高等教育的大眾化水平進一步提高，所培養的大批專業技術人才，有效地支撐中國大陸經濟社會的發展。可看出，中國大陸已漸漸從人口大國晉升為人力資源大國。經過十多年的規模擴張式發展，人們已經普遍意識到數量和規模的發展是大學發展的基石，而質量和層次的提升則是大學發展的根本所在，若中國大陸大學院校想躋身國際名校之列，勢必得更具特色與內涵發展。《國家中長期教育改革和發展規劃綱要（2010-2020 年）》也明確指出，提高質量是高等教育發展的核心任務。且早自「十一五」時期，中國大陸政府即投入數十億元人民幣實施「高等學校本科教學質量與教學改革工程」，篩選 1,000 個國家級教學團隊，建設 4,000 門國家精品課程，獎勵 500 名國家級教學名師。

根據 2013 年 1 月 15 日，全球領先的招聘管理公司翰德（Hudson Highland Group）於《第一季招聘趨勢季度報告》（Hudson Report：Employment Trends Q1 2013）中顯示：「中國大陸企業利用高潛力員工計畫來提高員工素質，留住關鍵人才並帶動業務的強勁發展。目前超過 76％的雇主都執行該計畫，顯示出企業體認到留住人才是中國大陸企業的人力資源工作重心」。由上可知，中國大陸逐漸了解員工品質的重要性，中國大陸高校教育已由規模擴張向質量優先的發展模式轉型，已開啟由教育大國向教育強國、由人力資源大國向人力資源強國邁進。

前　中國大陸國家主席胡錦濤先生曾言：「中國大陸的不平衡、不協調、不可持續的發展，仍是目前中國大陸新一屆領導者改革重點」。隨中國大陸經濟發展入世十年，順應全球化成長步伐，中國大陸十八大在一片和諧中結束，亦宣告「習李體制」正式形成，在新一波改革環境下，仍必須面臨「調結構」及「拚改革」局勢的挑戰，本章將依政府面及企業面，解析中國大陸在新一波改革下所帶來的陷阱與問題。

一、中國大陸經濟發展結構轉移：政府面

針對中國大陸經濟發展結構調整與轉移過程之四項陷阱及面臨問題論述如下：

1. 職能轉變過程陷阱：【體制變革陷阱】

根據中國大陸國務委員兼國務院秘書長馬凱（2013）表示：「政府職能轉變雖深化行政體制改革的核心，但仍必須先處理好政府與市場、政府與社會之間的關係」，另外根據中國大陸全國人大代表符鳳春（2013）表示：「這次職能改革是否成功，除關鍵在於政府職能和角色的轉變外，如何做到簡政放權更是備受關切的重點之一」，由此顯示，該次職能改革最大阻力來自如何減少政府部門過度干預並且適度放權，使政企分立的思想。

❶問題一【職權不分明化】：體制變革的核心在轉變政府職能，隨經濟社會發展，政府部門也由傳統經濟體制的部門設置，轉為建立公共服務型政府，因此在推行體制改革過程中，會出現職權不分明化現象。根據國家行政學院公共管理教研部教授竹立家（2013）表示：「體制變革最困難的就是如何釐清政府的權力界限，必須要充分界定政府的基本職能和權力，以避免出現過度干預市場現象」。

❷問題二【傳統部門僵固】：根據中國機構編制管理研究會執行副會長于寧（2013）表示：「目前政府經濟職能轉變尚未到位，且社會職能轉變正逐漸起步，導致一些部門仍以傳統手段管理經濟社會」。因此，出現部門定位不明確、越權的問題層出不窮，此外在官員配置的問題，亦是體制改革最大的阻力。

2. 經濟發展過程陷阱：【中等收入陷阱】

世界銀行（WB）於 2006 年首度提出「中等收入陷阱」（Middle Income Trap），即一國之人均收入達 3,000 美元進入中等收入國家水準後，缺乏持續成長動力，導致經濟長期停滯，無法突破人均 10,000 美元的高收入國家行列，根據中國大陸經濟研究院（2013）統計指出：「中國大陸約有 77% 的省市處於跨越中等收入陷阱的階段」，顯示中國大陸正陷入中等收入陷阱危機。

❶問題一【收入差距擴大】：根據北京大學光華管理學院名譽院長厲以寧（2013）表示：「中等收入陷阱最大問題來自收入差距擴大，這是造成中國大陸陷入中等收入陷阱的最大主因」，並認為中國大陸要跨越中等收入陷阱，首要即是改革收入分配制度，以避免導致經濟成長停滯不前。

❷問題二【人口紅利消失】：中國大陸雖具人口紅利條件，使其在勞動密集產業占有相對優勢，然隨著經濟發展的加速，外加中國大陸人口老齡化問題日益嚴峻，導致成本優勢逐步喪失，在此壓力下，很容易失去經濟成長動力。根據中國大陸經濟學家鄧聿文（2013）表示：「如今人口紅利逼近零點，中國大陸勢必要進行經濟、社會、政府和政治多方面改革，以跨越中等收入陷阱」。

3. 消費市場過程陷阱：【流動貨幣陷阱】

所謂「流動貨幣陷阱」係指「流動性陷阱」（Liquidity Trap），是由英國經濟學家凱因斯（Keynes）提出的假說，係指一定時期的利率水平降低到不能再低時，人們就會產生利率上升而債券價格下降的預期心態，導致人民對市場消費意願程度薄弱。根據《美國世界日報社論》（2013）發布〈中國大陸發展面臨兩個陷阱〉文章中指出：「中國大陸目前貨幣供應量已高達百兆人民幣，是全球各國貨幣最為寬鬆者之一，此外，中國大陸政府債務不斷攀升，而民間投資意願持續低迷」，由此顯示，貨幣政策的失效，外加上投資市場疲乏不振，導致對經濟成長失去拉動效果。

❶問題一【內需市場疲軟】：美國經濟學家 Roubini 曾言：「受到需求疲弱的打擊，將會導致國家未來陷入通縮現象」。然中國大陸在過度投資外，加上內需消費市場並未提振，進而導致出口下滑、產能過剩的情況。根據上海證券報財經研究員周子勛（2013）表示：「中國大陸零售消費數據在 2013 年首季只有 12.4% 成長速度，低於 2012 年的 14.3%」，由此顯示，中國大陸在流動性陷阱衝擊下，導致消費市場提振不起，進而影響中國大陸經濟成長放緩。

❷問題二【政府債務擴大】：受到中國大陸政府不斷實施寬鬆貨幣政策和積極財政政策來刺激內需市場，亦使政府債務持續擴大，導致出現過多新的刺激經濟政策，皆無法刺激內需消費市場，反而帶來流動性氾濫。因此使中國大陸紛紛被國際機機構下調評級，諸如：惠譽（Fitch Ratings）在 2013 年 4 月 9 日下調中國大陸長期本幣發行人違約評級；穆迪（Moody's）也在 4 月 16 日下調中國大陸主權信用評級由正面下調至穩定。

4. 產業移轉過程陷阱：【騰籠換鳥陷阱】

政治大學國關中心研究員陳德昇（2012）表示：「包括珠三角在內，有許多沿海城市積極『騰籠換鳥』，並在引進高附加價值與創新產業過程中，未能及時升級轉型企業，將面臨生死交關」。另外，亦根據廣東省長朱小丹（2013）表示：「珠三角的『騰籠換鳥』、『擴籠壯鳥』的步伐加快，累計移轉企業約達 7,000 家，淘汰停業企業則為 70,000 多家」，由此顯示，政府將面臨台商無法及時轉型，使其籠空鳥也空的困境，導致課不到稅額。

❶ 問題一【高端人才短缺】：中國大陸沿海地區伴隨新一波產業換代潮，將面臨高端技術人才缺乏的困境，根據麥肯錫（McKinsey）研究所所長 Manyika（2012）表示：「目前中國大陸將面臨高科技產業出現嚴重人才荒，預計到 2020 年高端製造業人力缺口恐達 4,000 萬人次」，其主要認為，中國大陸經濟產業結構變化迅速，以致中國大陸的教育體制無法因應產業需求。

❷ 問題二【技術開發缺乏】：阻礙中國大陸產業轉型和升級另一項挑戰在於技術落後，導致對能源、資源缺乏和環境壓力加大，使中國大陸傳統製造業始終「大而不強」，缺乏核心競爭優勢。根據中國大陸全國政協委員毛蘊詩（2013）表示：「中國大陸傳統製造產業，正迫切面臨需要改變製造產業結構，以提升附加價值與創新能力來發展」。由此顯示，必須提升傳統製造產業的創新性，使得過去傳統製造企業勢必將面臨「騰籠換鳥」產業升級轉型的困境。

二、中國大陸經濟發展結構轉移：企業面

針對中國大陸經濟發展結構轉移過程中，所帶來台商的四項重大陷阱及問題之論述如下：

1. 結構調整過程陷阱：【轉型升級陷阱】

根據《華盛頓郵報》（The Washington Post）（2012）發布〈中國製造必須重塑自身，才能繼續生存〉文章指出：「中國大陸過去以基礎建設和出口廉價商品推動的經濟模式正在面臨困境」，由此顯示，中國大陸經濟轉型迫在眉睫，傳統製造企業切勿以為危機從不上身，應確實做好企業轉型升級。綜觀過去中國大陸製造業仰賴廉價的勞工、成本等競爭考量，進而轉向提升附加價值、創新產業型態等因素蛻變，因而轉型、升級等議題備受重視。

❶ 問題一【企業融資艱困】：儘管中國大陸經濟在全球繁複的環境仍為全球成長最快速的經濟體之一，但中國大陸傳統製造業仍碰到諸多困境，諸如：融資艱困、原料成本上漲及生產成本優勢不在等問題，導致傳統製造業轉型碰到瓶頸，根據亞洲製造業協會首席執行長羅軍（2012）表示：「目前約有數千家中小型製造業由於不具備融資能力，導致無法引進技術和人才，進而面臨轉型升級的壓力」，由此顯示，融資體制若無改善，將阻礙傳統製造業的轉型升級。

❷問題二【庫存壓力加劇】：根據中國大陸工信部（2012）統計指出：「目前中國大陸 24 個產業中，有 22 個正存在嚴重產能過剩」，其主要原因為，傳統製造業發展受阻，加上企業去庫存壓力，使傳統製造業轉型迫在眉睫，根據中國大陸國家訊息中心副研究員張茉楠（2013）表示：「企業庫存壓力、轉型升級陷阱大幅壓縮傳統製造企業利潤」，使企業更應加快改善企業技術和產品結構轉型升級的步伐。

2. 招商引資過程陷阱：【築巢引鳳陷阱】

自 80 年代以來，中國大陸運用充沛的勞動力及低廉的土地成本，向世界各國進行招商引資。為容易吸引外資，秉持「要致富、先修路」的理念，進行大量的基礎建設，以利吸引更多外資在中國大陸棲息，但因土地資源的緊缺及城市經濟發展的需要，早期廉價的土地面臨重新定位的困境及如何提升附加價值之問題，因此在強調產業創新性及永續發展利基下，「收巢引鳳」已經成為中國大陸未來招商引資的重要原則，根據台北經營管理研究院院長陳明璋（2012）表示：「中國大陸政府從早期的熱心招商引資，經由挑商選資，轉換成挑才選智」，使產業必須得更新換代、升級轉型，已是台商必須面臨的陷阱。

❶問題一【挑商選資思維】：中國大陸伴隨產業結構調整的必要，「高、精、尖」的產業已取代傳統「低、粗、劣」的產業招商原則，另外，根據中國大陸商務部（2013）統計指出：「中國大陸外商直接投資總額達 1,117 億美元，與 2011 年相比減少 3.7%」，反映當前招商環境正發生變化。此外，根據上海證券報撰稿員梁達（2013）指出：「中國大陸正面臨資源及土地的約束，導致出現挑商選資現象」，由此顯示，外資優惠政策將出現調整，伴隨招商思維轉變，將導致許多傳統產業優惠政策面臨挑戰。

❷問題二【保優汰劣引資】：早期基於「先發展經濟，後治理環境」的政策思維，雖帶來高度的經濟成長，但相對也使生態環境付出高昂的代價，如今中國大陸政府將大力推動生態文明建設為戰略原則，將以保優汰劣思維，著力打造傳統產業結構。根據中國大陸經濟學家簡天倫（2013）表示：「中國大陸不斷追求發展經濟，導致面臨環境汙染、資源遞減及生態惡化的嚴峻挑戰」，由此顯示，中國大陸的招商引資政策將由過去的「先發後治」朝「保優汰劣」的原則招商。

3. 地區布局過程陷阱：【西進布局陷阱】

根據前國務院總理溫家寶（2012）表示：「西部大開發是一項長期發展計劃，將會全面實施西部大開發新十年政策措施」，過去中國大陸經濟板塊傾向於「重東輕西」區域發展，如今中國大陸沿海區域傳統產業已飽和，造成產能過剩、產業轉移已成為大勢所趨，外加大規模產業轉移之際，使西部地區蘊藏許多資源及幅員遼闊，具有極大的開發潛力受到許多台商青睞。但受到西部開

發剛起步，因此在市場機制、制度調整及生產要素等複雜問題，使西部地區同時兼具機會與挑戰一刀兩刃的格局。

❶問題一【缺工壓力劇增】：根據中國大陸全國政協委員李曉林（2013）表示：「由於受到中國大陸西部開發趨勢影響，造成很多傳統製造商回流中西部地區，因此加重當地城市勞工供給吃緊問題」，由此顯示，台商將被迫面臨提高工資藉以吸引勞工以及解決缺工的困境。另外根據台北經營管理研究院長陳明璋（2012）表示：「有68%台商認為缺人才與缺工是最主要問題，並且僅有3%台商考慮往西部遷移」，其主要認為，西部地區缺工問題及不確定性，仍保持觀望態度。

❷問題二【地方保護壁壘】：根據中原大學企業管理系教授林震岩（2013）發布〈中國大陸西部大開發策略執行成效〉計劃指出：「中國大陸西部地區仍存在地區保護主義的風險」，進而加劇台商投資的風險。然而受到中國大陸西部地區政府的保護主義強烈，導致台商會因行政流程或勞工法規等項目，阻礙企業進駐投資，迫使出現當地產品壟斷市場的問題。台商應持續關注招商政策走向，以避免陷入地方保護壁壘陷阱。

4.政黨換屆過程陷阱：【領導換屆陷阱】

以往中國大陸領導皆是以軍事強人出身或理工科教育背景，然新一輪體制是以經濟、法律及其他社會人文科學為背景，也因此在治理國家思維模式、觀念及方式也更將務實，將會著重在於強化市場監管、改善民生及整合完善交通運輸等重要領域的管理體制。根據北京大學光華管理學院教授張維（2012）表示：「目前在中國大陸的企業家面臨的麻煩就是政府換屆」，然而在「習李時代」的換屆經濟畢竟存在雙面刃的挑戰與機遇，而由這些經濟發展陷阱所引發的政經演變及走勢變化，台商前往布局需多加關注。

❶問題一【政策紅利失效】：根據北京大學光華管理學院教授張維（2012）表示：「目前在中國大陸經濟快速成長的年代下，地理位置變得越來越不重要，反而是法治環境更為重要」，另外根據研究中國經濟公司 Singanl Group 研究專員 Mark（2012）表示：「由於新領導換屆所帶來不穩定局面，因此擔心原享有投資優惠政策將會失利」，因此，領導換屆影響恐怕將帶給台商對政策紅利失利的問題。

❷問題二【國退民退隱憂】：隨政府經濟政策的轉向和經濟成長模式的變化，國有企業的專業化水平不斷提高，特別是在政府的政策調控中，導致出現政策性壟斷，有利國有企業獨大的現象。民營企業將面臨重大考驗。然而，習李上任之際，地方政府開始控制支出，以及資本移轉自由化下，導致國退民退現象更顯得格外明顯，使其成為企業面臨的困境。

第 8 章
2013 中國大陸經貿風險與衝擊

綜觀全球金融海嘯以來，中國大陸挾帶龐大的內需人口優勢，成功扮演全球經濟復甦的推手，成為亞洲最閃耀的寶石，然好景不常，中國大陸的黃金十年不復存在，並已出現低迷的狀況，原因在於 2008 年時中國大陸為使經濟復甦，進而實施寬鬆的貨幣政策，以及權力下放至各級地方政府，因而留下不少的風險因子，根據國際貨幣基金組織（IMF）（2012）發布《全球金融穩定報告》（Global Financial Stability Report）指出：「金融危機遺留下來的『舊風險』和發達國家寬鬆貨幣政策帶來的『新風險』，仍然對全球金融穩定構成威脅」，因此，台商及投資者即將面臨著複雜多變的問題，茲針對國際信用評等機構論述帶出中國大陸可能遭遇風險與困局，再分別以「總體經濟」及「個體經濟」個別探究之。

中國大陸經貿十大風險

1. 總體經濟

2013 年 4 月 15 日，中國大陸國家統計局發布經濟數據顯示：「中國大陸 2013 年第一季度國內生產總額（GDP）為 11 兆 8,855 億元人民幣，同比成長 7.7%，但相較於 2012 年第四季度卻降低 0.2%，也低於分析師預計的 8%」，顯示中國大陸經濟成長速度逐漸放緩當中，主要原因在於總體經濟中潛藏著的風險，致使世界第二大經濟體的中國大陸陷入兩難的泥淖，茲將針對總體環境下的所歸納的六大風險進行探討：

❶ 風險一：地方債務風險

2012 年 4 月 18 日，根據國際貨幣基金組織（IMF）發布《財政監督報告》（Fiscal Monitor Report）表示：「中國大陸受 2008 年刺激計劃影響，致使地方政府融資平台正加速發展，因此，地方基礎設施項目融資將成為中國大陸財政風險潛在源頭」。此話道出，中國大陸正面臨著龐大的地方債務危機。根據中國大陸前財政部部長項懷誠（2013）在博鰲亞洲論壇表示：「估計中國大陸的地方債務總額已超過 20 兆元人民幣」，而根據中國大陸銀監會（2013）統計指出：「未來三年中國大陸將有高達 3.49 兆元人民幣的地方債到期」。有鑑於地方債務風險逐漸攀升，中國大陸政府擔心此問題嚴重影響到經濟成長，推出一系列政

策改善問題持續性的擴大，中國大陸財政部部長樓繼偉（2012）表示：「財政部正在調查關於政府債務規模的現況，將先制止住地方政府債務擴張的趨勢，再建立相關的政策，開一條正道，堵住那些歪門」。有鑑於過去亞洲金融風暴以及歐美債務危機，中央政府已著手改善問題，但未來是否仍真正有效改善，仍是一個問號，因此，中國大陸地方政府的債務風險投資者仍需密切的關注。

❷風險二：信貸氾濫風險

2013 年 4 月 2 日，國際評級機構惠譽（Fitch Ratings）表示：「中國大陸銀行業一個隱藏的信貸風險正在逐漸形成，將會對金融體系造成一定的影響，恐將會導致發生類似美國次級房貸危機的情況」，因此，惠譽（Fitch Ratings）調降中國大陸長期人民幣債信評等，這項下修政府公債關鍵評等的舉動，是迄今對這個全球第二大經濟體信貸過度膨脹的最明確警告。地方融資平台貸款於 2009 年後快速膨脹，即將於 2012 年及 2013 年前後迎向還款高峰，而一些地區和產業的不良貸款將會集中出現，導致中國大陸信貸風險的提升。根據 2013 年 4 月 23 日中國大陸銀監會統計數據顯示：「截至 2012 年底，商業銀行不良貸款餘額已經高達 4,929 億元人民幣，不良貸款率 0.95%，但經過三個月，銀行累積的壞帳暴增 300 餘億元人民幣，直接衝破 5,000 億元人民幣大關」。可看出信用貸款正在逐漸地增加當中，已呈現濫用的情況，如果超規模信貸逐漸的累積，將可能為金融體系的穩定和經濟成長埋下隱憂，於是中國大陸銀行監督委員會開始踩煞車，祭出相關政策，企圖遏制信貸規模持續的成長，但未來政府是否能真正有效改善仍是一個疑問，因此，投資者必須將這方面的問題做慎重的考量，否則將會對公司造成巨大的影響。

❸風險三：汙染加劇風險

由於過度開發，使得中國大陸在高速成長的同時，亦對環境產生嚴重破壞，且埋下龐大的環境風險，本報告整理出三類使中國大陸正面臨著環境惡化的問題，分別為（1）空氣；（2）土地；（3）水資源。首先為空氣汙染，由於工業廢氣排放量的不斷增大，使得中國大陸的有害細顆粒物 PM2.5 大幅增加，造成嚴重的空氣汙染，使民眾罹患癌症、呼吸系統疾病及死亡的比例攀升，帶給民眾不安定的健康風險。根據清華大學、美國健康影響研究所於 2013 年 3 月 31 日聯合發布的《2010 年全球疾病負擔評估》中指出：「2010 年室外空氣汙染在中國大陸導致 120 萬人過早死亡以及超過 2,500 萬人健康受影響，在全球健康風險排行中位居第四名」，顯示環境汙染問題已經嚴重影響到人民的生活。其次是土地問題，中國大陸土地有 19% 遭受土壤侵蝕，是全球土壤侵蝕最嚴重的國家，其原因在於長期使用化肥、殺蟲劑、過度放牧和農業土地的開墾，使得中國大陸土地正受到土地沙漠化的威脅。最後是水資源問題，係由於工業污水排放及農業和水產養殖業排放的肥料、農藥，造成海水和地下水的水質惡

化，使漁獲量減少及飲用水受汙染，這些問題造成嚴重的經濟損失和社會衝突，並危及公眾健康。

❹ 風險四：資產泡沫風險

2013 年 4 月 15 日，世界銀行（WB）在《東亞與太平洋地區經濟半年報》（East Asia and Pacific Economic Update）指出：「由於中國大陸寬鬆政策導致資本流入，全球流動性資金過量，資產估值超出基本面，資產泡沫的風險開始出現，因此，應當適度控制貨幣刺激的政策」。顯示政府實施貨幣寬鬆政策，卻導致固定投資總額出現緊縮，使中國大陸房地產泡沫風險逐漸地擴散。而中國大陸政府亦注意到資產泡沫的風險，開始對貨幣政策進行微調，祭出多項嚴格的調控方案，例如：《新國五條》、《新國八條》與《國務院辦公廳關於繼續做好房地產市場調控工作的通知》等政策，以制止房價上揚，中國大陸房地產領導企業華遠地產董事長任志強（2013）表示：「這個政策是在走『頭痛醫頭、腳痛醫腳』的思維，根本無法解決房地產市場供需的問題」。因此，未來中國大陸若資產泡沫化，將會對中國大陸經濟形成巨大的影響力，所以投資者應謹慎考慮。

❺ 風險五：影子銀行風險

具有「末日博士」之稱的投資大師麥嘉華（Marc Faber）（2012）表示：「下一次世界性的次貸危機將發生在中國大陸，原因在於影子銀行的爆發」。因此，影子銀行可說是把雙刃劍，既是金融市場化的幫手，但亦是信用失控的兇手。

2012 年 10 月 10 日，國際貨幣基金組織（IMF）發布《全球金融穩定報告》（Global Financial Stability Report）表示：「中國大陸必須關注影子銀行存在的問題，因為這將有可能把風險轉嫁給銀行」，可看出影子銀行規模正逐漸擴大，將可能影響整個金融經濟體系。根據中國大陸社科院發布《中國影子銀行體系發展狀況研究（中期報告）》（2013）中指出：「中國大陸影子銀行體系規模已從 2010 年 5.54 兆元人民幣升至 2012 年 14.6 兆元人民幣；其 GDP 的比重也從 13% 提升至 29%」，可看出 2010 年至 2012 年正是影子銀行規模迅速擴大時期。因此，2013 年 3 月 27 日中國大陸銀行業監督管理委員會於公布《關於規範商業銀行理財業務投資運作有關問題的通知》條例，將對於商業銀行理財資金直接或透過非銀行金融機構的業務做出規模限制，並必須充分披露資產狀況，藉以降低風險不斷的擴散，可知投資者如果沒有加以謹慎選擇合作的銀行，將帶給公司隱藏性的風險。

❻ 風險六：通貨膨脹風險

北京工商大學經濟學院經濟研究中心主任周清傑（2013）表示：「大量的投資必然會帶動通貨膨脹，並進而產生產業泡沫，其包括房價、物價等上漲，造成價格系統的混亂」。另外，中國大陸前總理溫家寶先生（2013）亦表示：「土

地、勞動力等要素價格都存在上漲壓力，因此，2013 年仍存在著相當大的通貨膨脹壓力」。綜上所述，可察中國大陸仍舊潛藏著巨大的通貨膨脹風險。

中國大陸政府於 2013 年 4 月 11 日公布數據顯示：「廣義貨幣供應量（M2）已高達 103.61 兆元人民幣，首度突破百兆元人民幣大關，並占國民生產總值（GDP）的比例近 190%」，因而開始引起民眾對於貨幣超發、通貨膨脹的擔憂，於是，中央政府為防止通貨膨脹持續的延伸，祭出一系列的「拋儲政策」，以及打擊投機炒作行為的政策，想藉此穩定民眾以及投資者的心，但中國大陸通貨膨脹的問題仍未解決，因此，投資者應再多加以觀望，覓求最適當的時機投入，以避免過大的損失。

2. 個體經濟

個體經濟是國家經濟中很重要組成部分，中國大陸為發展國家經濟，所提出的寬鬆政策，以及經濟投資計畫刺激之下，亦留下許多風險及隱憂的因子，以個體經濟作為區分，其主要分為「存貨去化風險」、「創業精神衰退風險」、「產業鏈斷鏈風險」、「人才流失風險」，以下茲針對個體經濟整理的四大風險進行探討。

❶風險一：存貨去化風險

產能過剩問題一直是中國大陸經濟的一大痼疾，在 2008 年金融風暴之後，中國大陸政府試圖以四兆元人民幣的經濟刺激投資計畫幫助經濟快速起飛，因而刺激地鐵建設、高速公路和房地產等公共工程建設的投資，增加對鋼鐵等產品的需求，再加上放寬銀行貸款，批准石化廠等大型項目建設，雖成功刺激投資，卻亦因此造成產能過剩的問題。根據中國大陸社科院區域經濟學家徐逢賢（2013）表示：「大規模投資計畫帶動水泥、鋼鐵等消費力成長，但投資計畫一旦結束，這些行業將面臨嚴重的產能過剩危機」。

美奇金投資顧問公司（J Capital Research）研究主管 Stevenson（2012）指出：「製造業的庫存居高不下，工廠現今亦開始減少產量，經濟陷入停滯狀況」。顯示高庫存已成為中國大陸正面臨的龐大風險之一。各行業皆面臨去庫存的問題，致使中國大陸已形成「去庫存化」的活動，希冀可藉此使企業永續性發展。企業積極的努力下，企業庫存化比例逐漸在下滑，根據中國大陸國務院發展研究中心高級研究員張立群（2013）表示：「2013 年 4 月份，中國大陸企業成品庫存指標和企業採購數量指標都已逐漸在下降之中，這意味著新訂單數量的下降，已讓企業從補充庫存階段進入到去庫存化階段」。雖企業庫存比例已逐漸下滑，但總體來說，巨大的庫存問題仍存在，如何有效地消化產能仍是重要的議題。

❷風險二：企業衰退風險

2013 年 3 月 28 日，《財富》（Fortune）雜誌發布《2013 年中國最具影

響力的 50 位商界領袖》榜單，這 50 位商界領袖中大都年過半百，正面臨退休問題。因此，中國大陸民營企業「接班潮」驟起，面對中國大陸受傳統「子承父業」的思想，冠以「富二代」之名的接班人是否能擔起重任，為各企業家所擔心的問題。其中國大陸最具影響力的商業領袖當中，絕大部分皆屬於第一代創業者，例如：王石、馬雲等人，在時代機運與個人奮鬥的雙重作用交互之下，建立龐大的商業帝國，光陰荏苒二、三十年過去，已奠定寶貴的商業智慧基礎，並聚集豐沛的社會資源和關係網絡，相較接班的第二代接班人，缺乏經歷第一代草創階段的市場磨練，絕大多數是直接進入企業擔任高階主管或員工，再加上身分上的特殊，以至於第二代接班人未接受職場磨鍊，因此企業未來的發展令人堪憂。

中國大陸全國人大常委辜勝阻（2012）表示：「現在 90% 的民營企業面臨接班人的問題，未來中國大陸即將面臨企業向下傳承的風險」，顯示出未來將是企業接班交接最重要的時刻，如果交接順利，即能把企業推往高處，反之，可能致使企業面臨倒閉的風險。

❸風險三：產業斷鏈風險

根據台灣中央銀行總裁彭淮南（2012）表示：「因為中國大陸正積極升級產業，未來恐會減少對台灣原物料的採購，台灣將面臨兩岸產業鏈『斷鏈』危機」。過去台灣出口大量的原物料和中間財至中國大陸，使中國大陸經濟高速起飛，亦帶動台灣出口成長，中國大陸的產業轉型，使中國大陸已逐步減少對台灣原物料的採購與需求，產業鏈斷鏈的風險因此逐漸擴大。

中國大陸受到歐美外銷市場表現疲軟，以及內需消費力道放緩的雙重影響，台商自台灣採購中間產品與機械設備之需求，反映出兩岸產業鏈已經逐漸疏離的風險，致使為台灣企業在中國大陸經營帶來衝擊。依據台灣金管會（2012）統計：「台灣上市上櫃公司 2012 年上半年投資中國大陸利益 422 億元新台幣，相較於 2011 年同期減少 439 億元新台幣」。另外，中國大陸海關總署（2012）亦指出：「2012 年 1 至 7 月自台灣進口總額為 698.86 億美元，較 2011 年同期減少 2.84%」。顯示中國大陸在產業升級後，對原物料、關鍵零組件和機器設備自給率提高，導致台灣的投資貿易效果大幅降低。中國大陸國台辦前主任王毅（2012）表示：「將在各地成立台商『轉型升級服務團』，在融資、租稅減免、台商轉型升級等各方面給予台商協助」，顯示台商不論是在原物料、關鍵零組件、機器設備，甚至是資金、技術與人才皆逐漸當地化，將使得兩岸產業「斷鏈」的危險將更加明顯。

❹風險四：人才流失風險

知識經濟時代造就一個高度競爭的社會形態，在全球快速變遷的發展潮流之下，能夠為企業創造價值的最重要關鍵是「人才」，不論是研發創新技術、

提供優質服務、衝鋒陷陣創造業績，都必須仰賴優秀的員工來提供與創造。因此，擁有卓越人才的企業，才能夠塑造出競爭對手無法複製的企業文化以及競爭優勢。然而，中國大陸正面臨著人才流失的風險，全球管理顧問公司合益集團（Hay Group）（2013）發布《忠誠赤字》（The loyalty deficit）調查報告內容顯示：「企業普遍面臨員工忠誠『赤字危機』，51% 的中國大陸員工缺乏敬業精神，50% 的員工認為中國大陸企業對員工沒有足夠支持，以至於無法提升績效，且超過三分之一的員工不願意為公司付出更多努力」，由此顯示，中國大陸人力資源無法有效配適，這將是一個龐大的社會問題。員工忠誠過低、缺乏敬業度、人工流失率不斷的提升等問題，都會嚴重的影響企業生產力的提升，再加上中國大陸薪資成本的提高，無疑對企業產業產生巨大的影響力。

表 8-1 2013 中國大陸經貿風險總歸納

體系	十大風險	形成的主要原因	產生風險的衝擊
總體經濟	❶地方債務風險	1. 政府投資擴大計畫 2. 地方政府過度融資	1. 導致金融體系失衡 2. 影響總體經濟成長
	❷信貸氾濫風險	1. 政府貨幣寬鬆政策 2. 民眾過度使用信貸	1. 容易產生信貸危機 2. 導致不良貸款攀升
	❸汙染加劇風險	1. 工業成長迅速 2. 土地開發快速	1. PM2.5 提升 2. 水質量惡化 3. 沙漠化危機
	❹資產泡沫風險	1. 民眾投資過度 2. 通貨膨脹攀升 3. 現金流動過剩	1. 嚴重影響 GDP 成長 2. 容易產生資產化泡沫
	❺影子銀行風險	1. 政府四兆貨幣投資計畫 2. 商業銀行金融創新方式	1. 金融市場風險提升 2. 嚴重影響金融體系
	❻通貨膨脹風險	1. 成本價格上漲 2. 鉅額貿易順差 3. 民間大量投資	1. 造成價格系統混亂 2. 影響經濟體系成長
個體經濟	❶存貨去化風險	1. 廠商對需求過度期待 2. 投入大量的資金生產	1. 影響企業資金周轉 2. 企業利潤大幅下降
	❷企業衰退風險	1. 第一代創業人面臨退休 2. 接班人其市場經歷不足	1. 企業發展令人堪憂 2. 總體經濟產生變化
	❸產業斷鏈風險	1. 政府政策實施產業升級 2. 中國大陸內需市場低迷	1. 台商投資利潤大幅減少 2. 台商投資貿易效果降低
	❹人才流失風險	1. 缺乏工作敬業度 2. 員工流動率增加	1. 導致企業人力成本提升 2. 影響企業生死存亡關鍵

資料來源：本研究整理

第 9 章
2013 中國大陸投資新區與新政

隨著全球經濟發展趨勢的變化，全球化與區域化已成為國際貿易與政經發展的重要趨勢。中國大陸為提升各地區的均衡發展，進而設立國家級新區，將各區域之發展建設與國家發展戰略作連接，進一步提升國家戰略的快速發展與目標實現，且同時有部分新區以對外開放的方式，加速其新區的快速發展。此外，中國大陸政府更將上海建設成首座自由貿易區，並積極對外開放，藉以順應全球經貿的發展趨勢。再者，中國大陸為深化兩岸的合作交流設立昆山深化兩岸產業合作試驗區，且設立深圳前海深港現代服務業合作區，則是為中國大陸建設出深具國際競爭力的現代國際化濱海城市中心與現代服務業區域中心。然觀看中國大陸所設立的各區域經濟與兩岸合作的貿易園區，雖起初設立目的與運行模式不同，但最終目標皆為促進中國大陸各區間的合作關係，並帶動各區域的快速成長，致使區域經濟更順應經濟全球化的潮流逐漸面向國際，期許能跟上全球化的腳步，進一步帶動中國大陸各地區同步成長。

一、中國大陸國家級新區

中國大陸國家級新區設立，即是將新區的開發建設提升至國家戰略地位，且各新區的總體發展目標與定位，皆需由中國大陸國務院統一進行規劃及審批。而目前中國大陸設立之國家級新區依照設立時間，分別為上海浦東新區、天津濱海新區、重慶兩江新區、浙江舟山群島新區、甘肅蘭州新區以及廣州南沙新區等六大國家級新區，茲將各新區之設立定位、發展戰略、發展目標分別敘述如下：

1. 上海浦東新區

上海浦東新區於 1992 年 10 月 11 日由中國大陸國務院所批覆設立，致力振興上海經濟發展並帶動上海成為國際經濟、貿易與金融中心，此外，上海浦東新區更入選為 2013 年 1 月 29 日中國大陸住建部所公布的第一批「國際智慧城市試點」名單中，顯示出上海浦東新區的重要性將日益提升，茲將新區成立目標、發展戰略與發展目標敘述如下：

❶ **新區設立定位**：1990 年中國大陸宣布開放並極力開發上海浦東之際，亦已提出「開發浦東、振興上海、服務全國並面向世界」之方針，並提出開放

浦東並將此區作為龍頭，以進一步開放長江沿海之城市，希冀將上海建構成為國際經濟、貿易與金融中心，進一步帶動長江三角洲與長江流域區域經濟的快速成長。此外，上海市人民政府於 2011 年 1 月 14 日頒布《上海浦東新區國民經濟和社會發展第十二個五年規劃》，並將新一代資訊技術、生物、高階裝備、節能環保、新能源、新材料、民用航空、生物醫療、金融、貿易、航運、文化創意與會展旅遊等產業列為其主要發展的產業項目。

❷ **新區發展戰略**：2012 年 10 月 17 日浦東新區舉辦「浦東新區戰略性新興產業和現代製造業投資推進大會」提出，將朝戰略性新興產業項目做出投資的動作，其中包括新一代資訊技術、生物、高階裝備、節能環保、新能源與新材料等產業。根據上海市浦東新區區長姜樑（2012）表示：「浦東已進入『二次創業』的階段，並將堅持以高階高效的產業作為導向，以推動戰略性新興產業及先進製造業的快速發展」。由此可知，浦東新區為帶動上海的快速成長並朝向國際發展，已加注投資於中國大陸「十二五」規劃中所提出之戰略性新興產業，以作為新區發展之戰略。此外，浦東亦將其發展重點集中於建設前灘、臨港地區與迪士尼等三個新興重點區域，期望帶動上海更加快速的成長。

❸ **新區發展目標**：根據宜居城市研究室（2013）整理 2012 年國家級新區 GDP 顯示：「上海浦東新區 2012 年的 GDP 為 5,929.91 億元人民幣，較 2011 年成長 10.1%」，根據《浦東新區加快培育和發展戰略性新興產業指導意見》（2012）指出：「浦東區戰略性新興產業發展預期於 2016 年實現『兩個50%』的目標，即為戰略性新興產業中製造業的規模達全區工業比重達 50%，以及戰略性新興產業成長值占全市比重達 50%」。顯示浦東新區希冀以戰略性新興產業發展為主，帶動新區更進一步的成長。而上海市浦東新區區長姜樑（2013）亦表示：「浦東將推出兩個『1,000 億元人民幣』的投資計畫，希冀於 2016 年末將浦東建成上海的戰略型新興產業主導區，並實現資訊技術、生物與高階裝備產業的產值分別達 4,500 億元、1,400 億元與 700 億元人民幣的目標」。由此可知，浦東對於資訊技術、生物及高階裝備等產業的高重視程度。

2. 天津濱海新區

天津濱海新區在 2006 年 5 月 26 日經國務院批准《推進天津濱海新區開發開放有關問題的意見》後，成為繼上海浦東新區後中國大陸第二個國家級新區。在發展目標與定位方面，區域政府除極力打造新區成為中國大陸北方對外開放的窗口外，更致力於創造宜居的生態型新城區，茲將天津濱海新區成立目標、發展戰略與發展目標敘述如下：

❶ **新區設立定位**：天津濱海新區以建設新區成為中國大陸北方對外開放之門戶，以建設高水準的現代製造業、研發轉化基地、國際物流中心與國際航運中心為新區之定位目標，冀望將濱海新區打造成為社會和諧、經濟繁榮、環境

優美的一處宜居生態型的新城區。而天津市濱海新區人民政府於 2011 年 5 月 4 日發布《天津市濱海新區國民經濟和社會發展第十二個五年規劃綱要》，將航空航太、新能源、新一代資訊技術、新材料、生物醫療、節能環保、石油化工、現代冶金、汽車與裝備製造、輕工紡織與食品加工等作為主要發展產業，亦包含中國大陸政府所推動的戰略性新興產業項目。可看出天津濱海新區對於戰略性新興產業之重視程度，與其致力推動新區快速成長之企圖。

❷ **新區發展戰略**：根據天津濱海新區經信委副主任李曉輝（2012）表示：「天津濱海新區依照中央與天津委市政府的部署並歷經多年發展，於航空航太、新能源、新一代資訊技術、新材料、高階裝備製造、新能源汽車、生物醫藥與海洋工程等戰略性新興產業上形成一定的優勢」。由此可知，天津濱海新區已具備進一步發展之基礎與條件，更可稱作是戰略性新興產業發展的沃土。此外，天津濱海新區更在「十二五」時期持續加快其戰略性新興產業的發展，以進一步的優化自身工業產業結構，帶動新區工業的轉型升級，且天津濱海新區計畫在 2013 年投資 340 億元人民幣於文化創意產業，希冀開發出濱海新區無限的商機與活力，並帶動新區朝向更長遠的發展。

❸ **新區發展目標**：根據宜居城市研究室（2013）整理 2012 年國家級新區 GDP 顯示：「天津濱海新區 2012 年的 GDP 為 7,205.17 億元人民幣，較 2011 年成長 20.1%」，根據濱海新區區長宗國英（2013）表示：「2013 年至 2015 年的三年內，濱海新區的經濟成長速度將維持在 17% 以上，GDP 並於 2015 年之時將突破兆元人民幣的大關」。顯示出新區追求快速發展之期望。此外，天津濱海新區更將致力於打造多個國家級產業基地，期許於 2015 年時形成兩個人民幣 5,000 億級、一個人民幣 4,000 億級與一批人民幣千億級產業的高階製造業體系，以成為中國大陸的高階製造業龍頭。

3. 重慶兩江新區

中國大陸國務院於 2010 年 5 月 5 日印發《關於同意設立重慶兩江新區的批覆》後，重慶兩江新區正式批准設立，於 2010 年 6 月 18 日正式的掛牌成立，重慶兩江新區致力於統籌城鄉綜合配套改革，並極力發展將內陸地區打造成為對外開放的重要門戶，希冀縮小中國大陸東西部之差距。茲將新區成立目標、發展戰略與發展目標敘述如下：

❶ **新區設立定位**：重慶兩江新區依據國務院的批覆，並賦予兩江新區五大功能定位，其中包含「內陸重要的先進製造業及現代服務業基地」、「統籌城鄉綜合配套改革試驗之先行區」、「內陸地區對外開放之重要門戶」、「長江上游地區的創新中心與金融中心」與「科學發展的示範窗口」等五大功能定位，此外，根據 2011 年 9 月 13 日所頒布的《重慶兩江新區「十二五」經濟社會發展規劃》，將兩江新區重點產業分為汽車、軌道交通、電子資訊、節能環保、

高階裝備、生物醫藥、航空與新能源新光源等八大製造業，以及雲端計算、國際會展、綜合運輸物流、總部經濟、服務外包與商貿商務等六大服務業，顯示出兩江新區對於開發內陸市場以及積極對外開放之定位。

❷ **新區發展戰略**：重慶兩江新區於 2012 年 6 月 25 日召開全員大會，並制定出六大發展戰略，分別為（1）加速建設長江上游的金融中心和核心區；（2）科技教育中心的示範區；（3）商貿物流中心的集聚區；（4）形成國家中心城市功能群聚；（5）加速形成重要的現代產業群聚；（6）加速打造內陸地區對外開放之重要門戶。此外兩江新區管委會（2012）更指出：「六大戰略中，探索內陸並對外開放，找出最為合理之內陸經濟發展模式為兩江新區最為重要的任務」。顯示出兩江新區對於內陸的開發與開放背負著重要的使命，兩江新區更被列入國務院 2012 年 2 月 13 日批覆的《西部大開發「十二五」規劃》之中，期許推動內陸開放之際，除能帶動重慶的快速發展，更將進一步推動西部地區的快速前進。

❸ **新區發展目標**：根據宜居城市研究室（2013）整理 2012 年國家級新區 GDP 顯示：「重慶兩江新區 2012 年的 GDP 為 1,476.22 億元人民幣，較 2011 年成長 20.4%」，而兩江新區於「十二五」期間預計於 2015 年 GDP 達 3,000 億元人民幣、年平均成長 26%、常住人口達 300 萬人，且初步建設成為內陸開放的重要門戶。此外，根據重慶兩江新區管委會主任凌月明（2013）表示：「兩江新區持續推進新型工業化的進程，並推動產業高質化、高端化、綠色化與集群化，且提升產業的整體實力與綜合競爭力」。由此可知，兩江新區在致力於推動內陸開放之下，也成功帶動新區的發展快速成長，重慶兩江新區在未來更將進一步地改變西部經濟面貌，致力於縮小東西區域的差距，並以五大功能定位為發展目標，利用六大發展戰略打造出內陸最佳的國家級新區。

4. 浙江舟山群島新區

浙江舟山群島新區於 2011 年 6 月 30 日由中國大陸國務院正式批准所設立，並成為中國大陸首個以海洋經濟為主軸所設立的國家級新區，其致力於成為東部地區重要的海上開放門戶，除冀望成為中國大陸重要的現代海洋產業基地外，更期許能成為陸海統籌的發展先行區。茲將新區成立目標、發展戰略與發展目標敘述如下：

❶ **新區設立定位**：環顧中國大陸整體環境，中國大陸幅員遼闊且開發區的模式眾多，唯獨於海洋方面的開放較為薄弱，政府意識到此對國家經濟發展與安全戰略都將有長遠的影響，因此設立浙江舟山群島新區，並成為中國大陸國家級新區中第一個以海洋經濟為定位主題的新區。且根據 2013 年 1 月 17 日中國大陸國務院正式批覆的《浙江舟山群島新區發展規劃》中可知，港口物流及大宗商品加工等臨港產業、深水遠程補給裝備、海水淡化、海洋新能源等海

洋的新興產業作為新區的重要產業項目，希冀成為東部地區的重要海上開放門戶、中國大陸大宗商品儲運中轉加工交易中心、中國大陸陸海統籌發展的先行區與中國大陸重要的現代化海洋產業基地。

❷ **新區發展戰略**：浙江舟山群島新區具有良好的區位優勢，且擁有港口、海洋、旅遊與生態等優勢資源，顯示出舟山新區在積極的建設與推進下，必然會有更快速的成長。根據中國大陸國土資源部部長徐紹史（2012）表示：「舟山群島新區的發展要抓穩三個環節，第一是做到科學的規劃並有序開發；第二是要堅持節約集約並統籌開發與保護；第三是陸海的統籌需以創新驅動」。即政府對於舟山群島新區之陸海發展的戰略規劃，顯示舟山群島新區更加重視於科技的研發與人才，加速新區產業的轉型升級，進一步地創造出更佳的投資環境，並在中國大陸陸海統籌的先行試點上做出優良的示範，為中國大陸提供最寶貴的陸海統籌經驗。

❸ **新區發展目標**：根據宜居城市研究室（2013）整理2012年國家級新區GDP顯示：「浙江舟山群島新區2012年的GDP為851.95億元人民幣，較2011年成長10.2%」。此外，根據浙江省政府辦公廳於2013年4月10日公布的《浙江舟山群島新區建設三年2013-2015年行動計畫》中指出：「舟山群島新區將於2015年達到建設固定資產投資力度高於3,000億元人民幣、舟山港域港口貨物的年輸送量達四億噸，並實現海洋GDP達到1,000億元人民幣的目標」。是故，浙江舟山群島推動陸海的共同發展之餘，不僅要帶動新區的經濟快速成長，更要對新區內陸的交通、能源、訊息與基礎設施等建設做出貢獻，期望能同時增強新區的經濟與社會發展能力。

5. 甘肅蘭州新區

中國大陸國務院於2012年8月20日印發《國務院關於同意設立蘭州新區的批覆》，以批覆甘肅省《關於設立蘭州新區的請示》，從而設立甘肅蘭州新區，甘肅蘭州新區致力於實施西部大開發策略，以促進中國大陸向西開放的發展目標，並成為向西開放的重要策略平台，茲就甘肅蘭州新區成立目標、發展策略與發展目標敘述如下：

❶ **新區設立定位**：設立甘肅蘭州新區的目的在於成為西北地區重要的經濟成長極、中國大陸之重要產業基地、承接產業轉移的示範區，以及向西開放的重要戰略平台，希冀帶動甘肅與周邊地區發展，並深入推進中國大陸之西部大開發，以促進中國大陸向西的開放。此外，甘肅蘭州新區更將成為一個特色鮮明、產業群聚、功能齊全、服務配套與人居環境優良的一座現代化產業新區。在2011年6月22日，蘭州市政府已於常務會議上通過《蘭州新區總體規劃（2011-2030）》，並指出戰略性新興產業、石油化工、高新技術產業、新材料、生物醫藥、裝備製造、現代物流倉儲、現代農林業、勞動密集型產業與臨空現

代服務業為新區的主導產業。

❷新區發展戰略：蘭州為老舊的工業城市，而甘肅蘭州新區的設立目的即在於改善蘭州城市的功能與規劃布局，根據蘭州市市長袁占亭（2012）表示：「甘肅蘭州新區的設立在於為中國大陸深入實施西部大開發的策略，為對西開放的一個重大舉措」。顯示出甘肅蘭州新區將以西部大開發作為其主要發展戰略，並致力帶領蘭州的工業轉型發展，承接東中部地區的產業轉移，以增強蘭州市位於西北地區中心城市的輻射作用，以擴大向西的開放。此外，蘭州新區亦為中國大陸國務院2012年2月13日批覆的《西部大開發「十二五」規劃》中的其中一個新區，而甘肅蘭州新區以工業轉型發展及深入實施西部大開發為其戰略，除有利於建立中國大陸對西部開放條件，更將對甘肅的經濟社會發展有所貢獻。

❸新區發展目標：根據宜居城市研究室（2013）整理2012年國家級新區GDP顯示：「甘肅蘭州新區2012年的GDP為116億元人民幣，較2011年成長93.33%」。另外，根據2012年10月30日由中國大陸國家公信部評審的《蘭州新區產業發展規劃》中指出：「甘肅蘭州新區計畫於2015年達到500億元人民幣總產值的目標，而2030年之際更計畫達到2,700億元人民幣的目標」。顯示出蘭州新區於西部大開發戰略下的龐大野心，此外，《蘭州新區產業發展規劃》中亦指出2015年蘭州新區工業固定資產的投資累積800億元人民幣，且設立工業總產值達1,200億元人民幣發展目標，而甘肅蘭州新區更可與重慶兩江新區形成優勢互補，用以增強西部大開發的發展動力，更進一步地加速西部地區的經濟一體化發展，並逐漸擴大向西部開放。

6. 廣州南沙新區

廣州南沙新區於2012年9月6日中國大陸國務院正式批覆並同意《廣州南沙新區發展規劃》之下所成立，不僅將南沙新區建設成粵港澳全面合作的示範區外，更以生產性服務業為主建立起具世界級水準的試驗區，希冀促進港澳地區的長期繁榮穩定，並為中國大陸的改革發展提供示範。茲將廣州南沙新區成立目標、發展策略與發展目標敘述如下：

❶新區設立定位：廣州南沙新區的創立目的在於新區能立足廣州、依託珠三角並連接港澳，此外更能服務中國大陸國內並面向世界，將新區建設成為粵港澳的優質生活圈及新型城市化的典範、具世界先進水準的綜合服務樞紐、以生產性服務業為主的現代產業新高地及社會管理服務創新的一座試驗區，致力將新區打造成為粵港澳的全面合作示範區。此外，根據2012年9月6日中國大陸國務院批覆的《廣州南沙新區發展規劃》中提及，南沙新區以高階商務與商貿服務、航運物流服務、高階裝備技術、航運物流服務以及休閒健康與旅遊產業為發展的五大主導產業。

❷ **新區發展戰略**：南沙新區兩大發展方向在於：（1）以南沙作為港澳合作之平台，大力引進港澳相關企業進駐新區，並共同合作開發金融相關業務；（2）重點發展航運之金融業務，以打造區域性的航運金融中心。顯示出廣州南沙新區以引資和金融業務等發展策略，致力於打造出完善的粵港澳區域合作格局，根據中國大陸國家發展和改革委員會地區經濟司司長范恒山（2013）表示：「南沙新區的建設為實現『中國夢』的一大具體舉措，新區的建設不僅有利中國大陸區域的發展，對促進港澳繁榮的穩定更是一大機遇」。可知廣州南沙新區的規劃建設不僅帶動新區與中國大陸的發展，更將使港澳地區的發展帶來更為實際的利益。

❸ **新區發展目標**：根據宜居城市研究室（2013）整理 2012 年國家級新區 GDP 顯示：「廣州南沙新區的 2012 年 GDP 為 836 億元人民幣，僅占據廣州全市的 6.2%」，顯示出廣州南沙新區仍有相當大的進步空間，而南沙區副區長黃卡（2013）表示：「廣州南沙的總產值將於 2016 年達 1,500 億元人民幣以上，且到 2020 年時，GDP 將高達 4,000 億元人民幣左右，意即南沙新區的年 GDP 平均將維持 15% 以上的成長速度」。由上可知，廣州南沙新區將在自身區域航運與商貿等業務發展與粵港澳區域的合作發展格局下，呈現跳躍式的發展，建成具有優良營商環境與深具國際競爭力的國家級新區。

二、自由貿易試驗區

1. 上海自由貿易試驗區

2013 年 7 月 3 日中國大陸國務院常務會議中，為順應全球經貿局勢發展，國務院總理李克強先生宣布批准《中國大陸上海自由貿易試驗區總體方案》通過，將於上海設立自由貿易試驗區，規劃出具有國際級水準的投資貿易環境，企圖打造中國大陸經濟升級版。

❶ **成立背景**：上海自由貿易試驗區坐落於上海，乃因上海口岸吞吐量居於全球之冠，如同聯合國貿易暨發展會議（UNCTAD）（2012）發布《2012 海運回顧（Review of Maritime Transport 2012）》報告顯示：「全球 2011 年 20 呎標準貨櫃的卸載量排名，上海口岸吞吐量蟬聯世界第一，卸載量高達 3,170 萬噸」，顯示出上海具有發展為國際港口的水準，若進一步推動貿易便利化，未來將成為中國大陸經濟發展一大助力。

❷ **規劃範圍**：上海自由貿易試驗區坐落於浦東新區，且與上海綜合保稅區範圍重疊，面積約為 28 平方公里，範圍涵蓋上海四個海關特殊監管區，包括上海外高橋保稅區、外高橋保稅物流園區、洋山保稅港區以及上海浦東機場空港綜合保稅區。

❸ **優惠政策**：（1）2013 年 1 月 1 日起，核准 45 個國家經浦東國際機場

與虹橋國際機場中轉第三國的旅客，享有 72 小時過境免簽政策；（2）除享有自由貿易園區因有優惠外，將逐步實現金融創新；（3）擬訂企業法人可完成人民幣自由兌換，但個人業務暫不開放；（4）擬訂試驗區的企業，最高可減免 15% 的徵收企業所得稅率。

❹ **未來展望**：上海交通大學中國金融研究院副院長費方域（2013）表示：「自由貿易試驗區意味著中國大陸深遠的改革開放，是目前最為重量級的改革開放」。由此可知，上海自由貿易試驗區獲准推行，受惠者不僅只有上海，對於中國大陸經濟亦有牽一髮而動全身的作用，且未來有望成為中國大陸加入跨太平洋夥伴關係（Trans-Pacific Partnership；TPP）後第一個對外開放經貿窗口，將使上海打破僵固的框架，進而吸引金融機構以及國際企業於上海註冊開業，如此一來將疊加中國大陸的產業升級的實力，前景不容小覷。

三、中國大陸合作試驗區

1. 昆山深化兩岸產業合作試驗區

2013 年 2 月 3 日中國大陸國務院公布批准設立「昆山深化兩岸產業合作試驗區」，將依據《昆山深化兩岸產業合作試驗區建設推進工作方案》積極搭建兩岸交流平台，強化昆山地區和台灣在科技產業、高階人才、金融業務等多方面的合作交流，攜手開拓經濟榮景。

❶ **成立背景**：從 1990 年首家台資企業入駐昆山，到 2012 年截止共計有 4,240 家台灣企業落地生根，可謂中國大陸台資企業最密集的城市、且為兩岸經貿交流最熱絡地區。對此，昆山國台辦主任張志軍（2013）表示：「昆山能有今日的發展，台商功不可沒，若無台商在此打拚，昆山也不會有今天」。由此可知，昆山著實為最具優勢發展兩岸交流平台的城市，不僅台商數眾多，政府亦重視台商發展。

❷ **規劃範圍**：昆山深化兩岸產業合作試驗區，包含六個國家級以及省級開發區，為昆山開發區、昆山高新區、昆山綜保區等國家級開發區與花橋經濟開發區、昆山旅遊度假區等省級開發區，以及將設立的海峽兩岸昆山商貿示範區，其規畫面積達 4.4 平方公里。

❸ **優惠政策**：中國大陸政府賦予昆山深化兩岸產業合作試驗區開創兩岸金融交流的重要條款，突破現行的貨幣金融政策，利於兩岸企業及個人拓展融資管道、降低交易風險，更針對技術交流、商品檢測認證、規格標準等領域皆享有政策優惠。其優惠政策簡述如下：（1）開創兩岸貨幣雙線兌換試點，並允許開展人民幣個人跨境業務、兩岸企業內部試點人民幣借款業務、以及台灣金融機構於試驗區以人民幣進行增資、參股等投資活動；（2）支持外資銀行在符合條件下開展兩岸金融創新試點；（3）允許台資金融機構設立合資證券、

基金管理公司；（4）放寬台灣商品的檢驗檢疫的標準，並推動雙方共識。

❹ **未來展望**：昆山市發改委主任宋德強（2013）表示：「2012 年昆山與台灣兩地相互進出口貿易額高達 123 億美元，若 30% 貿易額以人民幣結算，將為兩地企業節省七億元人民幣的匯兌損失」。顯示昆山試驗區將為台灣帶來發展新契機，成為兩岸深度合作的重要載體，台灣亦可借重昆山高新技術發展，使兩岸企業截長補短，發揮聚集經濟，攜手開拓產業新格局。

2. 深圳前海深港現代服務業合作區

早於 2010 年 8 月深圳市規劃國土委員會以及前海管理局共同提交《前海深港現代服務業合作區綜合規劃》，並於 2013 年 6 月 27 日深圳市前海管理局正式實施規劃，奠定深圳前海深港現代服務業合作區的總體規劃，以特色都市、產城融合、綠色低碳為發展策略，以將深圳與香港合作先導區為定位，共同打造合作區成為具有國際競爭力的現代服務業區域中心。

❶ **成立背景**：十一五時期中國大陸政府重視現代服務業的發展，且隨著深圳高新技術產業資訊化發展，深圳高階服務業因而受惠，使得水準亦不斷提升。深圳初步形成以高階服務發展的產業聚落為核心，為深圳前海深港現代服務業合作區奠定良好基礎。

❷ **規劃範圍**：深圳前海深港現代服務業合作區位於深圳市西部，以媽灣大道、雙界河以及月亮灣大道為界線，規劃用地面積約 1,492 公頃，範圍包含前海灣保稅港區，投資金額高達 3,898 億元人民幣。

❸ **優惠政策**：（1）開創人民幣跨境業務創新試驗區；（2）企業到香港發行人民幣債券；（3）設立股權投資母基金；（4）支持試點營運跨境貸款；（5）外資企業股權投資基金於前海試驗區創新發展；（6）在建立更緊密經貿關係安排（Closer Economic Partnership Arrangement；CEPA）框架下，降低准許香港金融企業進入的條件；（7）試點開設創新型金融機構與交易平台；（8）准許境內外的金融機構於試驗區設立管理總部以及業務運營總部；（9）企業最高可減免 15% 企業所得稅率；（10）境外企業高階人才免徵個人所得稅；（11）現代物流企業享有按差額徵收營業稅的優惠；（12）允許香港仲裁機構於前海開設分支機構；（13）在中國大陸與香港建立更緊密經貿關係安排（CEPA），框架下落實對香港的開放措施；（14）於前海的就業、生活以及出入境的華僑、留學歸國人才與境外人才提供便利；（15）將前海納入經國家批准的廣東省專業資格互認先行先試試點範圍；（16）已取得香港執業資格的人才可於試驗區內執業；（17）已取得中國大陸會計師資格的香港籍人才，可擔任中國大陸會計師事務所合夥人；（18）香港服務業者可設立獨資國際學校；（19）允許香港服務業者於試驗區設立獨資醫院；（20）支持香港與澳門的電信業者於前海開設合資企業；（21）鼓勵電信業者創新管理模式，且可依據試驗區制定政策，

實行優惠電信資費方案；（22）建設試驗區國際資通訊專用管道，滿足企業通訊業務需求。

❹**未來展望**：試驗區將分時序完成目標，2013 年主要啟動水廊道等基建設備，且全面進行土地整修工程；2014 年實施交通及市政設施建設；2015 年目標為基建設備全面完工，並朝著實現深圳與香港兩地產業互補、經濟一體化的目標，形成優良的投資經營環境，並預計 2020 年實現 GDP 1,500 億元人民幣的目標。

表 9-1　中國大陸合作試驗區一覽表

	昆山深化兩岸產業合作試驗區	深圳前海深港現代服務業合作區
成立時間	2013 年 2 月 3 日	2013 年 6 月 27 日
規劃範圍	含六個國家級以及省級開發區	規劃用地面積約 1,492 公頃
重點產業	新興高新技術產業	現代服務業
優惠政策	共四條	共 22 條
未來發展	兩岸深度合作的重要載體	2020 年實現 GDP1,500 億元人民幣

資料來源：本研究整理

　　然而上海自由貿易試驗區獲批後，天津及廈門自由貿易園區也上呈規劃報告於中國大陸國務院。天津港是中國大陸沿海地區主要樞紐港口，亦是京津冀地區現代化交通網絡的重要節點，天津自貿園區若對於服務貿易業以及金融業的開放，將對天津港帶來新的成長點。中國大陸商務部研究院國際市場部主任趙玉敏（2013）表示：「廈門自由貿易園區將會帶動兩岸經濟發展，甚至產生輻射效應，增強中國大陸對韓國、日本等國家貿易與投資吸引力」。由此可知廈門具備區位優勢，有望轉型成為國際港口，並以現代服務業為發展重點的綜合型自由貿易園區，藉此促進廈門轉型升級，為兩岸帶來產業新格局。

　　海協會會長陳德銘（2013）表示：「深化兩岸經濟合作，仍是現階段首要兩岸協商的優先重點」。顯示出兩岸發展已不可獨善其身，因順應全球經貿局勢發展為上策，然而現階段台灣諸多優勢皆須搭配中國大陸的發展脈動，因此穩健推進兩岸關係發展，乃是台灣需深思熟慮的政策要點，兩岸若能攜手共創大中華經濟圈，才能共建兩岸於全球市場中強勁的競爭力，如同中國大陸商務部副部長蔣耀平（2013）亦表示：「進一步深化兩岸之間的合作，才能提升兩岸產業於國際激烈競爭環境中抵禦風險的實力」。由此可知，中國大陸政府積極搭建深化兩岸合作之載體，台商切要把握契機，進行策略布局，為兩岸共謀新經濟榮景。

第 10 章
2013 台商布局中國大陸新謀略

管理學大師 Drucker 曾言：「企業有兩種基本功能，即創新與行銷」，顯見企業的目的不外乎為創造客戶，而創新及行銷的相加就是創造價值，讓顧客獲得滿意。而企業更應在環境變動快速的現代，致力結合創新與行銷，為自身注入活水，創造持久性的競爭優勢，贏得永續經營的新契機。台商布局中國大陸之際，雖面臨工資上漲、環境惡化及城鄉差距等問題，但在中國大陸推行城鎮化、農業現代化、信息化及新型工業化等新四化下，中國大陸仍存龐大商機。此時，台商更應展現積極布局中國大陸之企圖心，創造新謀略以贏得中國大陸龐大商機。

一、布局中國大陸十謀略分析

「微笑曲線」（Smiling Curve）的理論架構係由宏碁集團創辦人施振榮於1992 年提出，其中微笑的原動力即為創造價值，因此，微笑曲線又被視為一條知識經濟的附加價值曲線。而微笑曲線的兩端分別為「技術與研發」及「行銷與品牌」，施振榮亦於《微笑走出自己的路》（2012）一書中提及，微笑曲線左端為研究發展知識，係因企業不斷持有創新的設計與技術，使其能夠在不斷累積知識的含量下，產生較高的附加價值；而右端則以市場為導向，包含通路管理、行銷管理及商業模式，企業可透過持續創新的商業模式，為企業提高新知識含量。而企業試圖為自身增加附加價值的同時，更應分析當下附加價值之所在，並進一步思考如何借重現有競爭力，取得微笑兩端之平衡，為企業創造更高的價值。

2013《TEEMA 調查報告》參考「微笑曲線」，探究企業創造附加價值的過程，了解企業如何在不影響自身的經營運作下，走向微笑曲線的兩邊，增加自身的應變彈性，以應對變化快速的現代。以下發展出台商布局中國大陸之十大謀略，「標準建立謀略」、「加盟連鎖謀略」、「專業設計謀略」、「自創品牌謀略」、「自建通路謀略」、「深耕物流謀略」、「精益製造謀略」、「兩岸整合謀略」、「異業聯盟謀略」及「轉軌文創謀略」。企業在附加價值觀念的導引下，唯有不斷往高附加價值的區塊移動，才能持續發展並永續經營。茲將台商布局中國大陸之十大謀略整理並分述如下：

1. 標準建立謀略

在整體產業推行兩岸整合的同時，有許多產業仍存在著規格不符的情況，以至於標準成為企業進入中國大陸布局營運的一大問題點，此時更彰顯建立兩岸的產業標準的重要。此外，台灣更於2005年成立華聚產業共同標準推動基金會，引用「華人」及「聚合」的概念，希冀兩岸能以優勢互補的方式，共同制定整體華人的產業標準。而在華聚的帶領下，LED半導體照明、平板顯示器與太陽能光電等領域更已積極投入標準制定中。根據華聚基金會董事長陳瑞榮（2012）表示：「物聯網、雲端計算、工具機與電動車四項領域，為下階段科技產業之發展趨勢，兩岸亦將在未來積極建立相關產業共通之標準」。顯示，標準建立已成為兩岸必然行使之事，而兩岸的產業標準建立，亦將為各產業帶來更高的附加價值。

2. 加盟連鎖謀略

隨著中國大陸經濟快速發展，人們的生活品質不斷提升，企業逐漸透過連鎖加盟的方式來建立自身的銷售通路，同時強化自身品牌的影響力。根據中國生產力中心（China Productive Center；CPC）服務業事業部協理陳弘元（2012）表示：「中國大陸市場幅員廣大，若要做大，仍需仰賴加盟，而最為重要的部分是在於，企業要創造出讓人沒話說的一套成功的商業模式」。由此可見，於中國大陸市場中，企業若皆要以直營的方式布局市場，勢必將花費更為龐大的資金與人力成本。而企業若要將事業擴散至一線以外的城市，長期而言，仍以加盟連鎖的經營方式為較佳的選擇。而台商在進行連鎖加盟之際，更應同時提升自身之連鎖加盟與商業服務的競爭力，以為顧客與己身創造出更高的附加價值。

3. 專業設計謀略

市場中產品同質化的出現，使市場競爭逐漸演變為設計競爭，因此，設計能力儼然已成為企業所需的核心競爭之一。根據3C產品等研發及製造服務的明基友達集團設計長王千睿（2013）表示：「台灣的競爭力日益低落，再加上產業前景的不樂觀，已使得製造業與資訊業無法持續依靠代工生存，而軟實力將成為企業發展的新契機」。由此可知，在全球競爭激烈的環境下，企業應更專注於專業設計的重要性。是故，設計力可為品牌帶來競爭力，企業可運用自身多年累積之精密技術與管理等豐厚經驗，於文化中萃取元素，再藉由設計、工藝與技術進行解構與創新的動作，運用設計所創造出的附加價值，以創造出能同時滿足企業與顧客需求的專業設計產品。

4. 自創品牌謀略

「微笑曲線」中附加價值最高的兩端，一端為「技術與研發」，另一端則為「品牌與行銷」。因此，台商在中國大陸搶攻內需市場的同時，除保有自身

既有的技術研發能力，持續精益求精外，更應思考如何建立品牌，以品牌來提升產品於顧客心中的價值，更為台商目前所需面臨的重大課題。此外，根據行政院院長江宜樺（2013）表示：「台灣若不自創品牌，增加自身之附加價值，未來恐將會被我們原以為遠遠落後諸多的國家趕過」由此可知，品牌的建立不僅可提升產品附加價值，更是企業保持自身競爭力的一種方法。而台灣產業在製造的附加價值持續降低下，已有多數台商紛紛走向自創品牌之路，強化微笑曲線的右端品牌服務之處，希冀以有限的資源創造更高的附加價值，以提升自身競爭力，並在中國大陸市場中突破重圍。

5. 自建通路謀略

通路即產品接觸到消費者的管道，而量販店、便利商店、超市與網路購物等交易地點，不論是實體或虛擬，只要能撮合生產者與消費者交易的地點，皆屬通路的範疇。根據正崴集團董事長郭台強（2012）表示：「現在的通路經營已不僅是比較規模的大小，更重要的是要比產品、比服務」。故可看出，市場環境的競爭日益激烈下，已有許多的企業體認到通路的重要性，而企業自建通路的風險雖較與通路商合作來的高，但卻是能使生產者更貼近消費者的最佳管道。因此，企業若能擁有自建的通路，除有利於己身進行品牌的管理，亦能強化自身與顧客的互動，並進一步地洞悉顧客需求，為顧客創造出高附加價值的產品。

6. 深耕物流謀略

中國大陸幅員廣大，使許多台商與中國大陸企業，將物流業務視為相當耗費成本的作業流程。而有不少物流企業更為縮減物流成本，提高企業營運效率，進而深耕布局物流業務，希冀能更加快速的布局中國大陸。此外，根據中國大陸全國政協委員吳鴻（2012）表示：「藉電子商務的發展之際，建立物流體系之基礎設施以及電子商務的物流體系，不僅可促進網路購物新消費模式的成長，更可藉以提升內需，帶動民眾生活水平」。顯示企業在深耕物流的同時，能將電子商務模式加以整合進入，可將更有效的提升整體營運效率，並節省掉更多的營運成本。未來企業更可借鑑於國外的先進營運模式，以加強自身物流業的精細化管理，創造出更高的附加價值。

7. 精益製造謀略

隨著科技技術與經濟環境快速變化，傳統資源投入的方式已為過去式，根據宏碁集團創辦人施振榮（2012）表示：「微笑曲線上的整體產業價值鏈，需依靠每個環節的緊緊相扣，才能建造出新的核心能力，而製造即為此價值鏈中最為重要的一環」。因此，台商在力求創造附加價值的同時，製造轉型升級更顯得特別重要。根據以家電業為主的美的集團董事袁利群（2013）指出：「企業要運用先進製造技術，提升製造效率與水準，並全面帶動產業鏈的協同轉型，

進一步打造先進製造業，帶動價值鏈共同成長」。可知製造業的轉型升級亦將帶動相關行業共同發展，此外台商更可透過技術創新與管理創新的大力實施，推動製造業向微笑曲線的上下游延伸，為自身創造更多的營運效益。

8. 兩岸整合謀略

兩岸發展現代服務業與新興產業的發展基礎、政策規劃、研發能力與技術水準等方面皆擁有許多共同點，除具有高度的關聯性，更擁有高度的互補性，根據中國大陸國務院前副總理曾培炎（2013）表示：「台灣與中國大陸應加強合作、共同面對並實現互利」。由此顯示，兩岸產業應深化合作，以創造更高的附加價值，而台灣貿易中心北京代表處首席代表吳政典（2013）亦表示：「兩岸業者的交流應更加深入，並透過更多的合作相互整合，充分利用對方資源開發兩岸市場，更可在宏觀面上共同合作開發全球市場」，道出兩岸相互整合的優勢及重要性。而台灣企業的專利及技術優勢亦可與中國大陸企業的通路及市場優勢相互整合，形成優勢互補的型態，以利實現雙贏的局面。

9. 跨界聯盟謀略

正所謂「同行不是冤家，異業可以為師」，巧妙道出跨界聯盟的思維。跨界經營雖不是能保證企業成功之選擇，但卻不失為企業規避單一經營風險的好選擇。根據台灣地區之國際商業機器股份有限公司（International Business Machines；IBM）全球企業顧問服務事業群總經理暨合夥人曾江華（2012）表示：「企業與外部的結盟，不僅著眼於強化自身的風險承受能力，更積極的意義在於拓展企業新的獲利來源，並可藉由跨界的創新力，打造新的競爭優勢」。由此顯示，台商的跨界經營可依照自身資源做延伸，創造出最大化的附加價值，此外，若企業僅憑一己之力，光應付市場的變動就已左支右絀，因此，跨界聯盟亦已成為台商突破當前困境的一大選擇，而台商亦可透過跨界聯盟的方式與聯盟企業共同成長，並創造出更為驚人的附加價值。

10. 轉軌文創謀略

經濟力量能使一個國家強大，而文化力量則能讓一個國家偉大，根據國務院台灣事務辦公室前主任王毅（2012）表示：「文化若有產業的支撐，猶如插上翅膀，將可飛得更高、走得更遠」，巧妙地道出文化與產業結合的重要性。而深圳台商協會榮譽會長莊世良（2012）則指出：「不少台商企業轉型，跨入第三級產業發展服務、餐飲及文創產業，而台灣人在國際觀與創意上所展現的優勢，正符合台商現階段轉型的需求」。可知，創新突破乃為台商安身立命之所在，以致台商紛紛加速向「文創」此類高附加價值之產業轉型，而企業轉軌投入文創之際，更需透過創意科技，將文化與產業相互連結，兩岸企業更可加強文創產業的合作，使文化成為深化雙方經濟合作的新突破。

2013年中國大陸地區投資環境與風險調查

表 10-1 台商布局中國大陸新謀略之案例分享

布局中國新謀略	案例分享	布局中國新謀略	案例分享
⑴ 標準建立謀略	億光電子	⑹ 深耕物流謀略	久裕物流
⑵ 加盟連鎖謀略	快樂檸檬	⑺ 精益製造謀略	上銀科技
⑶ 專業設計謀略	浩漢設計	⑻ 兩岸整合謀略	維格餅家
⑷ 自創品牌謀略	欣賀集團	⑼ 跨界聯盟謀略	躍獅影像
⑸ 自創通路謀略	泰聯工業	⑽ 轉軌文創謀略	開成興業

資料來源：本研究整理

二、布局中國大陸案例分享

⊃ 個案一：【億光電子】：標準建立謀略

億光電子工業股份有限公司成立於 1983 年 5 月 28 日，為台灣最大的 LED 封裝廠。其主要產品為發光元件與感測元件的專業封裝，此外並擁有兩個 LED 照明自由品牌「EVERLIGHT」和「ZENANO」，分別擴展大中華地區，與歐洲地區。且億光 LED 照明訂單主要來自中國大陸與歐美地區，以商業照明、球泡燈與室內照明的燈管為主，而戶外照明則以中國大陸的路燈市場為大宗。因此億光亦至中國大陸設廠，以有利其在中國大陸的銷售與更有利於爭取到 LED 訂單，且能提高其在市場上的占有率。

1. 布局動機

LED 為具有節能、反應快速、壽命長等優點的光源設備，因此，LED 應用於顯示、背光與照明的市場機會節節上升。然而為因應市場需求，億光加緊制定產業標準的動機原因，可分為「提高國際競爭能力」與「降低貿易問題發生」之兩項動機。茲就根據此兩項動機分述如下：

❶動機一【提高國際競爭能力】：因應 LED 路燈商機與節能的特點，世界各國皆已陸續推動 LED 路燈汰換的工程。因此，在如此龐大商機的簇擁下，台灣希望能透過共通檢驗平台，以提升 LED 路燈的品質。除此之外，亦能使 LED 產業加速與國際接軌的速度，使其成為具有國際競爭力的產業。

❷動機二【降低貿易問題發生】：中國大陸擁有市場優勢，而台灣市場雖然規模較小，但台商上游製造端的競爭力卻不容小覷。億光董事長葉寅夫（2013）出席「兩岸光電照明產業技術標準發展論壇」表示：「目前兩岸 LED 照明仍是各有各自的標準」，顯示雙方產品標準仍然不一。因此，建立標準，可提升雙方產品往來的方便性，以消除貿易問題。

2. 布局做法

億光為能有效制定產品規格標準，因而透過以下做法以完成標準的制定。攸關其標準的做法可分為透過政府率先領軍、與另一廠商共同制定標準和合資開發產品等三種方式，以順利達成產品規格標準的制定，並有利於億光電子布

局中國大陸的 LED 市場，亦能增加雙方往來的方便性。茲就其做法分述如下：

❶ 做法一【政府建立標準】：台灣發展綠能產業具有優勢，因此億光董事長葉寅夫（2010）即指出：「政府應趕緊建立標準，且由標準檢驗局發布認證，以提高消費者對台灣品質的信心」。由此可知，藉由一套檢驗標準，對品質控管嚴格把關，降低參差不齊的商品流入市面，讓台灣商品能輕易打入世界市場成為世界品牌。

❷ 做法二【兩岸相互制定】：台灣與中國大陸若能將現有產能做整合，並共同制定標準與技術合作，絕對有機會打造有別於歐美的華人照明品牌。根據億光董事長葉寅夫（2013）指出：「兩岸透過雙方人才的努力，將可更輕而易舉地建立華人品牌」。由上可知，雙方共同建立標準，並配合人才雙管齊下的努力，穩固品牌的地位與優勢。

❸ 做法三【合資開發產品】：億光電子於 2007 年即開始與中國大陸照明企業合資開發 LED 應用產品。根據億光董事長葉寅夫（2012）指出：「兩岸LED 產業可以優勢互補，共同開拓國際市場」。顯示雙方能藉由互補的能力，以穩固彼此的競爭能力，並藉由中國大陸近年為節能環保產業的支持，使 LED 產業發展更加突飛猛進。

3. 布局影響

億光在制定規格標準後，不僅為其增加營業收入，亦擴大市場占有率。億光制定產品規格標準後，所產生的布局影響可分為「通路據點激增」、「營業收入增加」與「股價價格上漲」等三項布局影響。茲就根據其三項布局影響分述如下：

❶ 影響一【通路據點激增】：為在競爭激烈的 LED 市場環境下能占有一席之地，並保障自身影響力，億光透過建立產品規格標準，使其能夠有利拓展中國大陸市場商機。因此，億光已鎖定浙江、江蘇、山東等地區積極布局，使其在中國大陸通路布局可從 2012 年的 3,000 個據點，於 2013 年擴增至 5,000 個據點。

❷ 影響二【營業收入增加】：2013 年 LED 產業景氣較穩定，並以照明市場較為突出。億光董事長葉寅夫於 2013 年 1 月 23 日表示：「因先前對產業的不熟悉，因而處於『摸石頭過河』階段，但如今已掌握訣竅。因此，億光在中國大陸照明通路市場，正努力過河走向對岸」。顯示億光正一步步向上攀升，使得億光 2012 年創造出逾六億到七億元新台幣的營收，2013 年更加鎖定中國大陸市場，預計可高達 40 億元新台幣。

❸ 影響三【股價價格上漲】：LED 封裝廠億光於 2013 年表現亮眼，因其努力追求產品規格標準化，再加上受惠於 LED TV 背光與照明訂單需求增加，使其於 2013 年第一季 EPS 約 0.51 元。此外，億光亦看好市場需求動能將持續不

斷的成長，第二季 EPS 可望達 1 元，顯示出其在市場上表現亮眼。

⊃ 個案二：【快樂檸檬】：加盟連鎖謀略

雅茗天地集團旗下擁有三大不同特色的外帶茶飲品牌，分別為仙蹤林、Freshtea、快樂檸檬，創始人為吳伯超董事長。而在 1994 年正式以仙蹤林茶品牌進軍海外市場，直到 2006 年快樂檸檬品牌正式從仙蹤林品牌獨立出來，目前在上海市成立總部，並以特許加盟模式營運，主要店鋪設於高級商業大樓及高級住宅商圈，以切入中高端消費市場。旗下主要有五大系列產品，包含檸檬系列、醇品鮮茶、鮮果茶、鮮果抹綠及岩鹽芝士等，將道地台灣茶文化，揚名海外市場，希冀將依托過去的成功經驗新的策略思維，以嶄新的思維與面貌再次創造典範經營。

1. 布局動機

「謀定而後動，知止而有得」，出自《孫子兵法》。一語道出中國大陸面臨消費力崛起，以及連鎖餐飲的成長動力強勁的市場機會，仍須憑藉自身優勢條件，及早做好先占卡位布局。因此，快樂檸檬應趁早進入市場，力求取得先占優勢，茲根據快樂檸檬進入中國大陸外帶茶飲料市場布局動機分述如下：

❶動機一【看好成長潛力】：伴隨中國大陸城市化進展腳步加快，加上中小城市居民收入水準不斷攀升，更為中國大陸連鎖餐飲產業注入更多成長動力、市場機會。不僅於此，受到十二五規劃中的西部大開發影響，使得許多三、四級城市，未來的成長潛力更備受矚目，因此，快樂檸檬原先是以上海、廣州作為重要布局城市，現在將開始朝向西部二、三級城市作為重要布局城市。

❷動機二【搶占市場先機】：茶飲產業市場進入門檻低、市場空間大，使得中國大陸茶飲市場競爭相當激烈，然而，快樂檸檬不僅要追求「做大更要做強」，更在上海百貨公司、地鐵站等紛紛設立店鋪來搶占市場外，更善用加盟連鎖方式，有利於快速進行擴張市場，並且能夠有效管理。因此，快樂檸檬看好市場成長空間，將提早先進卡位，以取得市場先機。

2. 布局做法

快樂檸檬在擁有 20 年國際連鎖品牌經營經驗的吳伯超董事長帶領下，其策略企圖為先做強再做大，並且定位於高端消費族群，主要集中於商業地段，有利快速宣傳品牌形象，並建立品質管理模式以及區域授權合作模式，成功地將快樂檸檬深植於中國大陸市場，茲將快樂檸檬三大布局做法分述如下：

❶做法一【塑造品牌形象】：受到中國大陸茶飲料市場競爭激烈，塑造企業品牌形象，為使企業維持永續經營的關鍵因素，根據快樂檸檬董事長吳伯超（2013）表示：「快樂檸檬能在中國大陸七年中屹立不搖，其關鍵做法在於推行品牌優勢」。秉持傳遞給消費者開心快樂的企業文化，加上活潑可愛的店鋪設計，展現鮮明、活力品牌形象，成功在中國大陸市場占有一席之地。

❷做法二【產品差異策略】：根據快樂檸檬董事長吳伯超（2012）表示：「中國大陸茶飲市場已進入競爭激烈的紅海市場，快樂檸檬正積極加快新產品研發，平均每三個月就會有新產品上市」，可知快樂檸檬能與現有競爭者做出差異化。另外，根據快樂檸檬董事長特助鄧仁榮（2013）表示：「快樂檸檬在中國大陸已有七年歷史，消費者對品牌認知度很高，預計未來的策略重點，會持續加強果茶類、現泡茶等茶飲」。顯示出其在產品方面不斷突破，進而提升在行業間的競爭力。

❸做法三【區域授權模式】：為能夠更快速滲透中國大陸市場，以及降低營運成本，快樂檸檬採取區域授權模式，來有效分工管理。以往，快樂檸檬是以重點城市為劃分標準，但為有效管理加盟店，並將授權區域縮小為地級市或縣級市，來有效確保控管分店品質，並同時降低加盟金，以利加快擴店速度。

3. 布局影響

快樂檸檬秉持特有鮮明企業文化，不論在品牌推廣、產品研發以及管理方式等皆維持始終如一的堅持與品質。成立至今，分店足跡遍及中國大陸一、二線大城市，經營版圖更是愈來愈壯大。快樂檸檬著眼於加盟連鎖布局模式下，更成為台灣與中國大陸知名外帶茶飲品的典範。茲就快樂檸檬在加盟連鎖布局下之績效分述如下：

❶影響一【穩固市場地位】：根據《商業周刊》（2013）發布〈台灣外帶茶飲，靠四堂課稱霸中國大陸〉文章指出：「目前中國大陸擁有全國連鎖品牌的外帶茶飲店，店數最多的為 CoCo 都可茶飲，第二名則為快樂檸檬，約有250 多家門市」，由此顯示，快樂檸檬進入中國大陸市場約有六年至七年時間，已經在中國大陸外帶茶飲市場占有一席之地。

❷影響二【企業鮮明形象】：快樂檸檬除茶飲料外，亦與文創結合，推出包括檸檬仔、布丁小姐、奶油妹等，並與視覺中國在 2012 年聯合舉辦「首屆創意設計大賽」。以快樂為主題，並在跨平面設計、工業設計、動漫等多項領域競賽，希冀能同時傳遞快樂檸檬品質、快樂及健康的鮮明企業形象，同時帶來跨產業互動發展的影響力，為外帶茶飲品開創新商機。

❸影響三【輝煌成就殊榮】：快樂檸檬憑藉鮮明品牌形象及多元化飲品發展，使其榮獲多項佳績，不僅獲得中國大陸連鎖協會 2006 年頒發的最具成長力品牌殊榮，更被選為「2010 年上海世界博覽會餐飲服務商」，以及獲得廣州市政府亞運組 2011 年頒發的「特色餐飲服務企業」，傲人的國際經營成績，不僅躍升為亞洲地區茶飲市場的領導品牌之一，更是廣受到消費者青睞的茶飲品牌。

⊃ 個案三：【浩漢設計】：專業設計謀略

浩漢產品設計公司成立於 1988 年，為慶豐集團聚集國內相關設計人才及

引進國外技術而成立。浩漢產品設計從台北工作室發跡，迄今在全球已經擁有六個據點，足跡遍及台北、上海的安亭與外灘、越南、美國矽谷及義大利Sondrio，並且建置設計研發中心，以服務當地客戶；其主要範疇涵蓋消費性電子、電腦、通訊、醫療設備、健身器材及交通工具等，現已成為華人地區規模最大的獨立工業設計顧問公司。然而，面對國際競爭的壓力，為鞏固工業設計市場地位，透過內部知識管理系統整合分布於全球各地的設計人員，加速產品設計的效率，以利競爭。在中國大陸發展採取「深入耕耘、穩紮穩打」的策略，希冀透過長期的深耕下，掌握中國大陸龐大市場所衍生的商機，進一步成為浩漢產品設計大展身手的舞台。

1. 布局動機

浩漢產品設計公司於 2003 年進入中國大陸布局，其動機為「掌握發展機遇」及「滿足顧客需求」，主要由於中國大陸經濟快速發展，帶動產業鏈相關事業服務的需求，且工業產品設計偏重於顧客需求導向，因此，浩漢產品設計公司為不錯過中國大陸經濟快速起飛的機遇，迅速展開中國大陸布局。茲就浩漢產品設計公司布局動機分述如下：

❶動機一【掌握發展機遇】：面對中國大陸經濟發展迅速且繳出亮麗的成績單，因此擁有「世界工廠」之稱，然而浩漢產品設計公司隨著國際化的腳步，以瞬息萬變的經營環境，為掌握中國大陸經濟快速發展的機遇，迅速透過縝密的內部規劃，展開布局中國大陸的行動。可見浩漢產品設計意識到中國大陸提供相較低廉等投資條件，吸引全球各地企業前往投資，此舉將必定擁有龐大工業設計的需求，因而前往投資布局。

❷動機二【滿足顧客需求】：隨著中國大陸發展工業帶動經濟發展，與此同時，吸引許多工業製造廠商爭相投資布局，因而衍生出廠商對工業設計的需求。對此，浩漢產品設計為滿足顧客端的需求，並欲以更具效率、更接近市場的方式，來了解當地需求及提供服務。因此，積極投入中國大陸投資布局的規劃，希冀以更全面的服務，滿足顧客的需求。

2. 布局做法

浩漢產品設計公司在中國大陸欲提供迅速且貼切的設計服務給顧客，紛紛在中國大陸各地區設立據點，如上海、廈門等地，因此，歸納出浩漢在中國大陸的布局作法，其分別為「建置設計中心」、「導入知識管理」及「落實企業政策」。茲將浩漢產品設計公司布局做法詳細分述如下：

❶做法一【建置設計中心】：為更迅速且希望能及早發掘顧客潛在的需求，浩漢產品設計公司在每個據點均設立設計研究中心，以提供更全面的專案設計服務給顧客。此外，亦能了解在地的市場需求，進一步提供顧客更貼切的專案設計服務，使在產品設計之際，能夠減少設計失誤的風險，提高產品設計的績

效。

❷做法二【導入知識管理】：浩漢經過多年累積的設計及運籌經驗，為使設計服務能更快速、減少研發錯誤及降低生產風險，因而導入知識管理系統，將設計專案系統化。除整合設計的知識與經驗的累積、加值外，也使產品設計服務業與製造業串聯成健全的供應鏈，從概念發想、設計、快速成型模具等研發程序一氣呵成，形成「一條龍」的串聯，有效縮短產品從設計至製成的時間。

❸做法三【落實企業策略】：浩漢產品設計公司在迅速展開中國大陸投資布局之際，為有效推動公司所做的決策，使公司資源有效率的使用，於公司內部推動平衡計分卡（Balanced Score Card；BSC），將公司的核心能力與資源的運用作緊密的結合，以有效落實公司的每項決策，讓公司整體運作能夠產生綜效。

3. 布局影響

浩漢產品設計經過 20 多年的努力經營，透過 ISO 體系創造出高品質之外，更因貫徹「設計創造價值」的經營理念，因而受到各界肯定，如 2000 年獲得國家磐石獎。除此之外，浩漢產品設計與顧客多年的互動關係，將其影響歸納為「提高顧客轉移成本」、「運用優勢吸引顧客」及「加值知識鞏固地位」分述如下：

❶影響一【提高顧客轉移成本】：在拓展中國大陸業務時，浩漢與顧客之間衍生出全新的合作方式與學習模式，緊密與顧客的關係，並且透過「共創價值」的過程，讓顧客與浩漢之間的互動更為融洽。此外，歐、美、日廠商亦看好浩漢在中國大陸發展的機會點，樂意與浩漢進行長期合作，其合作內容包括免費培訓浩漢人員，可見顧客相當信賴浩漢。

❷影響二【運用優勢吸引顧客】：浩漢在全球運籌及人力資源的運用，透過公司內部知識管理系統中的協同設計作業整合平台，把分布於全球各地的設計師，利用跨區域、跨時區的平台，全部納入整個專案設計過程，有效形成價值鏈，促進創意激盪與支援，利用團隊合作面對每個專案，成功吸引顧客。

❸影響三【加值知識鞏固地位】：浩漢內部在策略落實方面，已用平衡計分卡與各個環節緊密結合，並且透過專案管理累積多年的知識及經驗，利用知識管理系統的整合，將分布於全球各地的設計資訊整合，以形成加值的作用，透過此舉提升在顧客心中的形象地位。因此，浩漢至今已成為全球華人圈中規模最大的產品設計公司。

➲個案四：【欣賀集團】：自創品牌謀略

欣賀股份有限公司於 1992 年在廈門成立，從服飾的批發貿易，日漸轉而從事品牌設計及生產。起初帶領台灣設計師團隊登陸，目前員工與設計師已幾乎達到本土化，欣賀致力於創造優雅、時尚、精緻的高級奢侈女裝品牌，強調

設計、生產、銷售一條龍經營，快速擴點深植中國大陸一線城市，打造高端品牌形象，以自創品牌瞄準世界舞台。欣賀創辦人孫瑞鴻更榮獲2012年《富比士》（Forbes）時尚25華人之一，旗下六大高端品牌更是中國大陸名媛貴婦最愛，欣賀集團在中國大陸服飾市場經營自創品牌20餘年，還因此成為LVMH集團私募基金相中的首間亞洲服飾設計企業。根據欣賀總裁羅永暉（2013）表示：「藉由與LVMH集團合作，未來要將欣賀打造成一流的國際高階品牌營運和管理集團」，顯示欣賀集團優秀表現受到國外的讚賞以及其發展品牌之決心。

1. 布局動機

因早期批發銷售服飾利潤不高，因具備專業的設計技能，以及對服飾市場累積的經營歷練，使欣賀集團不止步於此，更轉往中國大陸走向自創品牌之路，追求微笑曲線附加價值高的一端。故以「批發獲利低廉」、「消費意識崛起」兩大布局動機作為依據，以下茲就欣賀集團之動機分述如下：

❶動機一【批發獲利低廉】：欣賀創辦人孫瑞鴻在成立欣賀集團前，已在台灣北部從事女裝服飾的中盤生意逾十年，擁有服裝設計背景的孫瑞鴻，起初在林森北路發跡，曾被稱為「小姐最愛服飾」，但憑藉著對設計的專業，及批發產品利潤降低的理由，使孫瑞鴻萌生前往中國大陸發展自創品牌的念頭，為自身尋找逆轉的機會。

❷動機二【消費意識崛起】：根據欣賀集團首席設計師李麗華（2013）表示：「過去中國大陸服裝市場較為制式，消費者也較不講究品牌。但如今中國大陸女性比台灣更容易接受新流行」，顯示出消費者資訊接收度正在增加，對設計品牌好感日益上升，對於欣賀集團推出自創品牌更是一大利多。

2. 布局做法

根據上述布局動機，欣賀集團興起以自創品牌進入中國大陸服飾市場的念頭，更循序漸進的建構出一系列的產品組合，使各品牌皆能鎖定其目標顧客，避免互相衝突侵蝕利潤。故以「主攻高檔服飾」、「跨快時尚品牌」、「完善品牌組合」三大做法作為依據，故茲就欣賀集團布局做法之內容分述如下：

❶做法一【主攻高檔服飾】：由於人們生活節奏的改變，對時尚要求度亦逐漸提高，欣賀旗下品牌JORYA、JORYA Weekend、GIVHSHYH、ANMANI、CAROLINE、AIVEI等六大奢侈品牌，定位為高階服飾，其瞄準中高階市場，亦強化自身產品品質，以利對抗在中國大陸競爭的服飾市場。

❷做法二【跨快時尚品牌】：2013年欣賀集團打破高階品牌框架，推出平價時裝品牌QDA，欲搶攻中國大陸平價服飾市場。欣賀集團總裁羅永暉（2013）表示：「QDA鎖定18至35歲都市時尚的消費族群為主」，目標能與ZARA與H&M等國際品牌一較高下，積極在一級城市中搶開旗艦店，希冀一年營業額即可挑戰兆元新台幣。

❸ 做法三【完善品牌組合】：欣賀集團在中國大陸發展品牌之路，即是逐步拼湊出完整的領域布局，定位包含精品服飾、少女精品、成熟女性、前衛個性、商務簡約等。如今集團又加入平價的快速時尚與男裝路線，使欣賀集團的多品牌策略更加完整，未來將成功面對更廣大與多元客層，再度打響尖端時尚精品時尚。

3. 布局影響

綜合上述布局動機與做法，使欣賀集團逐漸朝向精品服裝集團邁進，因此榮獲 LVMH 集團的青睞，挹注資金於欣賀集團，使其開創出自創品牌之新格局，在中國大陸服飾業界掀起一陣精煉品牌之風，成功在國際時裝舞台嶄露頭角打響名號，故茲就欣賀集團布局影響之內容分述如下：

❶ 影響一【吸引 LV 入股】：欣賀集團旗下高階品牌在中國大陸的驚人表現，2012 年吸引法國 LVMH 集團旗下私募基金 L Capital 入股投資，受到頂級奢侈代名詞的 LVMH 集團之重視，顯示出對欣賀集團在精品品牌經營上的肯定。2013 年新推出的 QDA 品牌正是藉助 LVMH 集團的時尚經營歷練，而欣賀集團企圖攜手打造中國大陸時尚圈。

❷ 影響二【銷售穩定成長】：過去欣賀集團在中國大陸布局的經驗，成功掌握精品消費市場喜好與流行，六大品牌之定位清晰且不衝突，針對品類亦做出精確價格分類。近 900 家門市使集團營收穩定成長，由 2011 年約 28 億元人民幣，成長至 2012 年約 32 億元人民幣，未來待 QDA 品牌步上軌道後，將帶領營收攀登另一高峰。

❸ 影響三【走向海外之路】：成功利用 LVMH 集團的國際通路經驗，欣賀集團在 2012 年 1 月實現跨出海外第一步，於澳門威尼斯人酒店開張 JORYA 品牌旗艦店。根據欣賀總裁羅永暉（2013）表示：「目前新加坡店擴張已在洽談中，香港及韓國的國際化腳步則在計畫當中」，顯示欣賀精品品牌基礎加上 LVMH 海外經驗，將能使其成功在海外開疆闢土，朝國際品牌經營集團之目標前進。

⇨ 個案五：【泰聯工業】：自建通路謀略

泰聯工業前身為泰益工業股份有限公司，由董事長翁崇銘成立於 1971 年，以從事硬質 ABS 旅行箱、化妝箱及手提箱之生產與銷售為主，並於 1975 年，秉持著當初創業時的理想創立「外交官」（Diplomat）品牌，至 1984 年，為因應業務擴展之需，擴大廠房並改制為泰聯工業股份有限公司。1994 年，泰聯工業施行企業國際化政策，於中國大陸上海市設立上海泰豐箱包有限公司，台灣廠及上海廠月產能總和可達 45 萬 PCS。泰聯工業自創立之初即將產品品質置於首位，給予每一位使用「外交官」（Diplomat）行李箱的旅客穩固可靠的承諾。為此，除部分五金材料委外製造，其餘部件皆由泰聯自行製造，並且堅持由材料至成品，每一關皆須通過極嚴格的品管，為客戶的旅行過程帶來絕對安

心保障。

1. 布局動機

松下幸之助曾言：「生意的成敗，取決於能否使第一次購買的顧客成為固定的常客，而要做到此，就得看是否有完美的售後服務」。同理，泰聯工業亦要求自己成為客戶的最後一個行李箱品牌，因此重視每一位外交官客戶在購買及售後服務上的每一項環節，便成為泰聯工業的首要之務，亦成為泰聯工業選擇通路形式的出發點。茲以泰聯工業之自建通路動機敘述如下：

❶動機一【顧客良好的購買體驗】：外交官集團中國大陸市場部總經理黃彥達（2012）指出：「90%以上購買行李箱的顧客，都不清楚行李箱的基本知識」，因此銷售員對於顧客的購買體驗便至關重要，需得清楚店內形形色色行李箱的價格、用途、功能甚至是設計亮點等專業性介紹。因此，除在招聘銷售員時會引進素質較優秀的人員外，亦選擇自行建立銷售通路，以確保顧客每一次的購買體驗皆是完美的。

❷動機二【客戶完善的維修服務】：外交官集團中國大陸市場部總經理黃彥達（2012）表示：「熟悉外交官品牌的人士通常皆具有一定的社會地位與水準，對於產品品質及服務亦有較高的要求，因此外交官必須做好售後服務」。是故，確保客戶可以在各外交官銷售據點獲得完善的服務品質，成為外交官選擇自行發展通路而非採取代理制度的主因之一。

2. 布局做法

採取自營制度為主的外交官銷售據點，北至大慶，南到三亞，東從沿海諸城，西到烏魯木齊，目前已進駐北京、上海、武漢、天津等 30 餘座中國大陸城市，皆有外交官品牌的直營據點設立。至今全中國大陸已有超過 500 家的外交官自營通路，靠的便是「自營通路」、「機場通路」及「酒店通路」所構成的綿密網絡。以下茲以其三大通路布局做法分述之：

❶做法一【自營通路穩腳步】：一般自營通路為泰聯工業擴展外交官行李箱品牌的第一通路，此通路主要開立於中高檔以上的百貨店中，其中重要的合作夥伴即為中國大陸商貿流通業的龍頭企業「百聯集團」。泰聯藉由與百聯集團建立策略合作關係，將外交官自營店的通路觸角伸至中國大陸各地之百聯百貨中。

❷做法二【機場通路擴服務】：外交官雖已於中國大陸各地建立自營店網絡，但泰聯工業為提供客戶最即時的行李箱維修服務，因此選擇於各地機場中建立營業據點，使顧客一下飛機即可享受泰聯工業的服務。第一間機場通路於 2008 年成立於上海浦東機場，至今此種門市已擴展至成都機場、銀川機場、長沙機場及烏魯木齊機場等超過 50 個機場。

❸做法三【酒店通路展名聲】：外交官集團中國大陸市場部總經理黃彥達

（2011）表示：「許多商務客並沒有太多時間可以逛街」。因此，繼一般自營通路及機場通路的布局後，泰聯工業便是將營業據點延伸至五星級酒店中。目前，泰聯工業已於上海、三亞、青島等城市開立八間的五星級酒店通路，期望藉此通路使尚未認識外交官的商務客，可以接觸外交官的行李箱。

3. 布局影響

泰聯工業秉承著顧客至上的原則以「自營通路」、「機場通路」及「酒店通路」等三種通路，以提供客戶「完美的購買體驗」及「完善的維修服務」。多年深耕中國大陸市場以來，除「銷售業績扶搖直上」外，亦成為中國大陸「行李箱業時打品牌」及 2010 年「上海世博指定廠商」。綜觀以上，可得知對泰聯工業自建通路的布局策略最佳的肯定，茲將泰聯工業自建通路之影響敘述如下：

❶影響一【銷售業績扶搖直上】：外交官集團中國大陸市場部總經理黃彥達（2012）指出：「自 2006 年起，外交官的銷售據點進入快速成長期，於此時期，外交官的銷售業績逐年上升」，由此可知，泰聯工業經由擴大銷售網路以使外交官品牌可服務更多顧客的做法，已經由銷售額的成長獲得成功的實證。

❷影響二【行李箱業十大品牌】：依據品牌數據研究中心（CNPP）所公布之「2013 十大品牌」所示：「外交官（Diplomat）為中國大陸十大行李箱品牌之一」。外交官可與 Samsonite、Louis Vuittion 及 CROWN 等海內外知名行李箱品牌一同名列十大品牌，除憑藉其優良的品質之外，其廣泛的銷售點及良好的服務，亦是其進入十大品牌之列的主因。

❸影響三【上海世博指定廠商】：2010 年上海市盛大舉辦世界博覽會，該博覽會吸引超過 350 萬名海外遊客前往共襄盛舉。如此盛況空前的饗宴，泰聯工業依憑外交官品牌之優良的生產品質及綿密的銷售網路與優良的售後服務，於 2009 年正式由上海世博局遴選為 2010 年上海世博會指定的行李類生產商及零售商。

⊃ 個案六：【久裕物流】：深耕物流謀略

久裕物流成立於 1980 年，主要核心業務是銷售醫藥保健產品和經銷物流服務，為佳醫集團旗下的醫藥產品經銷商，亦為台灣最大的醫藥行銷物流服務公司。久裕的主要產品包含隱形眼鏡藥水、疫苗、保健品等，且擁有與許多國際知名藥廠採購產品之合作經驗，如 Bayer、Johnson & Johnson 等。此外，久裕更是台灣首家建置大型現代化 cGMP 之物流中心的企業，提供全方位的價值鏈服務。久裕為進一步走進中國大陸的醫藥市場，而進行相關醫藥品推廣，並於 2002 年在北京與中國大陸「國藥集團」合資成立「國藥物流有限責任公司」，複製在台灣以經營專業業務的成功經驗，與中國大陸百強企業國藥集團長期合

作，建立完整物流體系。久裕更不斷在行銷物流上創新，期望成為亞太醫藥行銷物流精緻服務的領導品牌。

1. 布局動機

久裕是台灣最大的醫藥物流廠，在台灣具寡占市場的優勢地位，根據久裕物流董事長張俊仁（2012）表示：「久裕將複製在台灣經營核心業務的成功模式，進一步布局中國大陸醫療市場」，可知，久裕將以台灣領先之醫療物流管理系統，發展中國大陸醫療市場。茲將久裕布局動機分別敘述如下：

❶ **動機一【爭取世界藥廠】**：久裕致力於醫藥銷售與服務領域，在台灣銷售至醫療院所之營收占 77％，藥局 16％，診所 7％以下，往來過的客戶總數更高達一萬兩千家。而久裕更為在物流上持續創新，積極在各專業領域中做深度整合，提供完整的供應鏈服務，建立具競爭力的醫療體系。此外，久裕欲進一步布局國際和亞太市場，提供更卓越的服務予客戶，以增加與國際競爭之機會，並以爭取成為世界大藥廠亞太物流中心為目標。

❷ **動機二【提升物流規模】**：在久裕市場業績的快速成長之下，希望擴大其經營規模與物流配送效率，因此曾委託耀欣公司協助提升物流服務能力，以嚴謹的標準作業協助規劃物流作業和建置系統，使久裕成為第一家取得藥品物流 GMP 作業合格認證，而其所提供的物流服務品質與效率受到供應商與客戶肯定，藉此打造久裕新一代的物流中心。

2. 布局做法

久裕透過客戶服務、物流技術及自動化管理等方式，建構符合 cGMP 規範之藥品包裝工廠與物流中心，更以固守專業經營領域逐以擴大升級，發展不同於其他物流廠之作為，此外，更與龍頭醫藥集團合作進一步提升醫療服務體系，以下茲將久裕布局做法分別敘述如下：

❶ **做法一【建立物流結盟】**：久裕於 2002 年在北京與中國大陸最大的醫藥集團國藥集團結盟，以合資方式成立國藥物流有限責任公司，希冀在彼此緊密合作之下，共同發展藥品審批和臨床推廣等業務，共同在中國大陸醫藥市場占有一席之地。此外，2009 年與佳醫集團合作，進一步深耕醫療體系的整合和提供更國際化之服務等項目。

❷ **做法二【專注專業領域】**：久裕董事長張天德（2013）表示：「2012年獲利成長主要是來自專業經營，以優先其他廠商鎖定賀爾蒙領域，從代理婦女不孕症、更年期、到男性泌尿及生殖系統等的一系列藥產品，未來將積極尋求與歐洲藥廠合作」。顯示，久裕藉由強化其核心業務領域，進而提升與其他物流廠之間的差異，未來並將此成功模式移植至中國大陸。

❸ **做法三【建自動化系統】**：久裕以提供高效率的物流服務為目標，導入尖端資訊設施與自動化機器設備，提供客戶全方位與客製化的物流服務，包含

倉儲管理、標籤印製、物流加工、訂單接收與處理、運輸與配送、醫院交貨、上架與退貨作業等。而在這些作業程序中，利用條碼自動識別工具與系統設備，將能增加久裕的作業效率及正確率，並能及時掌控運作狀況以因應客戶需求，亦使久裕更具備與外商競爭的條件。

3. 布局影響

久裕專注於其專業領域，並以領先其他廠商與鎖定特定領域為其發展策略，其不僅在台灣醫療服務通路具有寡占市場優勢，更在中國大陸布局之際，與國藥集團合作建立完整物流體系。在兩者龍頭企業彼此合作之下，久裕在營收方面表現亮眼，以下茲將久裕三項布局影響分別敘述如下：

❶**影響一【完整物流體系】**：2002 年久裕在北京與中國大陸「國藥集團」合資成立「國藥物流有限責任公司」，建立環渤海的完整物流體系，且在四年之內，其在中國大陸的營收已高出在台灣的四倍。此外，國藥物流有限責任公司亦致力建構中國大陸一體化的分銷系統，布局於華北、華東、華南、東北與西南，顯然以完整物流體系為久裕物流獲得龐大收益。

❷**影響二【穩健醫療服務】**：台灣老牌醫藥物流廠久裕，重點業務包括開發處方用藥、健康消費品、美容保養品等經銷物流服務，而其客戶亦從醫學中心、地區醫院、診所與藥局，遍布到連鎖藥妝。在核心業務方面久裕具有強大的專業能力，並擁有龐大的醫藥銷售網路。此外，久裕能隨時掌握最新醫藥發展資訊，及擁有符合國際標準之合格認證，使其在醫藥行銷物流服務行業中遙遙領先。

❸**影響三【逐年營收成長】**：久裕企業自 2002 年進入中國大陸市場，並與中國大陸龍頭企業的國藥集團合作之際，將使久裕更進一步拓展中國大陸醫藥市場，並隨著兩家醫藥物流產業強者恆強，更有助久裕在合資的背景下，帶動每年獲利成長。久裕於 2010 年營收達 13.49 億元人民幣，2011 年達 14.61 億元人民幣，2012 年更高達 23.07 億元人民幣，可看出與龍頭企業合作之下，將逐年激發久裕的潛力。

⮕ **個案七：【上銀科技】：精益製造謀略**

上銀科技創立於 1989 年，專精於精密滾珠螺桿與線性傳動元件的研發與製造，並以其自有品牌「HIWIN」行銷世界。而上銀更於德國與日本等地擁有研發中心，致力於創新研發，並投入工業用機器人的研發及製造。此外，機械產業在大環境情況不佳下，各公司為節省成本，皆已紛紛開始推動自動化生產模式，由此可知，智慧型機器仍儼然已成為未來產業的新趨勢，而上銀所專精的滾珠螺桿亦為機器人的重要零件。上銀科技董事長卓永財（2012）更表示：「上銀於軸節式機器人的變速器上已擁有重大突破，並成為僅次於日本的全球第二家擁有此項關鍵技術的廠商」，可知，上銀仍不斷地秉持著精益製造的精

神前進，希冀帶動整體製造業務不斷升級，並於龐大的中國大陸市場獨占鰲頭，而上銀更期望能掌握智慧商機，以獲取更為龐大的收益。

1. 布局動機

中國大陸不僅於機械相關產業上擁有龐大潛力，同時亦擁有龐大的內需市場，使上銀科技毅然決然進入中國大陸布局市場，希冀憑藉其精湛的技藝持續創新研發，滿足龐大內需市場的需求，並成功攻占中國大陸市場，而上銀更冀望於國際上大放光彩，以獲得更龐大的收益。茲將兩項布局動機敘述如下：

❶動機一【龐大發展潛力】：上銀科技看準中國大陸市場的龐大發展潛力，進入中國大陸市場布局，董事長卓永財（2011）指出：「中國大陸機械相關產業的未來發展實力不容小覷，其 2009 年工具機總產值亦已正式超越德國，並成為全球最大的工具機生產國」。顯示，中國大陸機械相關產業的發展潛力十分強大，使上銀無不為此股潛力所吸引，決定進入中國大陸布局市場，以獲取龐大收益。

❷動機二【擴大事業版圖】：上銀科技董事長卓永財希冀躍升成為全球系統元件大廠，並以國際化的方式布局自身事業。而中國大陸身為全球大國，定為上銀的目標市場所在地，且上銀更希冀以核心技術能力做為其營運延伸的重心，成功布局中國大陸，使自身市場與產品的布局都能夠更深且更廣，以獲取更龐大的利益與聲譽。

2. 布局做法

上銀看準中國大陸機械相關產業的發展潛力，致力於擴大其事業版圖下，進入中國大陸布局市場，並藉由「購買關鍵技術」、「專注研發設計」與「促進產學交流」三大做法，希冀秉持著持續創新的經營理念，創造出更多符合市場需求的產品，並成功布局中國大陸乃至全球市場。茲將上銀科技布局做法敘述如下：

❶做法一【購買關鍵技術】：上銀科技董事長卓永財認為，只要工廠沒有倒下，就能夠100%的技術轉移，根據上銀科技總經理蔡惠卿（2013）表示：「線性滑軌與滾珠螺桿為所有精密機器的核心零件」。因此，上銀早於 1993 年之時併購德國滾珠螺桿廠 Holzer，學習其精密機械技術，而後更陸續併購以色列控制系統研發與驅動器廠 Mega-F、買下英國製造螺紋模床的 Metrix。由此可知，上銀希冀以購得關鍵技術的方式，提升自身的核心競爭力。

❷做法二【專注研發設計】：致力於持續創新，並於製造業務上精益求精的上銀，已於俄羅斯、德國及日本設有研發中心，希冀網羅世界級專家於上銀進行專業研發。且上銀進入中國大陸市場後，亦憑藉著其強大的研發能力，獲得不錯收益。更看準中國大陸仍有龐大市場需求，準備於中國大陸建立實驗工廠及研發中心，希冀能更深入的布局中國大陸市場。

❸做法三【促進產學交流】：上銀認為企業唯有結合學術界的力量，以加強研發升級，方得以提升產品之附加價值，並可創造出自身企業的特色與核心競爭力。因此，上銀為鼓勵大學生致力於投入機械工程的研發創新，因而委託中國機械工程學會共同辦理「機械碩士論文獎」，更在 2011 年於北京舉辦「上銀優秀機械博士論文獎」，希冀增進業界與學術界的互動，藉此提升兩岸精密機械與製造技術之水準。

3. 布局影響

上銀認為經營者必須具備國際觀，若不布局國際研發，必將失去競爭力，根據上銀科技總經理蔡惠卿（2013）表示：「全球與系統傳動領域有相關的業者，無一不認識上銀」。更可得知，上銀正因擁有國際觀的想法，方才使上銀成功的布局中國大陸市場，並於全球市場中占有一席之地，茲將上銀科技三大影響分述如下：

❶影響一【營運範圍廣泛遼闊】：上銀一直以線性滑軌與滾珠螺桿等關鍵零組件為營運主力，並向外延伸運用至各營運範圍。而精密的技術更使上銀得以將其關鍵零組件廣泛運用於各式產品上，如中國大陸捷運車廂門、工業自動化設備、人工授精的機器手臂與銀行點鈔機等產品設備，乃至 Google 太陽能電廠中的追日系統與製造 iPhone 的機台所使用的零組件，皆為上銀所生產的關鍵零組件。是故，上銀得以成功布局中國大陸，亦將其產品銷售全球。

❷影響二【生產訂單延綿不絕】：上銀在其精益製造的觀念下，持續精進其自身製造業務，並成功獲得許多廠商之訂單，根據上銀科技董事長卓永財（2013）表示：「中國大陸企業急單陸續湧入，使得上銀天天加班趕工」。由此可見，上銀的生產技術能力已成功獲得許多中國大陸企業的認同，而上銀在中國大陸陸續取得龐大訂單數量下，勢必可獲得更為可觀的收益。

❸影響三【中國大陸第一品牌】：上銀為符合市場需求，持續延伸其核心技術，並從零組件供應商晉升為可提供整機服務的廠商，使其產品在中國大陸甚至是全球，已擁有超高的市占率。根據上銀科技總經理蔡惠卿（2012）指出：「上銀的產品在台灣的市占率已達 65％至 70％，上銀的品牌『HIWIN』更成為中國大陸的第一品牌」。此外，上銀更為全球第二大的傳動控制系統製造商，顯示上銀不僅成功布局中國大陸，更已成功在國際上獲得佳績。

⊃ 個案八：【維格餅家】：兩岸整合謀略

維格餅家 1992 年於淡水創立，主要從事烘焙產品的製造販售，產品包括糕點、麵包、肉品等項目，更於 2008 年在台北市設立旗艦店，宣揚維格對於糕餅業的努力與堅持。台灣糕餅市場競爭激烈，於是，維格餅家決定不以惡性競爭的方式來經營，藉此避開同業之間的紅海纏鬥。維格餅家總經理李振榮（2012）表示：「早期台灣鳳梨是主要外銷的產品，同時，鳳梨有『旺來』的

好意兆，以致鳳梨酥為台灣伴手禮首選」，因而決定鎖定「鳳梨酥」發展觀光客伴手禮事業。然而時逢兩岸旅遊開放契機，維格餅家看中復星集團在中國大陸擁有 4,000 多個門市通路，且在國際知名度不小。另外，復星集團（Fosun Group）執行官梁信軍（2012）亦表示：「非常看好消費和消費升級類的行業前景，而維格正是旅遊食品行業的優秀代表企業，這次投資將創造兩岸民企的合作雙贏局面」。於是 2012 年維格與中國大陸復星集團聯手，藉此布局中國大陸，並放眼於國際，打造廣闊的銷售商機。

1. 布局動機

維格餅家希冀未來能穩固在中國大陸的立足點，並打響維格餅家名聲，於 2012 年與中國大陸的復星集團進行合作，而復星集團上市公司「上海豫園商城」，其跨足投資觀光旅遊、傳媒、礦業等多種領域，在中國大陸具有一定的影響力。維格董事長孫國華（2012）表示：「讓復星集團參股維格，是希望藉其關係與政商淵源，讓維格進入上海觀光市場」。茲就維格餅家與復星集團兩岸整合動機如下：

❶動機一【龐大消費潛力】：維格餅家瞄準中國大陸可觀的消費能力，希冀藉由與復星集團合作，將為企業帶來豐厚的收入，並在中國大陸提升企業知名度。復星集團首席執行官梁信軍（2012）指出：「中國大陸市場快速變化，從過去的代工製造轉移至消費大國，並已成為全球第三大消費國，再加上，近年來外資扶持的企業在中國大陸的業績皆有長足成長，希冀未來維格餅家也能大幅成長」。

❷動機二【把握觀光商機】：根據台灣觀光局（2012）統計，每年中國大陸遊客造訪台灣高達 366 萬名，且在眾多觀光客購買伴手禮當中，鳳梨酥為台灣最佳伴手禮的第一名，進而推動台灣觀光食品產業的快速發展。維格餅家董事長孫國華（2012）表示：「兩岸聯手出擊觀光市場，在中國大陸各大景區推出限定伴手禮，必能創造最大合作效益」。顯示以觀光伴手禮起家的維格看準中國大陸龐大的旅遊商機，希冀透過合作方式作為當地市場的敲門磚。

2. 布局做法

維格餅家董事長孫國華（2012）表示：「維格餅家和復星集團有許多相似之處，雙方企業都相當認同中華的文化，以及懷抱永續經營的理念」。因此，在雙方理念核心相似的情況下，因而激盪出合作的火花，茲將維格餅家與復星集團兩岸整合三項布局做法論述如下：

❶做法一【打造地方產品】：維格餅家董事長孫國華（2012）表示：「透過複製台灣成功的經驗模式作為前往中國大陸發展的策略，不賣鳳梨酥，改做中國大陸各地的特產」。由此可知，維格不僅將「鳳梨酥經驗」複製到中國大陸，更將旅遊與食品做融合，並用台灣「說故事做行銷」的軟實力，及台灣的

文化創意，進而打造各景區不同的特色商品，與復星集團和當地生活習性與文化做微調整，攜手打造具有中國大陸特色的伴手禮版圖。

❷做法二【創品牌旗艦店】：維格餅家於 2008 年在台北建立旗艦店之後，帶給顧客及觀光客好感度，致使維格餅家在前進中國大陸的同時，將積極打造品牌旗艦店，並結合復星集團的旗下的公司，快速打入中國大陸市場。維格餅家董事長孫國華（2012）表示：「復星集團在中國大陸有 4,000 個門市通路，入股維格後，將在每年遊客達 3,800 萬的上海豫園打造旗艦店」。顯示，維格餅家想藉由復星集團旗下的公司設立品牌旗艦店，藉此提高知名度。

❸做法三【整合雙方資源】：復星集團旗下擁有 8,800 多家超市、2,800 多間藥店、1,400 多家珠寶店，以及龐大的媒體網絡，並極具高知名度。復星集團首席執行長梁信軍（2012）表示：「復星集團將動用所有產業、通路和媒體資源，協助維格餅家在中國大陸發展」。顯示維格和復星將共同攜手進軍中國大陸伴手禮市場的壯志。

3. 布局影響

維格餅家兩岸合作的成功，不僅只是外資投入的機緣恰當之外，更主要在於維格能夠精準地抓住全球市場的趨勢，並放眼於國際市場，以顧客的角度發想，滿足各種不同顧客的味蕾與需求。因此，維格餅家利用中國大陸市場作為踏板，以兩岸合作的模式除布局中國大陸之外，亦逐漸朝向國際市場邁入。茲將維格餅家所產生的影響敘述如下：

❶影響一【品牌權益提升】：維格餅家積極參加國際性展覽，因而打開國際間的視野，再加上維格餅家已成功打開國際知名度，致使吸引越來越多海外觀光客越洋搶購。維格餅家董事長孫國華（2011）表示：「你看過 100 多個人排隊等結帳嗎？現在每天都有兩至三千個海外消費者上門，我們已做好準備迎戰」。一語道出，維格已成功提升企業知名度，致使每年到上海豫園參訪的觀光客，皆以維格作為伴手禮的首選，其品牌權益之提升，可見一斑。

❷影響二【創造雙贏局面】：維格餅家藉由異業合作的關係，不僅打開在國際知名度，且隨著知名度日益擴增，未來發展潛能更是無可限量。復星集團首席執行長梁信軍（2012）表示：「維格餅家在台灣的年銷售額是 12 億元新台幣，到中國大陸後，肯定是爆炸性成長」。然而，復星集團亦藉此合作在台灣鋪好發展的管道，顯示透過兩岸整合將共同攜手打造出企業雙贏局面。

❸影響三【創下經濟奇蹟】：維格餅家董事長孫國華（2012）表示：「2008 年以前，維格的年均營收僅為幾千萬元新台幣，至 2012 年 1-10 個月，維格營業收入已超過十億新台幣，企業已進入高速成長期」。由此可看出，維格餅家透過與復星集團的合作，不僅成為台灣第一家靠鳳梨酥公開上市上櫃的公司，亦為企業帶來高額的利潤，為台灣經濟寫下歷史新頁。

⊃ 個案九：【躍獅影像】：跨界聯盟謀略

躍獅影像科技成立於 1994 年，前身為廣告設計公司，然而躍獅影像創辦人兼執行創意總監姚開陽（2010）表示：「廣告界導演的宿命就是，即使拍再多的廣告、廣告效益再怎麼成功，也無法累積什麼資產」。一語道出，躍獅影像萌生轉型的念頭。而後躍獅影像轉型成以創意設計結合科技應用為發展的產業，目前主要服務項目為立體電影院、整合虛擬體驗系統與博物館規劃，亦由於 2011 年與北京中視中科光電技術公司合作，著手研發 4D 影像市場、開發特效設備，目前躍獅影像科技已成為台灣唯一能與國際互相抗衡的台灣之光。

1. 布局動機

中科光電技術公司是由中國大陸科學院投資而成的企業，專研於開發技術，目前已著手創造許多媒體設備，躍獅影像希冀利用中視中科在影音媒體業深耕多年的技術，進行跨界聯盟模式，企圖打開企業新氣象。茲將論述躍獅影像與北京中視中科光電技術公司跨界整合動機分述如下：

❶影響一【企圖轉型升級】：躍獅影像導演姚開陽（2010）指出：「躍獅影像作品都是獨一無二的，但利潤微乎其微，於是決定投身於可申請智慧財產權的產業」。顯示躍獅影像企圖藉與中國大陸的媒體影音廠商合作，將公司轉型為以技術研發為發展核心的公司，藉此不僅利用智慧財產權創造公司競爭優勢，亦為公司帶來龐大利潤。

❷影響二【取得關鍵技術】：中國大陸工程院院士許祖彥（2010）指出：「韓國與日本在液晶顯示技術已取得領先的優勢和產業地位，為獲取研發顯示技術所帶來的龐大商機，各國都在著手加強研發和產業化」。顯示躍獅影像希望與中科光電看中顯示技術設備的發展，攜手合作開發技術，藉此搶占產業商機。

2. 布局做法

躍獅影像在中國大陸採取跨界聯盟合作的策略，其創意總監姚開陽（2010）表示：「躍獅影像將有效利用本身擁有的核心技術，於這新興產業布局發揮，把握發展機會。」由此可知，躍獅影像因與中國大陸企業中科光電攜手合作，利用各自互補優勢，共同合作創造利基。茲將論述躍獅影像於中國大陸布局做法分述如下：

❶做法一【增強創意能力】：躍獅影像創意總監姚開陽（2010）表示：「目前國際主流為專業區域分工，但是台灣擁有較優異的創意與開發能力，可藉由發展原創型密集的產業聚落，維持國際競爭力」。顯示躍獅影像強調創意能力的發展，有助於產業深度的發展，進一步開發核心技術能力，提升企業在市場的競爭地位。

❷做法二【布局大型商場】：3D 視覺影像電影目前為國際流行的風潮，且為躍獅影像帶來龐大的利潤來源，躍獅影像創意總監姚開陽（2010）指出：

「3D 電影熱潮不會持續過久。因此，未來虛實體驗的技術設備，將從博物館轉移到大型購物商城」。由此可知，躍獅影像看準未來影音設備的發展趨勢，與中科光電策略合作打造影像顯示技術，共同布局市場商機。

❸ 做法三【進駐上海世博】：於 2010 年中國大陸舉辦的上海世博會中，在各國知名企業競爭激烈中，躍獅影像積極地展開展館的提案，成功取得中國館與台灣館的標案。由此可知，躍獅影像將世博展示作為提高公司知名度的重點舞台，在世博展覽期間，台灣館及中國館受各界讚賞，不僅吸引遊客目光，且受到潛在客戶的肯定，獲得更多發展機會。

3. 布局影響

中國大陸在「十二五規劃」的政策輔佐之下，將為相關產業帶來無限商機，其中包含文化創意產業。因此，躍獅影像藉由與中科光電合作的基礎下，於 2010 年上海世博會一展長才，得到各界肯定，其技術實力驚豔全球。茲將論述躍獅影像與中科光電之跨界合作之影響分述如下：

❶ 影響一【世博驚豔國際】：匚合廣告公司董事長范可欽（2010）表示：「世博台灣館，打造全球最大 LED 燈幕，以及擁有最新的多媒體影像設備，是台灣展現文創軟實力及最新科技技術的國際舞台」。可知躍獅影像影響利用與中科光電合作，融合新型技術，聯合打造中國館與台灣館，不僅提升台灣科技國際知名度，亦讓全球得知躍獅影像的多媒體影響技術的實力。

❷ 影響二【世博衍生商機】：躍獅影像執行創意總監姚開陽（2010）表示：「世博台灣館設備除投影機外，皆由台灣廠商供應，並將成功的經驗應用在後世博商機，在中國大陸發揮台灣科技技術效應」。由此可知，躍獅影像與中科光電合作世博展館呈現後，成功打開市場名氣，在中國大陸產生後世博效應，促進在中國大陸的市場布局。

❸ 影響三【世博排名前列】：隨著世博館的開放展覽，參觀人潮持續上升，根據中國大陸在 2010 年針對搜尋入口網站「百度」著手調查，藉由網友票選熱門展館，得知台灣館排名於領先族群，擊敗其他 200 多個國家展館，成為上海世界博覽會中，排名第八名世博熱門展館。由此可看出，躍獅影像與中科光電聯手打造的世博台灣館，其在世博展示期間成績耀眼驚人，吸引國際目光。

➲ 個案十：【開成興業】：轉軌文創謀略

開成興業創立於 1976 年，總公司設立於台北市，並在 1990 年跨足海外市場於香港設立分公司，且在廣東東莞及江蘇昆山等地設立生產基地，開始發展與眾多合作供應商的溝通管道及供需網絡。2003 年開成興業中國大陸地區營運總部在上海市浦東新區正式成立，至此，已形塑完備的大中國地區生產行銷網，深耕於中國大陸市場。其公司主要核心產品是為紀念徽章、鑰匙圈，另外還有領帶夾、袖扣及獎牌等金屬製品，結合文創的高附加價值與精湛的代工技術與

品質，使開成興業不僅在中國大陸市場擁有厚實穩強的地位，更讓一枚小型徽章耀眼於國際舞台。預計未來將運用兩岸分工機制，擁有熟練技術與創新設計能力，盼能尋覓出更多市場商機及帶來輝煌的企業獲利。

1. 布局動機

1990 年台灣遇到貨幣升值、出口利潤下降的瓶頸，外加上開成興業為配合客戶需求以及擴張國際格局，於是將事業觸角延伸至中國大陸。有鑑於此，開成興業藉著彼此之優勢互補，創造出共贏局勢，以利拓展至全球市場。茲將開成興業前往中國大陸布局動機分述如下：

❶動機一【追求分工優勢】：在國際市場激烈競爭環境下，過去單打獨鬥追求微利時代已經結束，企業應藉著彼此之優勢互補來尋求共贏。開成興業為掌握中國大陸具有充足的勞動力市場、資源豐富、市場遼闊及科技基礎雄厚，並結合台灣自身的設計、技術之優勢能力，決定率先前往中國大陸地區布局，期望憑藉自身優勢，帶來更高的互補效益。

❷動機二【開拓國際版圖】：開成興業以穩健踏實的經營理念，以及精緻品質水準，使其成為全球知名徽章製造的隱形冠軍企業。然而，為突破在原有的台灣有限市場空間，以及規模不足的困境，更以布局中國大陸地區作為跨入國際版圖的重要里程碑。開成興業在當地運用特許經銷布局模式，結合轉軌文創的轉型內涵，使其在徽章市場成功率不到 5%的特許經營市場中，成為全球名列前茅的紀念章製造商。

2. 布局做法

開成興業是以外銷代工為起家，但由於獲利成長空間小，以及市場競爭激烈，導致代工利潤受到匯率衝擊，亦因此開始由代工升級兼經營品牌授權方式，建立設計、生產到銷售一條龍產業鏈網。根據開成興業副總經理高文祥曾提及：「開成興業具備精良的產品設計團隊與行銷經驗，以及對產品品質的要求，是開成興業布局重要的關鍵」，茲將開成興業三大布局做法分述如下：

❶做法一【建置產銷鏈網】：開成興業為因應市場需求，將會根據當地市場進行評估判斷、加上可用的知識產權設計元素，建立一套產品開發流程，並能大幅提高產品開發效率。此外，藉由提高產品的內涵和文化層次，便會了解市場文化，透過在地化設計與銷售理念，更能有利掌握市場動脈。並且結合物流運籌機制，與航運公司合作，將商品能更便捷銷往海外市場。綜上所述，開成興業建置一套設計、生產及物流等產銷價值鏈，勢必能為企業再創另一發展高峰。

❷做法二【嚴控商品庫存】：開成興業以「速度」創造「多樣」，並趨避大量囤積的風險作為重要的經營法則。開成興業透過嚴格控管庫存，並且運用在中國大陸生產基地帶來降低生產成本之優勢，採取區隔市場的行銷策略，只

做少量多樣產品來降低庫存風險，並同時滿足消費者多樣化需求，使其成功在全球市場享有盛名。

❸ 做法三【事件行銷策略】：《鬼谷子－捭闔篇》：「審定有無，與其虛實，隨其嗜欲以見其志意」。意即善用市場機遇，了解市場需求，趁勢做出行動。開成興業積極與國際賽事進行合作，不僅拿下多項國際賽事的特許商外，更為創造商品的話題性。另外，會透過當紅運動明星代言方式，不僅帶來商品蒐集熱潮，更能有利行銷品牌知名度。

3. 布局影響

開成興業作風低調，但自從 1996 年美國亞特蘭大奧運開始，連續奪得各世界知名奧運賽事的徽章發行權，更曾被《時代雜誌（Time）》大篇幅報導介紹，透過精湛的技術、新穎的創新設計力，使其榮登國際舞台，成為家喻戶曉的國際品牌。茲將開成興業在轉軌文創布局下之帶來影響分述如下：

❶ 影響一【國際賽事大廠】：開成興業在 1994 年首次跨入「特許經營權」領域，成為世界盃足球賽紀念商品特許生產商之後，更連續八屆拿下奧運及冬奧產品的供貨商、美國 NBA 職業籃球及美國 MLB 職棒大聯盟等運動聯盟特許商品。開成興業透過成為各大賽事特許商方式，使商品、品牌快速打響於海外市場，不僅創造產品話題性，名聲更耀眼於國際舞台。

❷ 影響二【製造代工借鏡】：根據開成興業董事長高大任（2012）表示：「過去傳統徽章都以代工模式經營，若要走出新的路，勢必要有些變革和創新」。開成興業透過獨具的產銷價值鏈模式，並結合文創設計內涵，為企業不僅只做生產代工，亦能提高產品附加價值，勢必為傳統製造代工商值得學習借鏡的國際企業。

❸ 影響三【以客為尊理念】：早期開成興業以台灣接單、中國大陸生產及香港出口，然而為配合客戶的需求，決定在中國大陸設置營運總部，以因應顧客的要求。除此之外，開成興業秉持「以客至上」經營理念，為客戶提供全球運籌服務。因此，除在設計、價格、生產及配送皆能為提供客戶全方位的服務外，開成興業之經營理念更能使企業得以良性循環、生生不息。

中國大陸城市
新排名

第 11 章　　2013 TEEMA 調查樣本結構剖析

第 12 章　　2013 TEEMA 中國大陸城市競爭力

第 13 章　　2013 TEEMA 中國大陸投資環境力

第 14 章　　2013 TEEMA 中國大陸投資風險度

第 15 章　　2013 TEEMA 中國大陸台商推薦度

第 16 章　　2013 TEEMA 中國大陸城市綜合實力

第 17 章　　2013 TEEMA 單項指標十佳城市排行

第 18 章　　2013 TEEMA 中國大陸區域發展力排名

一、2013 TEEMA 兩力兩度評估模式

2013《TEEMA 調查報告》為使研究具一致性和比較基礎，且能進行縱貫式分析（longitudinal analysis），故延續 2000 至 2012《TEEMA 調查報告》的基礎，以：**（1）城市競爭力；（2）投資環境力；（3）投資風險度；（4）台商推薦度**的「兩力兩度」模式建構最終「城市綜合實力」此一構念，茲將「兩力兩度」評估構面評述如下。

1. 城市競爭力：包含八大構面，分別為：「基礎條件（10%）」、「財政條件（10%）」、「投資條件（20%）」、「經濟條件（20%）」、「就業條件（10%）」、「永續條件（10%）」、「消費條件（10%）」、「人文條件（10%）」等，其中「消費條件」與「人文條件」乃是 2013《TEEMA 調查報告》城市競爭力新增的評估構面。

2. 投資環境力：2013《TEEMA 調查報告》除延續 2012《TEEMA 調查報告》「投資環境力」八個構面（「生態環境」（10%）、「基建環境」（10%）、「社會環境」（10%）、「法制環境」（15%）、「經濟環境」（10%）、「經營環境」（10%）、「創新環境」（10%）、「網通環境」（10%））外，亦特別新增「內需環境（10%）」與「文創環境（5%）」兩大構面，總計 69 個細項指標。

3. 投資風險度：包含五大構面，分別為：「社會風險」（10%）、「法制風險」（20%）、「經濟風險」（25%）、「經營風險」（30%）、「轉型風險（15%）」五個構面加以衡量，共計 37 個細項指標。

4. 台商推薦度：延續 2012《TEEMA 調查報告》的「城市競爭力」（10%）、「投資環境力」（10%）、「投資風險度」（10%）、「城市發展潛力」（10%）、「整體投資效益」（10%）、「國際接軌程度」（10%）、「台商權益保護」（10%）、「政府行政效率」（10%）、「內銷市場前景」（10%）、「整體生活品質」（10%）十項指標。

二、2009-2013 TEEMA 樣本回收結構分析

2013《TEEMA 調查報告》使用的「兩力兩度」模式，「城市競爭力」構面資料來源為次級資料，其他三大構面「投資環境力」、「投資風險度」與「台

商推薦度」則是經由蒐集初級資料（primary data）而得知，即為關於蒐集資料的方式須透過問卷調查與訪問對象進行訪談的方式而得。2013《TEEMA 調查報告》問卷總回收數為 2,743 份，其中有效問卷共計 2,566 份，無效問卷數量計 177 份，將回收無效問卷數量分成三項為：（1）填答未完整者，為 38 份；（2）填答有違反邏輯者，為 75 份；（3）操弄填答回卷數目，共計有 64 份。此外，2013《TEEMA 調查報告》透過問卷回郵、人員親自訪談、傳真與中國大陸台商協會協助發放問卷填答之問卷回收數量計有 1,198 份，其中透過固定樣本（panel）系統回收數量有 1,368 份，數量少於 2012 年的 1,541 份。有關 2013 年列入調查評比的城市數量為 112 個城市，多於 2012 年的 109 個城市，成長 2.75%。

2013《TEEMA 調查報告》回收問卷總數為 2,743 份，其中有效問卷為 2,566 份，占總回收問卷數 93.55%，並以此作為投資環境與風險調查的分析，根據表 11-1 樣本回收地區做為樣本分類的基礎，七大調查區域之回收問卷數分別為：（1）華東地區 1,073 份，41.82%；（2）華南地區 537 份，20.93%；（3）華北地區 313 份，12.20%；（4）華中地區 265 份，10.33%；（5）西南地區 250 份，9.74%；（6）東北地區 79 份，3.08%；（7）西北地區 49 份，1.91%。由 2009-2013 年《TEEMA 調查報告》之歷年回收問卷結構得知，華東地區與華南地區為主要問卷回收區域，占總比例之 69.09%，此外，七大區域中回收數較少之區域則為東北與西北地區，可知台商多數集中於一、二級城市。

表 11-1 2009- 2013 TEEMA 調查樣本回收地區別分析

區域	2009		2010		2011		2012		2013	
	回卷數	百分比	回卷數	百分比	回卷數	百分比	回卷數	百分比	回卷數	百分比
❶華東	1,203	46.48%	1,088	41.56%	1,222	43.72%	1,213	45.74%	1,073	41.82%
❷華南	628	24.27%	710	27.12%	712	25.47%	610	23.00%	537	20.93%
❸華北	291	11.24%	299	11.42%	357	12.77%	295	11.12%	313	12.20%
❹華中	202	7.81%	238	9.09%	215	7.69%	236	8.90%	265	10.33%
❺西南	149	5.76%	174	6.65%	187	6.69%	196	7.39%	250	9.74%
❻東北	85	3.28%	76	2.90%	71	2.54%	70	2.64%	79	3.08%
❼西北	30	1.16%	33	1.26%	31	1.11%	32	1.21%	49	1.91%
總和	2,588	100.00%	2,618	100.00%	2,795	100.00%	2,652	100.00%	2,566	100.00%

三、2013 TEEMA 樣本回卷台商企業未來布局規劃分析

2013《TEEMA 調查報告》關於企業未來布局規劃之調查分析如表 11-2 所示，「台灣母公司繼續生產營運」所占比例最高，為 46.34%；第二為「擴大對大陸投資生產」，為 46.12%；「台灣關閉廠房僅保留業務」有 11.18%；「與陸資企業合資經營」，8.63%；「希望回台投資」，7.14%；「結束在台灣業務」

則為 4.56%；而「希望回台上市融資」則為 4.08%。

分析 2009-2013《TEEMA 調查報告》之歷年變化，可發現「擴大對大陸投資生產」由 2009 年的 52.32% 下降至 2012 年的 49.39%，到 2013 年更是往下降至 46.12%，顯示台商對中國大陸的投資設廠意願已逐漸降低，乃因台商在中國大陸面臨困境不斷增加，根據工業總會理事長許勝雄（2012）表示：「台商於中國大陸面臨的困境由以往的五缺增加至十缺，以往缺人才、水、電、土地與資金等，近期再增加缺訂單、原料、油料、通路與前景」，顯示台商因於中國大陸投資遇到諸多問題，故而降低台商赴中國大陸投資的意願程度。而「台灣母公司繼續生產營運」則從 2009 年 41.77% 上升至 2012 年的 44.49%，2013 年更提高至 46.34%，根據經濟部投資處於 2013 年 5 月 17 日表示：「從 2013 年前 5 月共統計出 19 件台商回台投資案件，總投資金額逾新台幣 250 億元，年成長 3%」，顯示中國大陸經商環境每況愈下，使得台商回台投資趨勢漸長且逐年攀升。此外，經濟部（2013）亦指出：「因受全球經濟情勢改變，台商積極透過策略布局以維持競爭優勢，由近年台商回台投資總金額逐年攀升的趨勢，更顯現出回台投資已成為台商全球布局的重要選項之一」，可知回台投資此一選項可作為台商全球化布局的影響力之一。

表 11-2 2009-2013 TEEMA 受訪廠商經營現況：企業未來布局規劃

企業未來布局規劃	2009 N=2,588	2010 N=2,618	2011 N=2,795	2012 N=2,652	2013 N=2,566
❶台灣母公司繼續生產營運	41.77%	37.20%	40.68%	44.49%	46.34%
❷擴大對大陸投資生產	52.32%	53.02%	50.95%	49.39%	46.12%
❸台灣關閉廠房僅保留業務	13.79%	19.25%	15.24%	13.22%	11.18%
❹與陸資企業合資經營	-	6.42%	5.37%	6.40%	8.63%
❺希望回台投資	5.80%	6.57%	5.26%	5.90%	7.14%
❻結束在台灣業務	4.02%	9.47%	7.69%	6.60%	4.56%
❼希望回台上市融資	-	1.41%	2.54%	2.92%	4.08%
❽其他	7.61%	6.57%	7.12%	7.92%	7.02%

資料來源：本研究整理

四、2013 TEEMA 台商在中國大陸經營績效分析

2013《TEEMA 調查報告》2,566 份有效問卷，分析台商在中國大陸經營績效分布可發現，2012 年中國大陸事業淨利成長，負成長占所有淨利成長中的 45.54% 超過正成長的 39.64%；此外 2012 年事業淨利負成長部分更是多於 2011 年的 12.75%，顯示出台商在中國大陸經營事業面臨困境，使得台商投資獲利逐漸下滑。此外，根據台商對 2013 年中國大陸淨利成長預測，負成長部分占的比例為 52.71%，而正成長僅僅只有 29.09%，可知台商對 2013 年中國大陸整體經營環境感到悲觀。

表 11-3 2013 TEEMA 台商在中國大陸經營績效分佈

2012 大陸事業淨利成長	次數	百分比	2013 大陸淨利成長預測	次數	百分比
❶ -50% 以上	56	2.75%	❶ -50% 以上	68	3.30%
❷ -10% 至 -50%	337	16.54%	❷ -10% 至 -50%	516	25.02%
❸ -1% 至 -10%	535	26.25%	❸ -1% 至 -10%	503	24.39%
❹ 持平	302	14.82%	❹ 持平	375	18.19%
❺ +1% 至 +10%	342	16.78%	❺ +1% 至 +10%	291	14.11%
❻ +10% 至 +50%	234	11.48%	❻ +10% 至 +50%	199	9.65%
❼ +50% 至 +100%	214	10.50%	❼ +50% 至 +100%	98	4.75%
❽ +100% 以上	18	0.88%	❽ +100% 以上	12	0.58%

資料來源：本研究整理

五、2013 TEEMA 台商在中國大陸發生經貿糾紛分析

　　2013《TEEMA 調查報告》針對問卷總回收數 2,566 份的有效問卷，進行關於中國大陸各區域間經貿糾紛發生次數、解決途徑與滿意度進行剖析，如表 11-4 所示，在總樣本數 2,566 份中，發生糾紛次數總計為 3,275 次，乃是因此一部分在調查問卷中屬於「複選題」，因此台商可能發生糾紛情況為全部類型皆同時發生，抑或是台商於中國大陸經商時皆沒發生任何糾紛也是有可能，而有關地區發生糾紛次數比例依序為：（1）華東地區（36.18%）；（2）華南地區（21.40%）；（3）華北地區（15.48%）；（4）華中地區（13.89%）；（5）西南地區（7.42%）；（6）東北地區（4.34%）；（7）西北地區（1.28%）。

　　另外，根據各地區對於解決經貿糾紛滿意度之比例，排序如表 11-6 所示：（1）華東地區（63.44%）；（2）西南地區（62.15%）；（3）華南地區（59.87%）；（4）西北地區（59.38%）；（5）華北地區（56.33%）；（6）東北地區（55.07%）；（7）華中地區（53.12%）。而將 2013《TEEMA 調查報告》之各地區滿意度與 2012《TEEMA 調查報告》相互比較，可發現在此七個區域中的台商對於在中國大陸發生糾紛處理的滿意度皆下滑，顯示台商於中國大陸投資時仍須謹慎，以降低企業營運成本。

表 11-4 2013 TEEMA 調查區域別經貿糾紛發生分布

地區	樣本次數	糾紛次數	發生糾紛比例	佔糾紛比例	解決途徑					滿意度之比例
					司法途徑	當地政府	仲裁途徑	台商協會	私人管道	
❶華東	1,073	1,185	110.44%	36.18%	265	218	85	79	83	63.44%
❷華南	537	701	130.54%	21.40%	145	117	69	77	41	59.87%
❸華北	313	507	161.98%	15.48%	74	83	52	68	47	56.33%
❹華中	265	455	171.70%	13.89%	58	79	51	47	33	53.12%
❺西南	250	243	97.20%	7.42%	36	41	30	21	19	62.15%
❻東北	79	142	179.75%	4.34%	14	16	9	8	10	55.07%
❼西北	49	42	85.71%	1.28%	6	2	3	2	0	59.38%
總和	2,566	3,275	127.63%	100.00%	598	556	299	302	233	58.48%

資料來源：本研究整理

根據表 11-5，台商在中國大陸投資經貿糾紛成長比例分析所示，糾紛類型共劃分為 12 項，依序為勞動糾紛、合同糾紛、土地廠房、買賣糾紛、債務糾紛、稅務糾紛、關務糾紛、貿易糾紛、知識產權、醫療保健、合營糾紛與商標糾紛等 12 項，而在此 12 項中以「勞動糾紛」件數最高（841 件），占比為25.68%；次之為「合同糾紛」為 352 件，占 10.75%；而依據 2012 年到 2013年，台商在中國大陸投資遭遇各項糾紛類型中，（因每年回收問卷數不盡相同，為能將兩年度做客觀比較，因此調整 2012 年樣本數標準化後，再與 2013年相互比較，並做成長百分比的計算）觀察 12 項經貿類型糾紛成長數最多的為「合同糾紛」排名第一（12.40%）；「知識產權」糾紛的成長數則名列第二（11.85%）；排名第三的糾紛類型則屬「貿易糾紛」（10.58%）。由此可知，勞動糾紛為台商於中國大陸經貿投資時所遭遇的最大困擾點，且其糾紛件數呈現逐年攀升，為 12 項糾紛類型之首。

表 11-5 2012-2013 台商在中國大陸投資經貿糾紛成長比例分析

糾紛類型	2012 (N=2,652)	調整前成長百分比	2012 調整值	調整後成長百分比	2013 (N=2,566)	經貿糾紛數成長排名
❶勞動糾紛	825	-	853	-1.37%	841	8
❷合同糾紛	303	16.17%	313	12.40%	352	1
❸土地廠房	329	-1.52%	340	-4.71%	324	9
❹買賣糾紛	305	-2.30%	315	-5.46%	298	11
❺債務糾務	276	6.88%	285	3.42%	295	4
❻稅務糾紛	280	-1.79%	289	-4.97%	275	10
❼關務糾紛	224	4.02%	232	0.64%	233	6
❽貿易糾紛	147	14.29%	152	10.58%	168	3
❾知識產權	141	15.60%	146	11.85%	163	2
❿醫療保健	153	-20.92%	158	-23.48%	121	12
⓫合營糾紛	99	5.05%	102	1.64%	104	5
⓬商標糾紛	98	3.06%	101	-0.28%	101	7
糾紛總數	3,180	2.99%	3,287	-0.35%	3,275	-

為了解台商在中國大陸面對經貿糾紛所採取之解決途徑與滿意度，因此2013《TEEMA 調查報告》針對經貿糾紛解決滿意度與已解決途徑次數兩項進行剖析，如表 11-6 所示，於台商在中國大陸遇到經貿糾紛所採取的解決途徑依序如下：（1）司法途徑；（2）當地政府；（3）仲裁；（4）台商協會；（5）私人管道。在此五項解決途徑中，台商選擇「司法途徑」之比例最高（32.37%）；第二高之比例為「當地政府」（31.26%）；再次之則為「台商協會」（14.61%），顯示「司法途徑」為台商遇到經貿糾紛時會優先採取的解決途徑。在「非常滿意」此一選項數據分析，將其排名由高到低依序如下所示：（1）台商協會

（34.44%）；（2）私人管道（23.73%）；（3）仲裁（21.05%）；（4）當地政府（14.21%）；（5）司法途徑（13.16%），由此可知，在五項解決途徑中，台商對於「台商協會」之解決管道最為滿意；反之台商對於「司法途徑」管道最不滿意。

表 11-6　2013 TEEMA 台商經貿糾紛滿意度與解決途徑次數分配表

糾紛解決途徑	尚未解決	非常滿意	滿意	不滿意	非常不滿意	總和
❶ 司法途徑	83	65	157	108	81	494
	16.80%	13.16%	31.78%	21.86%	16.40%	32.37%
❷ 當地政府	68	73	132	105	99	477
	10.91%	14.21%	25.63%	31.22%	18.02%	31.26%
❸ 仲　裁	31	38	66	21	28	184
	10.53%	21.05%	38.16%	13.82%	16.45%	12.06%
❹ 台商協會	35	74	93	16	5	223
	6.11%	34.44%	47.78%	10.56%	1.11%	14.61%
❺ 私人管道	16	21	67	30	14	148
	11.02%	23.73%	35.59%	23.73%	5.93%	9.70%
總　　和	233	271	515	280	227	1,526
	15.27%	17.76%	33.75%	18.35%	14.88%	100.00%

資料來源：本研究整理

六、台商未來布局中國大陸城市分析

　　關於 2013《TEEMA 調查報告》對於未來布局中國大陸城市調查項目，將分析結果排序前十名，並依照比例順序，如下所示：成都（13.32%）、上海（12.57%）、昆山（9.99%）、蘇州（9.24%）、北京（6.21%）、廈門（5.17%）、重慶（4.87%）、杭州（4.27%）、南京（3.83%）、青島（3.68%）。

　　將 2009-2013 年《TEEMA 調查報告》針對台商未來布局城市之分析數據剖析，有七個城市連續五年皆上榜，分別為：成都、上海、昆山、蘇州、北京、廈門與杭州；再連續四年上榜的城市名單為重慶；此外連續三年入榜的城市則為南京與青島。而越南 2008 年首次入榜排名第五名後，往後名次皆呈現下滑趨勢，於 2011 年跌落前十名後，2013 年依舊未重回前十名之排名，顯示越南雖有相對低成本優勢，但因文化差異及當地法規複雜等限制障礙，降低台商前往投資布局之意願。除越南占 2.32% 外，2013 年列入台商未來考慮布局的東亞及東南亞國家，計有印度（2013 年為 1.04%；2012 年為 0.74%；2011 年為 0.57%）、印尼（2013 年為 0.52%；2012 年為 0.39%，2011 年為 0.29%）、泰國（2013 年為 0.47%；2012 年為 0.39%，2011 年為 0.14%）、馬來西亞（2013 年為 0.20%；2012 年為 0.20%，2011 年為 0.10%）、孟加拉（0.25%）新加坡（0.10%，同 2012 年比例）、柬埔寨（0.10%），南美洲國家則有巴西（2013

年為 0.36%；2012 年為 0.25%；2011 年為 0.24%）、墨西哥（2013 年為 0.20%；2012 年為 0.10%）。

表 11-7 2009-2013 TEEMA 調查報告受訪廠商未來布局城市分析

排名	2009 (N=1668)			2010 (N=1998)			2011 (N=2098)			2012 (N=2034)			2013 (N=2012)		
	布局城市	次數	百分比	布局城市	次數	百分比	布局城市	次數	百分比	布局城市	次數	百分比	布局城市	次數	百分比
❶	上海	265	15.87%	昆山	391	19.57%	上海	378	13.25%	上海	367	18.04%	成都	268	13.32%
❷	昆山	212	12.73%	上海	209	10.46%	成都	212	8.10%	昆山	257	12.64%	上海	253	12.57%
❸	杭州	108	6.45%	成都	152	7.61%	重慶	184	6.10%	成都	189	9.29%	昆山	201	9.99%
❹	北京	106	6.36%	北京	131	6.56%	昆山	170	5.34%	蘇州	175	8.60%	蘇州	186	9.24%
❺	蘇州	99	5.93%	蘇州	108	5.41%	北京	138	4.96%	北京	146	7.18%	北京	125	6.21%
❻	越南	80	4.80%	杭州	98	4.90%	天津	122	4.00%	杭州	112	5.51%	廈門	104	5.17%
❼	成都	79	4.71%	廈門	89	4.45%	廈門	86	3.43%	青島	93	4.57%	重慶	98	4.87%
❽	青島	67	4.01%	南京	87	4.35%	蘇州	84	3.38%	廈門	85	4.18%	杭州	86	4.27%
❾	天津	55	3.31%	越南	75	3.75%	杭州	70	3.34%	重慶	73	3.59%	南京	77	3.83%
❿	廈門	38	2.27%	重慶	72	3.60%	南京	58	2.76%	天津	61	3.00%	青島	74	3.68%

資料來源：本研究整理

七、台商布局中國大陸城市依產業別分析

2000 年為《TEEMA 調查報告》之起始年份，針對目前投資於中國大陸的台商未來之布局城市，並根據投資產業類型進行布局城市剖析，而 2013《TEEMA 調查報告》將台商於中國大陸投資產業分類為以下三類型，依序為：（1）高科技產業，總計為 893 件；（2）傳統產業，為 815 件；（3）服務產業，為 458 件，茲將此三產業類型之統計數據顯示如下表 11-8。

1. 以高科技產業而言：在 2013《TEEMA 調查報告》中，台商投資高科技產業於中國大陸之城市，排序前十名為：上海（13.89%）、成都（12.77%）、昆山（9.63%）、蘇州（9.07%）、無錫（8.17%）、北京（7.28%）、重慶（5.71%）、天津（4.82%）、廈門（4.59%）、杭州（4.37%）。由 2012-2013《TEEMA 調查報告》得知，上海為高科技產業布局城市之首，而 2012 年名列第一的蘇州則掉落至第四名。

2. 以傳統產業而言：2013《TEEMA 調查報告》關於台商投資傳統產業布局城市之總樣本數共有 815，排序前十的城市分別依序如下所示：（1）昆山；（2）成都；（3）重慶；（4）廈門；（5）南通；（6）西安；（7）淮安；（8）合肥；（9）南京；（10）蘇州。根據 2012-2013《TEEMA 調查報告》台商投資傳統產業布局城市得知，2013 年前十名城市增加南通、西安、南京與蘇州，取代了杭州、鄭州、天津與長沙四個城市。

3. 以服務產業而言：有關 2013《TEEMA 調查報告》台商投資服務產業布

局城市，排序前十名為：成都（17.03%）、上海（15.07%）、北京（10.92%）、
廈門（9.17%）、杭州（8.08%）、大連（7.21%）、寧波（5.46%）、重慶（4.59%）、
廣州（4.15%）、深圳（3.93%）；有別於 2012 年台商投資服務產業城市排名，
前十排行如下：上海、成都、蘇州、杭州、北京、大連、廈門、青島、寧波與昆山；
其中 2013 年新增加三個城市，分別為重慶、廣州與深圳，而滑出前十排行的
城市則為蘇州、青島與昆山。

表 11-8 2013 TEEMA 調查報告受訪廠商產業別布局城市分析

❶高科技產業（N=893）				❷傳統產業（N=893）				❸服務產業（N=458）			
排名	城市	樣本	百分比	排名	城市	樣本	百分比	排名	城市	樣本	百分比
❶	上海	124	13.89%	❶	昆山	115	14.11%	❶	成都	78	17.03%
❷	成都	114	12.77%	❷	成都	101	12.39%	❷	上海	69	15.07%
❸	昆山	86	9.63%	❸	重慶	92	11.29%	❸	北京	50	10.92%
❹	蘇州	81	9.07%	❹	廈門	89	10.92%	❹	廈門	42	9.17%
❺	無錫	73	8.17%	❺	南通	68	8.34%	❺	杭州	37	8.08%
❻	北京	65	7.28%	❻	西安	64	7.85%	❻	大連	33	7.21%
❼	重慶	51	5.71%	❼	淮安	51	6.26%	❼	寧波	25	5.46%
❽	天津	43	4.82%	❽	合肥	45	5.52%	❽	重慶	21	4.59%
❾	廈門	41	4.59%	❾	南京	42	5.15%	❾	廣州	19	4.15%
❿	杭州	39	4.37%	❿	蘇州	37	4.54%	❿	深圳	18	3.93%

資料來源：本研究整理

第 12 章

2013 TEEMA 中國大陸城市競爭力

2013《TEEMA 調查報告》根據八項構面試以分析中國大陸各城市之總體競爭力剖析，此八項構面分別為：（1）基礎條件；（2）財政條件；（3）投資條件；（4）經濟條件；（5）就業條件；（6）永續條件；（7）消費條件；（8）人文條件。而問卷回覆共超過 15 座城市且依循地級市、省會、副省級城市與直轄市共計 77 個城市，再根據加權分數之高低分成 A 至 D 四個等級，整理如下表 12-1 所示。

1. 以 A 級競爭力城市做探討：2013《TEEMA 調查報告》列為 A 級競爭力城市共有 10 個，依序為：上海市、廣州、天津市、杭州、武漢、蘇州、深圳、北京市、瀋陽、成都，相較於 2012 年的 A 級競爭力城市大致相同，其中變化最大的城市為北京市（A02 下滑至 A08），主因為基礎條件、投資條件、經濟條件與永續條件名次大幅下降所致。

2. 以 B 級競爭力城市做探討：2013《TEEMA 調查報告》中 B 級競爭力城市由 2012 年的 25 個城市增加為 29 個城市，排序前五名為南京、大連、重慶、青島與無錫。進一步分析此 29 個城市，變化幅度最大的城市為昆明（B20 上升至 B13）；次之為瀋陽（由 B04 上升為 A09）；而東莞則排名下滑（B13 降至 B18）。

3. 以 C 級競爭力城市做探討：2013 年 C 級競爭力城市總計為 31 個，排序前十分別為：鎮江、南寧、揚州、太原、貴陽、珠海、惠州、鹽城、中山與保定。其中，南昌、溫州與徐州，由 2012 年的 C 級競爭力城市上升至 B 級競爭力城，而桂林與綿陽兩城市，由 2012 年為 D 級競爭力城市上升成為 C 級城市。而變化幅度最大的城市為泰安（C18 下降至 C22）。

4. 以 D 級競爭力城市做探討：D 級競爭力城市部分，共計有七個城市，其中日照市由 C 級競爭力城市下滑至 D 級競爭力；2013《TEEMA 調查報告》D 級競爭力城市評分皆優於 2012《TEEMA 調查報告》，但 D 級城市仍須針對基礎條件、財政條件、就業條件、投資條件加強，以利於城市競爭力的提升，並扭轉其發展困境。

表 12-1 2013 TEEMA 中國大陸城市競爭力排名分析

區域	城市	❶基礎條件 評分	排名	❷財政條件 評分	排名	❸投資條件 評分	排名	❹經濟條件 評分	排名	❺就業條件 評分	排名	❻永續條件 評分	排名	❼消費條件 評分	排名	❽人文條件 評分	排名	2013城市競爭力 評分	排名	等級	2012城市競爭力 評分	排名	等級	排名變化
華東	上海市	81.9297	8	99.9999	1	97.8946	1	71.2280	18	91.3157	5	69.6841	21	91.9297	3	99.2981	1	87.240	1	A01	87.731	1	A01	0
華南	廣州	90.5262	1	92.8946	7	89.4736	5	75.4385	8	97.3683	1	52.0000	58	92.2806	2	86.3157	9	84.121	2	A02	84.310	5	A05	3
華北	天津市	80.1754	11	96.8420	3	78.5964	14	95.4385	1	90.5262	7	74.9473	11	76.1403	19	63.1578	37	82.986	3	A03	85.333	3	A03	0
華東	杭州	80.8771	9	92.3683	8	90.5262	4	68.7719	22	91.3157	4	75.5789	10	78.9473	16	91.5789	4	82.926	4	A04	83.306	8	A08	4
華中	武漢	84.2104	5	85.7894	16	87.0175	8	74.3859	10	90.7894	6	61.8947	35	86.3157	6	94.3859	3	82.619	5	A05	82.726	9	A09	4
華東	蘇州	84.5613	4	94.4736	6	87.3683	7	79.9999	4	82.3683	12	70.9473	19	69.8245	24	85.2631	10	82.217	6	A06	84.575	4	A04	-2
華南	深圳	86.4911	2	96.3157	5	76.8420	17	74.0350	11	86.8420	8	84.6315	2	83.5087	10	78.5964	18	81.814	7	A07	83.575	7	A07	0
華北	北京市	83.5087	6	98.9473	2	70.8771	24	68.0701	26	93.6841	2	65.4736	28	98.9473	1	98.9473	2	81.740	8	A08	86.630	2	A02	-6
東北	瀋陽	72.6315	17	86.3157	14	91.9297	2	72.2806	15	79.9999	16	71.3684	18	88.421	4	89.8245	6	81.698	9	A09	78.324	14	B04	5
西南	成都	78.7719	13	89.2104	11	91.9297	2	64.2105	35	84.2104	10	83.7894	3	77.1929	17	83.5087	11	80.896	10	A10	84.169	6	A06	-4
華東	南京	82.9824	7	87.3683	12	78.2455	15	69.1227	21	91.8420	3	58.1052	48	87.7192	5	89.8245	6	79.258	11	B01	78.361	13	B03	2
東北	大連	71.5789	20	89.4736	10	84.5613	9	85.9648	2	77.3683	18	67.9999	25	76.4912	18	66.6666	31	79.063	12	B02	79.968	11	B01	-1
西南	重慶	59.6491	41	96.3157	4	88.0701	6	72.2806	15	77.3683	18	57.8947	49	79.649	15	91.2280	5	78.281	13	B03	81.014	10	A10	-3
華北	青島	80.5262	10	86.0525	15	76.4912	18	68.7719	25	77.6315	17	88.6315	1	75.7894	20	79.9999	15	77.916	14	B04	79.543	12	B02	-2
華北	青島	80.5262	10	86.0525	15	76.4912	18	68.7719	25	77.6315	17	88.6315	1	75.7894	20	79.9999	15	77.916	14	B04	79.543	12	B02	-2
華中	長沙	64.5613	32	79.2105	18	77.1929	16	85.2631	3	81.3157	14	74.1052	14	86.3157	7	50.5263	49	76.095	16	B06	76.566	16	B06	0
華東	寧波	79.8245	12	90.7894	9	80.3508	11	67.7192	27	82.1052	13	61.6842	37	66.6666	30	82.4561	13	75.967	17	B07	74.119	17	B07	0
西北	西安	68.5964	24	68.6841	31	79.9999	13	67.0175	28	83.6841	11	60.8421	40	81.7543	13	79.9999	15	73.760	18	B08	70.292	20	B10	2
華中	鄭州	64.0350	34	79.7368	17	82.1052	10	76.4912	6	73.1578	24	54.1052	55	72.2806	23	75.4385	19	73.595	19	B09	69.927	21	B11	2
華南	佛山	70.8771	23	74.9999	23	75.0877	19	79.2982	5	50.5263	48	73.6841	15	68.0701	25	68.4210	29	71.535	20	B10	71.183	19	B09	-1

表 12-1 2013 TEEMA 中國大陸城市競爭力排名分析（續）

區域	城市	❶基礎條件 評分	排名	❷財政條件 評分	排名	❸投資條件 評分	排名	❹經濟條件 評分	排名	❺就業條件 評分	排名	❻永續條件 評分	排名	❼消費條件 評分	排名	❽人文條件 評分	排名	2013城市競爭力 評分	排名	等級	2012城市競爭力 評分	排名	等級	排名變化
華中	合肥	59.6491	41	76.8420	20	75.0877	19	74.0350	12	75.5262	21	61.0526	38	63.8596	32	75.4385	21	71.061	21	B11	69.219	22	B12	1
華北	濟南	75.2631	14	67.8947	32	65.9649	29	58.2456	40	84.4736	9	61.0526	38	83.8596	9	81.4034	14	70.237	22	B12	72.087	18	B08	-4
西南	昆明	65.4385	29	69.4736	28	67.0175	26	75.4385	8	73.9473	23	57.4736	50	84.5613	8	56.8421	40	69.265	23	B13	63.552	30	B20	7
西南	昆明	65.4385	29	69.4736	28	67.0175	26	75.4385	8	73.9473	23	57.4736	50	84.5613	8	56.8421	40	69.265	23	B13	63.552	30	B20	7
東北	長春	64.5613	33	65.5263	35	66.3157	27	70.8771	19	71.0526	26	56.0000	53	75.7894	20	73.3333	24	68.065	25	B15	68.018	26	B16	1
華南	廈門	72.8070	16	70.7894	26	70.5263	25	74.0350	12	81.0526	15	60.8421	40	45.9649	59	56.1403	41	67.672	26	B16	68.717	24	B14	-2
華南	福州	61.5789	37	64.2105	36	75.0877	19	65.2631	30	75.5262	21	62.1052	34	67.7192	28	62.4561	38	67.430	27	B17	68.310	25	B15	-2
華南	東莞	84.7368	3	73.6841	24	71.5789	23	56.1403	43	50.7894	47	56.0000	52	82.1052	12	67.3684	30	67.012	28	B18	68.968	23	B13	-5
東北	哈爾濱	72.4561	19	74.9999	22	58.9473	40	57.5438	42	71.8420	25	43.5789	72	83.5087	11	87.3683	8	66.674	29	B19	62.470	33	B23	4
華北	石家莊	72.6315	17	67.1052	34	61.4035	33	55.0877	49	60.0000	39	77.8841	5	79.649	14	73.6841	23	66.374	30	B20	3.123	31	B21	1
東北	煙臺	67.1929	27	72.8947	25	62.8070	32	68.7719	24	62.1052	36	61.8947	35	58.9473	37	75.4385	21	66.163	31	B21	67.379	27	B17	-4
華東	南通	64.9122	31	78.6841	19	64.2105	31	64.9122	31	57.1052	42	77.0526	7	61.4035	35	52.9824	47	65.039	32	B22	64.078	29	B19	-3
華南	泉州	63.5087	36	52.3684	45	56.8421	44	72.2806	15	68.1578	30	53.0526	56	52.6315	44	73.3333	24	62.130	33	B23	60.493	35	B25	2
華東	嘉興	59.8245	40	59.4736	38	64.9122	30	55.4386	45	64.4736	32	63.7894	32	52.2807	45	79.2982	17	61.984	34	B24	62.854	32	B22	-2
華中	南昌	58.7719	44	52.3684	47	60.3508	39	66.3157	29	70.5263	27	77.0526	6	51.9298	46	54.3859	44	61.837	35	B25	59.288	37	C02	2
華東	溫州	74.3859	15	69.4736	28	60.7017	37	48.0701	61	63.4210	33	44.2105	71	67.0175	29	75.4385	19	61.149	36	B26	59.397	36	C01	0
華北	唐山	60.8771	39	67.3684	33	61.4035	33	68.7719	22	61.8421	38	49.6842	59	61.4035	35	45.2631	55	60.679	37	B27	-	-	-	-
華東	徐州	52.2807	52	75.5262	21	54.3859	49	64.5613	33	51.0526	45	68.6315	23	68.0701	26	52.9824	47	60.644	38	B28	57.443	39	C04	1
華東	紹興	63.6842	35	62.3684	37	61.0526	36	61.0526	39	63.4210	33	65.2631	29	48.421	53	55.7894	42	60.316	39	B29	60.845	34	B24	-5
華東	鎮江	54.7368	47	45.7894	52	50.8772	54	64.2105	35	53.9473	44	72.6315	16	56.4912	41	69.1227	28	58.289	40	C01	53.566	47	C12	7

表 12-1 2013 TEEMA 中國大陸城市競爭力排名分析（續）

區域	城市	❶基礎條件 評分	❶基礎條件 排名	❷財政條件 評分	❷財政條件 排名	❸投資條件 評分	❸投資條件 排名	❹經濟條件 評分	❹經濟條件 排名	❺就業條件 評分	❺就業條件 排名	❻永續條件 評分	❻永續條件 排名	❼消費條件 評分	❼消費條件 排名	❽人文條件 評分	❽人文條件 排名	2013城市競爭力 評分	2013城市競爭力 排名	2013城市競爭力 等級	2012城市競爭力 評分	2012城市競爭力 排名	2012城市競爭力 等級	排名變化
西南	南寧	71.0526	22	53.4210	41	51.5789	53	49.4736	59	62.6315	35	47.7894	68	72.9824	22	71.9298	26	58.191	41	C02	57.429	40	C05	-1
華東	揚州	50.0000	54	58.1578	39	55.0877	46	62.4561	38	47.8947	55	75.7894	9	58.2456	38	50.1754	50	57.535	42	C03	55.790	43	C08	1
華北	太原	67.8947	25	53.1579	43	54.7368	47	43.5087	69	76.0526	20	42.7368	73	61.7543	33	63.5087	36	56.160	43	C04	56.288	42	C07	-1
西南	貴陽	54.3859	49	53.4210	42	57.5438	43	52.2807	56	64.9999	31	58.7368	46	51.5789	47	57.1929	39	55.996	44	C05	50.521	51	C16	7
華南	珠海	67.7192	26	43.1579	57	60.7017	37	55.4386	45	68.9473	29	76.6315	8	34.0351	73	26.3158	76	54.909	45	C06	58.489	38	C03	-7
華南	惠州	59.2982	43	48.9473	50	66.3157	27	64.5613	33	49.4736	50	44.8421	70	38.5965	67	42.4561	59	54.537	46	C07	54.146	45	C10	-1
華東	鹽城	46.4912	58	70.7894	27	54.7368	48	55.0877	49	40.7894	61	48.6315	65	66.3157	31	47.3684	53	54.003	47	C08	50.740	50	C15	3
華南	中山	65.6140	28	43.9473	55	57.8947	42	47.3684	63	51.0526	45	74.7368	12	45.9649	59	40.7017	62	53.254	48	C09	57.173	41	C06	-7
華北	保定	61.4035	38	49.2105	49	52.2807	52	42.4561	70	49.2105	51	66.7368	27	50.1754	52	63.8596	35	53.007	49	C10	53.639	46	C11	-3
華北	威海	56.8421	46	43.4210	56	58.5964	41	54.3859	51	49.2105	52	70.5263	20	43.5087	64	37.5438	69	52.702	50	C11	55.466	44	C09	-6
華東	泰州	48.4210	55	52.3684	45	54.3859	49	57.5438	41	38.4210	67	54.5263	54	51.5789	47	46.3158	54	51.549	51	C12	52.301	48	C13	-3
華中	無湖	47.1929	56	52.8947	44	55.4386	45	64.5613	32	49.2105	52	49.2631	62	32.6316	74	40.0000	66	51.119	52	C13	51.817	49	C14	-3
華東	湖州	54.7368	48	36.5789	63	48.4210	58	46.3158	64	43.9473	57	79.7894	4	38.2456	69	54.0350	45	49.681	53	C14	50.283	52	C17	-1
華東	湖州	54.7368	48	36.5789	63	48.4210	58	46.3158	64	43.9473	57	79.7894	4	38.2456	69	54.0350	45	49.681	53	C14	50.283	52	C17	-1
華中	襄陽	37.3684	71	41.5789	58	36.8421	64	63.5087	37	60.0000	39	60.6315	42	50.5263	51	43.5087	57	49.432	55	C16	42.233	62	C27	7
華中	宜昌	47.0175	57	39.4737	60	34.7368	70	72.6315	14	43.4210	58	47.1579	69	45.9649	61	53.6842	46	49.146	56	C17	46.680	58	C23	2
西北	蘭州	52.4561	51	32.3684	68	33.3333	72	54.0350	52	60.0000	39	48.6315	65	53.6842	42	55.0877	43	47.696	57	C18	43.329	61	C26	4
華南	漳州	42.9824	64	34.4737	65	49.8245	57	56.1403	43	40.2631	63	60.2105	44	42.807	65	39.6491	67	47.232	58	C19	45.036	59	C24	1
華南	江門	54.2105	50	37.6316	62	42.8070	60	54.0350	52	39.2105	65	60.4210	43	41.7544	66	40.3509	64	46.726	59	C20	49.064	55	C20	-4
華北	廊坊	43.1579	63	44.7368	54	52.9824	51	35.0877	76	48.4210	54	68.4210	24	38.5965	67	44.2105	56	46.368	60	C19	49.680	54	C19	-6

表 12-1 2013 TEEMA 中國大陸城市競爭力排名分析（續）

區域	城市	❶基礎條件 評分	排名	❷財政條件 評分	排名	❸投資條件 評分	排名	❹經濟條件 評分	排名	❺就業條件 評分	排名	❻永續條件 評分	排名	❼消費條件 評分	排名	❽人文條件 評分	排名	2013城市競爭力 評分	排名	等級	2012城市競爭力 評分	排名	等級	排名變化
華北	泰安	43.3333	62	41.3158	59	34.0351	71	45.6140	66	50.2631	49	62.7368	33	61.7543	34	43.5087	57	46.221	61	C22	49.968	53	C18	-8
華南	海口	57.0175	45	23.6842	75	49.8245	55	39.6491	72	56.5789	43	56.8421	51	50.8772	50	34.3859	71	45.833	62	C23	48.018	57	C22	-5
華中	岳陽	39.2982	69	32.6316	67	29.4737	76	55.0877	48	35.2631	70	67.3684	26	48.0701	55	64.5613	33	45.632	63	C24	44.635	60	C25	-3
華南	三亞	37.7193	70	23.1579	76	49.8245	55	52.9824	54	42.8947	59	69.4736	22	47.0175	57	24.9123	77	45.079	64	C25	-	-	-	-
華中	九江	42.8070	65	36.3158	64	36.8421	64	45.2631	67	36.5789	68	58.3157	47	36.8421	62	66.3157	32	44.139	65	C26	41.155	63	C28	-2
華東	連雲港	44.9122	60	51.8421	48	41.4035	62	44.9122	68	35.2631	70	38.5263	76	45.2631	62	42.4561	59	43.089	66	C27	41.000	64	C29	-2
西南	桂林	42.4561	66	38.1579	61	35.0877	69	36.4912	75	38.9473	66	49.4736	61	52.6315	43	64.2105	34	42.903	67	C28	39.740	67	D01	0
華中	馬鞍山	51.5789	53	31.0526	70	43.1579	59	50.1754	58	45.0000	56	52.6315	57	25.614	76	29.1228	73	42.167	68	C29	-	-	-	-
西南	綿陽	43.8596	61	32.3684	68	35.4386	67	48.0701	61	41.5789	60	49.6842	59	36.8421	71	48.0701	52	41.942	69	C30	37.434	71	D05	2
華中	贛州	40.0000	68	46.0526	51	42.4561	61	37.5438	73	35.2631	69	32.4210	77	47.7193	56	41.4035	61	40.286	70	C31	40.014	66	C31	-4
華南	汕頭	46.4912	58	32.8947	66	33.3333	72	33.3333	77	29.2105	73	60.0000	45	57.5438	40	40.3509	64	39.982	71	D01	37.927	70	D04	-1
華北	日照	41.9298	67	25.2632	73	32.6316	74	46.3158	64	29.7368	72	64.4210	31	46.3158	58	33.3333	72	39.889	72	D02	40.584	65	C30	-7
華東	宿遷	32.9824	75	45.7894	52	39.6491	63	40.0000	71	25.0000	76	48.8421	64	45.2631	62	40.7017	62	39.788	73	D03	38.393	69	D03	-4
華南	莆田	31.7544	77	25.0000	74	36.8421	64	55.4386	45	27.6316	75	64.8420	30	25.614	76	27.0175	75	38.642	74	D04	39.228	68	D02	-6
西南	德陽	36.8421	74	26.8421	72	27.7193	77	52.9824	54	40.0000	64	41.6842	74	27.3684	75	35.7895	70	36.993	75	D05	34.516	72	D06	-3
華中	吉安	32.8070	76	31.0526	70	30.1754	75	36.8421	74	22.6316	77	49.0526	63	48.0701	54	50.1754	50	36.782	76	D06	33.183	73	D07	-3
西南	北海	37.1930	72	21.0526	77	35.4386	67	51.9298	57	28.4210	74	40.0000	75	37.193	70	28.0702	74	36.667	77	D07	31.900	74	D08	-3

資料來源：本研究整理。
註：城市競爭力 =［基礎條件×10%］+［財政條件×10%］+［投資條件×20%］+［經濟條件×20%］+［就業條件×10%］+［永續條件×10%］+［消費條件×10%］+［人文條件×10%］

第13章
2013 TEEMA 中國大陸投資環境力

2013《TEEMA調查報告》係以中國大陸投資環境力十大構面與69個指標所做的分析研究，其中包含的建構項目分別為：（1）生態環境構面指標有四個；（2）基建環境構面指標有七個；（3）社會環境構面指標有六個；（4）法制環境構面指標有13個；（5）六個經濟環境構面指標；（6）八個經營環境構面指標；（7）七個創新環境構面指標；（8）五個網通環境構面指標；（9）2013年新增六個內需環境構面指標；（10）2013年新增七個文創環境構面指標。表13-1即為投資環境力各構面與細項指標之評分。

一、2013 TEEMA 中國大陸投資環境力評估指標分析

由表13-2可知，2013《TEEMA調查報告》以112個評比基準城市所分析之投資環境力評分為3.462分，與2012年之評分3.574分下降0.112分，且從2009年至2013年的《TEEMA調查報告》可發現，就整體而言，中國大陸的城市投資環境評分自2009年起連年下降，顯示出中國大陸的投資環境逐漸惡化。此外，世界銀行（WB）（2013）發布《2013經商環境報告》（Doing Business 2013）報告，中國大陸在「全球最佳經商環境」排名中自2012年起下滑四名至全球第91名，2013年的排名仍位居第91名，顯示出中國大陸應對經商環境做更進一步的改善，以大幅降低企業的投資經營風險程度。由表13-1、表13-2及表13-3的綜合分析顯示，2013《TEEMA調查報告》針對中國大陸投資環境力十大評估構面、69個細項指標及平均觀點剖析投資環境力之論述如下：

1. 生態環境構面而言：2013《TEEMA調查報告》中，由表13-2可看出2013年生態環境評分為3.520分，較2012年評分3.644分下降0.124分，且排名更從第一名下滑兩名至第三名的位置，顯示出中國大陸的生態環境評價略顯下降的趨勢，而從表13-1可知，生態環境指標中「當地水電、燃料等能源充沛的程度」的排名，由2012年的第13名大幅上升至2013年的第六名，但「當地生態與地理環境符合企業發展的條件」的排名卻下降一名至第五名的位置，此外，2013年新增的細項指標「當地政府獎勵企業進行綠色製程生產」排名第29名，「當地政府執行對節能、減排、降耗」則為第56名，可知中國大陸對於生態環境的保護意識仍有待加強，根據中國大陸環境保護部於2013年1月

25 日發布《全國生態保護「十二五」規劃》指出：「中國大陸採取一系列的保護與綜合的治理措施，生態環境惡化態勢雖趨緩，但整體生態環境的惡化趨勢尚未得到根本的遏制」，顯示中國大陸生態環境仍呈惡化趨勢，此外，中國大陸國家主席習近平先生（2013）亦表示：「中國大陸須堅持擴大內需、加快產業結構的調整、推進城鎮化並加強節能減排」，可知中國大陸政府已將生態環境視為國家發展的重要議題之一。

2. 基建環境構面而言：由 2013《TEEMA 調查報告》表 13-2 顯示，基建環境的平均觀點評分為 3.543 分，較 2012 年下降 0.097 分，而排名仍維持在第二名的位置。從表 13-1 的細項指標分析可看出，「當地的物流、倉儲、流通相關商業設施」及「未來總體發展及建設規劃完善程度」分數皆較 2012 年下降，但兩項構面指標排名在 2011 年與 2012 年仍分別位居第十名與第七名，而在「學校、教育、研究機構的質與量完備程度」（3.513）指標中，雖較 2012 年下降 0.075 分，但排名則為基建環境的細項指標中唯一上升的細項指標，較 2012 年進步五名至第 22 名，根據全國人大代表夏鵬（2013）表示：「國家應建章立制並完善制度，建立起更為完善的助學體系，以支持老、少、邊、貧困的各個地方，有效的支持弱勢群體，使整體教育的質與量皆有效的大幅提升」，顯示出中國大陸對於教育等方面，其在質與量上的付出上已有所重視。此外，「當地海、陸、空交通運輸便利程度」、「當地的汙水、廢棄物處理設備完善程度」、「醫療、衛生、保健設施的質與量完備程度」及「當地的企業運作商務環境完備程度」等四項細項指標 2013 年的排名皆有下降的趨勢，其中「醫療、衛生、保健設施的質與量完備程度」更下滑九個名次，下降至第 31 名的位置，根據中國醫藥企業管理協會高級顧問朱幼棣（2013）表示：「中國大陸自 2009 年起，醫藥流通行業近四年來的混亂現象與不正之風氣並未有所好轉」。可知中國大陸的醫療體制與保健、衛生設施的建設程度仍未有所改善，中國大陸政府更應針對此一部分做出適當的應對措施，以提升投資者對中國大陸醫療體系的信心程度。

3. 社會環境構面而言：根據 2013《TEEMA 調查報告》表 13-2 顯示，中國大陸投資環境力指標中的社會環境平均觀點評分為 3.500 分，與 2012 年的 3.591 分相比下雖下降 0.091 分，但社會環境排名仍維持於第四名，且從表 13-1 可知，細項指標中的「民眾及政府歡迎台商投資態度」（3.695）評分雖較 2012 年下降，但仍蟬聯中國大陸投資環境力細項指標中的第一名，此外「當地的社會治安」（3.570）與「當地民眾的誠信與道德觀程度」（3.451）兩項細項指標較 2011 年皆有小幅進步，分別為第 11 名及第 39 名，反觀「當地民眾生活素質及文化水準程度」（3.416）及「當地社會風氣及民眾的價值觀程度」（3.415）兩項細項指標，評分及名次皆較 2012 年有下滑的趨勢，其中「當地民眾生活

素質及文化水準程度」退步三名，排名 44 名並成為社會環境構面中退步最多的細項指標，根據中國大陸國務院前總理溫家寶先生（2013）表示：「政府當局將全力打擊貪腐，並改善日益惡化的環境問題，且呼籲加強並改善民眾的生活品質」，道出中國大陸政府對於民眾生活素質與文化水準不足的問題已有所認知，並極力加強呼籲改善社會環境層面的各項問題。

4. 法制環境構面而言：由 2013《TEEMA 調查報告》表 13-2 顯示，法制環境構面評分較 2012 年有所下降，但以 3.496 分仍維持第五名的位置。而細看表 13-1 法制環境構面中的 13 項細項指標可知，「行政命令與國家法令的一致性程度」、「當地的政策優惠條件」、「政府與執法機構秉持公正執法態度」、「當地解決糾紛的管道完善程度」、「當地的海關行政效率」、「當地的官員操守清廉程度」、「當地環保法規規定適切且合理程度」、「當地政府政策穩定性及透明度」、「當地政府對智慧財產權保護的態度」及「當地政府積極查處違劣仿冒品的力度」等十項細項指標，其 2013 年的評分與排名皆較 2012 年有所下降，其中「當地政府政策穩定性及透明度」與「當地政府積極查處違劣仿冒品的力度」分別下滑七個名次與六個名次，排名為第 30 名及第 54 名，成為 13 項細項指標中退步最多的兩個細項指標，根據聯合國毒品和犯罪問題辦公室（The United Nations Office on Drugs and Crime；UNODC）（2013）發布《東亞及太平洋地區跨國組織犯罪威脅評估》（Transnational Organized Crime in East Asia and the Pacific–A Threat Assessment）報告指出：「全球約三分之二的仿冒商品主要出口於中國大陸」，顯示出中國大陸對於違劣仿冒品的查緝與智財權的保護仍有待加強。而法制環境構面中的「勞工、工安、消防、衛生行政效率」與「當地的地方政府對台商投資承諾實現程度」的排名則皆有小幅上升，此外「當地的工商管理、稅務機關行政效率（3.519）」的評分雖較 2012 年下降，但排名仍維持第 20 名的位置，綜觀可知中國大陸政府對於法制環境的重視程度亦有待加強。

5. 經濟環境構面而言：據 2013《TEEMA 調查報告》表 13-2 顯示，經濟環境構面為中國大陸投資環境力構面中排名進步最大的構面，以 3.546 分進步兩個名次排名於第一名。由表 13-1 其細項指標可見，指標中的「當地的資金匯兌及利潤匯出便利程度」（3.505）、「當地經濟環境促使台商經營獲利程度」（3.506）與「該城市未來具有經濟發展潛力的程度」（3.628）排名皆有進步，其中「當地的資金匯兌及利潤匯出便利程度」更大幅進步六個名次，2013 年排名為第 25 名，而「當地的商業及經濟發展相較於一般水平」與「當地政府改善外商投資環境積極程度」兩項細項指標評分與排名雖較 2012 年有小幅下滑，但仍為中國大陸投資環境力中排名第九名及第八名的細項指標。此外，「金融體系完善的程度且貸款取得便利程度」（3.448）則為經濟環境構面中分數最低

的一項細項指標，排名較 2012 年下滑兩名，在 2013 年排名於第 41 名的位置，顯示中國大陸的金融體系完善程度仍有進步的空間，根據中國人民銀行副行長潘功勝（2013）表示：「中國大陸須加快建設多層次的金融市場，並提高直接融資的比重以完善市場結構，進而促進中國大陸金融生態主體的多元化」。中國大陸在金融體系的逐步完善建設下，其經濟環境的完善程度可望在日後有更為大幅的進步。

6. 經營環境構面而言：就 2013《TEEMA 調查報告》表 13-2 顯示出，經營環境構面於平均觀點分析中獲得 3.456 分，為十項構面中的第六名。此外依據表 13-1 所列的細項指標可看出，除「當地的基層勞力供應充裕程度」、「台商企業在當地之勞資關係和諧程度」與「有利於形成上、下游產業供應鏈完整程度」三項指標排名不變，分別為第 42 名、第 21 名及第 18 名外，「經營成本、廠房與相關設施成本合理程度」與「環境適合台商發展自有品牌與精品城」兩項指標皆有小幅進步，分別為第 33 名與第 47 名。然而「當地的專業及技術人才供應充裕程度」、「同業、同行間公平且正當競爭的環境條件」與「環境適合台商作為製造業或生產基地移轉」則為經營環境的八項指標中排名下滑三項指標，根據中國大陸科技部於 2013 年 6 月 6 日召開《國家中長期人才發展規劃綱要（2010-2020）》第三周年的座談會，會中指出中國大陸科技人才工作仍有許多不足之處，應提出更佳的作法，以完善中國大陸人才培養的制度建設。顯見中國大陸的專業技術人才供應仍存在莫大的問題，而中國大陸更隨著勞動及土地等成本的上升下，使其中國大陸製造的優勢已逐漸消失，進而造成中國大陸經營環境優勢銳減的趨勢逐漸顯現。

7. 創新環境構面而言：由 2013《TEEMA 調查報告》顯示，創新環境構面獲得 3.392 分，為中國大陸投資環境力評估構面中的倒數第二名，若觀察表13-1 的七項創新環境細項指標可見，「當地台商享受政府自主創新獎勵的程度」與「當地政府鼓勵兩岸企業共同研發程度」為七項指標中有進步趨勢的兩項指標，名次分別為第 19 名與第 43 名，根據前海峽兩岸關係協會會長陳德銘（2013）表示：「兩岸產業界與科技界舉辦各種的交流活動，除設立兩岸科技交流與合作的專項基金外，更極力地加強鼓勵兩岸於產業技術領域的聯合研發，希冀進一步加強兩岸新興產業與高技術產業的合作，以強化兩岸企業的創新合作」，顯示出兩岸政府對於兩岸產業共同合作與創新的重視程度。然而，創新環境構面中的「當地政府協助台商轉型升級積極程度」與「政府鼓勵兩岸企業共同開拓國際市場程度」排名則下降至第 46 名與第 50 名，可見兩岸在重視共同合作的精神下，更需提出更為實際的政策與做法以實現兩岸共同成長的願景。此外，2013 年新增的「當地擁有自主創新產品和國家級新產品數」、「對外開放和國際科技合作程度」與「當地政府積極推動產業、工業自動化程度」

則分別為第 58 名、第 68 名及第 53 名，綜上可知，中國大陸政府對創新環境應做出適當的改善，以提升其整體的投資環境力。

8. 網通環境構面而言：就 2013《TEEMA 調查報告》表 13-2 顯示，2012 年所增加的網通環境構面評分為 3.399 分，為 2013 年投資環境力構面中十項構面的倒數第三名，另從表 13-1 可見，「通訊設備、資訊設施、網路建設完善程度」與「政府法規對企業技術發展與應用支持」排名皆與 2012 年相同，但相較於排名第 51 名的「政府法規對企業技術發展與應用支持」，「通訊設備、資訊設施、網路建設完善程度」則位居投資環境力 69 個細項指標中的第二名，此外「寬頻通信網路建設完備」與「光纖資訊到戶的普及率」兩項指標名次皆大幅下滑，分別下滑 15 名與 16 名，排名位於第 67 名及第 69 名，根據中國大陸工信部通信發展司司長張峰（2013）表示：「工信部將加快寬頻網路等基礎設施的建設，以營造出下一代信息基礎設施建設完善的良好環境」。可見中國大陸在通訊設備與網路建設等方面，將致力對寬頻與光纖等基礎建設做出改善，而 2013 年新增的「政府推動智慧城市的積極程度」此項指標排名則為第 48 名，根據中國大陸國家測繪地理信息局局長徐德明（2013）表示：「建設智慧城市為一國將訊息化做出深入發展的必然趨勢」。可知智慧城市更將成為中國大陸日後將更為重視的另一項重點建設。

9. 內需環境構面而言：內需環境為 2013《TEEMA 調查報告》中新增的構面，根據表 13-2 顯示，其評分為 3.432 分，且在十項投資環境力構面中排名第七名，由表 13-1 可知，「政府獎勵台商自創品牌措施的程度」、「適合台商發展內貿內銷市場的程度」與「市場未來發展潛力優異程度」分別為第 27 名、第 14 名及第 15 名，然而「政府採購過程對台資內資外資一視同仁」、「政府協助台商從製造轉向內需擴展」與「居民購買力與消費潛力」皆為中國大陸投資環境力 69 個細項指標中倒數十名的指標，分別為第 60 名、第 62 名及第 61 名，顯示台商於中國大陸轉向投資內需仍存一定風險，根據聯想集團董事長楊元慶（2013）表示：「內需將成為中國大陸經濟成長的主要動力，且為提振內需，政府更須加強社會保障體系的建設與提高人民的可支配收入」。由此可知中國大陸的內需市場潛力仍存，但如何提高居民消費力以大幅增加內需市場，則為中國大陸政府當前所需重視的問題。

10. 文創環境構面而言：2013《TEEMA 調查報告》新增文創環境構面，如表 13-2 所示，文創環境構面評分為 3.333 分，位居十項投資環境力構面中的最後一名，且據表 13-1 顯示，文創環境的七項細項指標中除「歷史古蹟、文物等文化資產豐沛」與「居民對外來遊客包容與接納」分別排名於第 55 名與第 57 名外，「文化活動推動及推廣程度」、「政府對文化創意產業政策推動與落實」、「對文化創意產權的重視及保護」、「居民對於文化藝術表演消費潛力」與「居

表 13-1 2013 TEEMA 中國大陸投資環境力指標評分與排名分析

投資環境力評估構面與指標	2009 評分	2009 排名	2010 評分	2010 排名	2011 評分	2011 排名	2012 評分	2012 排名	2013 評分	2013 排名	2009-2013 排名平均	2009-2013 總排名
生態-01）當地生態與地理環境符合企業發展的條件	3.813	6	3.790	4	3.758	6	3.727	4	3.617	5	5.000	5
生態-02）當地水電、燃料等能源充沛的程度	3.810	7	3.778	7	3.731	11	3.655	13	3.605	6	8.800	8
生態-03）當地政府獎勵企業進行綠色製程生產	-	-	-	-	-	-	-	-	3.496	29	29.000	31
生態-04）當地政府執行對節能、檢排、降耗	-	-	-	-	-	-	-	-	3.360	56	56.000	56
基建-01）當地海、陸、空交通運輸便利程度	3.890	2	3.834	3	3.813	2	3.747	3	3.626	4	2.800	3
基建-02）當地的汙水、廢棄物處理完善程度	3.630	33	3.622	34	3.618	31	3.559	35	3.464	37	34.000	33
基建-03）當地的物流、倉儲、流通相關商業設施	3.757	13	3.748	10	3.738	7	3.666	10	3.572	10	10.000	10
基建-04）醫療、衛生、保健設施的質與量完備程度	3.571	43	3.715	15	3.667	17	3.595	22	3.488	31	25.600	26
基建-05）學校、教育、研究機構的質與量完備程度	3.691	19	3.627	31	3.631	27	3.588	27	3.513	22	25.200	25
基建-06）當地的企業運作商務環境完備程度	3.727	14	3.703	16	3.703	13	3.633	16	3.536	17	15.200	15
基建-07）未來總體發展及建設規劃完善程度	3.819	4	3.731	13	3.738	8	3.693	7	3.603	7	7.800	7
社會-01）當地的社會治安	3.777	10	3.669	18	3.677	16	3.656	12	3.570	11	13.400	12
社會-02）當地民眾生活素質及文化水準程度	3.625	35	3.561	43	3.547	42	3.498	41	3.416	44	41.000	43
社會-03）當地社會風氣及民眾的價值觀程度	3.594	40	3.567	41	3.538	43	3.491	43	3.415	45	42.400	44
社會-04）當地民眾的誠信與道德觀程度	3.594	40	3.565	42	3.552	41	3.524	40	3.451	39	40.400	42
社會-05）民眾及政府歡迎台商投資態度	3.896	1	3.848	2	3.809	3	3.784	1	3.695	1	1.600	1
社會-06）當地民眾感到幸福與快樂的程度	-	-	-	-	-	-	-	-	3.453	38	38.000	39
法制-01）行政命令與國家法令的一致性程度	3.600	39	3.752	9	3.717	12	3.660	11	3.563	12	16.600	16
法制-02）當地的政策優惠條件	3.724	15	3.735	11	3.694	14	3.636	15	3.539	16	14.200	13

表 13-1 2013 TEEMA 中國大陸投資環境力指標評分與排名分析（續）

投資環境力評估構面與指標	2009 評分	2009 排名	2010 評分	2010 排名	2011 評分	2011 排名	2012 評分	2012 排名	2013 評分	2013 排名	2009-2013 排名平均	2009-2013 總排名
法制 -03）政府與執法機構秉持公正執法態度	3.665	26	3.669	18	3.640	23	3.608	19	3.511	23	21.800	18
法制 -04）當地解決糾紛的管道完善程度	3.609	38	3.628	29	3.606	34	3.566	33	3.476	36	34.000	33
法制 -05）當地的工商管理、稅務機關行政效率	3.662	28	3.637	26	3.635	25	3.606	20	3.519	20	23.800	22
法制 -06）當地的海關行政效率	3.671	22	3.623	32	3.641	22	3.592	26	3.500	28	26.000	27
法制 -07）勞工、工安、消防、衛生行政效率	3.646	32	3.602	37	3.599	35	3.559	36	3.476	35	35.000	37
法制 -08）當地的官員操守清廉程度	3.450	46	3.623	32	3.612	33	3.583	29	3.487	32	34.400	35
法制 -09）當地的地方政府對台商投資承諾實現程度	3.722	16	3.716	14	3.692	15	3.652	14	3.561	13	14.400	14
法制 -10）當地環保法規定適切目合理程度	3.664	27	3.658	22	3.643	20	3.593	24	3.505	26	23.800	22
法制 -11）當地政府政策穩定性及透明度	3.670	25	3.633	27	3.635	26	3.594	23	3.495	30	26.200	28
法制 -12）當地政府對智慧財產權保護的態度	3.617	37	3.577	39	3.579	39	3.548	38	3.451	40	38.600	41
法制 -13）當地政府積極查處違劣仿冒品的力度	3.519	45	3.489	46	3.486	45	3.454	48	3.364	54	47.600	48
經濟 -01）當地的商業及經濟發展相較於一般水平	3.766	12	3.753	8	3.738	9	3.677	8	3.595	9	9.200	9
經濟 -02）金融體系完善的程度且貸款取得便利程度	3.623	36	3.593	38	3.597	37	3.532	39	3.448	41	38.200	40
經濟 -03）當地的資金匯兌及利潤匯出便利程度	3.648	31	3.645	25	3.630	28	3.574	31	3.505	25	28.000	30
經濟 -04）當地經濟環境促使台商經營獲利程度	3.675	20	3.656	23	3.643	21	3.587	28	3.506	24	23.200	19
經濟 -05）該城市未來具有經濟發展潛力的程度	3.815	5	3.789	6	3.796	4	3.725	5	3.628	3	4.600	4
經濟 -06）當地政府改善外商投資環境積極程度	3.804	8	3.790	4	3.764	5	3.713	6	3.597	8	6.200	6
經營 -01）當地的基層勞工供應充裕程度	3.693	18	3.575	40	3.554	40	3.497	42	3.447	42	36.400	38

表 13-1 2013 TEEMA 中國大陸投資環境力指標評分與排名分析（續）

投資環境力評估構面與指標	2009 評分	2009 排名	2010 評分	2010 排名	2011 評分	2011 排名	2012 評分	2012 排名	2013 評分	2013 排名	2009-2013 排名平均	2009-2013 總排名
經營-02) 當地的專業及技術人才供應充裕程度	3.586	42	3.529	44	3.507	44	3.443	50	3.387	52	46.400	47
經營-03) 合商企業在當地之勞資關係和諧程度	3.671	22	3.631	28	3.635	24	3.604	21	3.519	21	23.200	19
經營-04) 經營成本、廠房與相關設施成本合理程度	3.627	34	3.615	35	3.589	38	3.563	34	3.485	33	34.800	36
經營-05) 有利於形成上、下游產業供應鏈完整程度	3.560	44	3.675	17	3.656	19	3.620	18	3.526	18	23.200	19
經營-06) 同業、同行間公平且正當競爭的環境條件	3.674	21	3.606	36	3.616	32	3.571	32	3.485	34	31.000	32
經營-07) 環境適合台商作為製造業或生產基地移轉	-	-	-	-	3.442	49	3.474	46	3.393	49	48.000	49
經營-08) 環境適合台商發展自有品牌與精品城	-	-	-	-	3.428	51	3.452	49	3.402	47	49.000	52
創新-01) 當地台商受政府自主創新獎勵的程度	3.671	22	3.654	24	3.628	30	3.592	25	3.519	19	24.000	24
創新-02) 當地擁有自主創新產品和國家級新產品數	-	-	-	-	-	-	-	-	3.341	58	58.000	58
創新-03) 當地政府協助台商轉型升級積極程度	-	-	3.493	45	3.453	48	3.478	45	3.412	46	46.000	46
創新-04) 當地政府鼓勵兩岸企業共同研發程度	-	-	3.458	47	3.477	46	3.490	44	3.428	43	45.000	45
創新-05) 政府鼓勵兩岸企業同開拓國際市場程度	-	-	3.413	48	3.438	50	3.464	47	3.393	50	48.750	51
創新-06) 對外開放和國際科技合作程度	-	-	-	-	-	-	-	-	3.281	68	68.000	69
創新-07) 當地政府積極推動產業、工業自動化程度	-	-	-	-	-	-	-	-	3.369	53	53.000	54
網通-01) 通訊設備、資訊設施、網路建設完善程度	3.884	3	3.859	3	3.845	1	3.774	2	3.651	2	1.800	2
網通-02) 寬頻通信網路建設完備	-	-	-	-	-	-	3.275	52	3.309	67	59.500	60
網通-03) 光纖資訊到戶的普及率	-	-	-	-	-	-	3.202	53	3.251	69	61.000	62
網通-04) 政府法規對企業技術發展與應用支持	-	-	-	-	-	-	3.425	51	3.389	51	51.000	53

表 13-1 2013 TEEMA 中國大陸投資環境力指標評分與排名分析（續）

投資環境力評估構面與指標	2009 評分	2009 排名	2010 評分	2010 排名	2011 評分	2011 排名	2012 評分	2012 排名	2013 評分	2013 排名	2009-2013 排名平均	2009-2013 總排名
網通 -05）政府推動智慧城市的積極程度	-	-	-	-	-	-	-	-	3.396	48	48.000	4
內需 -01）政府獎勵台商自創品牌措施的程度	3.660	29	3.664	20	3.629	29	3.582	30	3.504	27	27.000	29
內需 -02）適合台商發展內貿內銷市場的程度	3.712	17	3.662	21	3.665	18	3.627	17	3.549	14	17.400	17
內需 -03）市場未來發展潛力優異程度	3.790	9	3.735	11	3.734	10	3.675	9	3.544	15	10.800	11
內需 -04）政府採購過程對台資內資外資一視同仁	-	-	-	-	-	-	-	-	3.336	60	60.000	61
內需 -05）政府協助台商從製造轉向內需擴展	-	-	-	-	-	-	-	-	3.329	62	62.000	64
內需 -06）居民購買力與消費潛力	-	-	-	-	-	-	-	-	3.330	61	61.000	62
文創 -01）歷史古蹟、文物等文化資產豐沛	-	-	-	-	-	-	-	-	3.363	55	55.000	55
文創 -02）文化活動推動及推廣程度	-	-	-	-	-	-	-	-	3.321	64	64.000	66
文創 -03）政府對文化創意產業政策推動與落實	-	-	-	-	-	-	-	-	3.339	59	59.000	59
文創 -04）對文化創意產權的重視及保護	-	-	-	-	-	-	-	-	3.311	66	66.000	68
文創 -05）居民對外來遊客包容與接納	-	-	-	-	-	-	-	-	3.354	57	57.000	57
文創 -06）居民對於文化藝術表演消費潛力	-	-	-	-	-	-	-	-	3.326	63	63.000	65
文創 -07）居民對於文化創意商品購買程度	-	-	-	-	-	-	-	-	3.315	65	65.000	67

資料來源：本研究整理

民對於文化創意商品購買程度」等五項指標，則皆位處中國大陸投資環境力 69
個細項指標中的倒數十名，顯示出中國大陸政府應極力改善其文創環境，根據
中國大陸全國人大代表釋永信（2013）表示：「中國大陸國民收入水平與文化
消費品價格間的差異過大」，且中國大陸文化部文化產業司司長劉玉珠（2013）
亦表示：「中國大陸的文化消費需求雖存在，但人均的實際消費與快速成長的
經濟規模及其餘發達國家的文化消費水平相比之下，仍存在著相當大的差距」。
是故，文創環境的發展需與國家的發展同時並行，才能夠更快速的改善並提升
中國大陸的整體文創環境。

11. 就整體投資環境力而言：依 2013《TEEMA 調查報告》中表 13-2 所示，
針對十大投資環境力構面評價之順序依序為：（1）經濟環境；（2）基建環境；
（3）生態環境；（4）社會環境；（5）法制環境；（6）經營環境；（7）內
需環境；（8）網通環境；（9）創新環境；（10）文創環境。其中，經濟環境
由第三名進步至第一名，而生態環境則由第一名的位置下滑至第三名，但經濟
環境、基建環境與生態環境仍連續四年占據前三名的位置，可見中國大陸的經
濟環境發展有大幅的進步，而其生態環境則是在中國大陸環境汙染問題的日益
嚴重下所形成的影響，此外，網通環境、創新環境與 2013 年新增的文創環境
則位居十大構面中的倒數三位，顯見中國大陸對於網路通訊、創新能力及文創
等環境的重視程度有待改善。

表 13-2 2013 TEEMA 中國大陸投資環境力構面平均觀點評分與排名

投資環境力 評估構面	2009		2010		2011		2012		2013		2009-2013	
	評分	排名	評分	排名	評分	排名	評分	排名	評分	排名	評分	排名
❶生態環境	3.677	4	3.732	1	3.696	2	3.644	1	3.520	3	3.654	3
❷基建環境	3.729	1	3.730	2	3.719	1	3.640	2	3.543	2	3.672	1
❸社會環境	3.697	3	3.642	4	3.597	5	3.591	4	3.500	4	3.605	4
❹法制環境	3.632	6	3.642	4	3.629	4	3.588	5	3.496	5	3.597	5
❺經濟環境	3.729	1	3.704	3	3.694	3	3.635	3	3.546	1	3.662	2
❻經營環境	3.664	5	3.629	6	3.583	6	3.553	6	3.456	6	3.577	6
❼創新環境	-	-	3.573	7	3.525	7	3.521	7	3.392	9	3.503	7
❽網通環境	-	-	-	-	-	-	3.419	8	3.399	8	3.409	9
❾內需環境	-	-	-	-	-	-	-	-	3.432	7	3.432	8
❿文創環境	-	-	-	-	-	-	-	-	3.333	10	3.333	10
平均值	3.688		3.655		3.632		3.574		3.462		3.544	

資料來源：本研究整理

二、2012-2013 TEEMA 中國大陸投資環境力比較分析

2012-2013《TEEMA 調查報告》中國大陸投資環境力之比較如表 13-3 所示，
而 2013《TEEMA 調查報告》亦針對中國大陸投資環境力之十大構面進行分析，

並將分析結果與排名變化以表 13-4 所示。據表 13-3 與表 13-4 可歸納下列評述：

1. 就 69 項評估指標而言：由 2013《TEEMA 調查報告》在投資環境力的 69 項評估指標評價結果可見，有 50 項指標呈現下降的趨勢，其中包括：生態環境兩項、基建環境七項、社會環境五項、法制環境 13 項、經濟環境六項、經營環境八項、創新環境四項、網通環境兩項、內需環境三項；此外，69 項指標中僅有網通環境中的兩項指標較 2012 年高；而 2013 年新增的 17 項指標，生態環境有兩項、社會環境有一項、創新環境有三項、網通環境有一項、內需環境有三項，而文創環境為新增構面，因此其七項指標皆為新增指標。

2. 就 69 項評估指標差異分析而言：2013《TEEMA 調查報告》表 13-3 和 2012 年的評估指標進行差異分析下，顯示出近乎所有指標皆呈下降趨勢，其中內需環境中的「市場未來發展潛力優異程度」由 2012 年的 3.675 分下降至 2013 年的 3.544 分，下降 0.131 分為 69 項指標中下降幅度最大的指標，而中國大陸的經濟即在外部需求疲軟與內部需求不足的情況下開始放緩，根據中華經濟研究院經濟展望中心主任劉孟俊（2013）表示：「中國大陸經濟放緩除受歐債風暴及日圓貶值的原因外，人民幣的升值亦為原因之一」。顯示出中國大陸內需環境的發展力道不足，使得市場未來的發展潛力仍受質疑。而下降幅度第二及第三名的指標分別為「通訊設備、資訊設施、網路建設完善程度」與「當地海、陸、空交通運輸便利程度」，兩項指標分別下降 0.123 分與 0.121 分，綜觀 2013《TEEMA 調查報告》的 69 項指標發現，有高達 67 項指標皆呈現下滑的趨勢，僅有兩項指標有上升的趨勢，其中上升幅度最高的指標為「光纖資訊到戶的普及率」，其較 2012 年分數增加 0.049 分，其次為增加 0.034 分的「寬頻通信網路建設完備」。

3. 就 69 項評估指標退步比例分析：就表 13-4 顯示，依照 2013 年 69 項的細項評比指標為基數，可知評估指標數下降的比例為 72.46%，相較於 2012 年 53 項評估指標下降比例的 84.91%，可見在 2013 年新增 17 項評估指標下，其指標數的下降比例仍有所改善，根據中國大陸商務部外資司司長劉亞軍（2012）表示：「中國大陸政府一直致力為外商營造高效便利的行政環境、公開透明的法律政策環境以及平等競爭的市場環境，並發布多項有利於外商投資的相關政策」。由此可知，中國大陸對於其投資環境擬定出適當的改善策略，以利台商於中國大陸進行更為穩定且具成長力的各項投資動作。

4. 就 10 項評估構面而言：依據 2013《TEEMA 調查報告》的表 13-4 中顯示 2012 年與 2013 年間的差異變化，在十項投資環境力評估構面中，原有的八項構面皆呈現下滑的趨勢，且以創新環境下滑的幅度最大，評分由 2012 年的 3.521 分下滑至 2013 年的 3.392 分，共下滑 0.129 分，撇除 2013 年新增的三項指標，其原有的四項指標皆呈現下滑的趨勢，且皆為 2012 年至 2013 年的 50

項原有指標中下滑幅度前十大的指標；其次為生態環境構面的評比，由 2012 年的 3.644 分下滑至 2013 年的 3.520 分，共下降 0.124 分，其四指標中有兩項指標為 2013 年新增指標，另兩項指標則皆於 2013 年皆下滑；而基建環境與經營環境則共為下滑幅度第三名的構面，其中基建環境由 2012 年的 3.640 分下滑至 2013 年的 3.543 分，而經營環境則由 2012 年的 3.553 分下滑至 2013 年的 3.456 分，兩項構面皆下降 0.097 分；此外，新增的內需環境構面除新增的三項構面，2012 年原有的三項構面皆呈現下滑，而同樣為新增的文創環境構面的七項指標則皆為 2013 年所新增的細項指標；整體而言，2013 年新增兩項構面外，原有的八項構面均較 2012 年呈現下降的趨勢，顯示出中國大陸政府雖對投資環境已有所重視，但其在投資環境上的實際改善程度仍有待加強。

表 13-3 2012-2013 TEEMA 投資環境力差異與排名變化分析

投資環境力評估構面與指標	2012 評分	2013 評分	2012-2013 差異分析	差異變化排名 ▲	差異變化排名 ▼	差異變化排名 新增
生態-01）當地生態與地理環境符合企業發展的條件	3.727	3.617	-0.110	-	05	-
生態-02）當地水電、燃料等能源充沛的程度	3.655	3.605	-0.050	-	48	-
生態-03）當地政府獎勵企業進行綠色製程生產	-	3.496	-	-	-	1
生態-04）當地政府執行對節能、減排、降耗	-	3.360	-	-	-	6
基建-01）當地海、陸、空交通運輸便利程度	3.747	3.626	-0.121	-	03	-
基建-02）當地的汙水、廢棄物處理設備完善程度	3.559	3.464	-0.095	-	15	-
基建-03）當地的物流、倉儲、流通相關商業設施	3.666	3.572	-0.094	-	16	-
基建-04）醫療、衛生、保健設施的質與量完備程度	3.595	3.488	-0.107	-	06	-
基建-05）學校、教育、研究機構的質與量完備程度	3.588	3.513	-0.075	-	39	-
基建-06）當地的企業運作商務環境完備程度	3.633	3.536	-0.097	-	10	-
基建-07）未來總體發展及建設規劃完善程度	3.693	3.603	-0.090	-	22	-
社會-01）當地的社會治安	3.656	3.570	-0.086	-	27	-
社會-02）當地民眾生活素質及文化水準程度	3.498	3.416	-0.082	-	31	-
社會-03）當地社會風氣及民眾的價值觀程度	3.491	3.415	-0.076	-	38	-
社會-04）當地民眾的誠信與道德觀程度	3.524	3.451	-0.073	-	40	-
社會-05）民眾及政府歡迎台商投資態度	3.784	3.695	-0.089	-	23	-
社會-06）當地民眾感到幸福與快樂的程度	-	3.453	-	-	-	2
法制-01）行政命令與國家法令的一致性程度	3.66	3.563	-0.097	-	11	-
法制-02）當地的政策優惠條件	3.636	3.539	-0.097	-	09	-
法制-03）政府與執法機構秉持公正執法態度	3.608	3.511	-0.097	-	13	-
法制-04）當地解決糾紛的管道完善程度	3.566	3.476	-0.090	-	20	-
法制-05）當地的工商管理、稅務機關行政效率	3.606	3.519	-0.087	-	25	-

表 13-3 2012-2013 TEEMA 投資環境力差異與排名變化分析（續）

投資環境力評估構面與指標	2012 評分	2013 評分	2012-2013 差異分析	差異變化排名 ▲	▼	新增
法制-06）當地的海關行政效率	3.592	3.500	-0.092	-	18	-
法制-07）勞工、工安、消防、衛生行政效率	3.559	3.476	-0.083	-	30	-
法制-08）當地的官員操守清廉程度	3.583	3.487	-0.096	-	14	-
法制-09）當地的地方政府對台商投資承諾實現程度	3.652	3.561	-0.091	-	19	-
法制-10）當地環保法規規定適切且合理程度	3.593	3.505	-0.088	-	24	-
法制-11）當地政府政策穩定性及透明度	3.594	3.495	-0.099	-	07	-
法制-12）當地政府對智慧財產權保護的態度	3.548	3.451	-0.097	-	12	-
法制-13）當地政府積極查處違劣仿冒品的力度	3.454	3.364	-0.090	-	21	-
經濟-01）當地的商業及經濟發展相較於一般水平	3.677	3.595	-0.082	-	32	-
經濟-02）金融體系完善的程度且貸款取得便利程度	3.532	3.448	-0.084	-	29	-
經濟-03）當地的資金匯兌及利潤匯出便利程度	3.574	3.505	-0.069	-	43	-
經濟-04）當地經濟環境促使台商經營獲利程度	3.587	3.506	-0.081	-	33	-
經濟-05）該城市未來具有經濟發展潛力的程度	3.725	3.628	-0.097	-	08	-
經濟-06）當地政府改善外商投資環境積極程度	3.713	3.597	-0.116	-	04	-
經營-01）當地的基層勞力供應充裕程度	3.497	3.447	-0.050	-	47	-
經營-02）當地的專業及技術人才供應充裕程度	3.443	3.387	-0.056	-	46	-
經營-03）台商企業在當地之勞資關係和諧程度	3.604	3.519	-0.085	-	28	-
經營-04）經營成本、廠房與相關設施成本合理程度	3.563	3.485	-0.078	-	35	-
經營-05）有利於形成上、下游產業供應鏈完整程度	3.620	3.526	-0.094	-	17	-
經營-06）同業、同行間公平且正當競爭的環境條件	3.571	3.485	-0.086	-	26	-
經營-07）環境適合台商作為製造業或生產基地移轉	3.474	3.393	-0.081	-	34	-
經營-08）環境適合台商發展自有品牌與精品城	3.452	3.402	-0.050	-	49	-
創新-01）當地台商享受政府自主創新獎勵的程度	3.592	3.519	-0.073	-	41	-
創新-02）當地擁有自主創新產品和國家級新產品數量	-	3.341	-	-	-	8
創新-03）當地政府協助台商轉型升級積極程度	3.478	3.412	-0.066	-	44	-
創新-04）當地政府鼓勵兩岸企業共同研發程度	3.490	3.428	-0.062	-	45	-
創新-05）政府鼓勵兩岸企業共同開拓國際市場程度	3.464	3.393	-0.071	-	42	-
創新-06）對外開放和國際科技合作程度	-	3.281	-	-	-	17
創新-07）當地政府積極推動產業、工業自動化程度	-	3.369	-	-	-	4
網通-01）通訊設備、資訊設施、網路建設完善程度	3.774	3.651	-0.123	-	02	-

表 13-3 2012-2013 TEEMA 投資環境力差異與排名變化分析（續）

投資環境力評估構面與指標	2012 評分	2013 評分	2012-2013 差異分析	▲	▼	新增
網通-02）寬頻通信網路建設完備	3.275	3.309	0.034	2	-	-
網通-03）光纖資訊到戶的普及率	3.202	3.251	0.049	1	-	-
網通-04）政府法規對企業技術發展與應用支持	3.425	3.389	-0.036	-	50	-
網通-05）政府推動智慧城市的積極程度	-	3.396	-	-	-	3
內需-01）政府獎勵台商自創品牌措施的程度	3.582	3.504	-0.078	-	36	-
內需-02）適合台商發展內貿內銷市場的程度	3.627	3.549	-0.078	-	37	-
內需-03）市場未來發展潛力優異程度	3.675	3.544	-0.131	-	01	-
內需-04）政府採購過程對台資內資外資一視同仁	-	3.336	-	-	-	10
內需-05）政府協助台商從製造轉向內需擴展	-	3.329	-	-	-	12
內需-06）居民購買力與消費潛力	-	3.330	-	-	-	11
文創-01）歷史古蹟、文物等文化資產豐沛	-	3.363	-	-	-	5
文創-02）文化活動推動及推廣程度	-	3.321	-	-	-	14
文創-03）政府對文化創意產業政策推動與落實	-	3.339	-	-	-	9
文創-04）對文化創意產權的重視及保護	-	3.311	-	-	-	16
文創-05）居民對外來遊客包容與接納	-	3.354	-	-	-	7
文創-06）居民對於文化藝術表演消費潛力	-	3.326	-	-	-	13
文創-07）居民對於文化創意商品購買程度	-	3.315	-	-	-	15

資料來源：本研究整理

表 13-4 2012-2013 TEEMA 投資環境力細項指標變化排名分析

投資環境力構面	2012 評分	2013 評分	2012-2013 差異分析	名次	指標數	▲	▼	新增
❶生態環境	3.644	3.520	-0.124	❼	4	0	2	2
❷基建環境	3.640	3.543	-0.097	❺	7	0	7	0
❸社會環境	3.591	3.500	-0.091	❸	6	0	5	1
❹法制環境	3.588	3.496	-0.092	❹	13	0	13	0
❺經濟環境	3.635	3.546	-0.089	❷	6	0	6	0
❻經營環境	3.553	3.456	-0.097	❺	8	0	8	0
❼創新環境	3.521	3.392	-0.129	❽	7	0	4	3
❽網通環境	3.419	3.399	-0.020	❶	5	2	2	1
❾內需環境	-	3.432	-		6	0	3	3
❿文創環境	-	3.333	-		7	0	0	7
投資環境力平均	3.574	3.462	-0.112		69	2	50	17
百 分 比					100.00%	2.90%	72.46%	24.64%

資料來源：本研究整理

2013年中國大陸地區投資環境與風險調查

2013《TEEMA 調查報告》的投資環境力評估結果依表 13-5 所示，2013 年投資環境力排名前十的評估指標依序為：（1）民眾及政府歡迎台商投資態度；（2）通訊設備、資訊設施、網路建設完善程度；（3）該城市未來具有經濟發展潛力的程度；（4）當地海、陸、空交通運輸便利程度；（5）當地生態與地理環境符合企業發展的條件；（6）當地水電、燃料等能源充沛的程度；（7）未來總體發展及建設規劃完善程度；（8）當地政府改善外商投資環境積極程度；（9）當地的商業及經濟發展相較於一般水平；（10）當地的物流、倉儲、流通相關商業設施，其中被列為社會環境中的「民眾及政府歡迎台商投資態度」於 2012 年及 2013 年連續兩年皆獨占鰲頭，成為投資環境力中最優秀的指標項目，再加上中國大陸陸續發布的投資優惠政策，更顯示出吸引台商前往投資與中國大陸歡迎台商投資的態度，此外，兩岸更積極的在各產業上進行合作，希冀在深化交流及相互合作中共同成長。

表 13-5　2013 TEEMA 投資環境力排名十大最優指標

投資環境力排名十大最優指標	2012		2013	
	評分	排名	評分	排名
社會-05）民眾及政府歡迎台商投資態度	3.784	1	3.695	1
網通-01）通訊設備、資訊設施、網路建設完善程度	3.774	2	3.651	2
經濟-05）該城市未來具有經濟發展潛力的程度	3.725	5	3.628	3
基建-01）當地海、陸、空交通運輸便利程度	3.747	3	3.626	4
生態-01）當地生態與地理環境符合企業發展的條件	3.727	4	3.617	5
生態-02）當地水電、燃料等能源充沛的程度	3.655	13	3.605	6
基建-07）未來總體發展及建設規劃完善程度	3.693	7	3.603	7
經濟-06）當地政府改善外商投資環境積極程度	3.713	6	3.597	8
經濟-01）當地的商業及經濟發展相較於一般水平	3.677	8	3.595	9
基建-03）當地的物流、倉儲、流通相關商業設施	3.666	10	3.572	10

資料來源：本研究整理

　　2013《TEEMA 調查報告》針對投資環境力 69 項指標排名中最為惡劣的十項指標加以剖析，根據表 13-6 所示，排名分別為：（1）光纖資訊到戶的普及率；（2）對外開放和國際科技合作程度；（3）寬頻通信網路建設完備；（4）對文化創意產權的重視及保護；（5）居民對於文化創意商品購買程度；（6）文化活動推動及推廣程度；（7）居民對於文化藝術表演消費潛力；（8）政府協助台商從製造轉向內需擴展；（9）居民購買力與消費潛力；（10）政府採購過程對台資內資外資一視同仁。依據上述之十項指標更可得知，投資環境力的十大劣勢指標皆為網通環境、創新環境、文創環境及內需環境等四大環境中的指標，此外，「光纖資訊到戶的普及率」仍為 2013 年的十大劣勢指標之首，

根據中國電信北京分公司市場部經理辜立軍（2013）表示：「光纖入戶的最大障礙即在於某些較小區域物業的不配合與不支持，因而造成許多工程延誤」。顯示出中國大陸在光纖資訊普及率的項目上，仍有改善及進步的空間，然而，除「光纖資訊到戶的普及率」與「寬頻通信網路建設完備」兩項指標於2013年仍落於劣勢指標名單內外，其餘八項劣勢指標皆為2013年所新增的指標，而2013年新增的文創環境構面更有四項指標皆為劣勢指標，由此可知，中國大陸對於文創的重視程度與居民對於文化的認知仍有改善之空間。

表 13-6　2013 TEEMA 投資環境力排名十大劣勢指標

投資環境力排名十大劣勢指標	2012		2013	
	評分	排名	評分	排名
網通-03）光纖資訊到戶的普及率	3.202	1	3.251	1
創新-06）對外開放和國際科技合作程度	-	-	3.281	2
網通-02）寬頻通信網路建設完備	3.275	2	3.309	3
文創-04）對文化創意產權的重視及保護	-	-	3.311	4
文創-07）居民對於文化創意商品購買程度	-	-	3.315	5
文創-02）文化活動推動及推廣程度	-	-	3.321	6
文創-06）居民對於文化藝術表演消費潛力	-	-	3.326	7
內需-05）政府協助台商從製造轉向內需擴展	-	-	3.329	8
內需-06）居民購買力與消費潛力	-	-	3.330	9
內需-04）政府採購過程對台資內資外資一視同仁	-	-	3.336	10

資料來源：本研究整理

　　2013《TEEMA 調查報告》針對 2012 年與 2013 年投資環境力調查指標之差異分析，評估指標下降幅度最多前十個指標整理如表 13-7 所示。可知，投資環境力指標下降前十名的指標為內需環境、網通環境、基建環境、經濟環境、生態環境與法制環境等六個投資環境構面，其中下降幅度前十名的指標中就有三項皆為基建環境之指標，顯示出中國大陸基建環境仍有待改善，中國大陸北京大學國家發展研究院名譽院長林毅夫（2013）於「2013年博鰲論壇」中表示：「即使在 2008 年時實施四兆人民幣的刺激計畫以大力發展基礎建設，但中國大陸之基礎建設至今仍未達飽和，反而是呈現不足的情況」，由此可知，中國大陸的基礎建設縱使在政府的大力協助發展下，仍未達到預期的效益，並可得知中國大陸需再針對基礎建設環境擬定相關政策與計畫，以加強基建環境之投資環境力。

表 13-7　2012-2013 TEEMA 投資環境力指標下降前十排名

投資環境力評分下降幅度前十指標	2012-2013 評分下降	2012-2013 下降排名
內需 -03）市場未來發展潛力優異程度	-0.131	1
網通 -01）通訊設備、資訊設施、網路建設完善程度	-0.123	2
基建 -01）當地海、陸、空交通運輸便利程度	-0.121	3
經濟 -06）當地政府改善外商投資環境積極程度	-0.116	4
生態 -01）當地生態與地理環境符合企業發展的條件	-0.110	5
基建 -04）醫療、衛生、保健設施的質與量完備程度	-0.107	6
法制 -11）當地政府政策穩定性及透明度	-0.099	7
經濟 -05）該城市未來具有經濟發展潛力的程度	-0.097	8
法制 -02）當地的政策優惠條件	-0.097	9
基建 -06）當地的企業運作商務環境完備程度	-0.097	10

資料來源：本研究整理

三、2013 TEEMA 中國大陸城市投資環境力分析

　　2013《TEEMA 調查報告》將針對列入評比的 112 個城市進行其投資環境力分析，並將生態環境、基建環境、社會環境、法制環境、經濟環境、經營環境、創新環境、網通環境、內需環境與文創環境等十大構面排名，彙整依表 13-8 所示，並將投資環境力之重要內涵評述如下：

　　1. 就投資環境力十佳城市而言：依據 2013《TEEMA 調查報告》表 13-8 顯示，投資環境力前十佳的城市排名依序為：（1）蘇州昆山；（2）杭州蕭山；（3）蘇州工業區；（4）廈門島外；（5）南京江寧；（6）蘇州新區；（7）成都；（8）蘇州市區；（9）天津濱海；（10）大連。其中，蘇州昆山、杭州蕭山、蘇州工業區、廈門島外、南京江寧、成都與天津濱海皆為 2012 年及 2013 年中連續兩年進入前十佳排名的城市，此外，杭州蕭山自 2012 年第十名進步至 2013 年第二名的位置，但與蘇州昆山相比下，其經營環境與網通環境表現較不佳，因此蘇州昆山仍勇奪連續第四年的投資環境力最佳城市的頭銜，昆山市長路軍（2013）表示：「昆山始終堅持以強烈的發展意識、親商意識、率先意識、開放意識、融合意識與效能意識，打造出一流的產業環境、服務環境、載體環境、創新環境、人文環境與政務環境，希冀創造出新的發展優勢」。是故，昆山在政府不斷的改善其投資環境的情況下，使得昆山得以連年成為投資環境力最佳之城市；另外，蘇州新區、蘇州市區、天津濱海與大連則於 2013 年進入投資環境力十佳城市的排名內，其中蘇州市區的網通環境與文創環境表現雖差強人意，但其經濟環境與經營環境卻表現相當出色，由此可知蘇州市區的發展潛力不容小覷。

表 13-8 2013 TEEMA 中國大陸城市投資環境力排名分析

排名	地區	城市	❶地理環境 評分	排名	❷基建環境 評分	排名	❸社會環境 評分	排名	❹法制環境 評分	排名	❺經濟環境 評分	排名	❻經營環境 評分	排名	❼創新環境 評分	排名	❽網通環境 評分	排名	❾內需環境 評分	排名	❿文創環境 評分	排名	投資環境力 加權分數
1	華東	蘇州昆山	4.305	2	4.317	2	4.245	2	4.275	2	4.244	4	4.098	6	4.193	2	4.160	1	4.174	2	4.116	3	98.608
2	華東	杭州蕭山	4.339	1	4.357	1	4.161	4	4.242	4	4.429	1	4.058	8	4.029	4	3.900	5	4.250	1	4.138	2	98.162
3	華東	蘇州工業區	4.182	4	4.273	4	4.303	1	4.310	1	4.394	2	4.292	1	4.279	1	3.873	7	4.146	3	3.753	15	98.028
4	華南	廈門島外	4.068	5	4.130	6	4.000	11	4.021	12	4.129	10	3.960	12	4.036	3	3.873	7	3.924	11	3.805	12	92.945
5	華東	南京江寧	4.184	3	4.301	3	4.079	6	4.036	10	4.167	7	4.125	4	3.884	11	3.811	13	3.798	22	3.564	38	91.696
6	華東	蘇州新區	3.942	11	4.048	13	4.061	7	3.926	19	4.094	13	3.954	13	3.833	14	3.827	11	4.006	5	3.762	14	89.957
7	西南	成都	3.764	37	3.946	24	4.138	5	4.132	6	4.223	6	4.153	3	4.026	5	3.800	14	3.893	14	3.728	19	89.601
8	華東	蘇州市區	4.038	7	4.033	16	4.032	9	4.068	7	4.269	3	4.154	2	3.869	12	3.562	36	3.865	17	3.577	36	89.244
9	華北	天津濱海	3.893	18	4.066	11	4.024	10	4.137	5	4.238	5	4.116	5	3.593	37	3.786	16	3.851	18	3.480	50	87.282
10	東北	大連	3.940	12	4.097	9	3.727	35	3.938	17	4.160	8	4.065	7	3.776	18	3.824	12	3.933	9	3.571	37	87.148
11	華北	青島	3.914	16	4.045	14	3.912	14	4.164	4	4.132	9	4.013	9	3.568	39	3.568	34	3.921	12	3.808	11	86.479
12	西南	重慶	3.911	17	4.105	8	3.921	11	4.027	11	4.107	11	3.872	17	3.748	21	3.519	43	3.897	13	3.891	6	86.122
13	華東	寧波北侖	3.935	13	3.935	26	3.817	27	3.906	24	3.844	32	3.871	18	3.923	7	3.981	4	4.016	4	3.862	8	85.810
14	華東	南京市區	3.780	35	4.023	17	4.187	3	4.049	9	3.947	18	3.975	10	3.888	10	3.656	27	3.813	21	3.514	46	85.052
15	華東	淮安	3.859	21	3.799	34	4.000	14	4.007	11	3.854	28	3.688	32	3.894	8	3.925	4	3.938	8	3.692	23	84.963
16	華東	上海閔行	3.880	19	4.122	7	3.784	30	3.915	22	4.099	12	3.968	11	3.719	23	3.644	29	3.877	16	3.878	7	84.517
17	華東	無錫江陰	3.825	25	3.957	23	3.906	18	4.008	13	4.061	14	3.750	25	3.947	6	3.853	9	3.739	28	3.538	43	84.027
18	華南	廈門島內	3.955	9	4.056	12	3.857	22	3.997	15	3.935	19	3.906	15	3.686	29	3.829	10	3.637	38	3.378	58	82.555
19	華東	無錫市區	3.917	15	3.958	22	3.903	20	3.978	16	3.993	16	3.865	19	3.892	9	3.683	23	3.590	43	3.339	60	81.173
20	華東	寧波市區	4.043	6	4.037	15	3.819	26	3.923	20	4.051	15	3.804	22	3.539	45	3.722	18	3.688	33	3.553	40	80.370
21	華東	杭州市區	3.852	22	4.162	5	3.985	13	3.843	26	3.848	30	3.665	36	3.527	49	3.682	24	3.773	24	4.182	1	79.256
22	華東	南通	3.742	39	3.529	56	3.833	24	3.864	25	3.906	23	3.933	14	3.620	35	3.713	19	3.928	10	3.838	9	77.517
23	西北	西安	3.955	10	4.095	10	4.035	8	3.821	28	3.747	41	3.864	20	3.764	19	3.461	56	3.737	29	3.442	54	77.517
24	華東	蘇州張家港	3.736	41	3.984	20	3.926	15	3.910	23	3.898	25	3.639	40	3.678	30	3.522	42	3.963	06	3.722	21	77.338

表 13-8 2013 TEEMA 中國大陸城市投資環境力排名分析（續）

排名	地區	城市	❶地理環境 評分	排名	❷基建環境 評分	排名	❸社會環境 評分	排名	❹法制環境 評分	排名	❺經濟環境 評分	排名	❻經營環境 評分	排名	❼創新環境 評分	排名	❽網通環境 評分	排名	❾內需環境 評分	排名	❿文創環境 評分	排名	投資環境力 評分	加權分數
25	西南	德陽	3.778	36	3.825	31	3.944	14	3.697	39	3.694	46	3.653	38	3.722	22	3.544	38	3.954	07	3.611	30	3.747	73.637
26	華東	揚州	3.824	26	3.989	19	3.704	37	3.915	21	3.827	35	3.685	33	3.704	27	3.378	63	3.698	32	3.799	13	3.758	73.236
27	華東	無錫宜興	3.803	29	3.940	25	3.553	59	3.749	36	3.904	24	3.697	30	3.705	26	3.674	25	3.649	37	3.827	10	3.746	72.879
28	西南	綿陽	3.868	20	3.789	35	3.825	25	3.632	47	3.772	40	3.895	16	3.779	16	3.463	55	3.886	15	3.504	47	3.748	72.701
29	華東	上海市區	3.935	13	3.977	21	3.694	40	3.603	49	3.801	37	3.657	37	3.535	46	3.710	20	3.753	27	3.991	5	3.746	72.612
30	華北	北京亦庄	3.792	32	3.778	36	3.852	23	3.927	18	3.926	21	3.743	26	3.333	70	3.544	38	3.565	51	3.659	25	3.725	70.873
31	華中	合肥	3.795	31	3.643	45	3.780	31	4.066	8	3.871	27	3.642	39	3.509	51	3.418	60	3.848	19	3.500	49	3.736	70.605
32	華東	上海浦東	4.000	8	4.010	18	3.804	28	3.758	35	3.929	20	3.429	67	3.450	57	3.571	33	3.565	49	3.724	20	3.726	70.338
33	華東	連雲港	3.620	52	3.571	52	3.704	38	3.798	32	3.827	36	3.588	46	3.748	20	3.793	15	3.710	31	3.640	26	3.708	69.580
34	華中	南昌	3.784	33	3.864	28	3.879	21	3.815	29	3.848	30	3.778	24	3.573	38	3.227	80	3.523	56	3.636	28	3.702	68.108
35	華東	寧波慈溪	3.619	53	3.728	38	3.595	52	3.832	27	3.738	42	3.583	48	3.600	36	3.895	6	3.683	35	3.517	45	3.695	67.618
36	華東	蘇州吳江	3.826	24	3.825	31	3.755	32	3.568	54	3.681	49	3.503	56	3.661	31	3.561	37	3.731	30	3.738	18	3.677	66.993
37	華北	北京市區	3.550	57	3.850	30	3.800	29	3.642	46	3.983	17	3.600	45	3.530	48	3.700	22	3.567	48	3.543	41	3.681	66.503
38	華北	廊坊	3.688	43	3.612	49	3.744	33	3.808	31	3.786	39	3.629	43	3.814	15	3.493	51	3.542	53	3.296	65	3.667	64.764
39	華中	蕪湖	3.797	30	3.518	59	3.438	68	3.721	38	3.688	47	3.820	21	3.863	13	3.500	50	3.688	34	3.446	53	3.661	64.719
40	華東	上海松江	3.625	50	3.900	27	3.608	50	3.542	58	3.600	55	3.488	57	3.470	56	3.970	3	3.775	23	4.079	4	3.679	64.318
41	華東	鹽城	3.806	28	3.556	55	3.602	51	3.645	45	3.667	51	3.667	35	3.778	17	3.633	32	3.444	61	3.262	69	3.625	62.356
42	華東	徐州	3.688	43	3.710	40	3.526	61	3.627	48	3.594	56	3.615	44	3.631	34	3.656	26	3.583	46	3.580	34	3.623	61.732
43	華東	鎮江	3.458	72	3.696	41	3.590	55	3.814	30	3.854	28	3.740	27	3.717	24	3.508	47	3.250	76	3.030	84	3.605	60.126
44	華東	宿遷	3.674	47	3.491	64	3.623	48	3.652	44	3.478	67	3.516	55	3.713	25	3.643	31	3.768	25	3.329	61	3.605	59.993
45	華中	馬鞍山	3.828	23	3.727	39	3.646	44	3.505	49	3.891	26	3.578	49	3.513	50	3.513	45	3.823	20	3.741	17	3.602	59.904
46	華北	濟南	3.478	67	3.491	47	3.609	49	3.689	40	3.891	23	3.783	23	3.557	40	3.487	52	3.377	69	2.963	88	3.592	59.056
47	華北	威海	3.781	34	3.527	34	3.729	34	3.740	37	3.667	50	3.445	66	3.400	64	3.563	35	3.500	58	3.598	31	3.602	59.056

表 13-8 2013 TEEMA 中國大陸城市投資環境力排名分析（續）

排名	地區	城市	❶地理環境 評分	❶地理環境 排名	❷基建環境 評分	❷基建環境 排名	❸社會環境 評分	❸社會環境 排名	❹法制環境 評分	❹法制環境 排名	❺經濟環境 評分	❺經濟環境 排名	❻經營環境 評分	❻經營環境 排名	❼創新環境 評分	❼創新環境 排名	❽網通環境 評分	❽網通環境 排名	❾內需環境 評分	❾內需環境 排名	❿文創環境 評分	❿文創環境 排名	投資環境力 評分	投資環境力 加權分數
48	華東	寧波餘姚	3.488	64	3.850	29	3.643	45	3.773	34	3.921	22	3.536	53	3.686	28	3.524	41	3.103	91	2.952	91	3.589	59.012
49	華東	寧波奉化	3.691	42	3.765	37	3.657	43	3.656	42	3.686	48	3.559	51	3.400	64	3.506	48	3.529	54	3.294	66	3.592	57.808
50	華東	上海嘉定	3.595	55	3.810	33	3.595	52	3.465	65	3.794	38	3.637	41	3.486	55	3.362	68	3.603	41	3.558	39	3.586	56.292
51	華東	常州	3.819	27	3.586	51	3.695	39	3.576	53	3.828	34	3.586	47	3.503	53	3.186	84	3.437	62	3.271	68	3.564	55.355
52	西南	桂林	3.500	60	3.687	42	3.673	42	3.781	33	3.718	44	3.635	42	3.323	71	3.515	44	3.147	86	3.033	83	3.539	54.330
53	華東	湖州	3.587	56	3.621	46	3.705	36	3.550	57	3.532	61	3.553	52	3.554	41	3.246	78	3.603	42	3.401	57	3.543	53.973
54	華北	煙台	3.750	38	3.597	50	3.588	56	3.566	55	3.843	33	3.691	31	3.541	44	3.082	95	3.500	58	3.000	85	3.544	53.616
55	華東	蘇州太倉	3.478	67	3.478	66	3.580	57	3.492	63	3.623	53	3.386	73	3.530	47	3.643	30	3.761	26	3.453	51	3.544	52.814
56	華南	泉州	3.474	69	3.564	53	3.904	19	3.591	50	3.430	71	3.467	61	3.432	60	3.368	65	3.447	60	3.353	59	3.515	50.718
57	華南	廣州天河	3.524	59	3.503	61	3.524	62	3.480	64	3.730	43	3.446	65	3.248	79	3.438	58	3.627	39	3.524	44	3.502	48.801
58	華東	泰州	3.472	70	3.471	67	3.636	46	3.590	51	3.586	58	3.458	62	3.378	67	3.341	70	3.568	47	3.540	42	3.506	48.756
59	華中	長沙	3.528	58	3.373	77	3.389	72	3.363	77	3.509	63	3.472	60	3.544	42	3.656	28	3.528	55	3.579	35	3.483	48.444
60	華北	保定	3.485	66	3.487	65	3.676	41	3.407	73	3.490	65	3.485	59	3.506	52	3.282	73	3.588	44	3.597	33	3.491	48.176
61	華南	珠海	3.685	45	3.497	62	3.297	82	3.421	70	3.420	74	3.386	72	3.496	54	3.504	49	3.565	50	3.696	22	3.483	47.017
62	華中	鄭州	3.345	79	3.449	69	3.405	70	3.656	43	3.563	59	3.702	29	3.543	43	3.438	58	2.786	102	2.993	86	3.421	45.902
63	華東	蘇州常熟	3.487	65	3.436	70	3.526	60	3.421	71	3.395	76	3.138	88	3.274	75	3.758	17	3.553	52	3.617	29	3.451	45.233
64	西南	南寧	3.647	48	3.616	48	3.569	58	3.584	52	3.425	73	3.487	58	3.441	59	3.303	72	3.103	90	2.941	93	3.444	44.654
65	華北	唐山	3.406	75	3.455	68	3.323	78	3.514	61	3.542	60	3.523	54	3.650	32	3.513	45	3.156	85	2.973	87	3.433	44.520
66	華東	杭州余杭	3.469	71	3.670	43	3.594	54	3.538	60	3.469	69	3.305	76	3.225	84	3.475	54	3.396	64	3.188	72	3.450	43.717
67	東北	瀋陽	3.307	81	3.429	73	3.371	73	3.409	72	3.614	54	3.426	68	3.318	72	3.364	67	3.682	36	3.675	24	3.446	43.628
68	華中	武漢漢陽	3.176	91	3.563	54	3.520	63	3.452	67	3.716	45	3.684	34	3.447	58	3.365	66	3.235	80	2.672	102	3.422	43.584
69	華北	泰安	3.600	54	3.371	78	3.489	64	3.672	41	3.400	75	3.450	64	3.293	74	3.160	85	3.233	81	3.124	77	3.407	40.596
70	華中	武漢漢口	3.633	49	3.505	60	3.200	86	3.364	76	3.489	66	3.267	77	3.640	33	3.187	83	3.400	63	2.876	97	3.380	40.284

表 13-8 2013 TEEMA 中國大陸城市投資環境力排名分析（續）

排名	地區	城市	❶地理環境 評分	排名	❷基建環境 評分	排名	❸社會環境 評分	排名	❹法制環境 評分	排名	❺經濟環境 評分	排名	❻經營環境 評分	排名	❼創新環境 評分	排名	❽網通環境 評分	排名	❾內需環境 評分	排名	❿文創環境 評分	排名	投資環境力 評分	加權分數
71	華南	深圳市區	3.393	77	3.395	73	3.079	93	3.086	89	3.270	82	3.185	86	3.410	63	3.705	21	3.587	45	3.741	16	3.352	40.106
72	華中	岳陽	3.500	60	3.410	72	3.322	79	3.400	74	3.478	68	3.575	50	3.387	66	3.240	79	3.378	68	3.324	62	3.405	39.883
73	華南	廣州市區	3.307	81	3.357	81	3.311	80	3.220	84	3.227	84	3.420	69	3.336	69	3.527	40	3.614	40	3.597	32	3.373	39.704
74	華北	日照	3.736	40	3.619	47	3.481	66	3.444	69	3.454	70	3.382	74	3.200	87	3.133	90	3.241	79	2.960	90	3.389	38.322
75	華中	中山	3.676	46	3.647	44	3.353	76	3.312	79	3.333	80	3.228	81	3.165	89	3.447	57	3.245	77	3.227	71	3.368	38.099
76	華南	汕頭	3.625	50	3.262	89	3.361	74	3.538	59	3.667	51	3.708	28	3.000	94	3.133	91	2.907	97	2.960	89	3.345	37.831
77	華南	福州馬尾	3.444	73	3.524	58	3.630	47	3.556	56	3.593	57	3.451	63	3.233	82	2.867	102	3.065	93	2.611	105	3.345	37.430
78	華南	漳州	3.402	76	3.360	80	3.391	71	3.455	66	3.529	62	3.196	85	3.243	81	3.330	71	3.384	66	3.311	64	3.367	36.405
79	華南	莆田	3.060	96	3.184	93	3.444	67	3.293	80	3.357	78	3.185	86	3.419	62	3.486	53	3.389	65	3.503	48	3.321	34.532
80	華東	嘉興市區	3.288	84	3.314	85	3.483	65	3.208	85	3.158	88	3.200	84	3.420	61	3.360	69	3.517	57	3.429	55	3.327	34.175
81	華東	嘉興嘉善	3.381	78	3.374	76	3.325	77	3.231	83	3.429	72	3.417	70	3.267	76	3.248	77	3.278	75	3.163	73	3.315	32.927
82	華南	福州市區	3.150	92	3.393	74	3.425	69	3.346	78	3.317	81	3.138	89	3.210	86	3.140	88	3.108	88	3.064	80	3.243	27.397
83	華中	襄陽	3.500	60	3.279	87	3.308	81	3.146	88	3.192	87	3.256	80	3.050	93	3.090	94	3.217	82	3.157	74	3.219	26.595
84	華北	石家莊	3.050	97	3.324	84	3.178	89	3.267	81	3.389	77	3.208	83	3.267	77	3.067	96	3.322	71	3.038	82	3.222	26.283
85	華中	武漢武昌	3.500	60	3.341	82	3.167	90	3.256	82	3.102	90	2.965	95	2.933	100	3.267	75	3.185	83	3.056	81	3.187	26.104
86	華東	紹興	3.431	74	3.365	79	3.278	83	3.372	75	3.352	79	3.319	75	3.244	80	2.800	108	2.935	95	2.579	106	3.207	26.104
87	華南	三亞	3.300	83	3.333	83	3.356	75	3.446	68	3.256	83	3.392	71	3.187	88	2.867	101	2.733	106	2.552	108	3.187	25.435
88	華南	東莞市區	3.250	87	3.221	91	2.958	100	3.177	87	3.208	85	3.225	82	3.230	83	3.160	85	3.283	74	2.929	95	3.177	23.652
89	東北	長春	2.882	102	2.924	99	3.020	95	2.814	105	2.824	106	2.912	99	3.259	78	3.376	64	3.382	67	3.639	27	3.062	22.314
90	華南	佛山	3.109	94	3.063	95	2.990	97	2.966	93	3.031	96	3.086	90	3.300	73	3.263	76	3.177	84	3.089	79	3.101	22.047
90	東北	哈爾濱	2.983	101	2.895	102	3.033	94	2.938	94	2.744	108	2.975	93	3.213	85	3.413	61	3.289	73	3.448	52	3.068	22.047
92	西南	昆明	3.188	90	3.311	86	3.185	88	3.179	86	3.196	86	3.263	79	3.093	90	3.100	92	2.929	96	2.658	103	3.136	21.734
93	華南	深圳寶安	3.114	93	3.266	88	2.939	101	2.997	92	2.947	102	2.886	100	2.964	98	3.391	62	3.242	78	3.136	76	3.081	20.798

2013 年中國大陸地區投資環境與風險調查

表 13-8 2013 TEEMA 中國大陸城市投資環境力排名分析（續）

排名	地區	城市	❶地理環境 評分	排名	❷基建環境 評分	排名	❸社會環境 評分	排名	❹法制環境 評分	排名	❺經濟環境 評分	排名	❻經營環境 評分	排名	❼創新環境 評分	排名	❽網通環境 評分	排名	❾內需環境 評分	排名	❿文創環境 評分	排名	投資環境力 評分	加權分數
94	華北	天津市區	3.261	86	3.248	90	3.188	87	3.040	90	3.087	91	3.060	91	2.991	96	3.061	97	3.138	87	2.770	101	3.098	19.683
95	華南	海口	3.313	80	3.384	75	3.156	91	3.010	91	3.042	95	2.930	97	2.800	106	3.138	89	2.833	100	2.821	100	3.052	18.881
96	華東	溫州	3.063	95	2.921	100	3.242	85	2.885	99	2.883	104	2.719	107	2.610	109	3.280	74	3.300	72	3.321	63	3.001	18.301
97	華中	宜昌	2.734	108	2.777	107	3.104	92	2.817	103	3.052	96	2.945	96	2.863	103	3.213	81	3.323	70	3.411	56	2.994	17.632
98	西北	蘭州	2.672	111	2.732	110	2.823	104	2.846	101	3.063	93	3.266	78	3.350	68	2.913	99	3.042	94	3.232	70	2.974	16.740
99	華南	惠州	3.234	89	3.188	92	2.979	99	2.933	95	3.083	92	2.930	97	2.913	102	3.188	82	2.760	104	2.634	104	2.999	16.027
100	華北	太原	2.988	100	2.905	101	2.865	103	2.868	100	3.127	89	2.982	92	3.057	92	3.143	87	2.857	98	2.830	98	2.964	15.180
101	華中	吉安	3.281	85	3.152	94	3.271	84	2.798	106	2.521	111	2.711	108	2.688	108	3.100	92	3.083	92	3.143	75	2.958	14.243
102	華中	九江	2.721	109	2.706	111	3.010	96	2.833	102	3.000	98	2.971	94	2.800	106	2.859	103	3.108	89	3.294	66	2.907	12.415
103	華南	江門	3.250	87	2.743	109	2.989	98	2.928	96	3.022	97	2.858	102	2.920	101	2.987	98	2.400	112	2.933	94	2.903	12.148
104	華南	東莞石碣	2.660	112	2.789	106	2.767	105	2.917	97	2.953	101	2.730	105	2.992	95	2.808	107	2.827	101	3.103	78	2.845	10.230
105	華南	東莞虎門	3.043	98	2.863	104	2.906	102	2.893	98	2.971	100	2.685	109	2.948	99	2.730	109	2.746	105	2.944	92	2.870	10.007
106	西南	北海	3.028	99	2.960	98	2.704	107	2.714	108	2.843	105	2.806	103	2.989	97	2.822	106	2.843	99	2.825	99	2.848	9.428
107	華南	東莞長安	2.750	106	2.961	97	2.659	108	2.815	104	2.902	103	2.722	106	3.082	91	2.845	104	2.720	108	2.474	111	2.810	8.625
108	華南	東莞厚街	2.694	110	2.862	105	2.629	109	2.789	107	2.989	99	2.883	101	2.832	104	2.826	105	2.763	103	2.498	110	2.791	7.109
109	華南	深圳龍崗	2.813	103	2.976	96	2.500	112	2.590	110	2.701	109	2.682	110	2.458	112	2.892	100	2.729	107	2.887	96	2.708	6.172
110	華中	贛州	2.813	103	2.893	103	2.760	106	2.620	109	2.823	107	2.766	104	2.500	111	2.525	112	2.708	109	2.563	107	2.700	5.281
111	華南	東莞清溪	2.763	105	2.752	108	2.605	110	2.571	111	2.596	110	2.553	110	2.579	110	2.600	110	2.482	111	2.511	109	2.604	3.140
112	西南	貴陽	2.735	107	2.664	112	2.598	111	2.452	112	2.461	112	2.449	112	2.824	105	2.529	111	2.529	110	2.454	112	2.569	2.427

資料來源：本研究整理

2. 就投資環境力十劣城市而言：依據 2013《TEEMA 調查報告》表 13-8 顯示之投資環境力排名前十劣的城市依序為：（1）貴陽；（2）東莞清溪；（3）贛州；（4）深圳龍崗；（5）東莞厚街；（6）東莞長安；（7）北海；（8）東莞虎門；（9）東莞石碣；（10）江門。其中，十劣城市中僅有貴陽、深圳龍崗、東莞石碣與江門等四個城市於 2012 年及 2013 年皆同時為前十劣城市排名，顯示出有許多城市評分下滑因而落入前十劣城市排名，排名變動幅度較大，而探究其原因多半在於基礎建設缺乏、社會環境不佳、經營環境欠佳、網路通訊落後與內需力道不足等原因，其中東莞城市有五個占據投資環境力十劣城市之中，根據台灣東莞市政協委員林佳蓉（2013）表示：「東莞的台商正面臨招工困難與成本上漲等壓力，更有部分台商已出現從東莞撤資的現象，而此一現象亦為台商於東莞經營成本不斷高漲下所帶來的必然現象，此時東莞政府只能從交通、治安與行政效率等方面著手改善，以留住於東莞投資之台商」。顯示出東莞政府應積極改善其營商環境，減少台商投資發展的負擔以協助台商度過此波經營困境。

四、2012-2013 TEEMA 中國大陸投資環境力差異分析

就 2013《TEEMA 調查報告》顯示，2012 年及 2013 年調查的 106 個城市之投資環境力評分的差異表，可看出有 64 個城市的評分下降，占 60.38%，而評分上升的城市則有 42 個，占 39.62%。以下就上升與下降幅度較多的前十城市之重要內涵評述如下：

1. 就 2012-2013 投資環境力評分上升前十城市而言：

2013《TEEMA 調查報告》所示，2012 年及 2013 年投資環境力評分差異上升幅度為前十名的城市依序為：（1）蘭州；（2）瀋陽；（3）長春；（4）深圳寶安；（5）哈爾濱；（6）杭州蕭山；（7）莆田；（8）深圳市區；（9）廣州市區；（10）蘇州工業區。其中，蘭州為 2012 年投資環境力評分上升幅度最大的城市，分析其原因在於蘭州市成為中國大陸「十二五」規劃中大西部開發的重點之一，且香港中華總商會榮譽會長林銘森（2013）表示：「蘭州新區的開發將帶動其周邊地區的快速發展，且進一步深入西部大開發，進而能為外商帶來更多的新機遇」。可知，在政府大力的扶持開發與蘭州新區的快速發展下，使蘭州成為 2013 年評分上升幅度第一名的城市。

2. 就 2012-2013 投資環境力評分下降前十城市而言：

2013《TEEMA 調查報告》所示，2012 年及 2013 年投資環境力評分差異下降前十名的城市依序為：（1）寧波餘姚；（2）贛州；（3）桂林；（4）濟南；（5）東莞厚街；（6）鄭州；（7）天津市區；（8）昆明；（9）福州馬尾；（10）連雲港。其中，寧波餘姚雖位處於中國大陸經濟重心的華東地區，但其仍在內

需環境不佳及文創環境不足等問題嚴重的影響下，使得投資者對此城市的投資
意願大幅下降，顯示出寧波餘姚在 2013 年的投資環境力評分中名次下降幅度
最高之原因。

五、2013 TEEMA 中國大陸區域投資環境力分析

依表 13-9 所示，2013《TEEMA 調查報告》針對中國大陸七大經濟區域進
行投資環境力的排名分析可見，2013 年投資環境力評估的排名依序為：（1）
華東地區；（2）華北地區；（3）西南地區；（4）西北地區；（5）東北地區；
（6）華中地區；（7）華南地區。其中，位居第一名的華東地區的環境力十項
構面皆高於其他六大經濟區域，而華北地區平均分數較為出色，因此位居第二
名，其後西南地區因文創環境構面表現不佳的因素排名第三名，而西北地區則
因經營環境與創新環境；東北地區以內需環境與文創環境的出色表現，皆較於
2012 年進步一個名次，最後華中與華南地區則因平均表現較為不佳而成為倒數
兩名的區域，根據華南美國商會於 2013 年發布的《2013 年華南地區經濟情況
特別報告》中顯示：「華南地區經濟已趨向好轉」。可知華南地區雖為七大經
濟區域中排名環境力排名最後的地區，但其在市場日趨成熟且競爭日益激烈的
情況下，政府若對此區擬定合適的政策提升投資環境力，華南地區未來的投資
吸引力仍然有更為快速的成長機會。

表 13-9　2013 TEEMA 中國大陸區域投資環境力排名分析

環境力構面	華南	華東	華北	華中	東北	西南	西北
❶ 生態環境	3.271	3.748	3.558	3.396	3.278	3.491	3.313
❷ 基建環境	3.280	3.802	3.574	3.331	3.336	3.545	3.414
❸ 社會環境	3.193	3.750	3.564	3.347	3.288	3.506	3.429
❹ 法制環境	3.206	3.744	3.592	3.321	3.275	3.466	3.333
❺ 經濟環境	3.206	3.744	3.592	3.321	3.275	3.466	3.333
❻ 經營環境	3.163	3.654	3.541	3.342	3.344	3.468	3.565
❼ 創新環境	3.158	3.634	3.420	3.257	3.392	3.438	3.557
❽ 網通環境	3.205	3.615	3.372	3.240	3.494	3.289	3.187
❾ 內需環境	3.123	3.677	3.424	3.322	3.572	3.353	3.390
❿ 文創環境	3.123	3.677	3.424	3.322	3.572	3.353	3.390
環境力評分	3.194	3.699	3.495	3.314	3.390	3.423	3.393
環境力排名	7	1	2	6	5	3	4

資料來源：本研究整理

2009-2013《TEEMA 調查報告》五年中的七大經濟區域投資環境力之排名變化整理據表 13-10 顯示，中國大陸的七大經濟區域近五年的變化中，西北及東北地區排名皆上升兩名，而華中及華南地區排名則各自皆下降兩名，此外，華東地區、華北地區及西南地區自 2011 年起，已連續三年分別排名於前三名，其中穩坐冠軍的華東地區更自 2009 年起已連續五年成為投資環境力排名第一名的經濟區域，而華東地區一直為中國大陸的經濟發展重心，其便利的交通與投資的優惠政策吸引眾多投資者前往投資，使其能夠站穩其最佳投資區域的寶座並仍持續吸引全球投資者進入投資。

表 13-10 2009-2013 TEEMA 中國大陸區域投資環境力排名變化分析

地　　區	2009		2010		2011		2012		2013		2009-2013	
	評分	排名	評分	排名	評分	排名	評分	排名	評分	排名	總分	排名
❶ 華東地區	3.976	1	3.864	1	3.768	1	3.727	1	3.669	1	5	1
❷ 華北地區	3.976	1	3.864	1	3.768	1	3.727	1	3.669	1	5	1
❸ 西南地區	3.737	3	3.549	4	3.497	3	3.519	3	3.423	3	16	3
❹ 西北地區	2.656	7	2.864	7	3.283	6	3.151	6	3.393	4	30	6
❺ 東北地區	3.304	6	3.090	6	3.115	7	3.098	7	3.390	5	31	7
❻ 華中地區	3.567	4	3.554	3	3.326	5	3.405	4	3.314	6	22	4
❼ 華南地區	3.307	5	3.473	5	3.369	4	3.249	5	3.194	7	26	5

資料來源：本研究整理

第 14 章

2013 TEEMA 中國大陸投資風險度

2013 年中國大陸地區投資環境與風險調查

2013《TEEMA 調查報告》投資風險度之衡量乃是由五個構面及 37 個指標所構成，分別為：（1）「社會風險」中有三項指標；（2）「法制風險」中有八項指標；（3）「經濟風險」中有八項指標；（4）「經營風險」中有 14 項指標，（5）「轉型風險」中有四項指標，並由五個構面的每項指標之結果給予評分和排名。

一、2013 TEEMA 中國大陸投資風險度評估指標分析

根據 2013《TEEMA 調查報告》針對 112 個城市被列入風險度之評估，並透過相關構面與指標，對 112 個城市進行投資風險度調查，評分結果如表 14-1 所示，就各構面平均觀點評分與排名之結果，如表 14-2 所示，顯示綜合五項構面的投資風險度平均分數，2013 年為 2.351 分，相較 2012 年的 2.266 分上升 0.085 分，且增加幅度亦比 2011 年至 2012 年的增加幅度 0.014 分要高，顯示 2013 年中國大陸投資風險度呈上升趨勢。更進一步分析，近三年的各項風險構面的分數結果顯示，五項投資風險度構面「社會風險」、「法制風險」、「經濟風險」、「經營風險」及「轉型風險」的評分皆呈持續上升的趨勢，尤其「經濟風險」分數的增高幅度最大，顯示台商認為中國大陸存在的投資風險呈增加趨勢，將面臨更多挑戰。以下將針對 2013《TEEMA 調查報告》投資風險度中五大評估構面、37 個指標，進行剖析其投資風險的平均與整體的觀點：

1. 就社會風險構面而言：2013《TEEMA 調查報告》的表 14-2 顯示，社會風險構面評價觀點為 2.340 分，相較於 2012 年 2.274 分的評分上升 0.066 分，其排名從 2012 年第三名上升至 2013 年第二名，顯示台商認為雖中國大陸的社會風險較前年提升，但與其他風險相較下問題較不大。根據表 14-1，社會風險構面三個指標，風險最高的順序分別為：（1）「當地發生勞資或經貿糾紛不易排解的風險（2.384）」；（2）「當地發生員工抗議、抗爭事件頻繁的風險（2.364）」；（3）「當地人身財產安全受到威脅的風險（2.270）」，且此三項指標的風險分數皆較 2012 年增加，呈上升趨勢。由此可知，台商赴中國大陸投資風險程度以上述三項較高，且根據香港工人權益組織國大陸勞工通訊（2013）表示：「2013 年前四月中國大陸已發生 201 件勞資糾紛，數量為

2012 年同期兩倍」，另外根據海峽交流基金會（2013）亦統計：「截至 2013 年一月至四月兩岸投資糾紛申訴案件已達 180 件，相較 2012 年同期並無因簽署『海峽兩岸投資保障和促進協議（簡稱投保協議）』而減少糾紛件數」，顯示中國大陸的投資糾紛及勞資糾紛不斷增加，這將可能威脅到台商投資。

2. 就法制風險構面而言：2013《TEEMA 調查報告》表 14-2 顯示，法制風險構面評價觀點為 2.291 分，相較於 2012 年 2.209 分評分上升 0.082 分，顯示台商認為在中國大陸投資的法制風險呈上升趨勢，但此風險相較其他四項風險，卻是連續四年表現最好之風險構面。由表 14-1，此構面包含八項指標，風險最高的指標依序為：（1）「與當地政府協商過程難以掌控的風險（2.336）」；（2）「當地政府行政命令經常變動的風險（2.311）」；（3）「機構無法有效執行司法及仲裁結果的風險（2.306）」。進一步分析可發現，法治風險中的指標，「當地政府行政命令經常變動的風險」雖連續四年風險程度皆高於其他法治風險的指標，但 2013 年排名有顯升趨勢，反而「與當地政府協商過程難以掌控的風險」名次顯微退步。另外，法制風險的指標中風險最低的前三項為：（1）「當地政府以不當方式要求台商回饋的風險（2.246）」；（2）「當地常以刑事方式處理經濟案件的風險（2.250）」；（3）「違反對台商合法取得土地使用權承諾風險（2.290）」，其中「當地常以刑事方式處理經濟案件的風險」的整體構面排名，從 2011 年的冠軍寶座逐年下滑一名，至 2013 年名次落在第三。中國大陸仍存在不少影響台商投資的法制風險，以較常發生法令的變動、執行不落實以及與政府協商過程困難等風險較高。

3. 就經濟風險構面而言：2013《TEEMA 調查報告》的表 14-2 顯示，經濟風險構面評價觀點為 2.351 分，相較於 2012 年 2.268 分的評分上升 0.083 分，顯示台商認為在中國大陸投資的經濟風險有略升趨勢，此外連續四年表現下來，2013 年略下降一個名次。而由表 14-1 所示，經濟風險構面的八個細項指標中，風險最高的前三項為：（1）「台商藉由當地銀行體系籌措與取得資金困難（2.414）」；（2）「當地外匯嚴格管制及利潤匯出不易的風險（2.366）」；（3）「當地政府收費、攤派、罰款項目繁多的風險（2.363）」。另外，經濟風險的指標中表現最好的前三項分別為：（1）「當地政府對台商優惠政策無法兌現的風險（2.299）」；（2）「台商企業在當地發生經貿糾紛頻繁的風險（2.323）」；（3）「當地政府保護主義濃厚影響企業獲利的風險（2.341）」。由表現較差的指標分析可知，台商在中國大陸投資常面臨資金取得不易，以及獲得銀行融資不易等問題，導致台商陷入營運困境，因而在此方面風險較高。另外由表現較好的風險項目可知，在中國大陸政府對台商提供一些優惠政策的兌現，以及經貿糾紛方面的風險較低。

4. 就經營風險構面而言：由 2013《TEEMA 調查報告》表 14-2 顯示，經

營風險構面評價觀點為 2.369 分，相較於 2012 年 2.311 分的評分上升 0.058 分，顯示整體經濟風險評價有略升趨勢，且近五年整體投資風險度排名依舊為第四，顯示台商仍認為經營風險是投資中國大陸重要考量問題之一。而由表 14-1，經營風險構面的 14 個細項指標中，風險最高的前三項為：（1）「勞工成本上升幅度與速度高於企業可負擔風險（2.477）」；（2）「當地適任人才及員工招募不易的風險（2.448）」；（3）「員工缺乏忠誠度造成人員流動率頻繁的風險（2.443）」，值得注意的是，「勞工成本上升幅度與速度高於企業可負擔風險」連續三年來一直是新增指標後，在所有投資風險指標中排名最末者，顯示台商相當視此為投資中國大陸重要考量之問題。另外，風險較低且表現較佳的前五項指標為：（1）「當地政府干預台商企業經營運作的風險（2.241）」；（2）「當地台商因經貿、稅務糾紛被羈押的風險（2.268）」；（3）「當地物流、運輸、通路狀況不易掌握的風險（2.293）」；（4）「當地配套廠商供應不穩定的風險（2.315）」；（5）「當地水電、燃氣、能源供應不穩定的風險（2.333）」，其中以「當地政府干預台商企業經營運作的風險」連續五年位居經營風險細項指標中的首位，顯示台商認為中國大陸的地方政府較不會干預企業經營運作，因此給予最高之評價。

5. 就轉型風險構面而言： 2013《TEEMA 調查報告》的表 14-2 顯示，轉型風險構面評價觀點為 2.403 分，此投資風險構面為 2013 年新增的一項構面，轉型風險與其他風險構面相較下，排名第五，顯示台商對於整體轉型風險之評價不高且風險最高，為台商在中國大陸投資布局所需考量的重要風險。而由表 14-1，轉型風險構面的四個指標中，風險最高的前三項為：（1）「政府協助台商轉型升級政策落實不到位（2.430）」；（2）「台商進行轉型升級過程當地政府政策阻礙或限制（2.399）」；（3）「當地投資結束營運所造成的退出障礙風險（2.398）」，然而，其中最值得注意的是，「政府協助台商轉型升級政策落實不到位（2.430）」在五大項風險構面的所有細項指標中排名倒數第二位，顯示中國大陸政府對台商轉型升級之協助政策，落實程度較不顯著，台商相當視此指標為投資中國大陸時重要考量的風險問題。另外，轉型風險構面的細項指標中，風險較低的為「台商因轉型升級造成企業供應鏈整合不到位（2.383）」，顯示台商企業轉型升級時所面臨的供應鏈整合之風險較其他指標為低。

6. 就整體投資風險度而言： 2013《TEEMA 調查報告》表 14-2 所示，綜合五項構面的投資風險度整體評價為 2.351 分，相較 2012 年分數 2.266 分上升 0.085 分，且增加幅度亦比 2011 年至 2012 年的增加幅度 0.014 分為高，顯示 2013 年中國大陸投資風險度已連續兩年呈上升趨勢。而 2013 年五大投資風險度評估構面排名依序為：（1）法制風險（2.291）；（2）社會風險（2.340）；

表 14-1 2009-2013 TEEMA 中國大陸投資風險度指標評分與排名分析

投資風險度評估構面與指標	2009		2010		2011		2012		2013		2009-2013	
	評分	排名	評分	排名	評分	排名	評分	排名	評分	排名	排名平均	總排名
社會-01）當地發生員工抗議、抗爭事件頻繁的風險	2.255	19	2.291	23	2.283	22	2.301	23	2.364	22	21.800	23
社會-02）當地發生勞資或經貿糾紛不易排解的風險	2.254	18	2.307	25	2.302	25	2.315	25	2.384	27	24.000	25
社會-03）當地人身財產安全受到威脅的風險	2.161	6	2.240	15	2.209	12	2.206	7	2.270	5	9.000	8
法制-01）當地政府行政命令經常變動的風險	2.663	31	2.251	18	2.251	18	2.255	16	2.311	12	19.000	18
法制-02）違反對台商合法取得土地使用權承諾風險	2.520	29	2.205	7	2.193	6	2.189	6	2.290	6	10.800	11
法制-03）官員對法令、合同、規範執行不一致的風險	2.181	10	2.213	9	2.208	11	2.220	11	2.301	10	10.200	10
法制-04）與當地政府協商過程難以掌控的風險	2.520	29	2.226	13	2.228	17	2.237	14	2.336	16	17.800	17
法制-05）政府調解、仲裁糾紛對台商不公平程度風險	2.170	9	2.205	6	2.196	7	2.212	9	2.291	7	7.600	6
法制-06）機構無法有效執行司法及仲裁結果的風險	2.187	11	2.210	8	2.205	10	2.218	10	2.306	11	10.000	9
法制-07）當地政府以不當方式要求台商回饋的風險	2.130	3	2.182	3	2.144	3	2.174	3	2.246	2	2.800	3
法制-08）當地常以刑事方式處理經濟案件的風險	2.121	2	2.166	2	2.143	1	2.170	2	2.250	3	2.000	2
經濟-01）當地外匯嚴格管制及利潤匯出不易的風險	2.287	21	2.287	22	2.278	21	2.289	21	2.366	23	21.600	21
經濟-02）當地的地方稅賦政策變動頻繁的風險	2.256	20	2.270	19	2.262	20	2.279	18	2.348	18	19.000	18
經濟-03）台商藉由當地銀行體系籌措與取得資金困難	2.288	22	2.320	27	2.314	26	2.332	29	2.414	32	27.200	28
經濟-04）當地政府對台商優惠政策無法兌現的風險	2.164	7	2.225	12	2.199	8	2.208	8	2.299	9	8.800	7
經濟-05）台商在當地發生經貿糾紛頻繁的風險	2.200	14	2.241	16	2.211	13	2.227	12	2.323	14	13.800	12
經濟-06）當地政府保護主義濃厚企業獲利的風險	2.192	12	2.230	14	2.226	16	2.242	15	2.341	17	14.800	14
經濟-07）當地政府收費、攤派、罰款項目繁多的風險	2.213	16	2.282	21	2.259	19	2.286	20	2.363	21	19.400	20
經濟-08）當地政府刪減優惠政策導致喪失投資優勢的風險	-	-	-	-	2.325	28	2.284	19	2.354	19	22.000	24
經營-01）當地水電、燃氣、能源供應不穩定的風險	2.199	13	2.242	17	2.211	14	2.265	17	2.333	15	15.200	16

表 14-1 2009-2013 TEEMA 中國大陸投資風險度指標評分與排名分析（續）

投資風險度評估構面與指標	2009 評分	2009 排名	2010 評分	2010 排名	2011 評分	2011 排名	2012 評分	2012 排名	2013 評分	2013 排名	2009-2013 排名平均	總排名
經營-02) 當地物流、運輸、通路狀況不易掌握的風險	2.147	4	2.203	5	2.160	4	2.177	4	2.293	8	5.000	4
經營-03) 當地配套廠商供應不穩定的風險	2.470	28	2.217	11	2.204	9	2.229	13	2.315	13	14.800	14
經營-04) 當地企業信用不佳欠債索不易的風險	2.296	24	2.314	26	2.298	24	2.323	26	2.412	31	26.200	27
經營-05) 員工道德操守造成台商企業經營損失的風險	2.299	25	2.303	24	2.318	27	2.33	28	2.417	33	27.400	29
經營-06) 當地適任人才及員工招募不易的風險	2.294	23	2.345	28	2.356	30	2.379	30	2.448	36	29.400	33
經營-07) 員工缺乏忠誠度造成人員流動率頻繁的風險	2.348	26	2.354	29	2.358	31	2.382	31	2.443	35	30.400	34
經營-08) 當地經營企業維持人際網絡成本過高的風險	2.245	17	2.281	20	2.296	23	2.304	24	2.374	24	21.600	21
經營-09) 當地政府干預台商企業經營運作的風險	2.091	1	2.164	1	2.143	2	2.149	1	2.241	1	1.200	1
經營-10) 當地台商因經貿、稅務糾紛被羈押的風險	2.166	8	2.194	4	2.166	5	2.183	5	2.268	4	5.200	5
經營-11) 貨物通關時，受當地海關行政阻擾的風險	2.158	5	2.214	10	2.224	15	2.293	22	2.362	20	14.400	13
經營-12) 政府對內資與台資企業不公平待遇	-	-	2.447	30	2.331	29	2.328	27	2.378	25	27.750	30
經營-13) 勞工成本上升速度與速度高於企業可負擔風險	-	-	-	-	2.511	33	2.524	33	2.477	37	34.333	37
經營-14) 原物料成本上升幅度過高造成企業虧損風險	-	-	-	-	2.462	32	2.492	32	2.402	30	31.333	35
轉型-01) 當地投資結束營運所造成的退出障礙風險	-	-	-	-	-	-	-	-	2.398	28	28.000	31
轉型-02) 台商進行轉型升級過程當地政府政策阻礙或限制	-	-	-	-	-	-	-	-	2.399	29	29.000	32
轉型-03) 政府協助台商轉型升級政策落實不到位	-	-	-	-	-	-	-	-	2.430	34	34.000	36
轉型-04) 台商因轉型升級造成企業供應鏈整合不到位	-	-	-	-	-	-	-	-	2.383	26	26.000	26

資料來源：本研究整理

（3）經濟風險（2.351）；（4）經營風險（2.369）；（5）轉型風險（2.403），其中就整體投資風險度表現最差的十項指標而言，經營風險就占六項，而轉型風險占三項，經濟風險占一項。面臨經濟轉型與經營惡化下，台商應採行因應策略，根據《工商時報》在 2012 年 10 月 10 日指出：「台商可採行轉型升級、移往內陸城市等方面，因應逐漸增加的投資風險」。顯示雖中國大陸整體投資風險有增高趨勢，但台商仍可透過轉型升級和轉移投資陣地等方式應對惡劣的環境。

7. 就投資風險度歷年排名變化而言：2013《TEEMA 調查報告》表 14-1 所示，針對 2009 年至 2013 年投資風險度評估指標，進行排名比較分析，經營風險中有六項細項指標淪為表現最差的前十名指標，包括「勞工成本上升幅度與速度高於企業可負擔風險」、「當地適任人才及員工招募不易的風險」、「原工缺乏忠誠度造成人員流動率頻繁的風險」、「員工道德操守造成台商企業營運損失的風險」、「當地企業信用不佳欠債追索不易的風險」及「原物料成本上升幅度過高造成企業虧損風險」，顯示中國大陸勞工成本已不復以往的低廉，加上可適任的人才缺乏、員工流動率高等，眾多阻礙因素提高台商經營方面的風險。此外，「當地政府干預台商企業經營運作的風險」、「當地常以刑事方式處理經濟案件的風險」、「當地政府以不當方式要求台商回饋的風險」、「當地物流、運輸、通路狀況不易掌握的風險」與「當地台商因經貿、稅務糾紛被羈押的風險」則是 2009 年至 2013 年排名前五名風險低的細項指標。

表 14-2 2013 TEEMA 中國大陸投資風險度構面平均觀點評分與排名

投資風險度 評估構面	2009 評分	排名	2010 評分	排名	2011 評分	排名	2012 評分	排名	2013 評分	排名	2009-2013 評分	排名
❶社會風險	2.219	1	2.279	4	2.265	3	2.274	3	2.340	2	2.275	3
❷法制風險	2.312	4	2.207	1	2.196	1	2.209	1	2.291	1	2.243	1
❸經濟風險	2.229	2	2.265	2	2.259	2	2.268	2	2.351	3	2.274	2
❹經營風險	2.262	3	2.273	3	2.288	4	2.311	4	2.369	4	2.301	4
❺轉型風險	-	-	-	-	-	-	-	-	2.403	5	2.403	5
平均值	2.256		2.256		2.252		2.266		2.351		2.299	

資料來源：本研究室整理

二、2012-2013 TEEMA 中國大陸投資風險度比較分析

2013《TEEMA 調查報告》之 2012-2013 中國大陸投資風險度比較分析結果，如表 14-2 所顯示，2013 年的問卷對投資風險透過 37 項評估指標，探討 TEEMA 2012-2013 中國大陸投資風險度五大構面，並對五大構面進行差異分析，其結果以及排名變化如表 14-3 所示。

1. 就 37 項評估指標而言：根據 2013《TEEMA 調查報告》表 14-3 所示，在投資風險度的 37 項評估指標排名中，只有兩項指標較 2012 年進步，僅占 37 項指標中的 5.40%，包含「原物料成本上升幅度過高造成企業虧損風險」及「勞工成本上升幅度與速度高於企業可負擔風險」。其他 35 項細項指標的風險評分皆呈上升現象，表示 2013 年的投資風險度排名相較 2012 年有明顯的退步，整個中國大陸的投資環境逐漸不利於台商。

2. 就 37 項評估指標差異分析而言：從 2013《TEEMA 調查報告》表 14-3 顯示，評估指標與 2012 年進行差異分析，其中分數下降幅度最多的是經營風險中的「原物料成本上升幅度過高造成企業虧損風險」指標，風險下降幅度達 0.090 分，而「勞工成本上升幅度與速度高於企業可負擔風險」的 0.047 分，顯示台商於中國大陸投資，較少受到原物料與勞工成本上漲之影響而引發的企業面臨虧損或無法負擔之狀況。

3. 就 10 項最優指標排名變化分析而言：根據 2013《TEEMA 調查報告》表 14-1 所示，投資風險度排名第一的是經營風險的「當地政府干預台商企業經營運作的風險（2.241）」，為 37 個指標之首，與 2012 年排名相同；其次為法制風險的「當地政府以不當方式要求台商回饋的風險（2.246）」，排名由 2012 年第三名上升一名，略微進步；而第三名是法制風險的「當地常以刑事方式處理經濟案件的風險（2.250）」，較 2012 年排名相比略顯退步。

4. 就 10 項最劣指標排名變化分析而言：根據 2013《TEEMA 調查報告》表 14-1 所示，投資風險度排名位在最後的三個指標，皆落在經營風險，依序為：「勞工成本上升幅度與速度高於企業可負擔風險（2.477）」、「當地適任人才及員工招募不易的風險（2.448）」、「員工缺乏忠誠度造成人員流動率頻繁的風險（2.443）」，顯示台商所面臨的經營風險，其中以缺乏合適人才及高流動率方面較為嚴重，因此此三項指標皆被列入排名最後。

5. 就五項評估構面而言：根據 2013《TEEMA 調查報告》表 14-2 顯示，轉型風險為 2013 年新增之第五大構面，在五項投資風險度評估構面排名依序為：（1）法制風險；（2）社會風險；（3）經濟風險；（4）經營風險；（5）轉型風險。相較於 2012 年社會風險與經濟風險構面名次對調，而整體風險分數全面呈風險上升趨勢，2012 年至 2013 年投資風險度分數增加 0.085 分。其中又以經濟風險上升幅度最多，由 2012 年至 2013 年上升 0.083 分。此外，2013 年增加的轉型風險構面分數是五大風險構面最高者，勤業眾信聯合會計師事務所會計師杜啟堯和林淑宜（2013）指出：「隨著世界工廠中國大陸的轉型以及 2011 年『十二五規劃』，影響多層面，其中產業面臨的轉型升級，使台商過去的經營模式面臨嚴重挑戰」，可知中國大陸經營風險不斷上升及轉型升級的需求，是台商必須考量的投資風險之一。

表 14-3 2012-2013 TEEMA 投資風險度差異與排名變化分析

投資風險度評估構面與指標	2012 評分	2013 評分	2012-2013 差異分析	排名 ▲	▼	―
社會-01）當地發生員工抗議、抗爭事件頻繁的風險	2.301	2.364	+0.063	28	-	-
社會-02）當地發生勞資或經貿糾紛不易排解的風險	2.315	2.384	+0.069	22	-	-
社會-03）當地人身財產安全受到威脅的風險	2.206	2.270	+0.064	27	-	-
法制-01）當地政府行政命令經常變動的風險	2.255	2.311	+0.056	30	-	-
法制-02）違反對台商合法取得土地使用權承諾風險	2.189	2.290	+0.101	2	-	-
法制-03）官員對法令、合同、規範執行不一致的風險	2.220	2.301	+0.081	14	-	-
法制-04）與當地政府協商過程難以掌控的風險	2.237	2.336	+0.099	4	-	-
法制-05）政府調解、仲裁糾紛對台商不公平程度風險	2.212	2.291	+0.079	16	-	-
法制-06）機構無法有效執行司法及仲裁結果的風險	2.218	2.306	+0.088	9	-	-
法制-07）當地政府以不當方式要求台商回饋的風險	2.174	2.246	+0.072	19	-	-
法制-08）當地常以刑事方式處理經濟案件的風險	2.170	2.250	+0.080	15	-	-
經濟-01）當地外匯嚴格管制及利潤匯出不易的風險	2.289	2.366	+0.077	17		
經濟-02）當地的地方稅賦政策變動頻繁的風險	2.279	2.348	+0.069	25		
經濟-03）台商藉由當地銀行體系籌措與取得資金困難	2.332	2.414	+0.082	13		
經濟-04）當地政府對台商優惠政策無法兌現的風險	2.208	2.299	+0.091	7	-	-
經濟-05）台商企業在當地發生經貿糾紛頻繁的風險	2.227	2.323	+0.096	5	-	-
經濟-06）當地政府保護主義濃厚影響企業獲利的風險	2.242	2.341	+0.099	3	-	-
經濟-07）當地政府收費、攤派、罰款項目繁多的風險	2.286	2.363	+0.077	18	-	-
經濟-08）當地政府刪減優惠政策導致喪失投資優勢的風險	2.284	2.354	+0.070	21	-	-
經營-01）當地水電、燃氣、能源供應不穩定的風險	2.265	2.333	+0.068	26	-	-
經營-02）當地物流、運輸、通路狀況不易掌握的風險	2.177	2.293	+0.116	1	-	-
經營-03）當地配套廠商供應不穩定的風險	2.229	2.315	+0.086	11	-	-
經營-04）當地企業信用不佳欠債追索不易的風險	2.323	2.412	+0.089	8	-	-
經營-05）員工道德操守造成台商企業營運損失的風險	2.330	2.417	+0.087	10	-	-
經營-06）當地適任人才及員工招募不易的風險	2.379	2.448	+0.069	23	-	-

表 14-3 2012-2013 TEEMA 投資風險度差異與排名變化分析（續）

投資風險度評估構面與指標	2012評分	2013評分	2012-2013差異分析	排名▲	▼	─
經營-07）員工缺乏忠誠度造成人員流動率頻繁的風險	2.382	2.443	+0.061	29	-	-
經營-08）當地經營企業維持人際網絡成本過高的風險	2.304	2.374	+0.070	20	-	-
經營-09）當地政府干預台商企業經營運作的風險	2.149	2.241	+0.092	6	-	-
經營-10）當地台商因經貿、稅務糾紛被羈押的風險	2.183	2.268	+0.085	12	-	-
經營-11）貨物通關時，受當地海關行政阻擾的風險	2.293	2.362	+0.069	24	-	-
經營-12）政府對內資與台資企業不公平待遇	2.328	2.378	+0.050	31	-	-
經營-13）勞工成本上升幅度與速度高於企業可負擔風險	2.524	2.477	-0.047	-	2	─
經營-14）原物料成本上升幅度過高造成企業虧損風險	2.492	2.402	-0.090	-	1	-
轉型-01）當地投資結束營運所造成的退出障礙風險	-	2.398	-	-	-	2
轉型-02）台商進行轉型升級過程當地政府政策阻礙或限制	-	2.399	-	-	-	3
轉型-03）政府協助台商轉型升級政策落實不到位	-	2.430	-	-	-	4
轉型-04）台商因轉型升級造成企業供應鏈整合不到位	-	2.383	-	-	-	1

資料來源：本研究室整理

表 14-4 2012-2013 TEEMA 投資風險度細項指標變化排名分析

投資風險度構面	2012評分	2013評分	2012-2013差異分析	名次	細項指標指標數	▲	▼	─
❶ 社會風險	2.274	2.340	+0.066	3	3	3	0	0
❷ 法制風險	2.209	2.291	+0.082	2	8	8	0	0
❸ 經濟風險	2.268	2.351	+0.083	1	8	8	0	0
❹ 經營風險	2.311	2.369	+0.058	4	14	12	2	0
❺ 轉型風險	-	2.403	-	-	4	0	0	4
投資風險度平均	2.266	2.351	+0.085	-	37	31	2	4
百分比					100.00%	93.94%	6.06%	12.12%

資料來源：本研究室整理

　　表 14-5 為 2013 TEEMA 投資風險度的前十佳指標，統計分析結果，投資風險度排名最優十大指標中就有九項指標在 2012 及 2013 連續兩年被列入，另以「官員對法令、合同、規範執行不一致的風險」在 2010 年後再度成為 2013 年

進入投資風險度前十名最優的指標，顯示中國大陸官員對法令、合同和規範等執行力有提升之趨勢。

表 14-5 2013 TEEMA 投資風險度排名十大最優指標

投資風險度排名 10 大最優指標	2012		2013	
	評分	排名	評分	排名
經營 -09）當地政府干預台商企業經營運作的風險	2.149	1	2.241	1
法制 -07）當地政府以不當方式要求台商回饋的風險	2.174	3	2.246	2
法制 -08）當地常以刑事方式處理經濟案件的風險	2.170	2	2.250	3
經營 -10）當地台商因經貿、稅務糾紛被羈押的風險	2.183	5	2.268	4
社會 -03）當地人身財產安全受到威脅的風險	2.206	7	2.270	5
法制 -02）違反對台商合法取得土地使用權承諾風險	2.189	6	2.290	6
法制 -05）政府調解、仲裁糾紛對台商不公平程度風險	2.212	9	2.291	7
經營 -02）當地物流、運輸、通路狀況不易掌握的風險	2.177	4	2.293	8
經濟 -04）當地政府對台商優惠政策無法兌現的風險	2.208	8	2.299	9
法制 -03）官員對法令、合同、規範執行不一致的風險	2.220	11	2.301	10

資料來源：本研究整理

　　2013 年投資風險度的前十劣指標由表 14-6 所示，根據統計分析結果，投資風險度排名最劣十大指標中就有七項指標在 2012 年及 2013 年連續兩年被列入，另以「政府協助台商轉型升級政策落實不到位」、「台商進行轉型升級過程當地政府政策阻礙或限制」及「當地投資結束營運所造成的退出障礙風險」三個細項指標為 2013 年新進投資風險度前十劣，亦是 2013 年新增的轉型風險構面中之指標。隨著中國大陸面臨缺工荒和成本高等困境，台商對於排名最劣前三項指標的評價較低，根據台商協會會長張家港（2013）表示：「中國大陸在勞工成本和勞動法等方面問題相當嚴重」，此外，華信國際企管顧問公司總經理袁明仁（2013）亦指出：「面對中國大陸缺工和中國大陸內陸地方政府給予優惠，台商必須考慮自我條件再前往投資」，顯示台商在未做好準備及未深思熟慮前，勿貿然前往中國大陸投資，另外，勞工與成本壓力亦已成為台商面臨最重要考量的風險之一。

表 14-6 2013 TEEMA 投資風險度排名十大劣勢指標

投資風險度排名十大劣勢指標	2012		2013	
	評分	排名	評分	排名
經營 -13）勞工成本上升幅度與速度高於企業可負擔風險	2.524	1	2.477	1
經營 -06）當地適任人才及員工招募不易的風險	2.379	4	2.448	2
經營 -07）員工缺乏忠誠度造成人員流動率頻繁的風險	2.382	3	2.443	3
轉型 -03）政府協助台商轉型升級政策落實不到位	-	-	2.430	4
經營 -05）員工道德操守造成台商企業營運損失的風險	2.330	6	2.417	5
經濟 -03）台商藉由當地銀行體系籌措與取得資金困難	2.332	5	2.414	6
經營 -04）當地企業信用不佳欠債追索不易的風險	2.323	8	2.412	7
經營 -14）原物料成本上升幅度過高造成企業虧損風險	2.492	2	2.402	8
轉型 -02）台商進行轉型升級過程當地政府政策阻礙或限制	-	-	2.399	9
轉型 -01）當地投資結束營運所造成的退出障礙風險	-	-	2.398	10

資料來源：本研究整理

　　2013《TEEMA 調查報告》針對 2013 投資風險度調查指標與 2012 進行差異分析，列出幅度增加最多的前十項指標，並整理如表 14-7 所示。

表 14-7 2012-2013 TEEMA 投資風險度指標變化排名

投資風險度細項指標	2012-2013 差異分數	風險上升
經營 -02）當地物流、運輸、通路狀況不易掌握的風險	+0.116	1
法制 -02）違反對台商合法取得土地使用權承諾風險	+0.101	2
經濟 -06）當地政府保護主義濃厚影響企業獲利的風險	+0.099	3
法制 -04）與當地政府協商過程難以掌控的風險	+0.099	3
經濟 -05）台商企業在當地發生經貿糾紛頻繁的風險	+0.096	5
經營 -09）當地政府干預台商企業經營運作的風險	+0.092	6
經濟 -04）當地政府對台商優惠政策無法兌現的風險	+0.091	7
經營 -04）當地企業信用不佳欠債追索不易的風險	+0.089	8
法制 -06）機構無法有效執行司法及仲裁結果的風險	+0.088	9
經營 -05）員工道德操守造成台商企業營運損失的風險	+0.087	10

資料來源：本研究整理

三、2013 TEEMA 中國大陸城市投資風險度分析

　　2013《TEEMA 調查報告》表 14-8 為被列入評估的 112 個城市進行投資風險調查之統計排名，茲將針對五大投資風險構面城市進行排名，有關投資風險

度之總結評論如下：

1. 就投資風險度十佳城市而言：2013《TEEMA 調查報告》投資風險度排名前十名的城市依序為：（1）蘇州昆山；（2）蘇州工業區；（3）杭州蕭山；（4）廈門島外；（5）南京江寧；（6）成都；（7）無錫江陰；（8）天津濱海；（9）重慶；（10）上海閔行；其中 2013 年與 2012 年同時被列入投資風險度前十佳的城市分別為：蘇州昆山、蘇州工業區、杭州蕭山、廈門島外、南京江寧及天津濱海六個城市，顯示 2013 年城市風險排名僅有微度變化。而前十佳城市中躍幅最大的城市是重慶和上海閔行，重慶由 2011 年第 30 名升至 2013 年第九名，上海閔行由第 36 名升至第十名。

2. 就投資風險度十劣城市而言：2013《TEEMA 調查報告》顯示投資風險度排名前十劣的城市，依序為：（1）東莞清溪；（2）貴陽；（3）東莞厚街；（4）東莞石碣；（5）北海；（6）贛州；（7）東莞長安；（8）吉安；（9）東莞虎門；（10）九江，2013 年與 2012 年同時被列入投資風險度前十劣名的城市，分別為：東莞清溪、貴陽、北海、贛州及東莞長安五個城市。投資風險度下降幅度最大為九江，由 2012 年第 27 名滑落至 2013 年第 103 名，根據九江投資風險度五大構面分析而言，轉型風險構面排名第 105 名表現最差。

四、2012-2013 TEEMA 中國大陸投資風險度差異分析

2013《TEEMA 調查報告》針對 2012 年與 2013 年所列入評估的共 109 個城市，進行投資風險調查之差異分析，其中，有 65 個城市的投資風險度呈上升趨勢，占 59.63%，而投資風險度呈下降趨勢的城市有 44 個，占 40.37%，茲將投資風險度差異分析總結評論如下：

1. 就 2012-2013 投資風險度評分上升前十城市而言：根據 2013《TEEMA 調查報告》針對 2013 投資風險度調查城市與 2012 進行差異分析，其投資風險度評分上升前十名的城市依序為：（1）福州市區（增加 0.479 分）；（2）溫州（增加 0.465 分）；（3）九江（增加 0.453 分）；（4）石家莊（增加 0.444 分）；（5）襄陽（增加 0.420 分）；（6）嘉興嘉善（增加 0.382 分）；（7）保定（增加 0.355 分）；（8）紹興（增加 0.344 分）；（9）東莞厚街（增加 0.341 分）；（10）東莞石碣（增加 0.328 分）。投資風險度評分上升最多的是福州市區，由 2012 年 2.203 分升至 2013 年 2.682 分，上升 0.479 分。探究福州市區五大風險構面分析，經營風險由 2012 年 2.056 分排名 23 名已大幅攀升至 2013 年 2.621 分，排名 84，由於福州市區勞工成本及原物料上漲之風險大幅上升，其中就有多家非連鎖咖啡店因成本過高而嚴重虧損，導致台商經營風險高幅度攀升，面臨經營壓力。

2. 就 2012-2013 投資風險度評分下降前十城市而言：根據 2013《TEEMA

表 14-8 2013 TEEMA 中國大陸城市投資風險度排名分析

排名	城市	地區	❶社會風險 評分	排名	❷法制風險 評分	排名	❸經濟風險 評分	排名	❹經營風險 評分	排名	❺轉型風險 評分	排名	投資風險度 評分	加權分數
01	蘇州昆山	華東	1.740	4	1.551	1	1.751	5	1.616	1	1.558	1	1.641	98.831
02	蘇州工業區	華東	1.677	2	1.629	4	1.686	1	1.812	4	1.788	3	1.727	98.296
03	杭州蕭山	華東	1.798	6	1.616	2	1.705	2	1.786	3	2.018	23	1.768	95.665
04	廈門島外	華南	1.727	3	1.625	3	1.778	6	1.906	11	1.795	4	1.783	95.263
05	南京江寧	華東	1.632	1	1.691	5	1.737	3	1.726	2	2.066	29	1.763	94.818
06	成都	西南	1.792	5	1.802	8	1.748	4	1.815	5	2.000	21	1.821	93.970
07	無錫江陰	華東	1.856	10	1.842	11	1.838	9	1.929	14	1.858	7	1.871	91.340
08	天津濱海	華北	1.929	13	1.741	6	1.835	8	1.860	8	2.045	26	1.864	91.250
09	重慶	西南	1.944	17	1.848	14	1.929	16	1.927	13	1.667	2	1.874	89.556
10	上海閔行	華東	1.975	19	1.907	16	1.796	7	1.899	10	2.000	20	1.898	89.422
11	蘇州市區	華東	1.846	9	1.846	12	1.851	10	1.849	7	2.183	35	1.899	89.155
12	蘇州新區	華東	1.889	12	1.758	7	1.896	14	1.886	9	2.083	31	1.893	88.887
13	廈門島內	華南	2.048	27	1.969	24	1.893	13	1.819	6	1.875	8	1.899	88.620
14	大連	東北	2.000	22	1.815	9	1.965	18	1.951	15	1.950	15	1.932	87.282
15	南京市區	華東	1.867	11	1.840	10	1.965	19	2.134	30	1.910	10	1.973	84.517
16	揚州	華東	1.815	7	1.907	17	2.051	28	1.910	12	2.241	41	1.985	82.288
16	北京亦庄	華北	2.000	22	2.007	28	2.014	21	2.020	20	1.944	12	2.002	82.288
18	杭州市區	華東	2.000	21	1.898	15	2.000	20	2.149	34	1.830	5	1.999	82.109
19	上海浦東	華東	2.024	26	2.054	35	1.924	15	2.066	25	1.902	9	1.999	81.084
20	南通	華東	1.944	16	1.925	20	2.029	24	2.136	31	1.917	11	2.015	80.772
21	青島	華北	2.096	37	2.059	37	1.878	12	1.991	17	2.184	36	2.016	78.943
22	上海市區	華東	1.935	15	2.048	32	2.016	22	2.002	18	2.298	51	2.053	77.294
23	寧波市區	華東	2.058	28	1.940	22	1.853	11	2.053	24	2.413	63	2.035	77.160

表 14-8 2013 TEEMA 中國大陸城市投資風險度排名分析（續）

排名	城市	地區	❶社會風險 評分	❶社會風險 排名	❷法制風險 評分	❷法制風險 排名	❸經濟風險 評分	❸經濟風險 排名	❹經營風險 評分	❹經營風險 排名	❺轉型風險 評分	❺轉型風險 排名	投資風險度 評分	投資風險度 加權分數
24	淮安	華東	1.823	8	1.918	19	2.078	30	2.094	28	2.242	42	2.050	76.982
25	無錫宜興	華東	1.930	14	2.204	58	1.941	17	1.989	16	2.211	39	2.047	76.001
26	西安	西北	2.071	33	2.061	38	2.030	25	2.017	19	2.273	45	2.073	74.484
27	蘇州張家港	華東	2.185	55	2.083	43	2.118	37	2.048	23	1.944	13	2.071	72.166
28	寧波北侖	華東	2.065	30	1.984	27	2.016	22	2.076	27	2.532	73	2.110	71.497
29	無錫市區	華東	2.083	34	2.161	52	2.047	27	2.033	21	2.250	43	2.100	71.185
30	德陽	西南	1.981	20	1.979	26	2.097	35	2.234	46	2.056	27	2.097	70.739
31	連雲港	華東	2.185	55	2.097	48	2.046	26	2.103	29	2.019	24	2.083	70.650
32	綿陽	西南	2.070	32	2.092	46	2.112	36	2.034	22	2.303	52	2.109	68.955
33	無湖	華中	2.125	42	2.094	47	2.156	44	2.143	33	1.969	17	2.108	67.841
34	合肥	華中	2.136	44	1.847	13	2.125	39	2.182	42	2.330	55	2.118	67.350
35	南昌	華中	2.106	39	2.074	42	2.131	41	2.071	26	2.295	49	2.124	67.261
36	馬鞍山	華中	2.021	24	1.977	25	2.078	30	2.192	43	2.453	67	2.142	67.127
37	鎮江	華東	2.181	52	2.057	36	2.120	38	2.137	32	2.281	46	2.143	66.637
38	寧波慈溪	華東	2.254	61	2.083	43	2.095	34	2.163	35	2.190	37	2.143	65.879
39	上海松江	華東	2.067	31	2.150	51	2.144	43	2.250	50	1.838	6	2.123	65.254
40	常州	華東	1.966	18	1.961	23	2.129	40	2.180	41	2.647	81	2.172	64.452
41	鹽城	華東	2.093	36	1.938	21	2.083	32	2.278	55	2.403	62	2.161	63.783
42	上海嘉定	華東	2.143	47	2.179	55	2.226	48	2.163	35	2.024	25	2.159	63.471
43	北京市區	華北	2.133	43	2.169	53	2.250	50	2.179	40	1.975	18	2.159	63.337
44	徐州	華東	2.115	40	2.102	49	2.250	50	2.167	37	2.156	33	2.168	63.114
45	蘇州吳江	華東	2.185	54	2.226	61	2.181	47	2.169	39	1.944	14	2.151	62.401
46	宿遷	華東	2.232	59	2.065	39	2.092	33	2.289	58	2.293	48	2.190	59.368

表14-8 2013 TEEMA 中國大陸城市投資風險度排名分析（續）

排名	城市	地區	❶社會風險 評分	排名	❷法制風險 評分	排名	❸經濟風險 評分	排名	❹經營風險 評分	排名	❺轉型風險 評分	排名	投資風險度 評分	加權分數
47	廊坊	華北	2.155	50	2.045	29	2.326	58	2.224	44	2.420	64	2.236	57.986
48	威海	華北	2.021	24	2.070	40	2.266	54	2.232	45	2.547	75	2.234	57.496
49	濟南	華北	2.362	70	2.071	41	2.060	29	2.255	52	2.522	71	2.220	57.451
50	寧波奉化	華東	2.137	45	1.912	18	2.250	50	2.332	65	2.368	59	2.213	57.228
51	寧波餘姚	華東	2.206	58	2.048	31	2.137	42	2.306	61	2.333	56	2.206	57.005
52	泰州	華東	2.123	41	2.051	33	2.171	45	2.389	66	2.296	50	2.226	56.961
53	湖州	華東	2.141	46	2.053	34	2.178	46	2.266	54	2.587	77	2.237	55.712
54	煙台	華北	2.608	82	2.228	62	2.272	55	2.168	38	2.206	38	2.256	54.999
55	珠海	華南	2.058	28	2.190	56	2.370	65	2.450	70	1.967	16	2.266	53.037
56	日照	華北	2.333	66	2.083	45	2.347	61	2.254	51	2.306	53	2.259	52.635
57	蘇州常熟	華東	2.263	62	2.230	63	2.296	56	2.278	56	2.171	34	2.255	52.100
58	蘇州太倉	華東	2.203	57	2.348	69	2.386	68	2.255	52	2.011	22	2.264	51.476
59	唐山	華北	2.333	66	2.047	30	2.320	57	2.304	60	2.625	78	2.308	50.450
60	漳州	華南	2.087	35	2.174	54	2.337	60	2.320	63	2.391	61	2.282	49.737
61	鄭州	華中	2.286	63	2.393	74	2.375	66	2.245	48	2.262	44	2.314	48.622
62	廣州市區	華南	2.303	65	2.438	76	2.506	75	2.237	47	2.057	28	2.324	48.488
63	杭州余杭	華東	2.354	69	2.234	64	2.617	83	2.246	49	2.078	30	2.322	47.686
64	長沙	華中	2.148	48	2.361	70	2.333	59	2.313	62	2.319	54	2.312	47.151
65	泉州	華南	2.105	38	2.204	59	2.362	63	2.286	57	2.645	80	2.324	46.972
66	莆田	華南	2.508	74	2.345	68	2.393	71	2.299	59	2.119	32	2.326	46.259
67	福州馬尾	華南	2.167	51	2.222	60	2.264	53	2.452	71	2.431	66	2.327	45.991
68	武漢漢陽	華中	2.549	76	2.529	80	2.390	69	2.424	69	2.000	19	2.386	43.450
69	瀋陽	東北	2.152	49	2.261	65	2.426	73	2.588	79	2.284	47	2.393	41.220

表 14-8 2013 TEEMA 中國大陸城市投資風險度排名分析（續）

排名	城市	地區	❶社會風險 評分	❶社會風險 排名	❷法制風險 評分	❷法制風險 排名	❸經濟風險 評分	❸經濟風險 排名	❹經營風險 評分	❹經營風險 排名	❺轉型風險 評分	❺轉型風險 排名	投資風險度 評分	投資風險度 加權分數
70	嘉興市區	華東	2.183	53	2.113	50	2.350	62	2.493	76	2.850	96	2.404	40.239
71	南寧	西南	2.241	60	2.375	72	2.392	70	2.389	67	2.457	68	2.382	40.061
72	深圳市區	華南	2.349	68	2.387	73	2.613	82	2.418	68	2.214	40	2.423	39.972
73	廣州天河	華南	2.556	78	2.339	67	2.369	64	2.327	64	2.690	83	2.417	39.481
74	三亞	華南	2.422	71	2.192	57	2.383	67	2.457	72	2.733	88	2.424	38.411
75	桂林	西南	2.436	72	2.582	82	2.462	74	2.467	73	2.365	58	2.470	36.048
76	保定	華北	3.078	107	2.596	84	2.250	49	2.471	74	2.647	82	2.528	34.666
77	泰安	華北	2.289	64	2.367	71	2.608	81	2.519	77	2.517	69	2.488	34.621
78	岳陽	華中	2.733	90	2.308	66	2.425	72	2.543	78	2.700	84	2.509	32.927
79	中山	華南	2.549	76	2.485	79	2.559	78	2.605	82	2.426	65	2.537	31.990
80	武漢武昌	華中	2.630	83	2.444	77	2.549	77	2.599	81	2.639	79	2.565	30.340
81	汕頭	華南	2.704	86	2.576	81	2.625	85	2.476	75	2.542	74	2.566	29.850
82	昆明	西南	2.536	75	2.469	78	2.522	76	2.648	87	2.714	85	2.579	28.690
83	武漢漢口	華中	2.578	79	2.425	75	2.667	87	2.690	89	2.567	76	2.602	27.085
84	海口	華南	2.729	87	2.695	89	2.633	86	2.674	88	2.375	60	2.629	26.506
85	蘭州	西北	2.813	96	2.797	95	2.766	90	2.607	83	2.359	57	2.668	25.480
86	東莞市區	華南	2.733	89	2.681	87	2.619	84	2.593	80	2.825	94	2.666	24.722
87	嘉興市	華東	2.587	81	2.690	88	2.577	79	2.622	85	2.857	97	2.656	24.633
88	福州市區	華南	2.583	80	2.650	86	2.688	89	2.621	84	2.900	99	2.682	22.849
89	溫州	華東	2.500	73	2.800	96	2.606	80	2.757	91	2.838	95	2.714	22.359
90	天津市區	華北	2.768	92	2.598	85	2.668	88	2.717	90	2.739	89	2.690	21.913
91	石家莊	華北	2.800	95	2.733	91	2.775	91	2.867	96	2.517	69	2.758	20.976
92	佛山	華南	2.896	99	2.711	90	2.813	94	2.902	97	2.531	72	2.785	19.460

表 14-8 2013 TEEMA 中國大陸城市投資風險度排名分析（續）

排名	城市	地區	❶社會風險		❷法制風險		❸經濟風險		❹經營風險		❺轉型風險		投資風險度	
			評分	排名	評分	排名	評分	排名	評分	排名	評分	排名	評分	加權分數
93	惠州	華南	2.729	87	2.813	97	2.844	96	2.848	95	2.797	92	2.820	16.696
94	襄陽	華中	3.000	103	2.906	102	2.806	93	2.632	86	3.038	103	2.828	15.982
95	深圳寶安	華南	2.909	100	2.790	93	2.920	101	2.825	93	2.739	90	2.837	15.938
96	長春	東北	3.020	104	2.794	94	3.015	105	2.824	92	2.721	87	2.870	15.180
97	深圳龍崗	華南	3.069	106	2.891	100	2.823	95	2.839	94	2.792	91	2.861	15.090
98	紹興	華東	2.981	102	2.861	98	2.785	92	2.905	98	3.153	107	2.911	13.262
99	哈爾濱	東北	2.889	98	2.883	99	2.892	99	2.905	99	2.867	98	2.890	12.816
100	江門	華南	2.644	84	2.583	83	2.900	100	3.205	111	3.267	112	2.958	11.612
101	宜昌	華中	3.021	105	2.906	102	2.945	103	2.955	102	2.719	86	2.914	11.568
102	太原	華北	2.746	91	2.893	101	3.083	109	2.908	100	2.821	93	2.920	11.256
103	九江	華中	2.941	101	2.941	104	2.853	97	2.941	101	3.103	105	2.943	10.631
104	東莞虎門	華南	3.101	108	2.739	92	2.886	98	2.966	105	3.196	109	2.949	10.319
105	吉安	華中	2.667	85	3.047	109	2.961	104	2.955	102	3.031	102	2.958	9.740
106	東莞長安	華南	2.773	94	2.966	107	3.040	108	3.052	108	3.045	104	3.003	6.529
107	贛州	華中	2.771	93	3.086	110	3.031	107	2.960	104	3.266	111	3.030	6.440
108	北海	西南	3.426	112	2.958	106	2.924	102	3.111	109	3.125	106	3.067	5.905
109	東莞石碣	華南	3.107	109	2.975	108	3.030	106	3.034	107	3.170	108	3.049	5.191
110	東莞厚街	華南	3.194	111	3.177	112	3.109	110	2.995	106	2.903	100	3.066	4.746
111	貴陽	西南	2.882	97	2.949	105	3.235	111	3.273	112	3.250	110	3.156	4.077
112	東莞清溪	華南	3.123	110	3.099	111	3.237	112	3.165	110	2.987	101	3.139	3.363

資料來源：本研究整理

調查報告》針對 2013 投資風險度調查城市與 2012 進行差異分析，其投資風險度評分下降前十名的城市依序為：（1）蘭州（下降 0.559 分）；（2）珠海（下降 0.534 分）；（3）上海松江（下降 0.313 分）；（4）深圳市區（下降 0.268 分）；（5）廣州市區（下降 0.241 分）；（6）贛州（下降 0.202 分）；（7）北京亦庄（下降 0.200 分）；（8）重慶（下降 0.198 分）；（9）上海閔行（下降 0.187分）；（10）蘇州太倉（下降 0.182 分）；投資風險度評分下降最多的是蘭州，探究蘭州五大風險構面分析，經營風險下降幅度最大，為 0.559 分，其由 2012年 3.227 分升至 2013 年 2.668 分。

五、2013 TEEMA 中國大陸區域投資風險度分析

2013《TEEMA 調查報告》針對中國大陸七大經濟區域進行投資風險度排行分析，根據表 14-9 所示，2013 年投資風險度評估綜合排名依次為：（1）華東地區；（2）華北地區；（3）西北地區；（4）西南地區；（5）東北地區；（6）華中地區；（7）華南地區。

表 14-9　2013 TEEMA 中國大陸區域投資風險度排名分析

風險度構面	華南	華東	華北	華中	東北	西南	西北
❶ 社會風險	2.584	2.097	2.377	2.514	2.515	2.368	2.442
❷ 法制風險	2.535	2.049	2.247	2.489	2.438	2.339	2.429
❸ 經濟風險	2.615	2.098	2.330	2.522	2.574	2.380	2.398
❹ 經營風險	2.607	2.145	2.331	2.523	2.567	2.433	2.312
❺ 轉型風險	2.593	2.209	2.401	2.579	2.455	2.437	2.316
風險度評分	2.587	2.120	2.337	2.525	2.510	2.391	2.379
風險度排名	7	1	2	6	5	4	3

資料來源：本研究整理

根據表 14-9 及表 14-10 所示，中國大陸七大經濟區域以華東地區表現最佳，由 2009 年至 2013 年已蟬聯五年冠軍寶座，且在五大投資風險評分中皆為最低者，顯示台商對華東地區的整體投資評價較其他六大經濟區域優秀。華北地區則亦蟬聯五年第二名，而西北地區雖曾在 2009 至 2012 年連續四年位居最末位，然而 2013 年卻躍升至第三名，顯示西北地區的風險較歷年縮小，且經營風險的評價表現最好，加上西部大開發政策的推動，進一步吸引更多台商轉往西部投資，因而提高整體投資評價。華中地區則下降兩名，其在轉型風險的評價較低所致。華南地區的投資風險則由第五名滑落至最後一名，顯示台商對華南地區的整體投資評價較不樂觀。

表 14-10 2009-2013 TEEMA 中國大陸區域投資風險度排名變化分析

地　區	2009		2010		2011		2012		2013		2009-2013	
	評分	排名	評分	排名	評分	排名	評分	排名	評分	排名	總分	排名
❶ 華東地區	1.924	1	2.052	1	2.096	1	2.089	1	2.120	1	5	1
❷ 華北地區	2.174	2	2.107	2	2.190	2	2.200	2	2.337	2	10	2
❸ 西北地區	3.203	7	3.124	7	2.669	7	2.628	7	2.379	3	31	7
❹ 西南地區	2.238	3	2.384	4	2.424	3	2.425	3	2.391	4	17	3
❺ 東北地區	2.567	5	2.819	6	2.618	6	2.609	6	2.510	5	28	6
❻ 華中地區	2.484	4	2.402	5	2.531	4	2.441	4	2.525	6	23	4
❼ 華南地區	2.597	6	2.397	3	2.548	5	2.594	5	2.587	7	26	5

資料來源：本研究整理

2013年中國大陸地區投資環境與風險調查

第 15 章

2013 TEEMA 中國大陸台商推薦度

2013《TEEMA 調查報告》延續 2012 年「兩力兩度」的研究評估模式，其針對城市競爭力、投資環境力、投資風險度及台商推薦度進行分析，藉由調查台商對於中國大陸 112 個城市的不同觀點，進行城市綜合實力評估。其針對「台商推薦度」的部分，衡量標準係針對赴中國大陸的企業作為研究調查的母體，並透過台商對該城市投資的相關經驗作為評選，藉以提供企業未來赴中國大陸投資發展之依據。其細項衡量指標根據 2005《TEEMA 調查報告》中有關於「台商推薦度」中反映台商實務經驗為比較基準，其六項衡量指標為：（1）城市競爭力；（2）城市環境力；（3）投資風險度；（4）城市發展潛力；（5）投資效益；（6）內貿與內銷市場開拓。然而，為使報告能夠更具周延性，於 2006 年經過專家、學者以及台商協會會長共同研究後，2006《TEEMA 調查報告》將「台商推薦度」指標延伸擴展為十項衡量指標，其中包括：（1）城市競爭力；（2）投資環境力；（3）投資風險度；（4）城市發展潛力；（5）城市投資效益；（6）國際接軌程度；（7）台商權益保護；（8）政府行政效率；（9）內銷市場前景；（10）整體生活品質。是故，2013《TEEMA 調查報告》為完整呈現各項重要指標的變化趨勢，保留十項指標為比較基準，並依循上述十項衡量指標進行中國大陸 112 個城市的台商推薦度排名。

一、2013 TEEMA 中國大陸台商推薦度分析

2013《TEEMA 調查報告》依據對已在中國大陸投資的 2,566 台商企業調查結果分析，2013 年台商推薦度與細項指標的城市排名順序，如表 15-1 所示，其相關分析結果之重要內容分述如下：

1. 就推薦度前十佳城市而言：2013《TEEMA 調查報告》之結果顯示，在台商推薦度的構面上，名列前十佳的城市依序為：（1）成都；（2）蘇州昆山；（3）杭州蕭山；（4）蘇州工業區；（5）重慶；（6）廈門島外；（7）無錫江陰；（8）蘇州市區；（9）南京江寧；（10）蘇州新區。綜看 2013 年台商推薦度之結果，其變動幅度非常大，2012 年的榜首南京江寧與榜眼重慶紛紛下滑至第九名及第五名，而成都與蘇州昆山崛起，於台商推薦度中名列榜首與榜眼；值得注意的是，中國大陸政策全力開發內陸，台商從珠三角、長三角，轉移至中西部，西

三角以低廉的生產成本、便利的交通，和廣大的內需市場，搶占下一波中國大陸新商機。根據 2013 年 6 月 26 日，聯合國貿易和發展會議（United Nations Conference on Trade and Development；UNCTAD）發布的《2013 年世界投資報告》（2013 World Investment Report）指出：「由於中國大陸東部地區生產成本上升，一些投資和生產活動從中國大陸沿海地區遷往內陸，使得外國投資在中、西部地區份額有所上升，從 2008 年的 12% 成長到 2012 年的 17%」，這都顯示出重慶與成都等西部城市的台商投資環境優勢正快速提升當中，然由於重慶市受到「薄熙來事件」影響，引發投資環境層面問題油然而生，諸如：政府承諾度實現與政策延續性等問題，進而導致 2013 年台商推薦度有所下滑。而成都雖為台商推薦度第一名，然 2013 年 7 月成都太百洋百貨爆發租金暴漲與經營權糾紛問題，迫使太平洋百貨歇業，由上可知，雖然成都與重慶在台商推薦度排名中名列前茅，但其投資風險仍不能小看，台商前往布局投資之際，應審慎評估、掌握確切訊息，以免利益受到損害。此外，就南京江寧而言，受到勞動工資、資源價格在內的要素價格不斷上揚，致使台商投資的人口紅利、資源等要素成本低廉的優勢不再，使得台商投資環境力快速地下滑，且為台商投資中國大陸首要面臨的急切問題。

2. 就推薦度前十劣城市而言：2013《TEEMA 調查報告》台商推薦度之結果顯示，最不推薦的十大城市依序為：（1）北海；（2）貴陽；（3）東莞清溪；（4）東莞長安；（5）東莞石碣；（6）吉安；（7）贛州；（8）東莞厚街；（9）東莞虎門；（10）江門。其中北海、貴陽、東莞清溪連續三年皆敬陪末座，探究其主要原因：（1）政府忽視基本的法律風險和市場風險的防範；（2）地理投資環境不佳；（3）缺乏優良的投資環境；（4）投資效益尚未顯現；（5）缺乏優秀的投資環境。

3. 就台商推薦度十項指標分析而言：2013《TEEMA 調查報告》在台商推薦度的十項指標而言，成都表現較 2012 年突出，在台商推薦度中整體推薦度（4.457）位居榜首，且其中城市競爭力（4.585）、城市發展潛力（4.736）、整體投資效益（4.566）、權益保護程度（4.509）、政府行政效率（4.585）以及內銷市場（4.528）等六項皆為 112 個列入評估城市之首，可看出其重要優良的投資環境深受台商青睞。成都作為中國大陸西部特大中心城市，是國務院確定的中國大陸西部商貿物流中心、金融中心、科技中心和交通樞紐以及通訊樞紐，並於 2012 年成都實現地區生產總值（GDP）8,138.9 億人民幣之目標，且在全中國大陸 15 個副省級城市排名中，僅次於廣州、深圳，居第三位。另外，成都市於 2012 年施行實施交通先行、產業倍增、立城優城、三圈一體、全域開放為主的「五大興市戰略」，進而推進新型工業化、新型城鎮化承接優勢產業、引進高階人才與拓展外部市場，塑造參與國際分工合作的比較優勢，致力

表 15-1 2013 TEEMA 中國大陸城市台商推薦度細項指標排名分析

排名	城市	地區	❶競爭力	❷環境力	❸風險度	❹發展潛力	❺投資效益	❻國際接軌	❼權益保護	❽行政效率	❾內銷市場	❿生活品質	台商推薦度
1	成都	西南	4.585	4.415	4.340	4.736	4.566	3.962	4.509	4.585	4.528	4.340	4.457	97.136
2	蘇州昆山	華東	4.253	4.407	4.319	4.429	4.352	4.308	4.341	4.495	4.275	4.407	4.358	96.423
3	杭州蕭山	華東	4.286	4.179	4.321	4.464	4.179	4.429	4.464	4.429	4.429	4.393	4.357	95.709
4	蘇州工業區	華東	4.364	4.515	4.485	4.152	4.394	4.303	4.455	4.364	3.788	4.394	4.321	93.747
5	重慶	西南	4.190	4.048	4.000	4.405	4.405	4.452	4.429	4.500	4.452	4.143	4.302	93.212
6	廈門島外	華南	4.364	4.409	4.364	4.545	4.227	4.136	4.227	4.000	3.909	4.318	4.250	92.142
7	無錫江陰	華東	4.133	4.067	4.200	4.433	4.300	4.233	4.167	4.300	4.000	4.233	4.207	91.340
8	蘇州市區	華東	4.346	4.231	4.346	4.154	4.231	4.038	4.154	4.192	4.154	4.154	4.200	91.161
9	南京江寧	華東	4.000	4.158	4.053	4.263	4.368	4.211	4.316	4.316	3.947	4.263	4.189	90.715
10	蘇州新區	華東	4.167	4.267	4.167	4.233	4.300	4.100	4.300	4.167	3.800	4.133	4.163	88.218
11	天津濱海	華北	3.929	4.036	4.214	4.286	4.214	4.214	4.214	4.179	3.964	4.036	4.129	88.129
12	南京市區	華東	4.000	4.120	4.040	4.360	4.120	4.200	4.240	4.320	3.920	4.080	4.140	87.594
13	大連	東北	3.920	4.240	4.320	4.240	4.440	4.160	4.200	3.960	3.920	3.920	4.132	86.702
14	上海閔行	華東	4.185	4.111	4.111	4.037	4.185	4.148	4.111	4.000	4.037	4.148	4.107	86.345
15	寧波北侖	華東	4.032	4.065	4.129	4.129	4.194	4.000	4.032	4.097	4.065	3.968	4.071	85.810
16	揚州	華東	4.222	4.000	4.037	4.111	4.148	3.963	4.000	4.000	3.963	4.148	4.059	84.116
17	青島	華北	3.947	4.000	3.842	4.053	3.842	4.237	4.263	4.053	3.868	4.368	4.047	82.332
18	廈門島內	華南	3.750	3.929	3.964	4.107	4.143	4.250	4.214	4.071	3.964	3.929	4.032	81.530
18	杭州市區	華東	4.045	4.364	4.045	4.000	3.818	3.682	3.864	4.045	4.000	4.227	4.009	81.530
20	寧波市區	華東	3.957	3.913	3.826	4.217	3.957	4.174	3.957	4.000	3.783	4.043	3.983	78.854
21	上海市區	華東	4.000	3.968	3.968	3.968	3.806	4.484	4.000	3.806	3.710	4.161	3.987	77.427
22	無錫市區	華東	3.875	3.917	4.125	4.125	4.042	3.708	4.292	3.917	3.500	4.250	3.975	76.892

表 15-1 2013 TEEMA 中國大陸城市台商推薦度細項指標排名分析（續）

排名	城市	地區	❶競爭力	❷環境力	❸風險度	❹發展潛力	❺投資效益	❻國際接軌	❼權益保護	❽行政效率	❾內銷市場	❿生活品質	台商推薦度	
23	南通	華東	3.800	4.033	4.033	4.100	3.967	3.767	4.133	4.167	3.733	3.833	3.957	76.714
24	無錫宜興	華東	4.211	4.368	4.158	3.895	3.895	3.895	3.789	3.789	3.579	3.947	3.953	76.090
25	淮安	華東	3.906	3.969	3.844	3.844	4.563	3.594	4.469	4.438	3.250	3.969	3.984	75.376
26	蘇州張家港	華東	3.667	4.222	3.944	4.111	4.000	3.944	4.389	3.944	3.278	3.778	3.928	73.771
27	西安	西北	3.697	3.576	3.545	4.364	4.121	4.061	3.727	3.909	4.485	4.030	3.952	73.682
28	南昌	華中	3.955	4.045	3.864	3.773	3.727	3.636	3.909	3.864	4.091	3.864	3.873	73.325
29	北京亦庄	華北	3.889	3.778	4.000	3.833	3.833	3.889	3.833	3.944	3.889	3.944	3.883	73.147
29	綿陽	西南	4.105	3.947	3.895	4.000	3.737	3.895	3.737	3.947	3.895	3.632	3.879	73.147
31	合肥	華中	3.773	4.182	3.909	4.136	3.909	3.545	4.182	3.864	3.909	3.545	3.895	73.058
32	上海浦東	華東	3.893	3.821	3.607	4.107	3.750	4.321	3.750	3.893	3.821	3.929	3.889	72.166
33	連雲港	華東	3.963	4.000	3.963	4.148	3.704	3.556	3.926	3.889	3.741	3.630	3.852	71.185
34	寧波慈溪	華東	3.810	3.857	3.857	3.667	3.714	3.952	4.048	4.095	3.810	3.857	3.867	70.471
35	上海松江	華東	4.100	4.150	3.950	4.150	3.600	4.100	3.600	3.500	3.600	3.900	3.865	69.847
36	徐州	華東	3.844	3.938	3.781	4.031	3.750	3.531	3.844	3.813	3.938	3.688	3.816	68.866
37	德陽	西南	3.667	3.889	3.556	3.667	3.722	3.778	4.000	4.000	4.056	3.778	3.811	67.707
38	湖州	華東	3.731	3.769	3.577	3.654	3.885	3.731	3.846	3.885	3.923	3.923	3.792	66.637
39	北京市區	華北	3.900	4.000	4.100	3.700	3.650	4.100	3.700	3.650	3.800	3.600	3.820	66.547
40	威海	華北	3.250	3.813	3.438	3.750	4.125	4.250	4.000	3.625	3.750	3.750	3.775	63.515
41	寧波奉化	華東	3.471	3.647	3.706	3.824	3.824	3.824	3.706	3.824	3.882	3.647	3.735	63.426
42	蘇州吳江	華東	3.778	3.667	3.861	3.806	3.667	3.556	3.861	3.833	3.583	3.778	3.739	62.891
42	桂林	西南	3.654	4.000	3.538	3.962	3.731	3.923	3.692	3.577	3.654	3.846	3.758	62.891

表 15-1 2013 TEEMA 中國大陸城市台商推薦度細項指標排名分析（續）

排名	城市	地區	❶競爭力	❷環境力	❸風險度	❹發展潛力	❺投資效益	❻國際接軌	❼權益保護	❽行政效率	❾內銷市場	❿生活品質	台商推薦度	
44	鹽 城	華東	3.944	4.000	3.667	3.667	3.722	3.722	3.778	3.667	3.611	3.556	3.733	62.713
45	常 州	華東	3.724	3.897	3.828	3.828	3.828	3.690	3.621	3.586	3.621	3.690	3.731	62.445
46	馬鞍山市	華中	3.625	3.875	3.688	4.000	4.000	3.500	3.938	3.625	3.875	3.313	3.744	62.445
47	鎮 江	華東	3.625	3.583	3.667	3.708	3.750	3.542	3.708	3.833	3.583	3.625	3.663	57.808
48	蘇州太倉	華東	3.783	3.913	3.696	3.565	3.609	3.696	3.609	3.609	3.565	3.609	3.665	56.024
48	宿 遷	華東	3.565	3.739	3.478	3.957	3.739	3.478	3.565	3.826	3.739	3.565	3.665	56.024
50	濟 南	華北	3.696	3.913	3.739	3.913	3.652	3.478	3.565	3.652	3.435	3.609	3.665	55.846
51	無 湖	華中	3.563	3.500	3.813	3.688	3.813	3.375	3.813	3.563	3.875	3.313	3.631	55.222
52	珠 海	華南	3.826	3.652	3.652	3.696	3.739	3.609	3.565	3.478	3.522	3.609	3.635	54.419
53	寧波餘姚	華東	3.714	3.619	3.476	3.762	3.762	3.571	3.714	3.619	3.381	3.619	3.624	54.419
54	上海嘉定	華東	3.810	3.667	3.524	3.619	3.429	3.762	3.333	3.429	3.714	4.000	3.629	53.616
55	保 定	華北	3.235	3.647	3.529	3.412	3.471	3.647	3.765	3.765	3.882	3.765	3.612	53.438
56	廊 坊	華北	3.286	3.536	3.536	3.679	3.536	3.571	3.714	3.679	3.607	3.821	3.596	53.170
57	煙 台	華北	3.412	3.471	3.706	3.588	3.412	3.529	3.706	3.353	3.765	3.706	3.565	50.673
58	唐 山	華北	3.438	3.625	3.688	3.688	3.688	3.438	3.438	3.625	3.375	3.500	3.550	48.444
59	泉 州	華南	3.526	3.526	3.368	3.789	3.526	3.526	3.579	3.526	3.579	3.579	3.553	48.265
60	瀋 陽	東北	3.318	3.545	3.636	3.727	3.455	3.455	3.591	3.136	3.955	3.409	3.523	48.176
61	廣州天河	華南	3.476	3.429	3.381	3.333	3.714	3.476	3.571	3.524	3.619	3.667	3.519	47.285
62	泰 州	華東	3.407	3.556	3.519	3.704	3.444	3.333	3.704	3.519	3.481	3.630	3.530	47.195
63	廣州市區	華南	3.727	3.227	3.636	3.409	3.500	3.455	3.318	3.455	3.864	3.591	3.518	46.393
64	蘇州常熟	華東	3.895	3.632	3.789	3.579	3.368	3.421	3.316	3.316	3.474	3.474	3.526	45.768
65	武漢武昌	華中	3.722	3.667	3.667	3.667	3.500	3.278	3.389	3.333	3.556	3.444	3.522	45.679

表 15-1 2013 TEEMA 中國大陸城市台商推薦度細項指標排名分析（續）

排名	城市	地區	❶競爭力	❷環境力	❸風險度	❹發展潛力	❺投資效益	❻國際接軌	❼權益保護	❽行政效率	❾內銷市場	❿生活品質	台商推薦度
66	長沙	華中	3.333	3.389	3.389	3.333	3.556	3.722	3.500	3.667	3.444	3.444	43.806
67	南寧	西南	3.276	3.276	3.379	3.690	3.483	2.862	3.552	3.517	3.931	3.621	43.539
68	汕頭	華南	3.778	3.722	3.722	3.556	3.667	3.722	2.722	3.444	3.000	2.889	43.004
69	杭州余杭	華東	3.250	3.250	3.250	3.500	3.313	3.313	3.625	3.625	3.688	3.500	40.774
70	日照	華北	3.278	3.722	3.500	3.444	3.444	2.833	3.444	3.889	3.389	3.389	40.418
71	莆田	華南	3.476	3.429	3.381	3.667	3.381	3.333	3.571	3.524	3.333	3.286	39.972
72	武漢漢陽	華中	3.353	3.412	3.588	3.353	3.353	3.294	3.588	3.471	3.529	3.353	39.883
73	鄭州	華中	3.286	3.095	3.429	3.571	3.667	3.095	3.571	3.571	3.286	3.524	39.258
74	哈爾濱	東北	3.200	3.467	3.533	3.800	3.600	3.333	3.267	3.333	3.467	3.200	39.080
75	紹興	華東	3.444	3.444	3.500	3.556	3.444	3.056	3.389	3.333	3.333	3.556	38.456
76	福州市區	華南	3.350	3.050	3.400	3.300	3.450	3.350	3.700	3.300	3.200	3.400	35.513
77	漳州	華南	3.348	3.261	3.217	3.435	3.261	3.348	3.522	3.348	3.348	3.435	35.067
78	天津市區	華北	3.217	3.261	3.391	3.478	3.478	3.348	3.348	3.130	3.261	3.130	32.302
79	武漢漢口	華中	3.400	3.267	3.133	3.267	3.200	3.000	3.467	3.400	3.400	3.133	31.410
80	福州馬尾	華南	3.333	3.333	3.222	3.389	3.389	3.278	3.222	3.111	2.500	3.389	29.003
81	昆明	西南	3.250	3.286	3.000	3.071	3.214	2.964	3.357	3.357	3.143	3.286	27.219
82	東莞市區	華南	3.200	3.000	3.000	3.150	2.900	3.100	3.050	3.350	3.500	3.400	26.060
83	深圳市區	華南	3.381	3.095	3.048	3.238	3.000	3.190	3.095	3.143	3.238	3.286	25.970
84	海口	華南	3.063	3.000	3.000	2.875	2.938	3.375	3.188	3.375	3.313	3.375	25.257
85	泰安	華北	3.000	3.133	3.200	3.067	3.533	2.933	3.600	3.067	3.067	2.800	25.257
86	佛山	華南	3.188	3.188	3.250	3.500	3.063	3.313	3.000	2.938	3.063	2.938	25.079
87	嘉興市區	華東	3.100	3.200	3.050	3.250	3.000	2.950	3.250	3.200	3.100	3.250	24.008

2013 年中國大陸地區投資環境與風險調查

表 15-1 2013 TEEMA 中國大陸城市台商推薦度細項指標排名分析（續）

排名	城市	地區	❶競爭力	❷環境力	❸風險度	❹發展潛力	❺投資效益	❻國際接軌	❼權益保護	❽行政效率	❾內銷市場	❿生活品質	台商推薦度
88	蘭州	西北	2.750	3.063	3.125	3.938	3.000	2.750	2.813	2.813	3.625	2.688	3.056	24.008
89	岳陽	華中	2.933	3.000	2.667	3.000	3.333	3.200	3.200	3.200	3.533	3.000	3.107	23.919
90	惠州	華南	3.000	3.250	3.250	3.188	3.000	3.188	2.938	3.063	3.063	3.000	3.094	22.849
91	襄陽	華中	3.050	2.950	3.000	3.300	3.000	2.950	3.150	3.150	3.200	3.150	3.090	21.957
92	三亞	華南	3.400	2.800	3.067	2.933	3.267	3.000	3.067	3.067	2.600	3.133	3.033	20.976
93	中山	華南	3.059	3.176	3.176	3.118	2.882	2.882	3.176	3.000	2.824	3.294	3.059	20.441
94	石家莊	華北	2.733	3.133	3.133	3.133	3.067	2.867	3.467	2.733	2.800	2.733	2.980	17.588
95	宜昌	華中	2.938	2.938	3.313	3.188	2.938	2.875	3.063	2.875	2.813	2.875	2.981	17.320
96	長春	東北	3.059	2.941	3.059	3.294	2.882	2.882	2.824	2.824	2.882	2.941	2.959	17.142
97	太原	華北	2.905	2.714	3.095	3.143	3.238	2.762	2.857	2.857	3.143	2.810	2.952	16.250
98	深圳寶安	華南	3.045	3.045	2.955	2.909	2.818	3.091	2.818	2.773	3.091	2.955	2.950	16.071
99	嘉興嘉善	華東	2.619	2.810	2.952	2.857	2.905	3.143	3.286	2.857	3.190	2.905	2.952	15.893
100	溫州	華東	2.850	2.850	2.900	3.050	3.000	2.800	2.800	2.600	3.000	3.300	2.915	14.645
101	九江	華中	2.882	3.294	3.000	2.588	2.706	2.588	2.941	2.529	2.941	2.941	2.841	13.039
102	深圳龍崗	華南	3.125	2.625	2.625	2.917	2.875	2.958	2.708	2.750	2.875	2.917	2.838	12.326
103	江門	華南	2.667	3.200	3.067	2.933	2.600	2.733	2.267	2.600	3.267	2.733	2.807	12.237
104	東莞虎門	華南	2.783	2.870	2.652	2.870	2.739	2.913	2.739	3.000	2.913	2.870	2.835	11.523
105	東莞厚街	華南	2.839	2.903	2.839	2.968	2.871	2.839	2.710	2.710	2.839	2.871	2.839	10.899
106	贛州	華中	2.813	2.438	2.563	2.875	2.688	2.875	2.750	2.813	2.938	2.688	2.744	8.937
107	吉安	華中	2.500	2.750	2.813	2.688	3.188	2.563	2.438	2.563	2.625	2.563	2.669	6.440
108	東莞石碣	華南	2.720	2.600	2.520	2.480	2.400	2.800	2.640	2.920	2.680	2.640	2.640	6.172
109	東莞長安	華南	2.818	2.727	2.545	2.636	2.682	2.682	2.591	2.773	2.773	2.636	2.686	6.083

表 15-1 2013 TEEMA 中國大陸城市台商推薦度細項指標排名分析（續）

排名	城市	地區	❶競爭力	❷環境力	❸風險度	❹發展潛力	❺投資效益	❻國際接軌	❼權益保護	❽行政效率	❾內銷市場	❿生活品質	台商推薦度	
110	東莞清溪	華南	2.526	2.526	2.737	2.789	2.684	2.632	2.632	2.579	2.632	2.632	2.637	4.835
111	貴陽	西南	2.294	2.588	2.588	2.765	2.706	2.647	2.588	2.353	2.353	2.294	2.518	3.586
112	北海	西南	1.944	2.056	2.000	2.000	2.333	2.278	2.333	2.222	2.111	2.167	2.144	1.089

資料來源：本研究整理

註：[1] 問卷評分轉換：「非常同意＝5分」、「同意＝4分」、「沒意見＝3分」、「不同意＝2分」、「非常不同意＝1分」

[2] 台商推薦度＝[城市競爭力×10%]＋[投資環境力×10%]＋[投資風險度×10%]＋[城市發展潛力×10%]＋[整體投資效益×10%]＋[國際接軌程度×10%]＋[台商權益保護×10%]＋[政府行政效率×10%]＋[內銷市場前景×10%]＋[整體生活品質×10%]

[3] 台商推薦度評分越高，代表台商對該城市願意推薦給下一個來投資的台商之意願強度越高，換言之，也代表這個城市的台商推薦程度越高

打造「西部經濟核心增長點」。另一方面，蘇州昆山經過 20 多年的經貿合作交流，已成為台商在中國大陸投資最密集的地區之一，再加上，昆山市政府欲將昆山打造成台商的精神家園，讓台商能夠將昆山看做「心安之處、第二故鄉」，提供台商一個完善的投資環境。昆山市市委書記管愛國（2013）表示：「昆山作為在台商高達九分之一的投資高地，透過實施家園意識深化、文化發展融合、節慶活動品牌、台企發展優化、公共服務保障等五項工程，努力打造台商的『精神家園』」。精神家園將不僅是一塊投資的美地，更是台商的精神家園，可讓兩岸從根本建立相互認同的共識，綜觀上述，蘇州昆山為台商提供一個「全過程、專業化、高績效」的服務，將有助於兩岸產經、科技、金融等領域開放合作帶來全新的契機。

表 15-2 2013 TEEMA 中國大陸台商推薦度構面平均觀點評分與排名

台商推薦度評估構面	2009 評分	2009 排名	2010 評分	2010 排名	2011 評分	2011 排名	2012 評分	2012 排名	2013 評分	2013 排名	2009-2013 評分	2009-2013 排名
❶城市競爭力	3.751	7	3.772	9	3.606	9	3.614	9	3.506	9	3.650	9
❷投資環境力	3.826	1	3.886	2	3.7	2	3.686	2	3.552	4	3.730	2
❸投資風險度	3.803	2	3.878	4	3.681	5	3.658	5	3.529	5	3.710	3
❹發展潛力	3.803	3	3.903	1	3.737	1	3.740	1	3.616	1	3.760	1
❺投資效益	3.755	4	3.855	5	3.685	4	3.663	4	3.553	3	3.702	5
❻國際接軌	3.720	9	3.754	10	3.599	10	3.598	10	3.495	10	3.633	10
❼權益保護	3.742	8	3.879	3	3.688	3	3.674	3	3.563	2	3.709	4
❽行政效率	3.717	10	3.85	6	3.65	6	3.627	8	3.527	6	3.674	8
❾內銷市場	3.751	6	3.831	7	3.667	6	3.648	7	3.509	8	3.681	6
❿生活品質	3.752	5	3.81	8	3.663	7	3.658	5	3.521	7	3.681	7
平均值	3.762		3.842		3.667		3.657		3.537		3.693	

資料來源：本研究整理

二、2012-2013 TEEMA 中國大陸台商推薦度差異分析

2013《TEEMA 調查報告》將延續 2012《TEEMA 調查報告》針對台商推薦度評分加以探討，但由於 2013 年加入三亞、馬鞍山市與唐山市等三個新城市，因此，本研究為調查其差異程度，因此將這三個城市剔除，將與之不列入分析之內。是故，本研究將 2012 年與 2013 年同樣列入調查的 109 個城市中，進行台商推薦度的差異分析，結果顯示有 26 個城市之台商推薦度，2013 年較 2012 年呈現上升趨勢，占 102 個城市的 25.49%，而下滑的城市總共有 83 個，占整體 81.37%，茲將台商推薦度評分差異，相關分析結果之重要內涵分述如下：

1. 就 2012-2013 台商推薦度評分上升城市而言： 2013《TEEMA 調查報告》之結果顯示，在台商推薦度評分上，其上升最多的前十個城市依序為：（1）

長春；（2）無錫宜興；（3）哈爾濱；（4）蘭州；（5）深圳寶安；（6）蘇州常熟；（7）廣州天河；（8）北京市區；（9）瀋陽；（10）惠州。其中，長春（2.127分上升至2.959分）、無錫宜興（3.220分上升至3.953分）、哈爾濱（2.918分上升至3.420分）之評分上升幅度皆超過0.5分。2012年長春市正處於率先發展、加速轉型的重要時期，工業經濟的轉型升級和快速發展意義重大，其以「投資拉動、項目推動、創新驅動」為長春發展工業經濟的「三動戰略」，並相繼推出支持民營企業加快發展的50項優惠政策、支持戰略性新興產業發展的13項優惠政策、支持工業和現代服務業發展的一系列政策，吸引一批青年企業家在長春投資興業，並且政府於2013年將繼續加大項目推動力度，提高投資強度，加快培育新興產業，促進工業經濟總量提升和結構優化。由此可知，長春市政府提供一系列的優惠政策，並積極改善投資環境的狀況下，將有助於增加台商進入長春投資的意願。無錫宜興地處於蘇、浙、皖三省交界，位列2011年中國大陸縣域經濟基本競爭力排行榜第五名，且宜興政府正全力推動新興產業規模化，重點瞄準高端線纜、新材料、節能環保、新能源及光電子等五大新興產業，形成國家級電線電纜出口基地、環保裝備產業基地等產業「巨鱷」。因此，蘇州宜興憑藉良好的投資環境與獨特的自然稟賦，吸引各方的投資者紛至沓來。總而言之，城市只要充分利用當地的特色與資源，將有助提高城市的投資環境，吸引廣大的企業進入，進而帶動城市的競爭力。

　　2. 就2012-2013台商推薦度評分下降城市而言：2013《TEEMA調查報告》顯示，在台商推薦度評分上，下降最多的前十個城市依序為：（1）北海；（2）溫州；（3）南寧；（4）東莞石碣；（5）東莞清溪；（6）東莞虎門；（7）嘉興市區；（8）泰安；（9）泉州；（10）九江。其中，北海（2.912分下降至2.144分）、溫州（3.478分下降至2.915分）、南寧（4.019分下降至3.459分）、東莞石碣（3.169分下降至2.640分）及東莞清溪（3.138分下降至2.637分）評分下降幅度皆超過0.5分。觀看北海台商推薦度評分下滑的主因為北海治安環境欠佳，導致衝突事件不斷；勞資糾紛事件眾多，致使勞資問題不斷，使得政府給予台商的協助較其他城市缺乏。而溫州政府為促進外資企業投資發展，於2012年實施金融改革，但實施期間仍不見成效，導致許多台商卻步，這亦成為台商推薦度評分下降的主因。

第 16 章
2013 TEEMA 中國大陸 城市綜合實力

2013《TEEMA 調查報告》城市綜合實力計算方式延續 2012《TEEMA 調查報告》調查報告所評估之「兩力兩度」模式，構面如下：（1）城市競爭力；（2）投資環境力；（3）投資風險度；（4）台商推薦度等四個構面，且根據 112 個城市於此四個構面所獲得之原始分數，將原始分數的高低經過排列順序後，透過百分位數轉換後計算其加權分數，除城市競爭力以 20.00 到 99.99 為百分位數加權計算外，其餘三個構面則以 1.00 到 99.99 為百分位數加權計算，再各別乘上構面的權重後，將四個構面之加總分數並予以排名，最後將獲得每一個城市的「城市綜合實力」綜合評分與排名。鑑於「兩力兩度」構面權重的分配，分別為：（1）城市競爭力（15%）；（2）投資環境力（40%）；（3）投資風險度（30%）；（4）台商推薦度（15%）。

一、2013 TEEMA 中國大陸城市綜合實力排名

2013《TEEMA 調查報告》調查中國大陸 112 個城市之城市綜合實力排名如表 16-1 所示，並依據「城市綜合實力」分數之結果，以 25 分為區隔，「城市推薦等級」如下：（1）75 分以上城市為【A】級城市，評為「極力推薦」等級之城市；（2）50 分到 75 分（含）城市為【B】級城市，屬於「值得推薦」等級之城市；（3）25 分到 50 分（含）之城市為【C】級城市，列為「勉予推薦」等級之城市；（4）25 分（含）以下之城市則為【D】級城市，則歸於「暫不推薦」等級之城市。據 2013《TEEMA 調查報告》城市綜合實力評估結果顯示，中國大陸 2013 年「城市綜合實力」最佳十名城市與 2012 年調查結果相比，除重慶由第 18 名前進至第十名，而 2012 年排名第八的青島則落出前十佳城市之外，其餘城市無大幅變動，2013 年前十佳城市排名如下：（1）蘇州昆山；（2）蘇州工業區；（3）杭州蕭山；（4）成都；（5）南京江寧；（6）廈門島外；（7）蘇州市區；（8）蘇州新區；（9）天津濱海；（10）重慶。而 2013 年「城市綜合實力」排名最後十名則分別為：（1）貴陽；（2）北海；（3）贛州；（4）東莞清溪；（5）吉安；（6）東莞厚街；（7）東莞長安；（8）東莞石碣；（9）九江；（10）江門。

中國大陸沿海地區為進出口貿易之重要對外窗口，尤其蘇杭一帶更是中國大陸最具經濟發展優勢之區域，然伴隨西部地區逐漸成為中國大陸經濟持續發

展的新成長點，再加上成都、重慶等西南城市亦不斷優化投資環境，吸引各方資金進入。對此，2013《TEEMA 調查報告》針對蘇州昆山、蘇州工業區、杭州蕭山與南京江寧等城市加以深入探究，了解各城市之優勢所在以供讀者參考。

1. 蘇州昆山：昆山不斷透過政策、合作，優化投資環境，吸引大量投資者進駐，且 2013 年 2 月昆山更獲得中國大陸政府批准設立「昆山深化兩岸產業合作試驗區」，將於產業技術與金融業務合作交流，採取「先行先試」策略，實施各項在兩岸新興的業務項目或經營模式。顯示昆山在兩岸企業交流具有指標性的地位。此外，據 2013《TEEMA 調查報告》顯示，蘇州昆山已連續五年位列中國大陸城市綜合實力排行榜第一名，其投資環境優越之理由茲列如下：

❶ **理由一【高效政府回應】**：2013 年中國大陸國務院正式批准同意設立昆山深化兩岸產業合作試驗區。對此，昆山政府積極在兩岸電子商務方面尋求合作機會，昆山市市委書記管愛國（2013）表示：「昆山將搭建貿易便利化政策承接平台，充分發揮試驗區貿易企業內銷便利化政策優勢，加快向海關申請保稅倉庫，以承接貿易便利化政策落地，為電子商務發展營造政策優勢」，道出昆山政府以構建服務型政府為目標，力求降低兩岸經商障礙，創造前往當地投資企業的競爭優勢。

❷ **理由二【多元城市功能】**：2013 年 2 月 17 日，中國大陸國務院批准同意設立昆山深化兩岸產業合作試驗區，總投資額 528 億元人民幣的 85 個重大專案開工。其中，先進製造業專案共計有 37 個，總投資金額高達 117 億元人民幣；現代服務業則為專案 19 個，總投資資金數為 141 億元人民幣；重大基礎設施和社會事業項目為 29 個，總投資 270 億元人民幣；重大基礎設施和社會事業項目 29 個，總投資 270 億元人民幣。綜觀上述顯示昆山產業積極轉型升級，且採取服務業與城市基礎建設共進，未來可望持續朝新顯示器、新材料、節能環保及高端裝備等策略性新興產業布局外，亦同時提升昆山市綜合服務功能，推動生態城市建設，以進一步改善民生生計。

❸ **理由三【技術優勢集聚】**：2012 年昆山推動與台灣的科技產業對接，因此昆山高新區借鑑台灣新竹科技園運作模式，規劃昆山新竹科技園，並邀請台灣相關專家設計規劃。目前，園區內台資企業已成立 51 家研發機構，包括富士康、萬泰機電、永豐餘家品、信益陶瓷、欣興同泰、凌達光電及亞龍紙製品等台資企業，皆在昆山高新園區設立研發中心。盼藉由此平台引進台灣研發機構，打造優秀的產業群聚，提升規模經濟之效用。

❹ **理由四【龐大台商引力】**：2012 年中國大陸江蘇省成為台商數量、台資企業數量進駐最多的第一大省。其中，昆山更是中國大陸台資企業最密集、兩岸經貿文化交流最熱絡的地區，截至 2013 年 3 月已有 4,243 家台資企業投資，投資總額達逾 527.2 億美元，占江蘇省的四分之一及中國大陸的九分之一。多

年來昆山對台經貿的機制和建構，已吸引眾多台商前往，藉由和眾多台商的經營實力充分結合下，迄今開創成果耀眼的經貿奇蹟。

❺**理由五【與時俱進思維】**：回顧昆山近年政策方針演變，2008 年昆山率先在中國大陸提出 28 條政策，鼓勵台商轉型升級；2010 年中國大陸面對缺電缺工荒，昆山市制定「有序用電計畫」，從階段用電、電價補貼等進行協調規定，與台商共體時艱；2013 年兩岸金融開始制度化交流，昆山便先行試辦兩岸金融領域的新興業務，如兩岸間的個人戶人民幣往來業務、兩岸間的企業戶人民幣借貸等。由上可知，昆山市歷任首長一直能以審時度勢的思維，為昆山尋求最優良的兩岸經貿方針，並隨環境轉變進行調整。

2. 蘇州工業區：蘇州工業區位處中國大陸江蘇省蘇州古城東側，是中國大陸和新加坡兩國政府間首個、且為目前最大的合作項目。據蘇州工業區管理委員會數據顯示，2012 年蘇州工業區實現地區生產總值 1,738 億元人民幣，較 2011 年成長 10.7%；園區以蘇州市 3.4% 的土地、6.8% 的人口，創造 15% 左右的經濟總量。道出蘇州工業區具備強大的綜合競爭實力，驅使越來越多的跨國公司和企業選擇、匯集園區。此外，據 2013《TEEMA 調查報告》顯示，蘇州工業區除連續七年均列城市綜合實力排行榜上的【A】級「極力推薦」城市外，2013 年更進一步躍上第二名寶座，其投資環境優越之理由茲列如下：

❶**理由一【聚焦新興產業】**：截至 2013 年 5 月，蘇州工業區共有 88 家世界 500 強企業在區內投資 148 個項目，十億美元以上專案七個，在電子資訊、機械製造等方面形成具有一定競爭力的產業群聚。其中，新興產業更是迅速擴大，包括奈米技術應用、生物醫藥及雲端計算等新興產業，並於 2012 年實現總產值 2,020 億人民幣，成長 10%，占規模工業總產值比重達 54%。顯示新興產業已成為蘇州工業區極為重要的發展領域，未來更將隨全球產業布局調整機遇，快速調整投資法規與政策，以吸引更多外資。

❷**理由二【高階人才眾多】**：自 2008 年 12 月中國大陸政府發布《中央人才工作協調小組關於實施海外高階人才引進計畫的意見》以來，蘇州工業區便實施「人才強區」策略，並於 2011 年 7 月在蘇州工業園區東沙湖成立「千人計畫創投中心」，盼望成為世界各國懷抱夢想的創業人才，用以搭建在中國大陸創業的平台；於 2012 年加大目標實施「金雞湖雙百人才計畫」；2013 年千人計畫創投中心更於美國矽谷舉辦「融在沙湖」人才資本交流會，向矽谷高階人才介紹千人計畫及其創投中心，藉此吸引海外優秀人才，以強化蘇州工業區競爭力。

❸**理由三【打造智慧城市】**：蘇州工業園區作為中國大陸與新加坡兩國合作共建園區，希冀藉由新加坡的資訊化建設為全球領頭羊地位，帶領蘇州工業園區成長。2013 年 4 月，微軟亞洲網際網路創新中心落戶蘇州工業區，至此，蘇州工業區已擁有微軟、IBM、惠普等國際一流的資訊技術服務企業。對此，

蘇州工業園區管委會主任楊知評（2013）表示：「未來將參考新加坡先進的管理理念，透過互聯網、物聯網、雲計算、人工智慧等資訊技術，引進『智慧園區、非常城市』建設」，道出蘇州工業區未來將以資訊化推進新型工業，並藉由各系統間資料互享和協同利用，使蘇州工業區進一步「智慧化」，以更加地完善其投資環境。

❹理由四【便利商務服務】：工業園區的發展必然離不開企業的投資和挹注。對此，蘇州工業區借鑑新加坡的「敲門式招商」，在世界各國設置招商辦事處，每天集蒐集國的經濟發展情報，了解各大企業項目發展趨勢，再經由專人負責前往招商，是故，蘇州工業區必須致力於創建符合國際經濟產業轉移需求的投資環境。對此，蘇州工業園區管委會主任楊知評（2013）表示：「經過十幾年的建設和發展，從海關、國檢、商檢、物流，到報關、登記，這些很多都是借鑑新加坡一站式服務的經驗，學習一套為企業服務的制度」，顯示蘇州工業區已經形成一套「親商親民親環境親人才」的理念，為投資者們提供一系列投資和貿易的便利化服務。

❺理由五【良好社會民生】：為提高投資企業居民族群的歸宿感、滿意度，蘇州工業區把保障和改善民生放在重要發展位置，教育均衡發展方面率先推動教育一體化管理與醫藥衛生體制改革，並建造一批學校、醫院、保障房等民生工程，而於文化層面，則建立文化藝術中心、美術館及文化館等設施，使當地居民於精神層面得以獲得滿足。由此顯示蘇州工業區注重商業與社會民生的均衡發展，盼藉此拉升城市綜合實力。

3. 杭州蕭山：蕭山地處中國大陸經濟最為活躍的長江三角洲南面，是國際風景旅遊名城、省會城市杭州市的一個經濟特區，面積1,420.22平方公里，人口約122萬，曾榮獲「中國十大最有吸引力城市」及「中國製造業十佳投資城市」等榮譽。且根據2013《TEEMA調查報告》顯示，2013年杭州蕭山之城市綜合實力較2012年進步兩個名次，排名第三，其投資環境優越之理由茲列如下：

❶理由一【金融平台打造】：為抓住美國金融業整合發展的有利契機，中國大陸浙江杭州市蕭山區政府計畫於2012年12月在美國紐約舉辦2012年杭州市蕭山區（紐約）金融投資研討會，盼借助其優質金融資本進一步加強蕭山的經濟實力。而研討會討論內容主要圍繞金融及投資方面的優惠政策、蕭山投資環境介紹及相關金融投資項目洽談等。顯示杭州蕭山將逐步健全多元化、多功能的金融服務體系，同時為國內外金融機構和企業構建交流合作的長期平台，以完善經商環境。

❷理由二【便捷交通網絡】：杭州位於中國大陸東南沿海北部，東鄰杭州灣，南與紹興、金華相接，西南與衢州相接，北與湖州、嘉興兩市毗鄰。在陸運上，杭州為中國大陸華東地區鐵路樞紐，擁有滬杭、浙贛、蕭甬、宣杭四條

鐵路，並於 2012 年開工建設「四快四立交六路一河一管三泵」工程，以提升杭州之交通網絡的便捷程度；空運上，杭州蕭山國際機場是杭州市的主要民航機場，同時也是浙江省以及長三角地區的重要機場，其 2012 年旅客輸送量達 1,911 萬人次，是為中國大陸前十大機場。上述可知杭州蕭山便捷的交通網絡，是其發展經濟的重要推力。

❸理由三【節能減排宣導】：蕭山早於 2011 年便投入節能減排宣導措施，如頒布《蕭山區節能降耗目標責任制考核辦法》、表章節能降耗工作先進單位及個人獎項等。2013 年蕭山繼續加大力度推進節能減排工作，盼透過更新設備、淘汰落後產能，降低企業單位產品能耗，實現經濟效益與社會效益雙收的成果。根據蕭山市政府 2013 年公布數據顯示出，截至 2013 年 6 月，蕭山已推出 120 個重點節能專案，計畫總投資 6.34 億元人民幣，預計這些項目運行一年可節電 9,765 萬千瓦時、節煤 12.5 萬噸及節水 1,646 萬噸。

❹理由四【著重便利服務】：為加大海外高層次人才引進培養力度，以及加快推進蕭山產業轉型升級和經濟社會發展，2013 年蕭山以最高 500 萬元人民幣扶持資金、1,000 萬元人民幣貸款貼息等優惠政策，面向全球號召海外優秀留學人才。根據蕭山區人力社保局（2013）發布聲明指出：「計畫將重點引進符合蕭山區產業發展方向的技術、項目、資金的海外高層次創業創新人才」，顯示蕭山當地政府重視人才的引進，盼能藉此轉化為該市經濟發展的推動力，讓蕭山的城市綜合實力更上一層樓。

❺理由五【快速引資成長】：根據杭州市工商行政管理局蕭山分局（2013）發布《2013 蕭山區市場主體生存情況快報（5 月份）》指出，2013 年五月份蕭山新增經濟戶口總數同比成長 33.47%。其中，內資企業同比成長 27.41%，外資企業同比成長 180%，個體工商戶同比成長 35.41%。新增註冊資本方面，內資企業為 60,167 萬元人民幣，同比成長 32.25%；外資為 3,128 萬美元，同比成長 660%；個體工商戶 10,023 萬元人民幣，同比成長 84.48%。由上述數據可知，杭州蕭山經濟發展勢頭良好，並保持著良好成長速度，同時其經濟實力亦可望持續增強。

為了解 TEEMA 2009 年至 2013 年中國大陸城市綜合實力排行及台商推薦投資等級之變化，2013《TEEMA 調查報告》將 2009 年至 2013 年之結果整理如表 16-2。由表可察，【A】、【B】、【C】、【D】四等級城市數分布，2013年列入【A】級的城市占受評的 112 個城市之 25.00%，列入【B】級的城市數比例占 30.36%，【C】級的城市數比例占 31.25%，至於列入【D】級的城市所占比例最小，占 13.39%。相較 2012 年，【A】級「極力推薦」與【B】級「值得推薦」之城市數量比例雖皆有提升，但提升幅度不大；而【C】級「勉予推薦」與【D】級「暫不推薦」部分，「暫不推薦」的城市數比例有較明顯下降。結

果顯示，城市數比例整體上變動幅度不大，此外，【A】等級之城市與 2012 年結果相比，「極力推薦」的城市成員亦無大幅改變，主要仍以中國大陸沿海地區為主，其因為該區域發展已漸成熟，發展基礎雄厚，其他區域城市短期內於城市綜合實力較難以望其項背。

2013《TEEMA 調查報告》亦以調查城市所在區域進行區隔，將其城市綜合實力推薦等級與該城市所屬之七大經濟區域分布進行比較，結果整理如表16-3。中國大陸七大經濟區域列 2013 年台商「極力推薦」城市排名依序為：（1）華東地區 19 個（17%）；（2）華北地區三個（3%）；（3）華南、西南地區各兩個（2%）；（4）西北、東北地區各一個（1%）；華中地區則無城市進入【A】級「極力推薦」等級。由此可知，華東地區仍然是較受台商喜愛，以及投資環境較為健全之區域。

二、2012-2013 TEEMA 城市推薦等級變遷分析

根據 2013《TEEMA 調查報告》2012 年與 2013 年城市綜合實力以及城市綜合實力推薦等級綜合比較結果，根據圖 16-1 至圖 16-4 可看出重要資訊如下述：

1. 2012-2013 調查評估城市的投資環境變動：2013 年列入《TEEMA 調查報告》分析城市但 2012 年未列入評比者，計有三個城市，分別為：（1）馬鞍山；（2）唐山；（3）三亞，可發現 2013 年新增城市大多屬於華北地區、中部地區之城市，對此深圳台商協會副會長張力平（2012）表示：「中部崛起是經濟發展的重大策略，亦是落實經濟轉型的重要平台」，對中部城市發展的前景台商相當看好。

2. 2012-2013 城市綜合實力推薦的投資環境變動：就 2012 年至 2013 年《TEEMA 調查報告》中兩年度皆列入【A】級「極力推薦」等級之城市共有 25 個，占 2013 年【A】級城市的 89.29%，較 2012 年的 67.86% 來的高，顯見排名與變化相當穩定，而 2013 年列入【B】級「值得推薦」的城市共有 24 個，占 2013 年【B】級城市的 70.59%，較 2012 年的 59.38% 來得高，此外，2013 年新增的城市中有一個城市列入【B】級「值得推薦」的城市，占 2013 年【B】級城市的 2.94%。再者，兩年度共有 24 個城市皆列入【C】級「勉予推薦」，占 2013 年【C】級城市 68.57%，且新增的城市中有兩個城市列入【C】級「勉予推薦」，占 5.71%，而兩年度皆列入【D】級「暫不推薦」的城市則有 13 個，占 2013 年【D】級城市的 86.67%，由此可知其變動幅度較小。

3. 2012-2013【A】級「極力推薦」城市投資環境變動：2012 年至 2013 年《TEEMA 調查報告》中列入【A】級「極力推薦」前十名城市，依序為：（1）蘇州昆山（A01）；（2）蘇州工業區（A02）；（3）杭州蕭山（A03）；（4）成都（A04）；（5）南京江寧（A05）；（6）廈門島外（A06）；（7）蘇州

表 16-1 2013 TEEMA 中國大陸城市綜合實力排名分析

排名	城市	省市	區域	❶ 城市競爭力 加權評分	排名	❷ 投資環境力 加權評分	百分位	排名	❸ 投資風險度 加權評分	百分位	排名	❹ 台商推薦度 加權評分	百分位	排名	城市綜合實力 綜合評分	排名	等級
01	蘇州昆山	江蘇省	華東	82.217	06	4.221	98.608	01	1.641	98.831	01	4.358	96.423	02	95.888	A01	極力推薦
02	蘇州工業區	江蘇省	華東	82.217	06	4.208	98.028	03	1.727	98.296	02	4.321	93.747	04	95.095	A02	
03	杭州蕭山	浙江省	華東	82.926	04	4.195	98.162	02	1.768	95.665	03	4.357	95.709	03	94.759	A03	
04	成都	四川省	西南	80.896	10	4.001	89.601	07	1.821	93.970	06	4.457	97.136	01	90.736	A04	
05	南京江寧	江蘇省	華東	79.258	11	4.019	91.696	05	1.763	94.818	05	4.189	90.715	09	90.620	A05	
06	廈門島外	福建省	華南	67.672	26	4.005	92.945	04	1.783	95.263	04	4.250	92.142	06	89.729	A06	
07	蘇州新區	江蘇省	華東	82.217	06	3.971	89.244	08	1.899	89.155	11	4.200	91.161	08	88.451	A07	
08	蘇州市區	江蘇省	華東	82.217	06	3.953	89.957	06	1.893	88.887	12	4.163	88.218	10	88.214	A08	
09	天津濱海	天津市	華北	82.986	03	3.951	87.282	09	1.864	91.250	08	4.129	88.129	11	87.955	A09	
10	重慶	重慶市	西南	78.281	13	3.907	86.122	12	1.874	89.556	09	4.302	93.212	05	87.040	A10	
11	上海閔行	上海市	華東	87.240	01	3.890	84.517	16	1.898	89.422	10	4.107	86.345	14	86.671	A11	
12	無錫江陰	江蘇省	華東	76.733	15	3.882	84.027	17	1.871	91.340	07	4.207	91.340	07	86.223	A12	
13	大連	遼寧省	東北	79.063	12	3.922	87.148	10	1.932	87.282	14	4.132	86.702	13	85.909	A13	
14	南京市區	江蘇省	華東	79.258	11	3.910	85.052	14	1.973	84.517	15	4.140	87.594	12	84.404	A14	
15	青島	山東省	華北	77.916	14	3.922	86.479	11	2.016	78.943	21	4.047	82.332	17	82.312	A15	
16	廈門島內	福建省	華南	67.672	26	3.855	82.555	18	1.899	88.620	13	4.032	81.530	18	81.988	A16	
17	杭州市區	浙江省	華東	82.926	04	3.835	79.256	21	1.999	82.109	18	4.009	81.530	18	81.003	A17	
18	寧波北侖	浙江省	華東	75.967	17	3.911	85.810	13	2.110	71.497	28	4.071	85.810	15	80.040	A18	
19	寧波市區	浙江省	華東	75.967	17	3.836	80.370	20	2.035	77.160	23	3.983	78.854	20	78.519	A19	
20	上海市區	上海市	華東	87.240	01	3.746	72.612	29	2.053	77.294	22	3.987	77.427	21	76.933	A20	
21	無錫市區	江蘇省	華東	76.733	15	3.844	81.173	19	2.100	71.185	29	3.975	76.892	22	76.868	A21	
22	南通	江蘇省	華東	65.039	32	3.792	77.517	22	2.015	80.772	20	3.957	76.714	23	76.501	A22	
23	上海浦東	上海市	華東	87.240	01	3.726	70.338	32	1.999	81.084	19	3.889	72.166	32	76.371	A23	
24	北京亦莊	北京市	華北	81.740	08	3.725	70.873	30	2.002	82.288	16	3.883	73.147	29	76.268	A24	
25	蘇州張家港	江蘇省	華東	82.217	06	3.807	77.338	24	2.071	72.166	27	3.928	73.771	26	75.983	A25	
26	淮安	江蘇省	華東	49.591	54	3.881	84.963	15	2.050	76.982	15	3.984	75.376	25	75.825	A26	
27	西安	陝西省	西北	73.760	18	3.811	77.517	23	2.073	74.484	23	3.952	73.682	27	75.468	A27	
28	揚州	江蘇省	華東	57.535	42	3.758	73.236	26	1.985	82.288	16	4.059	84.116	16	75.228	A28	

179

表 16-1 2013 TEEMA 中國大陸城市綜合實力排名分析（續）

排名	城市	省市	區域	❶城市競爭力 加權評分	排名	❷投資環境力 加權評分	百分位	排名	❸投資風險度 加權評分	百分位	排名	❹台商推薦度 加權評分	百分位	排名	城市綜合實力 綜合評分	排名	等級
29	無錫宜興	江蘇省	華東	76.733	15	3.746	72.879	27	2.047	76.001	25	3.953	76.090	24	74.875	B01	
30	合肥	安徽省	華中	71.061	21	3.736	70.605	31	2.118	67.350	34	3.895	73.058	31	70.065	B02	
31	上海松江	上海市	華東	87.240	01	3.679	64.318	40	2.123	65.254	39	3.865	69.847	35	68.867	B03	
32	寧波慈溪	浙江省	華東	75.967	17	3.695	67.618	35	2.143	65.879	38	3.867	70.471	34	68.776	B04	
33	北京市區	北京市	華北	81.740	08	3.681	66.503	37	2.159	63.337	43	3.820	66.547	39	67.845	B05	
34	南昌	江西省	華中	61.837	35	3.702	68.108	34	2.124	67.261	35	3.873	73.325	28	67.696	B06	
35	蘇州吳江	江蘇省	華東	82.217	06	3.677	66.993	36	2.151	62.401	45	3.739	62.891	42	67.284	B07	
36	綿陽	四川省	西南	41.942	69	3.748	72.701	28	2.109	68.955	32	3.879	73.147	29	67.030	B08	
37	德陽	四川省	西南	36.993	75	3.747	73.637	25	2.097	70.739	30	3.811	67.707	37	66.382	B09	
38	連雲港	江蘇省	華東	43.089	66	3.708	69.580	33	2.083	70.650	31	3.852	71.185	33	66.168	B10	
39	徐州	江蘇省	華東	60.644	38	3.623	61.732	42	2.168	63.114	44	3.816	68.866	36	63.053	B11	
40	上海嘉定	上海市	華東	87.240	01	3.586	56.292	50	2.159	63.471	42	3.629	53.616	54	62.686	B12	
41	蕪湖	安徽省	華中	51.119	52	3.661	64.719	39	2.108	67.841	33	3.631	55.222	51	62.191	B13	
42	鹽城	江蘇省	華東	54.003	47	3.625	62.356	41	2.161	63.783	41	3.733	62.713	44	61.585	B14	
43	鎮江	江蘇省	華東	58.289	40	3.605	60.126	43	2.143	66.637	37	3.663	57.808	47	61.456	B15	
44	寧波奉化	浙江省	華東	75.967	17	3.592	57.808	49	2.213	57.228	50	3.735	63.426	41	61.200	B16	
45	常州	江蘇省	華東	68.325	24	3.564	55.355	51	2.172	64.452	40	3.731	62.445	45	61.093	B17	
46	寧波餘姚	浙江省	華東	75.967	17	3.589	59.012	48	2.206	57.005	51	3.624	54.419	52	60.264	B18	
47	馬鞍山	安徽省	華中	42.167	68	3.602	59.904	45	2.142	67.127	36	3.744	62.445	46	59.791	B19	
48	濟南	山東省	華北	70.237	22	3.592	59.056	46	2.220	57.451	49	3.665	55.846	50	59.770	B20	
49	威海	山東省	華北	52.702	50	3.602	59.056	46	2.234	57.496	48	3.775	63.515	40	58.304	B21	
50	廊坊	河北省	華北	46.368	60	3.667	64.764	38	2.236	57.986	47	3.596	53.170	56	58.232	B22	
51	蘇州太倉	江蘇省	華東	82.217	06	3.544	52.814	55	2.264	51.476	58	3.665	56.024	48	57.305	B23	
52	宿遷	江蘇省	華東	39.788	73	3.605	59.993	44	2.190	59.368	46	3.665	56.024	48	56.179	B24	
53	湖州	浙江省	華東	49.681	53	3.543	53.973	53	2.237	55.712	53	3.792	66.637	38	55.750	B25	
54	煙台	山東省	華北	66.163	31	3.544	53.616	54	2.256	54.999	54	3.565	50.673	57	55.472	B26	
55	蘇州常熟	江蘇省	華東	82.217	06	3.451	45.233	63	2.255	52.100	57	3.526	45.768	64	52.921	B27	
56	長沙	湖南省	華中	76.095	16	3.483	48.444	59	2.312	47.151	64	3.478	43.806	66	51.508	B28	

值得推薦

表 16-1 2013 TEEMA 中國大陸城市綜合實力排名分析（續）

排名	城市	省市	區域	❶ 城市競爭力 加權評分	排名	❷ 投資環境力 加權評分	百分位	排名	❸ 投資風險度 加權評分	百分位	排名	❹ 台商推薦度 加權評分	百分位	排名	城市綜合實力 綜合評分	排名	等級
57	泰州	江蘇省	華東	51.549	51	3.506	48.756	58	2.226	56.961	52	3.530	47.195	62	51.402	B29	值得推薦
58	珠海	廣東省	華南	54.909	45	3.483	47.017	61	2.266	53.037	55	3.635	54.419	52	51.117	B30	
59	廣州天河	廣東省	華南	84.121	02	3.502	48.801	57	2.417	39.481	73	3.519	47.285	61	51.075	B31	
60	泉州	福建省	華南	62.130	33	3.515	50.718	56	2.324	46.972	65	3.553	48.265	59	50.938	B32	
61	杭州余杭	浙江省	華東	82.926	04	3.450	43.717	66	2.322	47.686	63	3.431	40.774	69	50.348	B33	
62	廣州市區	廣東省	華南	84.121	02	3.373	39.704	73	2.324	48.488	62	3.518	46.393	63	50.005	B34	
63	鄭州	河南省	華中	73.595	19	3.421	45.902	62	2.314	48.622	61	3.410	39.258	73	49.875	C01	勉予推薦
64	唐山	河北省	華北	60.679	37	3.433	44.520	65	2.308	50.450	59	3.550	48.444	58	49.312	C02	
65	瀋陽	遼寧省	東北	81.698	09	3.446	43.628	67	2.393	41.220	69	3.523	48.176	60	49.299	C03	
66	武漢漢陽	湖北省	華中	82.619	05	3.422	43.584	68	2.386	43.450	68	3.429	39.883	72	48.844	C04	
67	桂林	廣西	西南	42.903	67	3.539	54.330	52	2.470	36.048	75	3.758	62.891	42	48.415	C05	
68	保定	河北省	華北	53.007	49	3.491	48.176	60	2.528	34.666	76	3.612	53.438	55	45.637	C06	
69	南寧	廣西	西南	58.191	41	3.444	44.654	64	2.382	40.061	71	3.459	43.539	67	45.139	C07	
70	深圳市區	廣東省	華南	81.814	07	3.352	40.106	71	2.423	39.972	72	3.171	25.970	83	44.201	C08	
71	福州馬尾	福建省	華南	67.430	27	3.345	37.430	77	2.327	45.991	67	3.217	29.003	80	43.234	C09	
72	日照	山東省	華北	39.889	72	3.389	38.322	74	2.259	52.635	56	3.433	40.418	70	43.165	C10	
73	漳州	福建省	華南	47.232	58	3.367	36.405	78	2.282	49.737	60	3.352	35.067	77	41.828	C11	
74	武漢漢口	湖北省	華中	82.619	05	3.380	40.284	70	2.602	27.085	83	3.267	31.410	79	41.344	C12	
75	莆田	福建省	華南	38.642	74	3.321	34.532	79	2.326	46.259	66	3.438	39.972	71	39.482	C13	
76	武漢武昌	湖北省	華中	82.619	05	3.187	26.104	85	2.565	30.340	80	3.522	45.679	65	38.789	C14	
77	嘉興市區	浙江省	華東	61.984	34	3.327	34.175	80	2.404	40.239	70	3.135	24.008	87	38.641	C15	
78	泰安	山東省	華北	46.221	61	3.407	40.596	69	2.488	34.621	77	3.140	25.257	85	37.346	C16	
79	汕頭	廣東省	華南	39.982	71	3.345	37.831	76	2.566	29.850	81	3.422	43.004	68	36.535	C17	
80	岳陽	湖南省	華中	45.632	63	3.405	39.883	72	2.509	32.927	78	3.059	23.919	89	36.264	C18	
81	中山	廣東省	華南	53.254	48	3.368	38.099	75	2.537	31.990	79	3.059	20.441	93	35.891	C19	
82	福州市區	福建省	華南	67.430	27	3.243	27.397	82	2.682	22.849	88	3.350	35.513	76	33.255	C20	
83	嘉興嘉善	浙江省	華東	61.984	34	3.315	32.927	81	2.656	24.633	87	2.952	15.893	99	32.242	C21	
84	昆明	雲南省	西南	69.265	23	3.136	21.734	92	2.579	28.690	82	3.193	27.219	81	31.773	C22	
85	天津市區	天津市	華北	82.986	03	3.098	19.683	94	2.690	21.913	90	3.304	32.302	78	31.740	C23	

表 16-1 2013 TEEMA 中國大陸城市綜合實力排名分析（續）

排名	城市	省市	區域	❶ 城市競爭力		❷ 投資環境力			❸ 投資風險度			❹ 台商推薦度			城市綜合實力		
				加權評分	排名	加權評分	百分位	排名	加權評分	百分位	排名	加權評分	百分位	排名	綜合評分	排名	等級
86	三亞	海南省	華南	45.079	64	3.187	25.435	87	2.424	38.411	74	3.033	20.976	92	31.606	C24	勉予推薦
87	東莞市區	廣東省	華南	67.012	28	3.177	23.652	88	2.666	24.722	86	3.165	26.060	82	30.838	C25	
88	石家莊	河北省	華北	66.374	30	3.222	26.283	84	2.758	20.976	91	2.980	17.588	94	29.400	C26	
89	紹興	浙江省	華東	60.316	39	3.207	26.104	86	2.911	13.262	98	3.406	38.456	75	29.236	C27	
90	佛山	廣東省	華南	71.535	20	3.101	22.047	90	2.785	19.460	92	3.144	25.079	86	29.149	C28	
91	哈爾濱	黑龍江	東北	66.674	29	3.068	22.047	90	2.890	12.816	99	3.420	39.080	74	28.527	C29	
92	深圳寶安	廣東省	華南	81.814	07	3.081	20.798	93	2.837	15.938	95	2.950	16.071	98	27.783	C30	
93	長春	吉林省	東北	68.065	25	3.062	22.314	89	2.870	15.180	96	2.959	17.142	96	26.260	C31	
94	海口	海南省	華南	45.833	62	3.052	18.881	95	2.629	26.506	84	3.150	25.257	84	26.167	C32	
95	襄陽	湖北省	華中	49.432	55	3.219	26.595	83	2.828	15.982	94	3.090	21.957	91	26.141	C33	
96	溫州	浙江省	華東	61.149	36	3.001	18.301	96	2.714	22.359	89	2.915	14.645	100	25.397	C34	
97	蘭州	甘肅省	西北	47.696	57	2.974	16.740	98	2.668	25.480	85	3.056	24.008	88	25.096	C35	
98	惠州	廣東省	華南	54.537	46	2.999	16.027	99	2.820	16.696	93	3.094	22.849	90	23.027	D01	暫不推薦
99	深圳龍崗	廣東省	華南	81.814	07	2.708	6.172	109	2.861	15.090	97	2.838	12.326	102	21.117	D02	
100	宜昌	湖北省	華中	49.146	56	2.994	17.632	97	2.914	11.568	101	2.981	17.320	95	20.493	D03	
101	太原	山西省	華北	56.160	43	2.964	15.180	100	2.920	11.256	102	2.952	16.250	97	20.310	D04	
102	東莞虎門	廣東省	華南	67.012	28	2.870	10.007	105	2.949	10.319	104	2.835	11.523	104	18.879	D05	
103	江門	廣東省	華南	46.726	59	2.903	12.148	103	2.958	11.612	100	2.807	12.237	103	17.187	D06	
104	九江	江西省	華中	44.139	65	2.907	12.415	102	2.943	10.631	103	2.841	13.039	101	16.732	D07	
105	東莞石碣	廣東省	華南	67.012	28	2.845	10.230	104	3.049	5.191	109	2.640	6.172	108	16.627	D08	
106	東莞長安	廣東省	華南	67.012	28	2.810	8.625	107	3.003	6.529	106	2.686	6.083	109	16.373	D09	
107	東莞厚街	廣東省	華南	67.012	28	2.791	7.109	108	3.066	4.746	110	2.839	10.899	105	15.954	D10	
108	吉安	江西省	華中	36.782	76	2.958	14.243	101	2.958	9.740	105	2.669	6.440	107	15.103	D11	
109	東莞清溪	廣東省	華南	67.012	28	2.604	3.140	111	3.139	3.363	112	2.637	4.835	110	13.042	D12	
110	贛州	江西省	華中	40.286	70	2.700	5.281	110	3.030	6.440	107	2.744	8.937	106	11.428	D13	
111	北海	廣西	西南	36.667	77	2.848	9.428	106	3.067	5.905	108	2.144	1.089	112	11.206	D14	
112	貴陽	貴州省	西南	55.996	44	2.569	2.427	112	3.156	4.077	111	2.518	3.586	111	11.131	D15	

資料來源：本研究整理

表 16-2 2009-2013 TEEMA 中國大陸城市綜合實力推薦等級彙總表

年度	2009	2010	2011	2012	2013
[A] 極力 推薦	蘇州昆山、蘇州工業區、寧波北侖區、杭州蕭山、成都、杭州市區、寧波市區、揚州、蘇州新區、無錫市區、南京江寧、天津濱海、上海閔行、北京亦莊、無錫江陰、重慶、蘇州市區、大連、青島、廈門島外、廈門島內、鎮江	蘇州昆山、南京江寧、上海閔行、杭州蕭山、蘇州工業區、無錫江陰、南京市區、濟南、寧波市區、大連、杭州市區、蘇州新區、寧波北侖區、天津濱海、南京、蘇州、成都、重慶、廈門島外、寧波市區、上海市區、北京亦莊、蘇州新區、廈門島內	蘇州昆山、蘇州市區、天津濱海、無錫江陰、成都、蘇州新區、南昌、揚州、寧波市區、濟南	蘇州昆山、天津濱海、杭州蕭山、廈門島外、廈門島內、無錫江陰、大連、南京市區、廈門島內、杭州市區、揚州、蘇州、寧波慈溪、張家港、淮安	蘇州昆山、蘇州工業區、成都、重慶、蘇州、無錫、南京、寧波、上海、南京、北京、淮安、揚州
比率	22/93（23.66%）	24/100（24.00%）	20/104（19.23%）	28/109（25.68%）	28/112（25.00%）
[B] 值得 推薦	重慶、常州、無錫宜興、連雲港、濟南、上海浦東、嘉興、合肥、泰安、泰州、蘇州、紹興、蘇州張家港、廊坊、煙台、淮安、上海市區、寧波奉化、寧波慈溪、寧波餘姚、紹興、福州、蘇州常熟	威海、徐州、無錫、鎮江、日照、泰安、合肥、北京市區、廣州、保定、嘉興、無錫、武漢漢口、武漢漢陽、泰州、煙台、淮安、蘇州、南通、上海市區、寧波慈溪、廊坊、連雲港、寧波奉化、常州、杭州餘杭、上海嘉定、石家莊、武漢漢口、嘉興、鄭州、泰州	安徽合肥、連雲港、上海亦莊、北京市區、南通、鎮江、蘇州張家港、福州、廊坊、煙台、鹽城、泉州、蘇州、廣州、嘉興、泰安、武漢漢口	濟南、鎮江、寧波餘姚、無錫宜興、無錫、北京市區、鹽城、無錫、湖州、上海嘉定、鄭州、上海、武漢、桂林、西安、合肥、徐州、上海浦東、蘇州吳江、廊坊、威海、寧波奉化、北京市區、煙台、常州、泉州、泉州、杭州餘杭、南通、武漢漢口	無錫宜興、上海松江、北京市區、蘇州吳江、德陽、徐州、鎮江、常州、馬鞍山、威海、蘇州大連、湖州、蘇州、廣州、泰州、廣州、杭州、天河、余杭
比率	27/93（29.03%）	34/100（34.00%）	37/104（35.58%）	32/109（29.36%）	34/112（30.36%）

表 16-2　2009-2013 TEEMA 中國大陸城市綜合實力推薦等級彙總表（續）

年度	2009	2010	2011	2012	2013
[C] **勉予** **推薦**	莆田、天津市區、珠海、南潘、泉州、北京市區、福州馬尾、上海嘉定、桂林、吉安、漳州、武漢漢口、武漢漢陽、西安、九江、寧波餘姚、中山、海寧、上海松江、昆明、佛山、汕頭、溫州、贛州、廣州市區、武漢漢陽、東莞長安、石家莊、東莞市區、東莞厚街	福州市區、紹興、泉州、東莞虎門、南寧、天津市區、漳州、溫州、中山、昆明、廣州市區、長安、潘陽、贛昌、東莞厚街、寧波餘姚、蘇州常熟、桂林、東莞長安、珠海、福州馬尾、東莞市區、佛山、汕頭、東莞石碣、西安、九江、深圳市區、襄、莆田	天津市區、武漢漢陽、莆田、南寧、武漢武昌、桂林、東莞虎門、東莞長安、嘉興嘉善、鄭州、東莞清溪、長安、襄、東莞厚街、昆明、石家莊、無錫宜興、上海松江、紹興、常州、漳州、珠海、溫州、海安、佛山、東莞樟木頭、東莞塘廈、廣州市區、東莞市區	泰州市區、福州馬尾、漳州、保定、泰安、蘇州太倉、天津市區、嶺東、廣州市區、紹興、昆明、石家莊、襄、潘、海口、東莞虎門、武漢日照、廣州市區、福州興、嘉興市區、蘇州常熟、嘉興嘉善、汕頭、溫州、中山、深圳市區、東莞市區、莆田、佛山、東莞厚街	唐山、武漢漢陽、保定、深圳市區、日照、武漢漢口、武漢武昌、泰安、嶺東、福州市區、昆明、三亞、石家莊、佛山、深圳寶安、海陽、溫州、鄭州、潘陽、桂林、南寧、福州馬尾、漳州、莆田、嘉興市區、汕頭、中興、嘉興嘉善、天津濱海、東莞市區、紹興、哈爾濱、襄陽、蘭州
比率	30/93（32.26%）	30/100（30.00%）	31/104（29.81%）	32/109（29.36%）	35/112（31.25%）
[D] **暫不** **推薦**	深圳市區、惠州、江門、太原、宜昌、哈爾濱、吉安、深圳龍崗、東莞虎門、東莞厚街、北海、長春、蘭州、贛賓	吉安、深圳寶安、江門、長春、北海、宜昌、惠州、深圳龍崗、太原、東莞虎門、東莞厚街、北海、長春、蘭州	汕頭、贛州、吉安、深圳寶安、太原、蘭州、九江、深圳龍崗、深圳市區、惠州、貴陽、北海、哈爾濱、宜昌	九江、東莞長安、深圳龍崗、東莞清溪、深圳寶安、江門、贛州、北海、蘭州、東莞石碣、太原、惠州、宜昌、吉、哈爾濱、長春、貴陽	惠州、宜昌、江門、九江、東莞吉安、東莞長安、北海、深圳龍崗、太原、東莞虎門、東莞清溪、東莞清溪、北海
比率	14/93（15.05%）	12/100（12.00%）	16/104（15.38%）	17/109（15.60%）	15/112（13.39%）

表 16-3　2004-2013 TEEMA 中國大陸七大經濟區域之城市推薦等級百分比彙總表

年度	①華南地區 A 極力推薦	B 值得推薦	C 勉予推薦	D 暫不推薦	②華東地區 A 極力推薦	B 值得推薦	C 勉予推薦	D 暫不推薦	③華中地區 A 極力推薦	B 值得推薦	C 勉予推薦	D 暫不推薦	④華北地區 A 極力推薦	B 值得推薦	C 勉予推薦	D 暫不推薦	⑤西南地區 A 極力推薦	B 值得推薦	C 勉予推薦	D 暫不推薦	⑥西北地區 A 極力推薦	B 值得推薦	C 勉予推薦	D 暫不推薦	⑦東北地區 A 極力推薦	B 值得推薦	C 勉予推薦	D 暫不推薦
2004	1 (2%)	7 (10%)	11 (16%)	6 (9%)	7 (10%)	14 (21%)	3 (5%)	1 (2%)	1 (2%)	1 (2%)	1 (2%)	0 (0%)	4 (5%)	1 (2%)	2 (3%)	0 (0%)	1 (2%)	1 (2%)	3 (5%)	0 (0%)	0 (0%)	0 (0%)	0 (0%)	0 (0%)	0 (0%)	0 (0%)	0 (0%)	0 (0%)
2005	2 (3%)	8 (11%)	7 (9%)	7 (9%)	10 (13%)	13 (18%)	5 (7%)	0 (0%)	1 (1%)	5 (7%)	3 (4%)	0 (0%)	4 (5%)	2 (3%)	1 (1%)	0 (0%)	1 (1%)	2 (3%)	2 (3%)	1 (1%)	0 (0%)	0 (0%)	0 (0%)	0 (0%)	0 (0%)	0 (0%)	1 (1%)	0 (0%)
2006	2 (3%)	8 (8%)	10 (10%)	0 (11%)	12 (15%)	16 (18%)	3 (5%)	1 (1%)	1 (1%)	2 (3%)	3 (4%)	0 (0%)	3 (4%)	6 (8%)	1 (1%)	0 (0%)	1 (1%)	2 (3%)	1 (3%)	0 (0%)	0 (0%)	0 (0%)	1 (1%)	0 (0%)	1 (1%)	0 (0%)	2 (3%)	0 (0%)
2007	0 (0%)	6 (7%)	12 (14%)	7 (7%)	13 (15%)	15 (17%)	5 (6%)	0 (0%)	1 (1%)	0 (0%)	6 (7%)	0 (0%)	5 (6%)	8 (8%)	2 (2%)	2 (2%)	1 (1%)	3 (3%)	0 (0%)	2 (2%)	0 (0%)	0 (0%)	0 (0%)	2 (2%)	1 (1%)	0 (0%)	1 (1%)	2 (2%)
2008	0 (0%)	4 (4%)	10 (11%)	8 (10%)	14 (16%)	18 (20%)	5 (6%)	1 (1%)	1 (1%)	0 (0%)	7 (8%)	0 (0%)	6 (7%)	3 (3%)	3 (3%)	1 (1%)	1 (1%)	0 (0%)	3 (3%)	2 (2%)	0 (0%)	0 (0%)	0 (0%)	2 (2%)	1 (1%)	0 (0%)	1 (1%)	2 (2%)
2009	2 (2%)	2 (2%)	12 (12%)	8 (9%)	15 (15%)	19 (19%)	4 (4%)	0 (0%)	1 (1%)	1 (1%)	8 (8%)	1 (1%)	3 (3%)	5 (5%)	3 (3%)	1 (1%)	1 (1%)	1 (1%)	3 (3%)	1 (1%)	0 (0%)	0 (0%)	1 (1%)	1 (1%)	1 (1%)	0 (0%)	1 (1%)	2 (2%)
2010	2 (2%)	1 (1%)	16 (16%)	4 (4%)	14 (14%)	20 (20%)	4 (4%)	0 (0%)	1 (1%)	5 (5%)	4 (4%)	2 (2%)	4 (4%)	8 (8%)	1 (1%)	2 (2%)	2 (2%)	0 (0%)	3 (3%)	2 (2%)	0 (0%)	0 (0%)	1 (1%)	1 (1%)	1 (1%)	0 (0%)	1 (1%)	2 (2%)
2011	1 (1%)	5 (5%)	14 (13%)	6 (6%)	12 (12%)	21 (20%)	6 (6%)	0 (0%)	1 (1%)	2 (2%)	5 (5%)	4 (4%)	3 (3%)	8 (8%)	2 (2%)	4 (4%)	2 (2%)	0 (0%)	3 (3%)	2 (2%)	0 (0%)	1 (1%)	0 (0%)	1 (1%)	1 (1%)	0 (0%)	1 (1%)	2 (2%)
2012	2 (2%)	1 (1%)	14 (14%)	7 (6%)	20 (18%)	14 (13%)	7 (6%)	0 (0%)	1 (1%)	6 (6%)	3 (3%)	4 (4%)	2 (2%)	6 (6%)	5 (5%)	4 (4%)	2 (2%)	4 (4%)	1 (1%)	2 (2%)	0 (0%)	1 (1%)	0 (0%)	0 (0%)	1 (1%)	0 (0%)	1 (1%)	2 (2%)
2013	2 (2%)	4 (4%)	12 (11%)	8 (7%)	19 (17%)	18 (16%)	4 (4%)	0 (0%)	0 (0%)	5 (4%)	6 (5%)	4 (4%)	3 (3%)	4 (4%)	5 (5%)	4 (4%)	2 (2%)	2 (2%)	3 (3%)	2 (2%)	1 (1%)	0 (0%)	1 (1%)	0 (0%)	0 (0%)	0 (0%)	3 (3%)	0 (0%)

表 16-4 2000-2013 TEEMA 中國大陸推薦城市排名變化

排名	城市	省市	區域	2000	2001	2002	2003	2004	2005	2006	2007	2008	2009	2010	2011	2012	2013
01	蘇州昆山	江蘇省	華東	--	A02	A04	B14	A08	A03	A03	A02	A02	A01	A01	A01	A01	A01
02	蘇州工業區	江蘇省	華東	A01	A01	--	--	B01	A18	A01	A01	A01	A03	A06	A02	A04	A02
03	杭州蕭山	浙江省	華東	A07	B21	A07	A01	A01	A02	A18	A03	A06	A07	A07	A12	A05	A03
04	成 都	四川省	西南	B05	B13	B07	A08	A03	A04	A16	A09	A09	A11	A12	A09	A06	A04
05	南京江寧	江蘇省	華東	B14	B17	B15	B23	B02	B04	B16	A10	A07	A02	A03	A04	A02	A05
06	廈門島外	福建省	華南	B07	B10	B10	B03	B19	A16	A13	B06	B06	A12	A10	B02	A07	A06
07	蘇州市區	江蘇省	華東	A01	A01	A01	A07	B01	A18	A06	A14	A19	A14	A11	A03	A10	A07
08	蘇州新區	江蘇省	華東	A01	A01	--	--	B01	A18	A11	A07	A04	A19	A22	A11	A09	A08
09	天津濱海	天津市	華北	B21	B05	B08	B24	A07	A07	A07	A05	A03	A04	A02	A05	A03	A09
10	重 慶	重慶市	西南	--	B19	C17	B16	B14	B11	C03	B25	C13	B01	A08	A06	A18	A10
11	上海閔行	上海市	華東	B13	B14	B06	B08	A01	A01	A12	A08	A12	A06	A05	A10	A14	A11
12	無錫江陰	江蘇省	華東	B17	A06	A02	A03	A06	A05	A05	A04	A05	A10	A13	A07	A11	A12
13	大 連	遼寧省	東北	B04	B22	B09	A06	A10	A14	A19	A15	A14	A16	A21	A14	A13	A13
14	南京市區	江蘇省	華東	B14	B17	B15	B23	B02	A15	A08	B02	A13	B14	A15	A16	A15	A14
15	青 島	山東省	華北	B09	B12	A08	A02	A14	A12	B01	A11	A22	A18	A09	A08	A08	A15
16	廈門島內	福建省	華南	B07	B10	B10	B03	B19	A16	B12	B08	B11	A20	A24	A18	A17	A16
17	杭州市區	浙江省	華東	B10	B16	A05	A09	C02	B10	A04	A16	A23	A13	A23	A20	A19	A17
18	寧波北侖	浙江省	華東	--	--	--	--	B04	A13	A02	A06	A15	A05	A19	B08	A16	A18
19	寧波市區	浙江省	華東	A03	A05	A03	A05	B04	A13	B08	A21	B13	A15	A14	A17	A12	A19
20	上海市區	上海市	華東	B13	B14	B06	A04	B16	B01	B21	B26	B17	B10	A16	B05	A22	A20
21	無錫市區	江蘇省	華東	B17	A06	A02	A03	C01	B05	C07	B07	A11	A21	B05	B06	A26	A21
22	南 通	江蘇省	華東	--	--	--	--	B13	B19	D03	C23	C06	B16	B08	B09	A24	A22
23	上海浦東	上海市	華東	B13	B14	B05	B07	B12	A08	A14	B24	B24	B11	B10	B14	B07	A23
24	北京亦莊	北京市	華北	B06	B20	C02	B19	C04	B20	A10	A19	A17	A09	A20	B07	B14	A24
25	蘇州張家港	江蘇省	華東	A01	A01	C02	--	--	C04	B24	B11	B05	B02	B12	B15	A23	A25

表 16-4　2000-2013 TEEMA 中國大陸推薦城市排名變化（續）

排名	城市	省市	區域	2000	2001	2002	2003	2004	2005	2006	2007	2008	2009	2010	2011	2012	2013
26	淮 安	江蘇省	華東	--	--	--	--	--	--	C21	--	B12	B08	B04	B01	A27	A26
27	西 安	陝西省	西北	C03	B32	D04	--	--	B08	--	D10	D11	C29	C22	B10	B01	A27
28	揚 州	江蘇省	華東	B03	B07	A06	A10	A04	A09	A09	A20	A08	A17	A18	A15	A21	A28
29	無錫宜興	江蘇省	華東	B17	A06	A02	A03	--	--	B13	A18	A18	B05	B27	C04	B10	B01
30	合 肥	安徽省	華中	--	--	--	--	--	B09	C12	C22	C02	B19	B15	B11	B03	B02
31	上海松江	上海市	華東	B13	B14	B06	B05	B09	B03	B28	B22	B08	C08	B23	C06	B28	B03
32	寧波慈溪	浙江省	華東	A03	--	--	--	--	--	--	--	--	B22	B14	B18	A25	B04
33	北京市區	北京市	華北	B06	B20	C02	B19	B17	B02	B18	C06	C04	C13	B17	B30	B17	B05
34	南 昌	江西省	華中	--	B31	D05	--	A11	A10	A17	A12	A10	A08	A04	A13	A20	B06
35	蘇州吳江	江蘇省	華東	A05	A03	B03	B25	B22	C03	C09	C03	B09	B25	B06	B23	B09	B07
36	綿 陽	四川省	西南	--	--	--	--	--	--	--	--	--	--	--	--	B08	B08
37	德 陽	四川省	西南	--	--	--	--	--	--	--	--	--	--	--	--	B12	B09
38	連雲港	江蘇省	華東	--	--	--	--	--	--	C08	B09	B04	B07	B18	B03	A28	B10
39	徐 州	江蘇省	華東	--	--	--	--	A05	A06	--	--	--	B13	B03	B04	B05	B11
40	上海嘉定	上海市	華東	A02	B14	B06	B18	C07	B25	C02	B23	B25	C17	B26	B26	B22	B12
41	蕪 湖	安徽省	華中	--	--	--	--	--	--	--	--	--	--	--	--	B18	B13
42	鹽 城	江蘇省	華東	--	--	C05	--	--	--	--	C18	B03	--	--	B25	B16	B14
43	鎮 江	江蘇省	華東	--	B18	C04	C04	--	--	B22	B20	B02	A22	B07	B13	B04	B15
44	寧波奉化	浙江省	華東	A06	B26	B01	B01	B20	B14	B07	B15	B21	B12	B20	B22	B15	B16
45	常 州	江蘇省	華東	B22	B06	C08	B11	B10	B17	B19	B05	B15	B03	B22	B16	B21	B17
46	寧波餘姚	浙江省	華東	A04	A04	C07	C09	B08	B23	--	--	--	C04	C02	B24	B06	B18
47	馬鞍山	安徽省	華中	--	--	--	--	--	--	--	B04	B07	--	--	--	--	B19
48	濟 南	山東省	華北	--	B25	C04	B15	A13	A11	B06	A17	A21	B09	A17	A19	B02	B20
49	威 海	山東省	華北	--	--	--	--	--	--	B05	A13	A16	B20	B01	B12	B13	B21
50	廊 坊	河北省	華北	--	--	--	--	--	--	B25	B21	B01	B04	B16	B19	B11	B22
51	蘇州太倉	江蘇省	華東	A01	A01	--	--	B03	C05	--	--	--	B18	B11	B29	C11	B23

表 16-4 2000-2013 TEEMA 中國大陸推薦城市排名變化（續）

排名	城市	省市	區域	2000	2001	2002	2003	2004	2005	2006	2007	2008	2009	2010	2011	2012	2013
52	宿遷	江蘇省	華東	--	--	--	--	--	--	--	--	--	--	--	--	B25	B24
53	湖州	浙江省	華東	--	--	--	--	--	--	B11	B10	--	B06	B02	--	B20	B25
54	煙台	山東省	華北	--	--	--	--	--	C14	B02	B27	A20	B24	C04	B21	B19	B26
55	蘇州常熟	江蘇省	華東	--	B33	B13	--	C15	B30	C13	C01	B14	C26	C23	C10	C12	B27
56	長沙	湖南省	華中	--	--	--	D08	D07	B21	B23	C19	C19	B15	B33	C23	B26	B28
57	泰州	江蘇省	華東	B15	B24	B20	B06	B07	C06	B15	C05	D13	C05	C10	B35	C01	B29
58	珠海	廣東省	華南	B11	B28	C12	--	C11	B29	A20	B01	B22	B23	B19	C14	C22	B30
59	廣州天河	廣東省	華南	--	--	D03	D02	D05	C10	B04	B19	C03	C11	C05	B31	C06	B31
60	泉州	福建省	華南	--	--	--	--	C11	B06	--	--	C17	--	B24	B27	B23	B32
61	杭州余杭	浙江省	華東	--	--	--	B26	C11	--	B17	C20	--	C20	C21	B32	B27	B33
62	廣州市區	廣東省	華南	B11	B04	C12	B12	--	C10	--	C24	C20	C19	B34	C30	C17	B34
63	鄭州	河南省	華中	--	--	--	--	--	--	--	--	--	--	--	C19	B24	C01
64	唐山	河北省	華北	--	--	D01	C03	C08	--	--	--	--	--	--	--	--	C02
65	潘陽	遼寧省	東北	B16	--	B19	B17	B23	C01	C15	D03	C05	C09	C25	C22	C27	C03
66	武漢漢陽	湖北省	華中	B12	B09	C01	B09	--	B27	C14	C11	C11	C22	B30	C03	B30	C04
67	桂林	廣西	西南	--	B29	B16	--	C03	C12	C17	B13	D05	C19	C06	C11	B32	C05
68	保定	河北省	華北	--	--	--	--	--	--	--	--	--	--	B21	B36	C07	C06
69	南寧	廣西	西南	--	B30	C03	--	--	--	--	D09	C22	C07	C09	C07	B29	C07
70	深圳市區	廣東省	華南	B20	B23	C14	C01	C20	C09	D01	C21	C18	D01	C26	D06	C24	C08
71	福州馬尾	福建省	華南	C01	B01	B01	B09	B05	B24	C04	C13	C15	C15	C12	B20	C08	C09
72	日照	山東省	華北	--	--	--	--	--	--	--	--	--	--	B09	B28	C04	C10
73	漳州	福建省	華南	--	--	B14	B13	--	--	C10	C02	D08	C23	C13	C12	C05	C11
74	武漢漢口	湖北省	華中	B12	--	C01	--	B11	B22	B27	C09	C21	C27	B29	B37	B31	C12
75	莆田	福建省	華南	--	--	D06	C07	--	B12	--	B18	C25	C01	C30	C05	C28	C13
76	武漢武昌	湖北省	華中	B12	B09	C01	B21	B23	B13	B20	C10	C07	C25	B31	C09	C02	C14

表 16-4 2000-2013 TEEMA 中國大陸推薦城市排名變化（續）

排名	城市	省市	區域	2000	2001	2002	2003	2004	2005	2006	2007	2008	2009	2010	2011	2012	2013
77	嘉興市區	浙江省	華東	--	--	--	--	A09	B07	B10	B12	B18	B17	B25	B33	C10	C15
78	泰安	山東省	華北	--	B11	--	--	--	--	B03	--	B10	B21	B13	B34	C09	C16
79	汕頭	廣東省	華南	C01	C01	B18	B02	A12	A17	B03	C26	D03	C14	C18	D01	C16	C17
80	嶽陽	湖南省	華中	--	--	--	--	--	--	--	--	--	--	--	--	C15	C18
81	中山	廣東省	華南	B23	B08	B02	B01	B18	B18	B26	B16	B16	C06	C17	C27	C20	C19
82	福州市區	福建省	華南	C01	B01	C06	B09	C16	C07	C06	C16	C14	B26	C01	B17	C03	C20
83	嘉興嘉善	浙江省	華東	--	--	C09	--	C10	B07	B10	B12	B18	B17	B32	C17	C14	C21
84	昆明	雲南省	西南	--	B27	C09	--	C10	C16	C05	B14	C10	C10	C19	C31	C21	C22
85	天津市區	天津市	華北	B21	B05	B08	B24	A07	A07	B09	B03	B19	C03	C11	C01	C13	C23
86	三亞	海南省	華南	--	--	--	--	--	--	--	--	--	--	--	--	--	C24
87	東莞市區	廣東省	華南	B18	C03	D04	D05	D02	D05	D05	D05	D02	C30	C14	C15	C26	C25
88	石家莊	河北省	華北	--	B35	B17	--	--	--	C11	C07	C23	C28	B28	C02	C23	C26
89	紹興	浙江省	華東	--	--	--	--	B06	--	--	B17	B23	B27	C03	C08	C19	C27
90	佛山	廣東省	華南	B02	--	C03	D01	C14	--	C20	C04	C01	C12	C16	C18	C30	C28
91	哈爾濱	黑龍江	東北	D02	--	--	--	--	--	--	D08	D14	D13	D10	D14	D12	C29
92	深圳寶安	廣東省	華南	B20	B23	--	C05	C06	D03	C18	C17	C16	D02	D03	D07	D09	C30
93	長春	吉林省	東北	--	--	--	--	--	--	--	C14	D09	D12	D07	D13	D14	C31
94	海口	海南省	華南	--	--	--	--	--	--	--	--	--	--	--	--	C29	C32
95	襄陽	湖北省	華中	--	--	--	--	--	--	--	--	--	--	C28	C29	C25	C33
96	溫州	浙江省	華東	--	B15	C10	--	--	--	--	C15	B20	C16	C15	C16	C18	C34
97	蘭州	甘肅省	西北	--	--	--	--	--	--	--	D13	D15	D14	D12	D15	D17	C35
98	惠州	廣東省	華南	B19	B03	B12	B20	D01	D01	D04	D12	D10	D03	D02	D08	D06	D01
99	深圳龍崗	廣東省	華南	B20	B23	C13	B27	C05	D02	C16	D06	D01	D04	D04	D04	D05	D02
100	宜昌	湖北省	華中	--	--	--	--	--	--	--	D04	D16	D11	D11	D16	D08	D03
101	太原	山西省	華北	--	--	--	--	--	--	--	--	C24	D09	D06	D11	D04	D04
102	東莞虎門	廣東省	華南	B18	C03	D04	C06	D03	D04	C19	C12	D04	D06	C07	C20	C31	D05

表 16-4 2000-2013 TEEMA 中國大陸推薦城市排名變化（續）

排名	城市	省市	區域	2000	2001	2002	2003	2004	2005	2006	2007	2008	2009	2010	2011	2012	2013
103	江 門	廣東省	華南	--	--	--	--	B15	B15	C01	C08	C08	D05	D05	D09	D11	D06
104	九 江	江西省	華中	--	--	--	--	--	--	--	--	C12	C02	C24	D02	D01	D07
105	東莞石碣	廣東省	華南	B18	C03	D04	D03	C09	C15	D02	D02	D07	D07	C20	C24	D02	D08
106	東莞長安	廣東省	華南	B18	C03	D04	--	C18	C17	D06	D11	D12	C24	C08	C13	D03	D09
107	東莞厚街	廣東省	華南	B18	C03	D04	C12	B21	B28	D07	D01	D06	D08	C28	D05	C32	D10
108	吉 安	江西省	華中	--	--	--	--	--	--	--	--	--	C21	D01	C25	D10	D11
109	東莞清溪	廣東省	華南	--	--	--	--	--	--	--	--	C09	--	--	C21	D07	D12
110	贛 州	江西省	華中	--	--	--	--	--	--	--	D14	--	C18	C27	D03	D13	D13
111	北 海	廣 西	西南	--	--	--	--	--	D08	--	--	D17	D10	D09	D12	D15	D14
112	貴 陽	貴州省	西南	--	--	--	--	--	--	--	--	--	--	D08	D10	D16	D15

資料來源：本研究整理

註：
[1] 由於 2005 年「廣州市區」於 2006、2007、2008、2009、2010 年細分為「廣州天河」與「廣州市區」，因此 2006、2007、2008、2009、2010「廣州天河」與「廣州市區」對比的城市是 2005 的「廣州市區」。
[2] 由於 2005 年「北京其他」於 2006 重新命名為「北京亦莊」，因此 2006、2007、2008、2009、2010「北京亦莊」對比的城市是 2005 的「北京其他」。
[3] 由於 2005 年「天津」於 2006、2007、2008、2009、2010 年細分為「天津市區」與「天津濱海區」，因此 2006、2007、2008、2009、2010「天津市區」與「天津濱海區」對比的城市是 2005 的「天津」。
[4] 由於 2005 年「廈門」於 2006 細分為「廈門島內」與「廈門島外」，因此 2006、2007、2008、2009、2010 年「廈門島內」與「廈門島外」對比的城市是 2005 的「廈門」。
[5] 由於 2005 年「蘇州市區」於 2006 年細分為「蘇州新區」與「蘇州工業區」，因此 2006、2007、2008、2009、2010「蘇州新區」、「蘇州工業區」對比的城市是 2005 的「蘇州市區」。
[6] 由於 2005 年「寧波市區」於 2006 年細分為「寧波市區」與「寧波北侖區」，因此 2006、2007、2008、2009、2010「寧波市區」與「寧波北侖區」對比的城市是 2005 的「寧波市區」。
[7] 由於 2003 年「南京」於 2004 年細分為「南京市區」與「南京江寧」，因此 2004、2005、2006、2007、2008、2009、2010「南京市區」與「南京江寧」對比的城市是 2003 的「南京」。
[8] 由於 2003 年「無錫」於 2004 年細分為「無錫市區」、「無錫江陰」、「無錫宜興」，因此 2004、2005、2006、2007、2008、2009、2010「無錫市區」、「無錫江陰」、「無錫宜興」對比的城市是 2003 的「無錫」。
[9] 由於 2009 年「嘉興」於 2010 年細分為「嘉興市區」與「嘉興嘉善」，因此 2010「嘉興市區」與「嘉興嘉善」對比的城市是 2009 的「嘉興」。

市區（A07）；（8）蘇州新區（A08）；（9）天津濱海（A09）；（10）重慶（A10）。
而 2013 年【A】級「極力推薦」城市新增加三個為：上海浦東（B07 → A23）；
北京亦莊（B14 → A24）；西安（B01 → A27）；另外 2012 年屬於【A】級
「極力推薦」城市但 2013 年滑落至【B】級「值得推薦」等級者有：寧波慈溪
（A25 → B04）；南昌（A20 → B06）；連雲港（A28 → B10）。

　　4. 2012-2013【D】級「暫不推薦」城市投資環境變動：2012 年至 2013 年
《TEEMA 調查報告》研究結果顯示，兩年度均列入【D】級「暫不推薦」的城市
共有 13 個，分別為：（1）惠州（D01）；（2）深圳龍崗（D02）；（3）宜昌
（D03）；（4）太原（D04）；（5）江門（D06）；（6）九江（D07）；（7）
東莞石碣（D8）；（8）東莞長安（D09）；（9）吉安（D11）；（10）東莞清
溪（D12）；（11）贛州（D13）；（12）北海（D14）；（12）貴陽（D15）。
然而值得關注的是，2012《TEEMA 調查報告》列入【D】級「暫不推薦」的哈爾
濱、深圳寶安、長春及蘭州進步到「C」級「勉予推薦」等級之列，亦為城市綜
合實力推薦排名進步幅度前十名城市，其中根據中國大陸國務院 2013 年發布《全
國老工業基地調整改造規劃（2013-2022 年）》報告可知，中國大陸政府將發展
焦點轉移至東北地區老工業城市改造，力圖振興老工業基地發展。因此哈爾濱
受惠於政策發展契機，積極搭建經貿平台，開展與俄羅斯的經貿合作，深化哈
爾濱與俄羅斯產業發展、研發科技、金融機構、文化交流等多項領域投資，並
擴建哈爾濱機場，拓展與東北亞地區和北美國家的航空貨運業務。對此哈爾濱
海關關長韓森（2013）表示：「將打造更有效率的通關環境，藉此振興東北地
區老工業區的發展」，由此可知哈爾濱未來發展潛力勢不可擋，且在城鎮化政
策實施下，鋼鐵需求倍增，老工業區的改革勢必為哈爾濱帶來不可限量的榮景。

圖 16-1　2012-2013 TEEMA「極力推薦」等級城市變遷圖

圖 16-2 2012-2013 TEEMA「值得推薦」等級城市變遷圖

| 2012城市地位 | 2012-2013維持地位 | 2013城市地位 |

2012城市地位

A級	2012	3
B04 寧波慈溪 (A25)		
B06 南　昌 (A20)		
B10 連雲港 (A28)		

C級	2012	6
B23 蘇州太倉 (C11)		
B27 蘇州常熟 (C12)		
B29 泰　州 (C01)		
B30 珠　海 (C22)		
B31 廣州天河 (C06)		
B34 廣州市區 (C17)		

2012-2013維持地位

B級	2012-2013	24
B01 無錫宜興	B16 寧波奉化	
B02 合　肥	B17 常　州	
B03 上海松江	B18 寧波餘姚	
B05 北京市區	B20 濟　南	
B07 蘇州吳江	B21 威　海	
B08 綿　陽	B22 廊　坊	
B09 德　陽	B24 宿　遷	
B11 徐　州	B25 湖　州	
B12 上海嘉定	B26 煙　台	
B13 蕪　湖	B28 長　沙	
B14 鹽　城	B32 泉　州	
B15 鎮　江	B33 杭州余杭	

B級	2013新增評估城市	1
B19 馬鞍山		

2013城市地位

A級	2013	3
A23 上海浦東 (B07)		
A24 北京亦莊 (B14)		
A27 西　安 (B01)		

C級	2013	5
C01 鄭　州 (B24)		
C04 武漢漢陽 (B30)		
C05 桂　林 (B32)		
C07 南　寧 (B29)		
C12 武漢漢口 (B31)		

圖 16-3 2012-2013 TEEMA「勉予推薦」等級城市變遷圖

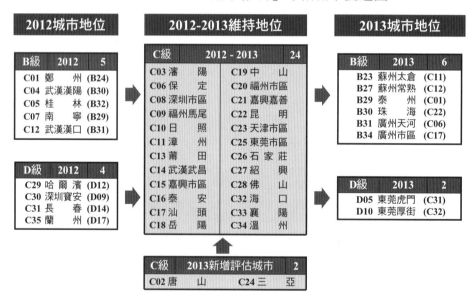

2012城市地位

B級	2012	5
C01 鄭　州 (B24)		
C04 武漢漢陽 (B30)		
C05 桂　林 (B32)		
C07 南　寧 (B29)		
C12 武漢漢口 (B31)		

D級	2012	4
C29 哈爾濱 (D12)		
C30 深圳寶安 (D09)		
C31 長　春 (D14)		
C35 蘭　州 (D17)		

2012-2013維持地位

C級	2012-2013	24
C03 瀋　陽	C19 中　山	
C06 保　定	C20 福州市區	
C08 深圳市區	C21 嘉興嘉善	
C09 福州馬尾	C22 昆　明	
C10 日　照	C23 天津市區	
C11 漳　州	C25 東莞市區	
C13 莆　田	C26 石家莊	
C14 武漢武昌	C27 紹　興	
C15 嘉興市區	C28 佛　山	
C16 泰　安	C32 海　口	
C17 汕　頭	C33 襄　陽	
C18 岳　陽	C34 溫　州	

C級	2013新增評估城市	2
C02 唐　山	C24 三　亞	

2013城市地位

B級	2013	6
B23 蘇州太倉 (C11)		
B27 蘇州常熟 (C12)		
B29 泰　州 (C01)		
B30 珠　海 (C22)		
B31 廣州天河 (C06)		
B34 廣州市區 (C17)		

D級	2013	2
D05 東莞虎門 (C31)		
D10 東莞厚街 (C32)		

圖 16-4 2011-2012 TEEMA「暫不推薦」等級城市變遷圖

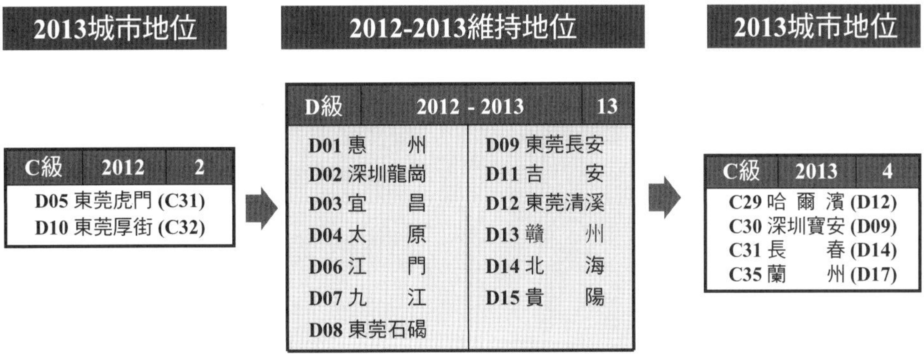

2013城市地位	2012-2013維持地位	2013城市地位

C級	**2012**	**2**
D05 東莞虎門 (C31)		
D10 東莞厚街 (C32)		

D級	**2012 - 2013**	**13**
D01 惠　　州	D09 東莞長安	
D02 深圳龍崗	D11 吉　　安	
D03 宜　　昌	D12 東莞清溪	
D04 太　　原	D13 贛　　州	
D06 江　　門	D14 北　　海	
D07 九　　江	D15 貴　　陽	
D08 東莞石碣		

C級	**2013**	**4**
C29 哈 爾 濱 (D12)		
C30 深圳寶安 (D09)		
C31 長　　春 (D14)		
C35 蘭　　州 (D17)		

三、2013 TEEMA 中國大陸 11 大經濟區城市綜合實力排名

根據 2013《TEEMA 調查報告》研究分析中國大陸 112 個城市的城市綜合實力，歸納分類成 11 個經濟區域，並針對經濟區域內各別城市之兩力兩度分數加權平均後，所得之各經濟區域的區域綜合實力排名，如圖 16-17 所示。

此外圖 16-6 至圖 16-17 經濟區綜合實力排名示意方式，如圖 16-5 說明如下述：（1）第一欄位為 2013《TEEMA 調查報告》列入該經濟區評比城市之排名；（2）第二欄位則為列入評比城市之名稱；（3）第三欄位是該城市在 2013《TEEMA 調查報告》之城市綜合實力分數；（4）第四欄位則為 2012-2013《TEEMA 調查報告》推薦等級變化；（5）第五欄位是 2012-2013《TEEMA 調查報告》排名之變化。

圖 16-5 2013 TEEMA 經濟區城市綜合實力排名示意圖

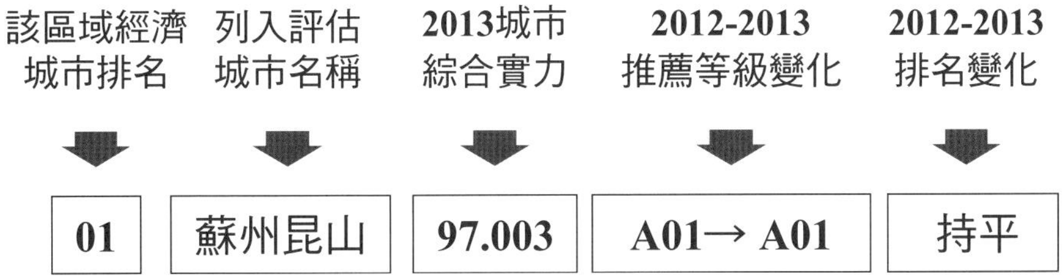

該區域經濟 城市排名	列入評估 城市名稱	2013城市 綜合實力	2012-2013 推薦等級變化	2012-2013 排名變化
01	蘇州昆山	97.003	A01→ A01	持平

圖 16-6　2013 TEEMA 西三角經濟區城市綜合實力排名

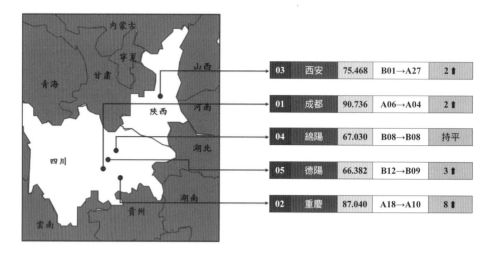

03	西安	75.468	B01→A27	2↑
01	成都	90.736	A06→A04	2↑
04	綿陽	67.030	B08→B08	持平
05	德陽	66.382	B12→B09	3↑
02	重慶	87.040	A18→A10	8↑

圖 16-7　2013 TEEMA 長三角經濟區城市綜合實力排名

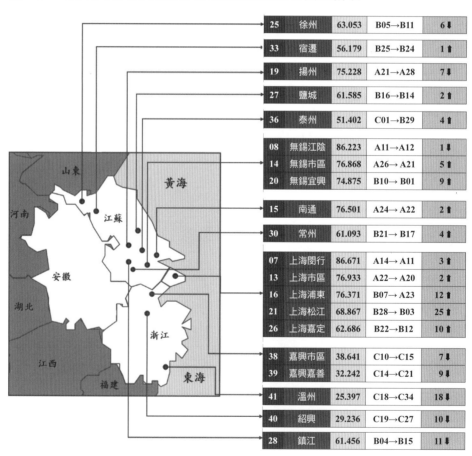

25	徐州	63.053	B05→B11	6↓
33	宿遷	56.179	B25→B24	1↑
19	揚州	75.228	A21→A28	7↓
27	鹽城	61.585	B16→B14	2↑
36	泰州	51.402	C01→B29	4↑
08	無錫江陰	86.223	A11→A12	1↓
14	無錫市區	76.868	A26→A21	5↑
20	無錫宜興	74.875	B10→B01	9↑
15	南通	76.501	A24→A22	2↑
30	常州	61.093	B21→B17	4↑
07	上海閔行	86.671	A14→A11	3↑
13	上海市區	76.933	A22→A20	2↑
16	上海浦東	76.371	B07→A23	12↑
21	上海松江	68.867	B28→B03	25↑
26	上海嘉定	62.686	B22→B12	10↑
38	嘉興市區	38.641	C10→C15	7↓
39	嘉興嘉善	32.242	C14→C21	9↓
41	溫州	25.397	C18→C34	18↓
40	紹興	29.236	C19→C27	10↓
28	鎮江	61.456	B04→B15	11↓

圖 16-7　2013 TEEMA 長三角經濟區城市綜合實力排名（續）

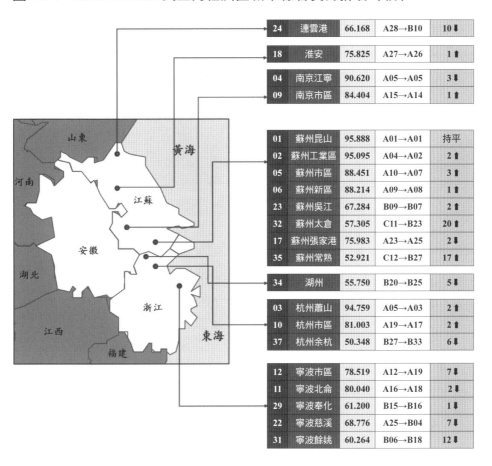

24	連雲港	66.168	A28→B10	10 ⬇
18	淮安	75.825	A27→A26	1 ⬆
04	南京江寧	90.620	A05→A05	3 ⬇
09	南京市區	84.404	A15→A14	1 ⬆

01	蘇州昆山	95.888	A01→A01	持平
02	蘇州工業區	95.095	A04→A02	2 ⬆
05	蘇州市區	88.451	A10→A07	3 ⬆
06	蘇州新區	88.214	A09→A08	1 ⬆
23	蘇州吳江	67.284	B09→B07	2 ⬆
32	蘇州太倉	57.305	C11→B23	20 ⬆
17	蘇州張家港	75.983	A23→A25	2 ⬇
35	蘇州常熟	52.921	C12→B27	17 ⬆

34	湖州	55.750	B20→B25	5 ⬇

03	杭州蕭山	94.759	A05→A03	2 ⬆
10	杭州市區	81.003	A19→A17	2 ⬆
37	杭州余杭	50.348	B27→B33	6 ⬇

12	寧波市區	78.519	A12→A19	7 ⬇
11	寧波北侖	80.040	A16→A18	2 ⬇
29	寧波奉化	61.200	B15→B16	1 ⬇
22	寧波慈溪	68.776	A25→B04	7 ⬇
31	寧波餘姚	60.264	B06→B18	12 ⬇

圖 16-8　2013 TEEMA 黃三角經濟區城市綜合實力排名

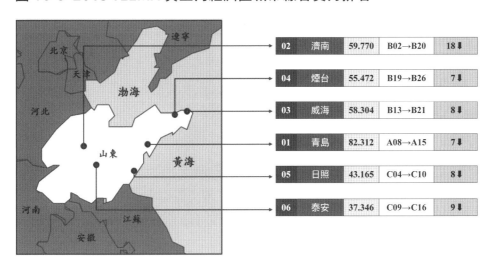

02	濟南	59.770	B02→B20	18 ⬇
04	煙台	55.472	B19→B26	7 ⬇
03	威海	58.304	B13→B21	8 ⬇
01	青島	82.312	A08→A15	7 ⬇
05	日照	43.165	C04→C10	8 ⬇
06	泰安	37.346	C09→C16	9 ⬇

圖 16-9 2013 TEEMA 環渤海經濟區城市綜合實力排名

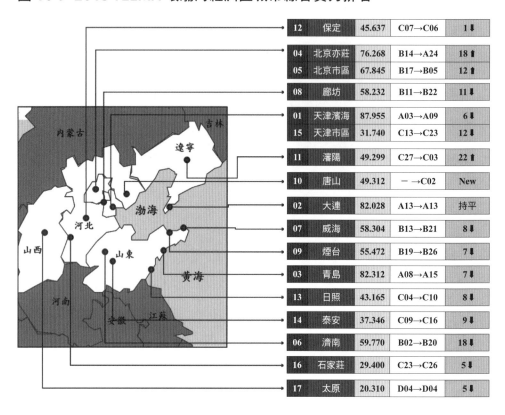

12	保定	45.637	C07→C06	1⬇
04	北京亦莊	76.268	B14→A24	18⬆
05	北京市區	67.845	B17→B05	12⬆
08	廊坊	58.232	B11→B22	11⬇
01	天津濱海	87.955	A03→A09	6⬇
15	天津市區	31.740	C13→C23	12⬇
11	瀋陽	49.299	C27→C03	22⬆
10	唐山	49.312	—→C02	New
02	大連	82.028	A13→A13	持平
07	威海	58.304	B13→B21	8⬇
09	煙台	55.472	B19→B26	7⬇
03	青島	82.312	A08→A15	7⬇
13	日照	43.165	C04→C10	8⬇
14	泰安	37.346	C09→C16	9⬇
06	濟南	59.770	B02→B20	18⬇
16	石家莊	29.400	C23→C26	5⬇
17	太原	20.310	D04→D04	5⬇

圖 16-10 2013 TEEMA 中三角經濟區城市綜合實力排名

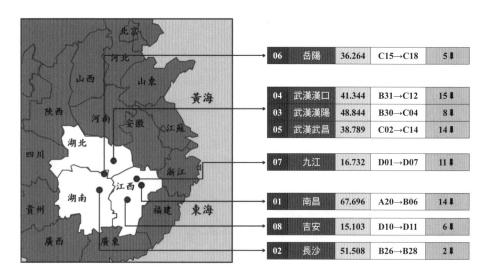

06	岳陽	36.264	C15→C18	5⬇
04	武漢漢口	41.344	B31→C12	15⬇
03	武漢漢陽	48.844	B30→C04	8⬇
05	武漢武昌	38.789	C02→C14	14⬇
07	九江	16.732	D01→D07	11⬇
01	南昌	67.696	A20→B06	14⬇
08	吉安	15.103	D10→D11	6⬇
02	長沙	51.508	B26→B28	2⬇

圖 16-11 2013 TEEMA 西部地區城市綜合實力排名

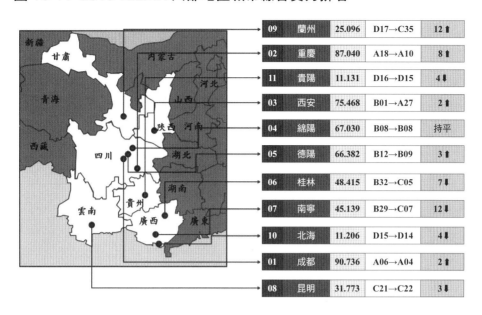

09	蘭州	25.096	D17→C35	12 ⬆
02	重慶	87.040	A18→A10	8 ⬆
11	貴陽	11.131	D16→D15	4 ⬇
03	西安	75.468	B01→A27	2 ⬆
04	綿陽	67.030	B08→B08	持平
05	德陽	66.382	B12→B09	3 ⬆
06	桂林	48.415	B32→C05	7 ⬇
07	南寧	45.139	B29→C07	12 ⬇
10	北海	11.206	D15→D14	4 ⬇
01	成都	90.736	A06→A04	2 ⬆
08	昆明	31.773	C21→C22	3 ⬇

圖 16-12 2013 TEEMA 海西經濟帶城市綜合實力排名

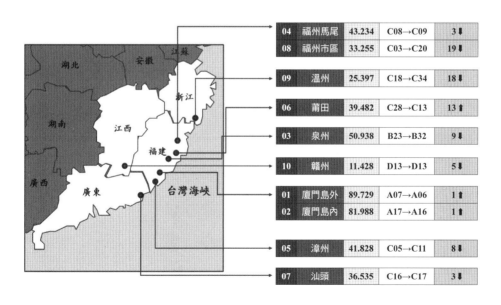

04	福州馬尾	43.234	C08→C09	3 ⬇
08	福州市區	33.255	C03→C20	19 ⬇
09	溫州	25.397	C18→C34	18 ⬇
06	莆田	39.482	C28→C13	13 ⬆
03	泉州	50.938	B23→B32	9 ⬇
10	贛州	11.428	D13→D13	5 ⬇
01	廈門島外	89.729	A07→A06	1 ⬆
02	廈門島內	81.988	A17→A16	1 ⬆
05	漳州	41.828	C05→C11	8 ⬇
07	汕頭	36.535	C16→C17	3 ⬇

圖 16-13　2013 TEEMA 中部地區城市綜合實力排名

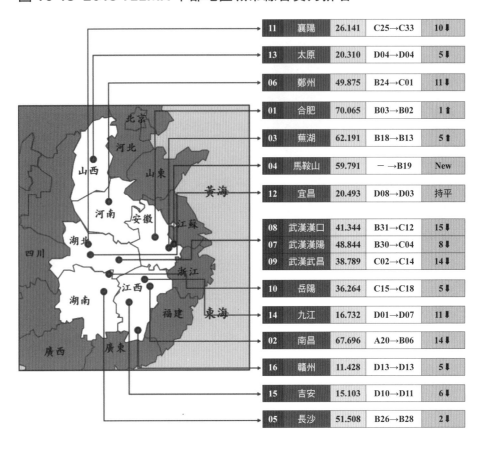

11	襄陽	26.141	C25→C33	10⬇
13	太原	20.310	D04→D04	5⬇
06	鄭州	49.875	B24→C01	11⬇
01	合肥	70.065	B03→B02	1⬆
03	蕪湖	62.191	B18→B13	5⬆
04	馬鞍山	59.791	—→B19	New
12	宜昌	20.493	D08→D03	持平
08	武漢漢口	41.344	B31→C12	15⬇
07	武漢漢陽	48.844	B30→C04	8⬇
09	武漢武昌	38.789	C02→C14	14⬇
10	岳陽	36.264	C15→C18	5⬇
14	九江	16.732	D01→D07	11⬇
02	南昌	67.696	A20→B06	14⬇
16	贛州	11.428	D13→D13	5⬇
15	吉安	15.103	D10→D11	6⬇
05	長沙	51.508	B26→B28	2⬇

圖 16-14　2013 TEEMA 泛北部灣城市綜合實力排名

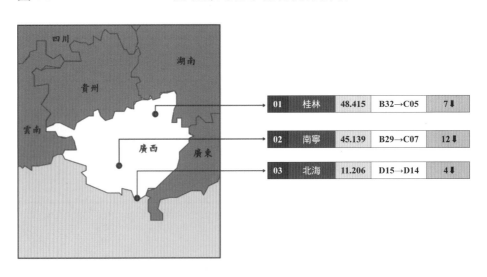

01	桂林	48.415	B32→C05	7⬇
02	南寧	45.139	B29→C07	12⬇
03	北海	11.206	D15→D14	4⬇

圖 16-15　2013 TEEMA 東北地區城市綜合實力排名

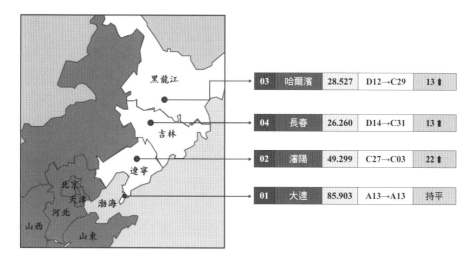

03	哈爾濱	28.527	D12→C29	13 ⬆
04	長春	26.260	D14→C31	13 ⬆
02	瀋陽	49.299	C27→C03	22 ⬆
01	大連	85.903	A13→A13	持平

圖 16-16　2013 TEEMA 珠三角經濟區城市綜合實力排名

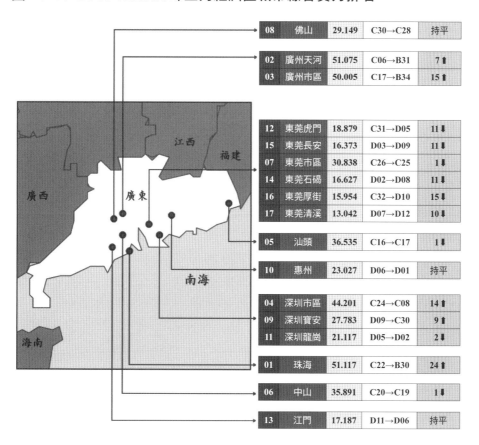

08	佛山	29.149	C30→C28	持平
02	廣州天河	51.075	C06→B31	7 ⬆
03	廣州市區	50.005	C17→B34	15 ⬆
12	東莞虎門	18.879	C31→D05	11 ⬇
15	東莞長安	16.373	D03→D09	11 ⬇
07	東莞市區	30.838	C26→C25	1 ⬇
14	東莞石碣	16.627	D02→D08	11 ⬇
16	東莞厚街	15.954	C32→D10	15 ⬇
17	東莞清溪	13.042	D07→D12	10 ⬇
05	汕頭	36.535	C16→C17	1 ⬇
10	惠州	23.027	D06→D01	持平
04	深圳市區	44.201	C24→C08	14 ⬆
09	深圳寶安	27.783	D09→C30	9 ⬆
11	深圳龍崗	21.117	D05→D02	2 ⬇
01	珠海	51.117	C22→B30	24 ⬆
06	中山	35.891	C20→C19	1 ⬇
13	江門	17.187	D11→D06	持平

圖 16-17　2013 TEEMA 中國大陸 11 大經濟區區域綜合實力排名

排名	經濟區域	城市綜合實力	評估城市數	2012-2013排名變化
06	東北地區	47.499	4	10→06
01	西三角經濟區	77.331	5	01→01
03	黃三角經濟區	56.062	6	03→03
04	環渤海經濟區	55.193	17	04→04
02	長三角經濟區	68.545	41	02→02
09	中三角經濟區	39.535	8	05→09
07	海西經濟帶	45.382	10	07→07
08	中部地區	39.786	16	08→08
11	珠三角經濟區	29.341	17	11→11
10	泛北部灣	34.920	3	09→10
05	西部地區	50.856	11	06→05

四、2012-2013TEEMA 城市綜合實力排名上升幅度最優城市分析

　　根據 2012-2013《TEEMA 調查報告》針對 112 個列入評估調查之城市，進行城市綜合實力上升幅度排名，如表 16-5 所示，2012-2013 城市綜合實力推薦排名上升前十名城市依序為：上海松江、珠海、瀋陽、蘇州太倉、北京亦莊、蘇州常熟、廣州市區、深圳市區、莆田、長春、哈爾濱、上海浦東、北京市區、蘭州。其中，上海松江自 2012 年名列「值得推薦」（B28），攀升至同等級（B03），共計提升 25 個名次為上升幅度最高之城市；上升幅度次之的城市為珠海，珠海由 2012 年的「勉予推薦」（C22），爬升到 2013 年「值得推薦」的【B】級城市（B30），共計提升 24 個名次；瀋陽排名上升 22 名，成長幅度名列第三，共計成長 22 個名次，由 2012 年名列「勉予推薦」（C27），進步至（C03）；第四名為蘇州太倉，上升名次為 20 個名次，也從【C】級城市（C11）爬升到【B】級城市（B23），第五名為北京亦庄總計上升 18 個名次；第六名蘇州常熟名次上升 17 個名次；第七名為廣州市區總計上升 15 個名次；第八名深圳市區名次上升 14 個名次；同時，莆田、長春、哈爾濱等三個城市名次上升幅度皆為九名；上海浦東、北京市區、蘭州等三個城市名次上升幅度並列為十名。分析 2012-2013 年城市綜合實力排名上升前五名城市如下：

　　1. 就「上海松江」排名上升的理由：2013《TEEMA 調查報告》中，上海松江上升 25 名，由 2012 年 B28，大幅度躍升至 2013 年 B03，依照各項評估指標變化而言，其投資環境力細項的「市場未來發展潛力優異程度」指標進步最多，上升 0.526 分，而投資風險度細項則以「勞工成本上升幅度與速度高於企業可負擔風險」指標下降 0.936 分最多。隨著中國大陸中部地區的崛起及西進

政策的實施，上海松江把握此一難得機會，未來將全力打造松江國際生態商務區。松江國際生態商務區將打造成為松江新城的升級版，以及產業與城市融合的示範區，並使之成為西上海的核心區、新地標。目前已有綠城、萬達、萬科等眾多知名一線房企爭相進駐，是故對台商而言，上海松江已成為搶占中國大陸內需市場的重要城市。

2. 就「珠海」排名上升的理由：2013《TEEMA 調查報告》中，珠海上升24 名，由 2012 年【C】級「勉予推薦」城市，上升至 2013 年【B】級「值得推薦」城市，依照各項評估指標變化而言，其投資環境力細項的「政府鼓勵兩岸企業共同研發的程度」指標進步最多，上升 0.452 分，連續兩年呈現上漲態勢，而投資風險度細項則以「勞工成本上升幅度與速度高於企業可負擔風險」指標下降 0.983 分最多。可知珠海地區政府積極與台灣進行經貿交流，且設立考察團赴台考察台灣優勢產業發展，深化兩岸合作，攜手共創經濟榮景，使得珠海在連續兩年的報告中，「政府鼓勵兩岸企業共同研發的程度」指標中皆上升。

3. 就「瀋陽」排名上升的理由：依據 2013《TEEMA 調查報告》顯示，瀋陽 2012 年於【C】級「勉予推薦」城市第 27 名進步至 2013 年的第三名，共上升 22 個名次，且觀看各項評估指標變化，其「市場未來發展潛力優異程度」為投資環境力細項指標中進步最大的指標，共進步 0.606 分，而「收費攤派罰款項目繁多的風險」則為退步最多的指標，共下降 0.419 分。瀋陽為中國大陸東北地區之文化、交通、經濟、金融與商業中心，且瀋陽更自 2012 年《瀋陽市城市總體規劃（2011-2020 年）》發布後，自中心城市提升為國家中心城市，顯示出瀋陽未來的發展潛力相當龐大。

4. 就「蘇州太倉」排名上升的理由：2013《TEEMA 調查報告》中，蘇州太倉上升 20 個名次，並由 2012 年【C】級「勉予推薦」城市，晉升至 2013 年的【B】級「值得推薦」城市，依照各項評估指標的變化而言，蘇州太倉的投資環境力細項指標「政府協助台商轉型升級的積極程度」為進步最多的指標，共上升 0.793 分，然而「員工道德操守造成台商企業營運損失的風險」指標則下降 0.360 分，成為下降幅度最大的指標。蘇州對台商供以優質且高效的經商服務使其成為台商投資的熱門區域之一，此外，蘇州太倉更頒布多項促進貿易便利化的相關政策措施，致力協助企業降低物流成本並加速貨物的通關，以協助台商面對各項嚴峻的投資問題，由此可知台商已感受到蘇州太倉對於台商的重視程度，使其綜合實力能夠有如此大幅的提升。

5. 就「北京亦庄」排名上升的理由：2013《TEEMA 調查報告》中，北京亦庄上升 18 名，由 2012 年【B】級「值得推薦」城市，上升至 2013 年【A】級「極力推薦」城市，依照各項評估指標變化而言，其投資環境力細項的「寬頻通信網路建設完備」指標進步最多，上升 0.679 分，而投資風險度細項則以

「勞工成本上升幅度與速度高於企業可負擔風險」指標下降0.553分最多。北京亦庄具有發展電商產業聚落之優勢，大興區政府副區長喻華鋒（2013）表示：「亦庄具備發展高階電商產業、以及全產業鏈服務體系之優勢」，可知北京亦庄輻射吸引電商聚集其上下游產業，因此於資通訊指標排名中呈現上升的態勢。

表16-5 2012-2013 TEEMA城市綜合實力推薦排名上升分析

| 排名 | 城市 | 2012 | | 2013 | | 2012-2013 |
		排名	推薦等級	排名	推薦等級	排名等級差異
❶	上海松江	B28	值得推薦	B03	值得推薦	⬆25（B→B）
❷	珠　海	C22	勉予推薦	B30	值得推薦	⬆24（C→B）
❸	瀋　陽	C27	勉予推薦	C03	勉予推薦	⬆22（C→C）
❹	蘇州太倉	C11	勉予推薦	B23	值得推薦	⬆20（C→B）
❺	北京亦庄	B14	值得推薦	A24	極力推薦	⬆18（B→A）
❻	蘇州常熟	C12	勉予推薦	B27	值得推薦	⬆17（C→B）
❼	廣州市區	C17	勉予推薦	B34	值得推薦	⬆15（C→B）
❽	深圳市區	C24	勉予推薦	C08	勉予推薦	⬆14（C→C）
❾	莆　田	C28	勉予推薦	C13	勉予推薦	⬆13（C→C）
❾	長　春	D14	暫不推薦	C31	勉予推薦	⬆13（D→C）
❾	哈爾濱	D12	值得推薦	C29	勉予推薦	⬆13（D→C）
❿	上海浦東	B07	值得推薦	A23	極力推薦	⬆12（B→A）
❿	北京市區	B17	值得推薦	B05	值得推薦	⬆12（B→B）
❿	蘭　州	D17	暫不推薦	C35	勉予推薦	⬆12（D→C）

資料來源：本研究整理

五、2012-2013 TEEMA 城市綜合實力排名下降幅度最大城市分析

2012-2013《TEEMA調查報告》針對112個列入評估調查之城市，進行城市綜合實力下降幅度排名，如表16-6所示，2012-2013城市綜合實力推薦排名下降前十名城市依序為：福州市區、溫州、濟南、東莞厚街、武漢漢口、武漢武昌、南昌、寧波餘姚、天津市區、南寧，福州市區為名次下降最多之城市，福州市區2012年名列「勉予推薦」的【C】級城市（C03），滑落（C20），總共跌落19個名次；其次則為溫州與濟南，下滑18個名次；此外，東莞厚街、武漢漢口皆下降15名；武漢武昌、南昌則下降14個名次，共列第六名，然而寧波餘姚、天津市區、南寧則下降12個名次，並列第八名。針對2012-2013城市綜合實力排名下降前五名城市之分析如下：

1. 就「福州市區」排名下降的理由：2013《TEEMA調查報告》中，福州

市區下降 19 名，由 2012 年 C03 驟降至 2013 年 C20，依照各項評估指標變化而言，其投資環境力細項的「生活素質及文化水平」指標降低最多，下降 0.326 分，而投資風險度細項則以「物價上漲率過高導致經營與生活成本增加風險」指標上升 0.797 分最多。根據國家統計局發布《2013 年 3 月份 70 個大中城市住宅銷售價格變動情況》（2013）指出：「福州三月份的新建住宅價格同比 2012 年上漲 5.9%」，顯示福州房價持續上漲的同時，房租亦不例外，並在物價也隨之上漲之下，更大幅提升台商投資風險度，是故「物價上漲率過高導致經營與生活成本增加風險」指標為上升最多者。

2. 就「溫州」排名下降的理由：2013《TEEMA 調查報告》中，溫州下降 18 名，由 2012 年 B18 驟降至 2013 年 B34，依照各項評估指標變化而言，其投資環境力細項的「政策穩定性及透明度」指標降低最多，下降 0.350 分，而投資風險度細項則以「發生經貿糾紛頻繁的風險」指標上升最多，上升 0.939 分。主要原因為溫州中小企業在產權制度和財務帳目透明度不高、銀行與中小企業訊息不對稱等方面的缺陷，對此溫州市市長陳金彪（2013）表示：「溫州金改並沒有重大突破，反而在地方金融監管合法化及民間參與金融機構陷入困境，亦有一些法政等待突破」。顯示溫州在政策穩定性及透明度方面尚未完善，使其成為投資度風險細項中下降最多的一項指標，是故台商應多留意。

3. 就「濟南」排名下降的理由：2013《TEEMA 調查報告》，濟南由 2012 年的「值得推薦」第二名（B02）下降至 2013 年之第 20 名（B20），共計下滑 18 個名次，以評估指標變化探討，其投資環境力細項以「政府法規對企業技術發展與應用支持」下降 0.561 分滑落最多，投資風險度細項以「員工抗議抗爭事件頻繁的風險」指標上升 0.518 分最多。顯示台商受限於濟南法規的阻礙，使其發展遭遇困難，再加上員工抗議頻繁，更使其發展上困難重重，因此投資於此之台商應了解相關法規並提出合宜方案降低員工不滿意度，更可提高台商布局於此之投資意願。

4. 就「東莞厚街」排名下降的理由：2013《TEEMA 調查報告》中，東莞長安下降 15 名，由 2012 年【C】級「勉予推薦」城市，滑落至 2013 年【D】級「暫不推薦」城市，依照各項評估指標變化而言，其投資環境力細項的「市場未來發展潛力優異程度」指標降低最多，下降 0.388 分，而投資風險度細項則以「行政命令經常變動的風險」指標上升 0.531 分最多。由東莞長安之各項投資風險度細項可見，「行政命令經常變動的風險」佔據東莞厚街台商投資風險的大宗，致使東莞厚街於 2013 年的評比名次中大幅下滑，故在此投資之台商應注意當地政策變動狀況，使能即時掌握且立即反應。

5. 就「武漢漢口」排名下降的理由：2013《TEEMA 調查報告》，武漢漢口由 2012 年的「值得推薦」第 31 名（B31）滑落跌落至 2013 年【C】級「勉

予推薦」城市之第 12 名（C12），下降 15 名，就評估指標變化而言，其投資環境力細項以「市場未來發展潛力優異程度」下降 0.231 分降低最多，連續兩年呈現下降的現象，且投資風險度細項以「配套廠商供應不穩定的風險」指標上升 0.639 分最多。顯示出台商對於武漢漢口市場發展潛力存有疑慮，建請中國大陸政府提供台商更佳的投資環境，以利吸引更多企業進駐，藉此完善其配套廠商供應的力度。

表16-6 2012-2013 TEEMA城市綜合實力推薦排名下降分析

排名	城　市	2012		2013		2012-2013
		排名	推薦等級	排名	推薦等級	排名等級差異
❶	福州市區	C03	勉予推薦	C20	勉予推薦	⬆ 19（C→C）
❷	溫　州	C18	勉予推薦	C34	勉予推薦	⬆ 18（C→C）
❷	濟　南	B02	值得推薦	B20	值得推薦	⬆ 18（B→B）
❹	東莞厚街	C32	勉予推薦	D10	暫不推薦	⬆ 15（C→D）
❹	武漢漢口	B31	值得推薦	C12	勉予推薦	⬆ 15（B→C）
❻	武漢武昌	C02	勉予推薦	C14	勉予推薦	⬆ 14（C→C）
❻	南　昌	A20	極力推薦	B06	值得推薦	⬆ 14（A→B）
❽	寧波餘姚	B06	值得推薦	B18	值得推薦	⬆ 12（B→B）
❽	天津市區	C13	勉予推薦	C23	勉予推薦	⬆ 12（C→C）
❽	南　寧	B29	值得推薦	C07	勉予推薦	⬆ 12（B→C）

資料來源：本研究整理

第 17 章
2013 TEEMA 單項指標十佳城市排行

2013《TEEMA 調查報告》除透過「兩力兩度」評估模式分析出「城市競爭力」、「投資環境力」、「投資風險度」與「台商推薦度」，並形成最終的「城市綜合投資實力」等五項排行之外，特別針對台商關切的主題進行單項評估排名，而 2013《TEEMA 調查報告》於單項指標微調的部分，主要以 2012《TEEMA 調查報告》的 20 項單項指標為基礎，將「最適發展台灣精品城之城市」刪除，新增「最適發展文化創意產業之城市」，茲將 2013《TEEMA 調查報告》的 20 個單項指標羅列如下：

（01）當地政府行政透明度城市排行
（02）當地對台商投資承諾實現度城市排行
（03）當地政府解決台商經貿糾紛滿意度最優城市排行
（04）當地台商人身安全程度最優城市排行
（05）當地台商企業獲利程度最優城市排行
（06）當地金融環境自由化最優城市排行
（07）當地政府歡迎台商投資的熱情度排行
（08）最具誠信道德與價值觀的城市排行
（09）最適宜內銷內貿城市排行
（10）最重視自主創新城市排行
（11）當地政府對台商智慧財產權保護最優城市排行
（12）當地政府鼓勵台商自創品牌最優城市排行
（13）當地政府支持台商企業轉型升級力度最優城市排行
（14）當地政府支持兩岸企業策略聯盟最優城市排行
（15）當地政府獎勵戰略性新興產業最優城市排行
（16）當地政府鼓勵節能減排降耗力度最優城市排行
（17）最具生產基地移轉優勢城市排行
（18）最適發展文化創意產業之城市排行
（19）最具智慧型發展城市排行
（20）最具解決台商經營困境之城市排行

回顧 2010、2011 年與 2012《TEEMA 調查報告》單項指標十佳城市排名，

蘇州城市排名首屈一指，蘇州昆山、蘇州工業區與蘇州市區均名列前茅，而在2013《TEEMA 調查報告》單項指標中又以蘇州昆山遙遙領先於其他城市，其在20 個單項指標中，有 16 個單項指標均位於前十名，且 12 個在單項指標中拿下第一名；而蘇州工業區在 20 個單項指標中，有 15 個單項指標排名前十位，並在三個單項指標排名第一；而蘇州市區則在 20 個單項指標中，位列前十名的有 13 個單項指標。

此外，2012 與 2013《TEEMA 調查報告》單項指標十佳城市排名可發現，南通與重慶兩個城市所占比例大幅上升，南通在 2012《TEEMA 調查報告》20 個單項指標中，從位列前十名的有二個單項指標到 2013《TEEMA 調查報告》中具有四個，南通市市委書記丁大衛（2013）表示：「未來將堅定不移地打造中國大陸服務台商投資示範城市，全力為在南通投資興業的台商提供便捷、高效、優質、全面的政務服務，努力創造合作共贏的局面」。其可看出南通市積極打造適合台商的投資環境，未來將隨著兩地合作密度不斷加大、人員交流日益頻繁，未來將成為台商新一輪投資中國大陸浪潮的重要城市。而重慶在 2012《TEEMA 調查報告》20 個單項指標中，從位列前十名的有一個單項指標到2013《TEEMA 調查報告》中具有四個，顯示出隨著十二五規劃重點發展西部，進而牽引台商的西進熱潮，位在重慶的台商數量與規模已經排名全中國大陸第四名，而台商的群聚效應也帶動更多台幹的就業機會，現在已成為台商在中國大陸投資成長最快地區之一。因此，未來台商可根據自身產業特性與範疇，並在「內審自身優勢，外視環境情勢」後，可聞善《TEEMA 調查報告》而用之，進行布局屬意的中國大陸城市。2013《TEEMA 調查報告》針對上述 20 項單項主題亦進行前十大城市排名，茲整理如表 17-1 所示。

表 17-1 2013 TEEMA 中國大陸單項主題十大城市排名

單項主題排名		①	②	③	④	⑤	⑥	⑦	⑧	⑨	⑩
01 當地政府行政透明程度	城市	蘇州昆山	蘇州工業區	蘇州市區	成都	淮安	南通	杭州蕭山	杭州市區	南京江寧	南京市區
	評分	4.217	4.154	4.078	4.065	4.024	4.023	4.011	3.961	3.956	3.937
02 對台商投資承諾賣現度	城市	蘇州昆山	杭州蕭山	蘇州工業區	蘇州新區	蘇州市區	南京江寧	廈門島外	上海閔行	成都	重慶
	評分	4.326	4.227	4.214	4.197	4.176	4.134	4.057	4.012	3.968	3.959
03 解決台商經貿糾紛程度	城市	蘇州工業區	蘇州昆山	南京江寧	蘇州市區	杭州市區	南京市區	上海閔行	蘇州新區	無錫江陰	廈門島內
	評分	4.255	4.238	4.226	4.188	4.153	4.125	4.094	4.067	4.024	3.991
04 當地台商人身安全程度	城市	蘇州工業區	蘇州昆山	蘇州市區	南京江寧	青島	成都	杭州蕭山	杭州市區	上海市區	上海浦東
	評分	4.318	4.289	4.254	4.233	4.216	4.179	4.133	4.128	4.121	4.096
05 當地台商企業獲利程度	城市	蘇州昆山	廈門島外	蘇州工業區	蘇州市區	廣州天河	無錫江陰	天津濱海	蘇州新區	上海閔行	上海浦東
	評分	4.269	4.184	4.145	4.114	4.086	4.058	4.032	4.011	3.996	3.985
06 當地金融環境之自由化	城市	蘇州昆山	上海市區	上海閔行	上海浦東	南京市區	蘇州市區	蘇州工業區	蘇州新區	廈門島外	廈門島內
	評分	4.284	4.224	4.203	4.197	4.179	4.126	4.108	4.074	4.043	4.027
07 當地政府歡迎台商投資	城市	蘇州昆山	成都	淮安	南通	重慶	西安	南京江寧	南京市區	蘇州工業區	廈門島外
	評分	4.345	4.321	4.246	4.219	4.203	4.195	4.154	4.120	4.095	4.043
08 最具誠信道德與價值觀	城市	蘇州昆山	蘇州工業區	蘇州市區	蘇州新區	廈門島內	廈門島外	杭州市區	杭州蕭山	南京江寧	深圳市區
	評分	4.201	4.153	4.123	4.109	4.068	4.042	4.002	3.987	3.769	3.754
09 適宜內銷內貿城市	城市	上海市區	北京市區	南京市區	杭州市區	成都	蘇州市區	廣州天河	廣州天河	深圳市區	重慶
	評分	4.265	4.231	4.210	4.185	4.162	4.118	4.104	4.099	4.065	4.008
10 最重視自主創新的城市	城市	蘇州工業區	蘇州市區	蘇州昆山	南京江寧	無錫江陰	上海浦東	南京市區	廈門島外	武漢漢口	無錫市區
	評分	4.148	4.106	4.054	4.038	4.024	4.018	4.011	4.006	3.996	3.984
11 對台商智慧財產權保護	城市	蘇州昆山	蘇州工業區	無錫市區	蘇州新區	蘇州吳江區	無錫江陰	北京亦庄	上海閔行	天津濱海	南京江寧
	評分	4.206	4.124	4.101	4.075	4.053	4.043	4.021	4.015	4.011	3.976

表 17-1 2013 TEEMA 中國大陸單項主題十大城市排名（續）

單項主題排名		①	②	③	④	⑤	⑥	⑦	⑧	⑨	⑩
12 政府鼓勵台商自創品牌	城市	蘇州市區	上海市區	南京市區	成都	青島	大連	寧波市區	蘇州昆山	廣州市區	廈門島內
	評分	4.054	4.026	4.011	4.000	3.983	3.957	3.937	3.921	3.911	3.875
13 支持台商轉型升級力度	城市	蘇州昆山	蘇州工業區	蘇州新區	蘇州市區	廈門島外	廈門島內	南通	淮安	成都	東莞市區
	評分	4.147	4.124	4.096	4.055	4.032	4.005	3.943	3.912	3.905	3.884
14 支持兩岸企業策略聯盟	城市	蘇州昆山	蘇州工業區	南京市區	南京江寧	無錫江陰	淮安	蘇州新區	寧波北侖	杭州蕭山	廈門島外
	評分	4.126	4.089	4.023	4.012	3.986	3.954	3.923	3.902	3.875	3.868
15 獎勵戰略性新興產業	城市	蘇州昆山	蘇州工業區	成都	南京江寧	無錫江陰	廈門島外	南通	上海松江	上海閔行	淮安
	評分	4.115	4.096	4.054	4.033	4.021	4.014	3.995	3.948	3.931	3.905
16 鼓勵節能減排降耗力度	城市	蘇州昆山	南京江寧	上海閔行	蘇州工業區	蘇州新區	杭州蕭山	寧波北侖	廈門島外	無錫江陰	天津濱海
	評分	4.223	4.195	4.146	4.114	4.107	4.086	4.055	4.037	4.022	3.997
17 最具生產基地移轉優勢	城市	成都	重慶	淮安	西安	南通	合肥	綿陽	長沙	馬鞍山	鄭州
	評分	4.278	4.218	4.098	4.074	3.983	3.981	3.925	3.908	3.882	3.843
18 最適合發展文化創意	城市	上海市區	北京市區	南京市區	杭州市區	廈門島內	成都	蘇州市區	深圳市區	西安	廣州市區
	評分	4.312	4.226	4.205	4.188	4.183	4.154	4.118	4.106	4.085	4.076
19 最具智慧型發展城市	城市	杭州市區	蘇州昆山	上海市區	北京市區	廣州市區	武漢武昌	寧波市區	廈門島內	南京市區	成都
	評分	4.054	4.043	4.011	4.009	3.994	3.973	3.954	3.923	3.912	3.904
20 最具解決台商經營困境	城市	蘇州昆山	南京江寧	廈門島內	蘇州工業區	杭州蕭山	蘇州市區	蘇州新區	淮安	淮安	南通
	評分	4.291	4.247	4.220	4.185	4.180	4.153	4.135	4.118	4.103	4.095

資料來源：本研究整理

第 18 章
2013 TEEMA 中國大陸區域發展力排名

一、2013《TEEMA 調查報告》區域發展力兩力兩度模式

2013《TEEMA 調查報告》除延續 2000-2012 年的城市綜合實力排名外，亦延續 2010《TEEMA 調查報告》針對十大經濟區域進行「區域發展力」排名。有關區域發展力之「兩力兩度」評估模式乃是指：（1）區域政策力：包括中央支持力度、區域定位層級、城市間連結能力、國家級重要活動與政府行政效率等五項指標；（2）區域環境力：包括內需市場潛力、區位投資吸引力、基礎建設完備度、人力資本匹配度、區域國際化程度及區域治安良善度六項細項指標；（3）區域整合度：則有產業群聚整合度、區域資源共享度、技術人才完備度、生活素質均衡度、供應鏈整合度五項指標；（4）區域永續度：包括自主創新能力、科技研發實力、可持續發展度、環境保護度與資源聚集能力五項指標。有關 2013《TEEMA 調查報告》區域發展力新增黃三角區域，形成 11 大經濟區，有關「兩力兩度」評估構面與指標如圖 18-1 所示。

圖18-1 2013 TEEMA區域發展力「兩力兩度」評估模式構面與指標

模式	評估構面及權重			評估指標及權重		
TEEMA 2013 區域發展力	1	區域政策力	35%	1-1	中央支持力度	30%
				1-2	區域定位層級	15%
				1-3	城市間連結力	15%
				1-4	國家級活動度	20%
				1-5	政府行政效率	20%
	2	區域環境力	30%	2-1	內需市場潛力	30%
				2-2	區位投資吸引力	20%
				2-3	基礎建設完備度	15%
				2-4	人力資本匹配度	10%
				2-5	區域國際化程度	10%
				2-6	區域治安良善度	15%
	3	區域整合度	20%	3-1	產業群聚整合度	25%
				3-2	區域資源共享度	25%
				3-3	技術人才完備度	15%
				3-4	生活素質均衡度	15%
				3-5	供應鏈整合度	20%
	4	區域永續度	15%	4-1	自主創新能力	25%
				4-2	科技研發實力	15%
				4-3	可持續發展度	25%
				4-4	環境保護度	15%
				4-5	資源聚集能力	20%

二、2013 TEEMA 中國大陸區域發展力排名

2013《TEEMA調查報告》針對中國大陸主要11大台商密集城市所屬之經濟區域,並對相關領域專家進行調查彙整出「11大區域發展力調查評估(TEEMA Area11)」,區域發展力的專家評估對象主要包括:(1)中國大陸台商會會長及重要經營幹部;(2)在中國大陸投資主要企業高管及負責人;(3)對中國大陸具有深入研究的學者專家,共計60人,並透過結構式問卷方式,請每位專家針對其所熟知的經濟區域填寫該區的樣本評估,共回收有效樣本328份進行第一輪平均值計算,得出TEEMA Area11排名,再經由德爾菲法(Delphi method)進行第二輪匿名調查,經初步微調後,茲將第二輪調查收斂結果說明如下:

由圖18-2可知,「中國大陸11大經濟區區域發展力排名」前五名依序為長三角、西三角、環渤海、海西以及黃三角經濟區,然而,與第16章的城市綜合實力所歸納的區域經濟排行結果相比,第16章的「中國大陸11大經濟區區域綜合實力排名」中,前五名依序為西三角、長三角、黃三角、環渤海及西部地區。兩項排名之前五名呈現不同結果,從專家觀點分析的經濟區區域發展力中,長三角優於西三角,環渤海優於黃三角,並將海西列位第四。但就經濟區域綜合實力觀點看來,西三角優於長三角,黃三角優於環渤海,並將西部地區納入前五名。深入探究此差異之原因,乃是由於以重慶、成都與西安為主要城市的西三角區域受惠於中國大陸「西進」政策下,成為將來發展之重點區域,其發展潛力較長三角為優。此外,西三角中的成都雀屏中選成為2013年「財富論壇」舉辦地,昭示著成都可望由區域重心轉化為國際要點,而美國《時代雜誌》(Time)亦於2013年6月6日發表〈中國二線城市:錢就在這裡〉(China's 'Second Tier' Cities: That's Where the Money Is),鼓勵美國年輕人抓住中國大陸新一波成長浪潮,前往成都尋求發展機會,道出將來由成都為中心,輻射出的區域經濟發展能量,可帶動西三角產業升級。另一方面,在台商眼中,黃三角區域被定位為「高效生態經濟區」,且經過數年醞釀,正處於發展力道展現之際,故其發展潛力優於環渤海,而德勤(Deloitte)亞太區主管合夥人黎嘉恩(2013)亦表示:「『藍黃』兩大經濟區建設讓山東半島和黃三角地區步入發展的快車道」,顯示黃三角潛力無窮。

而圖18-2中,「中國大陸11大經濟區區域發展力排名」中,第六名至第11名依序為中三角、東北地區、中部地區、泛北部灣與珠三角經濟區及西部地區。其中,自安徽加入原由武漢、南昌、長沙組成的中三角行列後,新的中三角東接長三角、南連珠三角,顯現區位優勢,且具有充足的水資源以及豐富的人力資源,極具發展潛力,而韓國對外經濟政策研究院特聘研究學者鄭知賢(2012)亦指出:「中三角必將成為中國大陸經濟的第四極成長點,韓國企業

應加大進軍力度」，顯示中三角已成為各方目光焦點，未來將扮演區域經濟發展之重要角色。

此外，2013《TEEMA 調查報告》區域發展力「兩力兩度」四個構面詳細結果與排名如表 18-1、表 18-2、表 18-3、表 18-4 所示，茲略述之：

❶ **區域政策力排名**：據表 18-1 顯示，排名在前五名的經濟區域分別為：（1）長三角；（2）西三角；（3）環渤海；（4）海西經濟帶；（5）中三角。

❷ **區域環境力排名**：由表 18-2 可知，排名在前五名的經濟區域分別為：（1）長三角；（2）西三角；（3）環渤海；（4）黃三角；（5）中三角。

❸ **區域整合度排名**：據表 18-3 顯示，排名在前五名的經濟區域分別為：（1）長三角；（2）西三角；（3）環渤海；（4）海西經濟帶；（5）黃三角。

❹ **區域永續度排名**：由表 18-4 顯示，排名在前五名的經濟區域分別為：（1）長三角；（2）西三角；（3）環渤海；（4）海西經濟帶；（5）中三角。

「區域發展力」係藉由上述之區域政策力、區域環境力、區域整合度與區域永續度的「兩力兩度」評估模式，分別乘以其權重，計算「區域發展力」之評價。四項評估構面權重如下：（1）區域政策力為 35%；（2）區域環境力為 30%；（3）區域整合度為 20%；（4）區域永續為 15%，由表 18-5 可知，「區域發展力」排名，長三角排名第一，接續為西三角、環渤海及海西經濟區，黃三角位居第五名。此外，於表 18-5 中並列入 2010-2013 年區域發展力之分數變化供讀者參照。

圖18-2 2013 TEEMA11大經濟區區域發展力排名

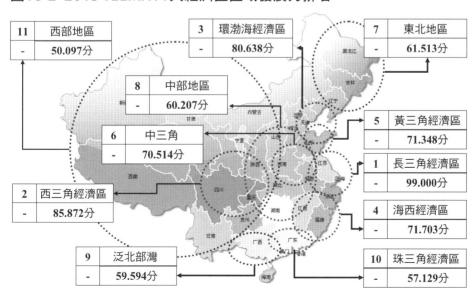

表18-1 2013 TEEMA中國大陸11大經濟區區域政策力排名

排名	經濟區	政策支持力度	區域定位層級	城市間連結力	國家級活動度	政府行政效率	區域政策力	
							加權評分	百分位
1	長三角	4.228	4.308	3.872	4.002	3.924	4.067	99.000
2	西三角	4.201	3.824	3.587	3.985	3.410	3.801	90.194
3	環渤海	3.656	3.689	3.154	3.515	3.333	3.469	79.179
4	海西經濟帶	3.501	3.468	3.310	3.125	3.335	3.348	75.144
5	中三角	3.607	3.521	3.258	3.124	3.102	3.322	74.301
6	黃三角	3.366	3.481	3.157	3.248	3.301	3.311	73.910
7	東北地區	3.005	2.798	2.934	2.408	2.354	2.700	53.644
8	中部地區	3.124	2.778	2.634	2.510	2.422	2.694	53.438
9	泛北部灣	2.815	2.465	3.000	2.432	2.551	2.653	52.078
10	西部地區	2.982	2.320	2.536	2.157	2.988	2.597	50.220
11	珠三角	2.567	2.613	2.684	2.545	2.541	2.590	50.000

資料來源：本研究整理

註：區域政策力＝【政策支持力度×30%】＋【區域定位層級×15%】＋【城市間連結力×15%】＋【國家級活動度×20%】＋【政府行政效率×20%】

表18-2 2013 TEEMA中國大陸11大經濟區區域環境力排名

排名	經濟區	內需市場潛力	區位投資吸引力	基礎建設完備度	人力資本匹配度	區域國際化程度	區域治安良善度	區域環境力	
								加權評分	百分位
1	長三角	4.312	3.945	3.958	3.912	4.154	4.105	4.099	99.000
2	西三角	4.018	4.021	3.008	3.125	3.220	3.285	3.588	85.832
3	環渤海	3.917	3.745	3.450	3.255	3.050	3.325	3.571	85.388
4	黃三角	3.411	3.186	3.063	3.121	3.087	3.015	3.193	75.641
5	中三角	3.215	3.015	3.100	3.378	3.228	3.001	3.143	74.360
6	海西經濟帶	2.725	2.986	3.430	3.011	3.257	3.333	3.056	72.109
7	中部地區	3.112	3.045	2.876	3.058	3.015	2.983	3.029	71.407
8	東北地區	2.803	3.011	3.054	2.779	2.983	2.984	2.925	68.731
9	泛北部灣	2.778	3.194	2.881	2.790	2.753	2.984	2.906	68.248
10	珠三角	2.834	2.958	3.012	2.684	2.774	2.671	2.840	66.540
11	西部地區	2.408	2.045	1.968	2.154	2.056	2.341	2.199	50.000

資料來源：本研究整理

註：區域環境力＝【內需市場潛力×30%】＋【區位投資吸引力×20%】＋【基礎建設完備度×15%】＋【人力資本匹配度×15%】＋【區域國際化程度×10%】＋【區域治安良善度 15%】

表18-3 2013 TEEMA中國大陸11大經濟區區域整合度排名

排名	經濟區	產業群聚整合度	區域資源共享度	技術人才完備度	生活素質均衡度	供應鏈整合度	區域整合度	
							加權評分	百分位
1	長三角	4.411	4.032	3.917	4.001	3.905	4.079	99.000
2	西三角	3.713	3.610	3.354	3.248	3.456	3.512	83.244
3	環渤海	3.405	3.504	3.211	3.111	3.106	3.297	77.257
4	海西經濟帶	3.334	3.125	2.938	3.188	3.125	3.159	73.421
5	黃三角	3.250	2.938	2.563	3.125	3.188	3.038	70.055
6	東北地區	2.998	2.980	3.014	2.769	2.878	2.938	67.279
7	中三角	3.000	2.863	3.012	2.705	3.000	2.923	66.883
8	泛北部灣	3.125	2.729	2.896	2.654	2.981	2.892	66.019
9	中部地區	2.667	2.563	3.014	2.889	2.672	2.727	61.440
10	珠三角	3.014	2.609	2.205	2.608	2.889	2.706	60.833
11	西部地區	2.548	2.411	2.307	2.005	2.145	2.316	50.000

資料來源：本研究整理

註：區域整合度＝【產業群聚整合度×25%】＋【區域資源共享度×25%】＋【技術人才完備度×25%】＋【生活素質均衡度×15%】＋【供應鏈整合度×20%】

表18-4 2013 TEEMA中國大陸11大經濟區區域永續度排名

排名	經濟區	自主創新能力	科技研發實力	產業可持續發展度	環境保護度	資源聚集能力	區域永續度	
							加權評分	百分位
1	長三角	3.986	3.994	4.065	4.120	4.058	4.041	99.000
2	西三角	3.621	3.210	3.333	3.567	3.605	3.476	79.374
3	環渤海	3.560	3.554	3.450	3.315	3.420	3.467	79.054
4	海西經濟帶	3.025	2.935	2.840	3.001	2.889	2.934	60.573
5	中三角	3.123	3.047	2.905	2.547	2.690	2.885	58.826
6	黃三角	3.215	2.512	2.593	3.004	2.978	2.875	58.510
7	東北地區	2.986	3.011	2.935	2.867	2.456	2.853	57.751
8	中部地區	2.608	2.439	2.805	2.828	2.714	2.686	51.955
9	泛北部灣	2.654	2.610	2.596	2.813	2.701	2.666	51.260
10	西部地區	2.735	2.543	2.689	2.333	2.731	2.634	50.132
11	珠三角	2.685	2.682	2.564	2.430	2.754	2.630	50.000

資料來源：本研究整理

註：區域永續度＝【自主創新能力×25%】＋【科技研發實力×15%】＋【產業可持續發展度×25%】＋【環境保護度×15%】＋【資源聚集能力×20%】

表18-5 2013 TEEMA中國大陸11大經濟區區域發展力排名

排名	經濟區	❶區域政策力			❷區域環境力			❸區域整合度			❹區域永續度			區域發展力			
		平均值	加權分數	排名	平均值	加權分數	排名	平均值	加權分數	排名	平均值	加權分數	排名	2013	2012	2011	2010
1	長三角	4.067	99.000	1	4.099	99.000	1	4.079	99.000	1	4.041	99.000	1	99.000	99.000	98.373	99.000
2	西三角	3.801	90.194	2	3.588	85.832	2	3.512	83.244	2	3.476	79.374	2	85.872	86.018	93.004	86.193
3	環渤海	3.469	79.179	3	3.571	85.388	3	3.297	77.257	3	3.467	79.054	3	80.638	82.407	89.167	83.402
4	海西經濟帶	3.348	75.144	4	3.056	72.109	6	3.159	73.421	4	2.934	60.573	4	71.703	76.297	85.294	80.629
5	黃三角	3.311	73.910	6	3.193	75.641	4	3.038	70.055	5	2.875	58.510	6	71.348	79.467	85.348	77.200
6	中三角	3.322	74.301	5	3.143	74.360	5	2.923	66.883	7	2.884	58.826	5	70.514	-	-	-
7	東北地區	2.700	53.644	7	2.925	68.731	8	2.938	67.279	6	2.853	57.751	7	61.513	50.000	52.512	50.000
8	中部地區	2.694	53.438	8	3.029	71.407	7	2.727	61.440	9	2.686	51.955	8	60.207	68.220	71.093	70.519
9	泛北部灣	2.653	52.078	9	2.906	68.248	9	2.892	66.019	8	2.666	51.260	9	59.594	71.810	71.744	64.183
10	珠三角	2.590	50.000	11	2.840	66.540	11	2.706	60.833	10	2.630	50.000	11	57.129	64.720	63.980	66.191
11	西部地區	2.597	50.220	10	2.199	50.000	10	2.316	50.000	11	2.634	50.132	10	50.097	52.851	53.740	53.556

資料來源：本研究整理

註：區域發展力＝【區域政策力×35%】＋【區域環境力×30%】＋【區域整合度×20%】＋【區域永續度×15%】

電電調查報告
新總結

第 19 章　　2013 TEEMA 調查報告趨勢發現
第 20 章　　2013 TEEMA 調查報告兩岸建言

2013《TEEMA 調查報告》延續 2001-2012《TEEMA 調查報告》的調查成果，以「兩力」及「兩度」模式為主要核心，其「兩力」係指「城市競爭力」與「投資環境力」，而「兩度」係指「投資風險度」與「台商推薦度」。茲將 2013《TEEMA 調查報告》之重要趨勢與發現分述如下：

一、就「樣本結構」分析

根據 2013《TEEMA 調查報告》樣本結構分析，本研究分為四大趨勢，茲分述如下：

趨勢一：台商回台投資比例連續四年呈現上升

根據 2009 年至 2013 年《TEEMA 調查報告》針對台商於中國大陸投資未來布局規劃調查之回收問卷統計顯示，台商「希望回台投資」於 2009 年比例為 5.80%；2010 年為 6.57%；2011 年為 5.26%；2012 年為 5.90%；而 2013 年台商回台投資意願則為 7.14%。可知 2009 年至 2013 年於中國大陸之台商回台投資布局意願連續四年呈現上升趨勢，此亦表示，台商逐漸降低於中國大陸設廠之選擇，且大部分台商皆認為回台設廠比起在中國大陸設廠，更可為企業未來發展帶來廣大前景。中國大陸投資環境日漸惡化，勞動成本上升、缺工、缺電與缺水問題仍未解，迫使台商紛紛思索回流，諸如聯茂及巨大等早期布局中國大陸的台商，均重新思索未來策略布局。2013 年 6 月 17 日，經濟部表示：「從 2012 年 11 月至 2013 年 5 月，台商返台投資總金額逾新台幣 1,770 億元」，由此可知，「返台投資」已逐漸成為台商進行全球布局的重要選項之一。台灣政府鼓勵台商返台，提出相關措施與方案，諸如：2012 年 11 月 1 日起至 2013 年 12 月 31 日推行「加強推動台商投資方案」措施，截至 2013 年 5 月底，已審核通過 31 件投資案。此外，經濟部亦指出，未來將「持續推動台商返台投資」列為施政工作之一，並與縣市政府單位相結合，協助台商返台轉型升級進行最佳布局，希冀透過政府政策扶持與協助，使台商回台投資意願大幅提升。

趨勢二：台商經貿糾紛比例再度呈現上升趨勢

2013《TEEMA 調查報告》中，台商投資經貿糾紛發生比例顯示，2012 年發生糾紛比例為 119.91%；2013 年則為 127.63%。由此可知，台商投資中國大

陸時，發生糾紛比例逐年上升；而台商對於發生糾紛時解決途徑之滿意度比例則由 2011 年的 69.38% 下降至 2012 年的 62.93%，2013 年更下降至 58.48%，顯示台商投資中國大陸經貿糾紛比例逐年上升，然經貿糾紛滿意度卻逐年下滑，中國大陸對於經貿糾紛的處理方式仍無法使台商感到滿意，因此投資布局中國大陸之台商更應謹慎小心，避免使其在營運喪失權益。根據財團法人海峽交流基金會（2012）統計指出：「台商在中國大陸經貿糾紛數由 1991 年至 2012 年 7 月底，發生糾紛累積達 5,087 件」。此外，經濟部（2013）亦統計，從 2012 年 8 月簽署《兩岸投資貿易協議》到 2013 年 2 月底，共受理 47 件經貿糾紛案，但糾紛處理成果皆不彰。由此可知，於中國大陸發生經貿糾紛之台商數量不容小覷，因此台商投資於中國大陸更應注意投資環境，以降低經貿糾紛發生機率。此外，根據 2013《TEEMA 調查報告》台商經貿糾紛滿意度與解決途徑，台商於發生糾紛時較滿意「台商協會」，顯示台商協會比起採取司法途徑更可獲得台商認同與滿意。

趨勢三：台商再度悲觀預測中國大陸經營績效

2012-2013《TEEMA 調查報告》有關台商在中國大陸經營績效項目，指出 2011 年台商於中國大陸事業淨利成長負成長部分，關於 -50% 以上之比例為 1.29%；2012 年成長比例為 2.75%；到 2013 年台商對於在中國大陸成長預測值之比例為 3.30%；而淨利負成長 -10% 至 -50% 部分，2011 年成長比例為 5.11%；2012 年成長比例上升至 16.54%；而台商預測 2013 年淨利負成長預測值則為 25.02%。由此可知，台商對於布局中國大陸整體環境之經營績效發展感到悲觀，因投資獲利逐年下降，進而降低台商布局中國大陸之意願。2010 年開始，資產價格上漲及中國大陸刺激經濟政策逐漸回歸常態化，使得企業於中國大陸經營環境面臨成本上漲之挑戰，像勞動薪資成本、能源及運輸價格、廠房用地租金與租稅成本等負擔成本上升，使企業經營績效不佳。根據行政院金融監督管理委員會（2012）表示：「台灣上市上櫃公司 2012 年上半年投資中國大陸獲得利益為新台幣 422 億元，比起 2011 年同期之新台幣 861 億元，大幅降低 51%」，顯見台商在中國大陸經營環境已面臨極大壓力。

趨勢四：台商未來布局城市海外城市比例漸增

近年來，因受到中國大陸面臨諸多困境，台商海外投資地點由以往「中國唯一」到現今「中國加一」，根據台灣工業總會理事長許勝雄（2012）表示：「台商面臨之困境，由五缺增加至十缺，從以往缺人才、電、土地、水及資金等五缺，再缺油料、訂單、原料、通路與前景」，中國大陸經商環境日益惡化，使得布局中國大陸台商紛紛轉移至其他新興國家，根據 2013《TEEMA 調查報告》列入台商未來考慮布局的東亞與東南亞國家，計有印尼（2013 年為 1.04%；2012 年為 0.74%；2011 年為 0.57%）、泰國（2013 年為 0.47%；2012 年為 0.39%，

2011 年為 0.14%）、印度（2013 年為 1.04%；2012 年為 0.74%；2011 年為 0.57%）
等；而南美國家中則有巴西（2013 年為 0.36%；2012 年為 0.25%；2011 年為
0.24%）、墨西哥（2013 年為 0.20%；2012 年為 0.10%）等，均可發現新興國
家比例逐年上升。東南亞市場崛起，加上內銷市場與稅率優惠，使得廠商紛紛
思索轉移，如鴻海集團因看準印尼與越南之人口紅利商機，搶先投資布局，以
求搶占此一市場；此外，原先已在馬來西亞設廠之緯創資通股份有限公司，亦
持續投資布局馬來西亞，因而購買夏普馬來西亞之電視廠，此外，緯創也在東
南亞其他國家布局，如菲律賓蘇比克灣有技術支援中心與客服中心，另外在印
度亦設有客服中心等。可知東協市場擁有無限商機，且紅利發展備受關注。

二、就「兩力兩度」分析

根據 2013《TEEMA 調查報告》調查顯示，「兩力兩度」模式當中，投資
環境力其呈現下降趨勢、投資風險度則為上升趨勢、台商推薦度呈現下降的趨
勢，茲將 2013《TEEMA 調查報告》之「兩力兩度」分析分述如下：

趨勢一：投資環境力連續五年呈現下降趨勢

2009-2013《TEEMA 調查報告》可見，投資環境力評分自 2009 年的 3.688
分連年下滑至 2013 年的 3.462 分，可知中國大陸投資環境力評分已連續五年呈
現下降趨勢，此外，在投資環境力的十大細項構面中，有三項評估構面自 2010
年起評分逐年下降，有三項構面自 2009 年起的評分已逐漸下降，而 2012 年新
增的「網通環境」，其 2013 年的評分亦呈現下降趨勢，2013 年新增的「內需
環境」與「文創環境」則分別在 2013 年的投資環境力排名中居於第七名與第
十名的位置。中國大陸的投資環境日益嚴峻，多數台商已感受投資獲利的機會
已日益減少，使得許多台商紛紛停止加碼投資甚至出現撤資的念頭，而台灣總
統馬英九先生（2012）更表示：「中國大陸於環保要求、工資與市場的整體投
資環境上皆有相當大的轉變，使台商因此開始考慮遷離中國大陸」。顯示中國
大陸投資環境上的問題已逐漸顯現，且更有許多台商在獲利縮水的趨勢日趨明
顯下，紛紛返台投資尋找新的獲利點，由此可見，中國大陸在嚴重缺工、工資
高漲與經濟成長放緩等情況下，投資環境日益惡化，使得台商對於中國大陸的
投資環境力評價呈現連年下降的趨勢。

趨勢二：投資風險度連續兩年呈現上升趨勢

2013《TEEMA 調查報告》投資風險度整體評估構面排名而言，可看出
2011 年至 2013 年的整體風險呈上升趨勢，由 2.252 分增加至 2.351 分，其中
更以「轉型風險（2.403）」的風險評價最差，甚至高於平均值 2.351 分，位居
五大風險最末者，顯示台商赴中國大陸投資最主要面臨是轉型風險，且其「政
府協助台商轉型升級政策落實不到位」、「台商進行轉型升級過程當地政府政

策阻礙或限制」及「當地投資結束營運所造成的退出障礙風險」三項指標的評價被列為最劣前十名,其次是「經營風險(2.301)」位居倒數第二。由此可知,中國大陸經營環境及企業和產業轉型面臨惡化情勢,促使投資風險度連續兩年呈現上升趨勢。然在37個投資風險細項指標中,風險上升最高的是「經營風險」中的「當地物流、運輸、通路狀況不易掌握的風險(上升0.116)」,但卻以「經營風險」中的勞工成本上漲、缺乏人才及員工流動率高被列為2013年整體投資風險度細項指標表現最差三項,可知2013年中國大陸經營狀況比2008年金融風暴時更甚,各地面臨嚴重的缺工、缺適任人才及高經營成本的壓力,致使多數企業紛紛撤退、倒閉等。

趨勢三:台商推薦度連續三年呈現下降趨勢

根據2013《TEEMA調查報告》之「台商推薦度」評分顯示,自2010年起台商對於中國大陸推薦度呈下滑現象,從2010年的3.842分,到2011年的3.667分,再到2012年的3.657分,至2013年的3.537分,探究台商推薦度下滑的原因可進一步發現,中國大陸成本低廉且薪資便宜的優勢不再,致使勞力密集產業喪失競爭力。另外,隨著中國大陸投資政策趨於嚴格下,也導致企業獲利大幅下降,依據東莞台商協會南城分會副會長陳三堂(2013)指出:「東莞的投資環境大不如前,工資、稅金一再提高,再加上缺工問題以及原材料價格居高不下,致使台商紛紛外移或關廠」。由上述可知,中國大陸目前的投資前景令人堪憂,這亦是台商推薦度逐年下滑的原因。當下傳統製造產業的勞動力、原料成本,以及人民幣升值、歐債危機等問題,令諸多在中國大陸發展的台商企業倍感壓力,無錫台商協會會長呂國宏(2012)表示:「中國大陸人工成本快速增加,不漲工資就找不到人,無錫2011年工資約成長20%,2012年趨緩但仍增加10%」。另外,廣州台商協會會長程豐原(2012)亦表示:「就算台商轉進西部投資,勞資成本依舊會持續上揚,也僅能爭取不到十年優勢,回台投資成為不少台商重要考量」。是故,中國大陸早期的世界工廠優勢已不復見,進而使得台商推薦意願連年降低。

三、就「城市綜合實力」分析

依2013《TEEMA調查報告》調查結果,本研究就「城市綜合實力」歸納出十大趨勢,茲分述如下:

發現一:昆山連續五年位居城市綜合實力之首

根據2013《TEEMA調查報告》2000年-2013年城市綜合實力排名顯示,曾獲城市綜合實力排名第一的有上海閔行(2005年);兩連霸的為杭州蕭山(2003年-2004年);三連霸城市有蘇州市區(2000年-2002年)、蘇州工業區(2006年-2008年);而昆山更是連續五年(2009年-2013年)位列城

市綜合實力之首。14 年《TEEMA 調查報告》期間，蘇州城市（蘇州昆山、蘇州市區、蘇州工業區）共有 11 次排名第一，而 14 年來調查排名第一皆由長三角城市所囊括，顯示長三角仍為台商投資最佳選擇的寶地與標的。

昆山市政府積極打造最適台商的政策環境，輔助昆山高新區台資企業轉型升級，並於 2013 年批准設立昆山深化兩岸產業合作試驗區，期盼此平台深化兩岸科技產業、專業人才等方面交流，更是率先開放兩岸金融領域的新興業務的城市。然而昆山政府更以台商精神層面為著力點，積極打造台商的精神家園，對此昆山台商鎰生電線塑膠有限公司副董事長楊登輝（2013）表示：「昆山政府的熱情以及昆山人民的真誠留住他」，顯示出昆山不僅積極設立各式產業試驗區，深根與台灣的經貿交流，更關懷台商的精神層面問題，創造友愛台商的氛圍，讓台商有歸屬感，綜觀上述，昆山能於五年排名中屹立不搖，係因政府全方位的輔佐台商，由內心層面到產業層面皆列為考量，昆山可謂是實至名歸。

發現二：城區城市綜合實力排名均呈上升趨勢

2013《TEEMA 調查報告》城市綜合實力排名中，「北上廣深」之排名變化，北京市區（B17 → B05）、上海市區（A22 → A20）、廣州市區（C17 → B34）、深圳市區（C24 → C08）排名均呈上升趨勢，此外，中國大陸著名商業城市，諸如：成都（A06 → A04）、蘇州市區（A10 → A07）、廈門島內（A17 → A16）、南京市區（A15 → A14）等排名均亦上升，顯示台商深知中國大陸已由「世界工廠」轉向「世界市場」，產業發展由傳統製造業向服務業轉型，因此，台商在中國大陸布局之時，應依循中國大陸產業發展之趨勢，進而為自身開創先機，使自身於中國大陸產業中能屹立不搖，持續提高營運績效。其中北京市區在城市競爭力構面中，「消費條件」位居第一，顯示北京市區在眾多條件中，消費條件可列為其城市競爭發展強項之一，此外，根據北京市政府於 2013 年頒布《中華人民共和國消費者權益保護法》之辦法，由此可知，北京市區消費能力之優越，可作為其有別於其他城市之發展優勢。此外，上海市區亦在競爭力中的消費條件也名列第三，綜觀上述，皆可看出中國大陸台商投資布局城市中，關於產業發展態勢，已由往昔製造業為主導轉變為服務業為首要發展趨勢，亦指出中國大陸產業已面臨轉型，台商布局應隨局勢隨機應變，以穩固市場地位。

發現三：上海列入評比五城區綜合實力均上升

根據 2013《TEEMA 調查報告》顯示，上海列入評比五城市之城市綜合實力排名均呈現上升趨勢，上海松江（B56 → B03，上升 53 個名次）；上海浦東（A35 → A23，上升 12 個名次）；上海嘉定（B22 → B12，上升 10 個名次）；上海閔行（A14 → A11，上升 3 個名次）；上海市區（A22 → A20，上升 2 個名次）；顯示上海經濟發展態勢銳不可檔，且上海松江與上海浦東更分別為城市綜合實力推薦排名上升幅度第一名與第十名的城市。根據《上海市戰略性新

興產業發展十二五規劃》中上海以建設創新示範區為新成長點，積極轉型為創新型城市，又 2013 年上海市政府批准《中國大陸自由貿易試驗區總體方案》，將於上海地區四個海關特殊監管區設立自由貿易試驗區，意味著政府穩外貿促轉型的企圖。然而，受惠於上海市政府積極採取轉型策略，使得上海於綜合實力排名中大幅提升，且依據上海市統計局 2013 年公布數據顯示，2012 年上海市國內生產總額高達 20,101 億元人民幣，且三級產業產值占上海全市 GDP 比重 60%，由此可知上海於成功進行產業轉型升級，積極拓展經貿市場，順應全球經貿態勢適時轉換發展策略，使上海五座城市於城市綜合實力指標排名上升，發展潛力年富力強，未來經濟發展態勢不容小覷。

發現四：蘇州城區與蘇州縣區排名呈上升趨勢

根據 2013《TEEMA 調查報告》中顯示，蘇州城區表現優異，十大最佳城市中蘇州城區及包辦三個名次，包括第二名蘇州工業區（95.095）在各項指標中皆獲得高分評價；第七名為蘇州市區（88.451）；第八名則為蘇州新區（88.214），且蘇州縣區表現亦為搶眼，蘇州昆山於十佳城市排名中（95.888）蟬聯五年排名第一；蘇州太倉（57.305）在排名中上升 20 個名次；蘇州常熟（52.921）上升 17 個名次，綜觀上述顯示出，蘇州於本報告中表現可圈可點，城市綜合實力大幅增加，未來發展值得引領期盼。蘇州已發展成台商於中國大陸地區投資最密集的地方，對此蘇州市台辦主任韓衛（2012）表示：「蘇州現有台商企業數量高達一萬多家，投資金額超過 1,000 億美元，蘇州為台商投資中國大陸目標城市之首」，顯示蘇州提供給台商優良的投資環境，積極發展新興產業。2013 年蘇州市政府宣布將繼續以發展新興產業項目建設作為蘇州穩成長促轉型的推力，並預計 2013 年蘇州將建設新興產業投資項目達 299 項，計劃投資金額高達 1,500 億元人民幣，然而根據蘇州工商局 2013 年發布統計數據可知，截至 2013 年 5 月 31 日，蘇州市民營企業資金總註冊額超過 9,000 億元人民幣，由上可知蘇州經濟社會呈現上漲態勢，氣勢銳不可擋。

發現五：東莞列入評比六鎮區綜合實力均下降

根據 2013《TEEMA 調查報告》之「城市綜合實力」評分顯示，東莞市區 86 名下滑至 87 名；東莞虎門 91 名到 102 名；東莞石碣從 94 名下降至 105 名；東莞長安 95 名到 106 名；東莞厚街從 92 名到 107 名；東莞清溪至 99 名下滑至 109 名，可明顯看出東莞六大城市排名皆為下滑的趨勢。東莞市以加工產業為主，為加工重鎮，因此，隨著中國大陸經濟高速發展，導致中國大陸結構產生變化，使得製造業被迫面臨轉型，再加上勞動力和土地的成本不斷攀升、原物料上漲及人民幣升值，導致台商投資東莞優勢不再。根據 2013 年 1 月 10 日，東莞市台商投資企業協會會長謝慶源表示：「東莞面臨辦事難、收費多等難題之外，還包括員工短缺、企業融資難、台胞證簽證手續複雜與東莞交通秩序混

亂等因素，使得部分台企對投資東莞信心動搖」。台灣東莞市政協委員林佳蓉
（2013）亦表示：「東莞台企正面臨經營成本上漲、招工困難等壓力，一些台
企出現從東莞撤資的現象，這是東莞經營成本上漲帶來的必然現象，東莞政府
只有從治安、交通與行政效率等方面不斷改善，提升軟環境才能夠留住企業」。
由此可知，中國大陸的轉型升級致使東莞優勢不在，在綜合實力排名逐漸下滑。

發現六：安徽省列入評比三城市均列入 B 級

根據 2013《TEEMA 調查報告》2000 年 -2013 年城市綜合實力排名顯示，
安徽省有三個城市被列入【B】級值得推薦等級，三個城市與排名分別為：（1）
合肥，由 2012 年 B03 上升至 2013 年 B02（上升一名）；（2）蕪湖，由 2012
年 B18 至 2013 年 B13（上升五名）；（3）馬鞍山，為 2013 年被列入的城市，
排名 B19。其中，合肥更在 2008 年以後，排名呈逐年上升趨勢。而針對整體安
徽省在 26 個省市自治區城市綜合實力而言，其排名位在第八名，評分 64.016
分。安徽省是台商在中國大陸投資布局的重要陣地之一，亦是台商布局中國大
陸二、三線城市的重點城市之一，如台商大洋百貨在 2012 年更進一步布局二
線城市合肥市，是其在中國大陸第七個進駐省分。對此台灣外貿協會秘書長黃
文榮（2013）表示：「中國大陸推動新型城鎮化以帶動產業的發展與轉型，將
是台商拓展至二三線城市的機會，而台灣名品展也首度在安徽合肥舉行，期盼
引領台灣業者布局合肥三線城市」，顯示合肥投資環境相當具發展潛力。而在
2012 年至 2013 年度央視調查《CCTV 經濟生活大調查》亦公布，合肥是居民
幸福感最強的城市，主要在經濟發展、生活質量、投資環境等方面有所改善，
因而獲得冠軍寶座，紛紛被台商列為值得推薦的【B】級城市之一。

發現七：西三角城市綜合實力均列入 A 級

西三角主要代表城市成都、重慶與西安，首次均進入極力推薦【A】級城
市，且三城市排名均較 2012 年提升，成都在綜合實力排名中名列第四，名次
由 A06 進步到 A04、重慶亦是名列最佳城市 A18 進度到 A10，上升十個名次、
西安進步幅度更為驚豔，從勉予推薦的【C】等級 C01 進步到極力推薦的【A】
等級 A27，由上可知，西三角城市綜合實力大幅上升，帶動西三角經濟區於區
域城市排名穩坐龍頭。西三角經濟積極發展產業聚落，2013 年蘭州預計打造七
大產業聚落，並獲批「新西三角經濟圈」成立，且國際汽車城重大項目，包括
中國一汽以及瑞華特汽車等知名汽車企業投資的重大開發案將於西三角開工，
預計投資金額將高達 1,000 億元人民幣。然而不僅中國大陸企業進駐西三角，
全球知名 500 強企業更是聚焦重慶發展潛力，根據成都政府 2012 年公布數據
可知，世界 500 強企業中投資成都的有 233 家，且法國施耐德電氣（Schneider
Electric）副總裁 Vernerey（2013）表示：「進行布局中國大陸時，最佳選擇城
市即是成都」。綜觀上述，成都發展潛力龐大，具備發展成全球著名投資聖地

的條件，然而西三角經濟圈的成功，不僅帶動西部地區的發展，更象徵中國大陸經濟發展重心逐漸西移，改變中國大陸經濟發展東快西慢的格局。

發現八：東北地區城市綜合實力均呈上升

根據 2013《TEEMA 調查報告》「城市綜合實力排名」顯示，東北三省所涵蓋的城市中，遼寧省的大連市 2013 年仍為東北地區城市綜合實力排名的第一名，而吉林省的長春、黑龍江省的哈爾濱與遼寧省的瀋陽等三個東北地區城市，其綜合實力均呈現上升的趨勢，其中，黑龍江省的哈爾濱與吉林省的長春皆上升 13 個名次，晉級列入「勉予推薦」的等級外，亦同時為 2013 年城市綜合實力推薦排名上升的第九名，而遼寧省的瀋陽更大幅上升 22 個名次，為 2013 年城市綜合實力推薦排名的第三名城市，顯示出東北地區城市的發展有相當大的進步，使得其城市綜合實力的排名呈現大幅上升的趨勢。東北地區的城市對於其城市的發展皆有所規劃，瀋陽市規劃和國土資源局於 2012 年頒布《瀋陽市城市總體規劃（2011-2020 年）》，並將瀋陽市的定位由東北地區的中心城市，進一步地提升為國家中心城市，並全面振興瀋陽市，由此可見進步幅度最大的遼寧省瀋陽市，其日後的成長空間仍相當大，此外，2013《TEEMA 調查報告》東北地區城市的瀋陽市、長春市、哈爾濱市、大連市等四座城市政府，亦針對各城市頒布其城市的總體規劃，以帶動城市的快速發展，顯見，在各城市政府的努力下，東北地區城市的實力皆已有所上升。

發現九：中三角城市綜合實力均呈現下降

就 2013《TEEMA 調查報告》城市綜合實力排名顯示，中三角涵蓋湖南省、湖北省與江西省等三省，而湖北省的武漢武昌、武漢漢口、武漢漢陽、湖南省的岳陽、長沙與江西省南昌、吉安、九江等八個城市其綜合實力均呈現下降的趨勢，其中，湖北省的武漢漢口跌落至「勉予推薦」等級，並為城市綜合實力推薦下降幅度第四名的城市，而武漢武昌則自 2012 年的 C02 下降至 C14 的位置，下降幅度為第六名，此外，江西省的南昌更自 2012 年的 A20「極力推薦」等級下降至 B06 的「值得推薦」等級，同時成為下降幅度第六名的城市，而湖南省的長沙、岳陽、湖北省的武漢漢陽與江西省的九江、吉安，此中三角的五座市的城市綜合實力排名亦均呈現下滑的趨勢。根據全球最大的商業不動產服務公司世邦魏理仕（CB Richard Ellis；CBRE）於 2013 年 4 月 23 日發布《中國辦公樓實情報告》指出：「武漢的辦公樓供應量將於 2014 年到達最高峰，且根據市場過往的吸納能力與多項因素的相衡量下，辦公樓試場仍處於供過於求的情況」。顯示武漢辦公樓市場的潛在風險持續增加，且武漢人力資源市場主任李永洪（2013）指出：「武漢缺工約達八至十萬人，且多半集中於建築、社會、住宿餐飲、加工製造與批發零售等熱門行業」。可知武漢其綜合實力在多種投資風險因素的影響下有下降的趨勢，而其餘中三角城市亦受到沿海地區

缺工問題與中國大陸的整體經濟放緩的影響，亦呈現下滑趨勢。

發現十：黃三角城市綜合實力均呈現下降

2012-2013《TEEMA 調查報告》城市綜合實力排名，顯示列入評比六個黃三角城市排名均較 2012 年下滑，如：青島 2012 年為 A08 下滑至 2013 年 A15、濟南 2012 年為 B02 滑落至 2013 年 B20、威海由 2012 年 B13 下滑至 2013 年 B21、煙台由 2012 年 B19 下降至 2013 年 B26、日照從 2012 年 C04 下降至 2013 年 C10、而泰安由 2012 年 C09 下滑到 2013 年 C16。其中下降幅度最大之城市為濟南，為 18 名，根據濟南住宅產業化發展中心主任王全良於 2013 年 5 月 29 日表示：「濟南產業政策正逐漸完善中，但企業與人才依舊為濟南最欠缺部分」。顯示人才與企業對濟南城市綜合實力之衝擊。此外，根據青島海關（2012）指出：「因受限於自然條件影響，使得黃三角城市之基礎設施建設無法健全，地區缺乏統一的物流標準，因而阻礙城市經濟一體化的發展進程與競爭力之提升」。由此可知，因基礎設施建設尚未健全完備，使得 2013《TEEMA 調查報告》中關於黃三角城市綜合實力排名皆呈現下滑趨勢。

第 20 章
2013 TEEMA 調查報告兩岸建言

2013 《TEEMA 調查報告》針對列入調查評估的 112 個城市，在「城市競爭力」、「投資環境力」、「投資風險度」、「台商推薦度」、「城市綜合實力」與「城市綜合實力推薦等級」等六項綜合排行後，特針對在中國大陸投資的台商、兩岸政府當局提出 2013《TEEMA 調查報告》建言，茲分述如下：

一、2013《TEEMA 調查報告》對台商之建議

根據 2013《TEEMA 調查報告》研究成果及統計分析，茲提出台商布局中國大陸六大建議如下：

建議一：預應中國大陸「金融風險化」妥擬「風險規避」策略

根據 2013《TEEMA 調查報告》指出，中國大陸實施經濟改革與市場開放政策，不斷下放財政權限以及四兆人民幣的經濟刺激方案，使得中國大陸現今正面臨地方債務風險、信貸氾濫風險、資產泡沫風險、影子銀行風險、通貨膨脹風險及產業斷鏈風險等經貿風險，根據國際貨幣基金組織（IMF）（2012）發布《全球金融穩定報告》（Global Financial Stability Report）表示：「中國大陸銀行業的不良貸款率依然較低，特別是對小企業的貸款可能會對非銀行貸款機構產生更嚴重影響」。可知台商在選擇前往中國大陸投資時，一定要審慎評估，並完善一套規避風險的方略，減少經營成本的提升。中國大陸政府亦正視金融風險的影響，2013 年 7 月 5 日中國大陸國務院推出《國務院辦公廳關於金融支持經濟結構調整和轉型升級的指導意見》，簡稱「金融十條」，其政策內容主要環繞著針對各種類型的金融風險做相關的防範規劃，其中包括「繼續執行穩健的貨幣政策，合理保持貨幣信貸總量」、「引導、推動重點領域與行業轉型和調整」與「嚴密防範金融風險」等條例。可知中國大陸政府正積極改善金融風險困境，但台商仍要自行設立一套標準，預應環境變遷，適時轉換跑道，帶動另一波成長新契機。

建議二：預應中國大陸「新型城鎮化」妥擬「第二曲線」策略

中國大陸大力推動新型城鎮化，不僅影響城鄉經濟和社會發展，亦從而帶動人口、消費發展等，更進一步衍生更多市場商機。根據台灣外貿協會秘書長

黃文榮（2013）表示：「隨著中國大陸都市化比例已由 2012 年 52.57% 增加到 53.37%，可知有更多人民遷往城市。此外，亦有許多企業已由北京、上海及廣州等一線城市轉向二、三線城市搶占市場並尋求龐大商機，通路商亦紛紛加入戰局」，在中國大陸大力推動城鎮化發展及產業轉型升級之際，將是台商拓展中國大陸二、三線城市消費力的好機會。隨著城鎮化的發展及城市居住比例的逐漸擴大，台商應把握中國大陸新城鎮化所帶動之新投資機會，逐步轉向二、三線城市搶攻新市場。然而在爭取城鎮化政策所帶動的內需市場之際，台商若想拓展內需，應妥擬完善企業轉型計畫，以確保企業長遠發展。根據海峽交流基金會董事長林中森（2013）指出：「台商企業轉型升級方式極多，如技術創新：提升企業自動化水準和經營模式持續創新；轉移投資陣地：轉移至投資環境、商機、地方政府提供優惠政策等較佳的投資地方；外銷轉內銷；製造業轉型升級為服務業：由二級產業轉向三級產業」，顯示台商業者預應中國大陸新型城鎮化所衍生的商機，可透過企業轉型方式為自身創造更龐大的投資機會。

建議三：預應中國大陸「新興產業化」妥擬「轉型升級」策略

中國大陸國務院早於 2010 年頒布《國務院關於加快培育和發展戰略性新興產業的決定》，並將節能環保、生物、高端裝備製造、新材料、新能源、新一代資訊技術與新能源汽車等七大產業列為重點發展產業，2012 年國務院更針對七大戰略性新興產業之重點發展方向發布《十二五國家戰略性新興產業發展規劃》，希冀加強自主發展與自主創新等能力，以強化國際交流的合作，新興產業成為中國大陸的重點發展項目，根據國務院發展研究中心技術經濟部部長呂薇（2013）表示：「戰略性新興產業的推動有利中國大陸培育出新的經濟成長點，且為推動傳統產業轉型升級的一條重要途徑」，顯示新興產業的推進儼然已成為中國大陸用以實現可持續發展的重要道路。台商在中國大陸投資面臨困難之際，更應積極找尋適當之轉型升級方向並擬定轉型升級之策略以突破重圍，根據中國大陸科技部長萬鋼（2012）表示：「兩岸對於推進戰略性新興產業發展的看法不謀而合，未來應以優勢互補的方式共同推進新興產業的發展」。因此，台商可加強自身之自主創新能力，引進高素質之專業人才，提升自身之轉型升級能力，以預應中國大陸之新興產業發展。

建議四：預應中國大陸「西三角優化」妥擬「區位布局」策略

根據 2013《TEEMA 調查報告》顯示「西三角經濟區」在城市綜合實力排名中居於桂冠，西三角經濟區可謂中國大陸經濟發展的著力點，中國大陸十八大會議中，提倡將重慶、四川、陝西進行轉型調整，採取西進政策，使得西部經濟站上新榮景。對此，渣打銀行（Chartered Standard Bank）中國大陸西區行政總裁馮少基（2013）亦表示：「世界經濟看中國大陸，中國大陸經濟則看西部發展」，2013 年財富全球論壇（Fortune Global Forum）首次於中國

大陸西部舉辦，而 2013 年 9 月世界華商大會（World Chinese Entrepreneurs Convention）更是移師成都召開，西三角經濟發展態勢銳不可擋。西部經濟區重點城市發展快速，尤其重慶、成都、西安等重點城市 GDP 成長速度更是名列前茅，根據宜居城市研究室數據（2013）顯示，2012 年重慶市 GDP 高達 11,459 億人民幣，成長幅度為 13.6%，為中國大陸全城市中 GDP 成長幅度排名第七；第八名則由成都市以 8,138 億人民幣拿下，顯示出西部經濟區成長快速，可謂明日之星。中國大陸經濟發展重心日漸往西部轉移，招商競爭呈現白熱化態勢，連韓國總統朴槿惠女士也相中中國大陸中西部城市發展潛力，率領經貿團造訪西安，可知西三角為中國大陸經濟發展不可忽視的力量。然雖西三角發展前景無窮，但近期太百成都春熙店租金上漲事件、重慶領導更迭影響政策承諾，使得台商放慢投資步伐，台商宜審慎評估，做好區位布局規劃，切勿盲動而躁進。

建議五：預應中國大陸「品牌在地化」妥擬「市場深耕」策略

隨著台灣與中國大陸簽署《兩岸服務貿易協議》替尚未進入中國大陸市場的台灣品牌開啟新契機，此外，可將《兩岸服務貿易協議》視為電子商務業西進中國大陸之「通行證」。根據經濟部於 2013 年 7 月 5 日表示：「海峽兩岸服務貿易協議，中國大陸共對台灣開啟 80 項承諾，有助於服務業搶占中國大陸市場之商機，尤其以電子商務與資訊服務業更具優勢」。經濟部更指出：「未來台灣電子商務平台業者可與有意與台灣出口之業者合作，透過在中國大陸設立之平台，無須於中國大陸設立據點，也可於中國大陸銷售」，由此可知，「服務貿易協議」的簽訂，可作為台灣服務業前進中國大陸的利基，更有助於各產業之發展空間。對於想進入中國大陸市場之台商，應著墨品牌發展，根據東京著衣創辦人周品君於 2013 年 6 月 28 日表示：「台灣品牌應先維持品牌競爭力，再考慮前往中國大陸設點」，而為使自己於競爭激烈環境中屹立不搖，更應培育人才以因應市場變化萬千之發展。根據宇智顧問公司董事長徐小波於 2013 年 4 月 18 日亦表示：「台商人才培育計畫甚少，故成為業者企業發展的瓶頸」，此外，宜芝多董事長蔡秉融（2013）更加指出：「人才確實為中小企業發展的阻礙，就烘焙業而言，高學歷的不願意低就，但低學歷卻難以教導」，顯示人才培育亦是企業發展不可或缺的重要課題。

建議六：預應中國大陸「內需擴大化」妥擬「通路先占」策略

根據華南美國商會 2013 年發布《2013 年華南地區經濟情況特別報告》調查結果顯示，高達 80% 的企業，主要目標市場為提供產品與服務於中國大陸市場而非其他市場，對此華南美國商會（The American Chamber of Commerce in South China）會長 Seyedin（2013）指出：「受訪企業的經營觀點日漸由出口市場移轉向中國大陸內需市場」，另外，根據中國大陸國家統計局 2013 年公布數據顯示，中國大陸 2013 年 4 月社會消費品零售額成長 12.8%，綜觀上述皆

顯示中國大陸內需市場整體呈現上漲趨勢，消費品商機更是具有龐大潛力，台商切記要因應中國大陸政府針對新興城市開發進行內需市場相關布局，以利企業尋找新成長點。然而，轉戰布局通路的台商企業不勝枚舉，其中1998年台灣廠商藍天電腦在面臨代工組裝淨利率低於2%的困境下，選擇轉型通路布局，轉投資中國大陸「百腦匯」商場，對此百腦匯總裁蔡明賢（2013）表示：「除製造代工以外就兩條路可走，第一是通路，第二就是發展品牌，發展品牌的雖會為企業帶來龐大利潤，但競爭激烈，於是藍天電腦選擇通路為發展策略，只有通路才能接觸到最底層」，顯示在價格紅海中，藍天電腦開拓出藍海市場，然而布局通路不僅能接觸底層，對於資金運用更是有益處。如同藍天電腦策略長林群（2013）表示：「目前藍天電腦在中國大陸不動產市場中，資產突破600億元新台幣，因此在資金運用上比零售通路商靈活」。顯示適逢中國大陸內需市場成長，通路不僅最為貼近市場，更可使企業發展策略能更加靈活、為品牌添加附加價值，為企業尋找新成長點。

二、2013《TEEMA調查報告》對台灣當局之建言

根據2013《TEEMA調查報告》調查及統計分析結果，對台灣當局政府提出六項建言，茲六大建議分述如下：

建言一：建請政府研擬清晰宏遠大陸經貿政策對接習李新政

根據中國大陸社科院研究生院院長劉迎秋（2013）表示：「中國大陸總理李克強先生所提出『打造中國大陸經濟升級版』，主要是從傳統經濟依靠著資本、資源和勞動的成長模式，升級為新型經濟，並且依靠體制改革、技術進步和創新的成長。而在打造中國大陸經濟升級版的過程中，可透過加快調整進出口結構、深化農村土地制度改革、反壟斷並鼓勵競爭等途徑，加快經濟轉型效果」。由此可知，中國大陸政府推動經濟轉型之際，不僅可改善民生環境、穩固內需，更可逐漸朝向世界市場之路邁進，台灣可掌握中國大陸經濟升級所頒布之政策，藉此尋求發展機會。根據台灣大學經濟系教授林建甫（2013）表示：「台灣可透過兩岸經濟合作架構協議（Economic Cooperation Framework Agreement；ECFA），有關服務業合作之範圍加以重點發展，採行生產性服務業，並深耕連鎖、加盟和物流等，對接中國大陸的轉型發展」。習李體制所推動的經濟轉型仍須面對調整經濟結構的挑戰，而政府應以宏遠觀看中國大陸紛紛提出相關的經貿政策，進行研擬自我經貿政策，並掌握競爭優勢有利提升自我經濟競爭活力，才有機會突破悶經濟，加速兩岸經濟成長力。

建言二：建請政府建立智庫機構掌握習李新政方向謀台商機

中國大陸在習李新政的引領下，除將「城鎮化」作為其重要的施政目標外，2012年的十八大報告中更首次提及「美麗中國」之概念，並誓言將生態文明建

設置於首位，並融入政治建設、經濟建設、文化建設與社會建設，以「五位一體」之總體布局來建設美麗中國。2013《TEEMA 調查報告》中的生態環境、基建環境、社會環境、法治環境、經濟環境、經營環境、創新環境、網通環境、內需環境與文創環境等十大投資環境力評估構面，亦包含總體布局之「五位一體」項目，並可發現中國大陸之「經濟環境」已有大幅進步，而屬「五位一體」中生態文明建設之「生態環境」則因空氣汙染等嚴重的問題影響下有退步的趨勢，文化建設之「文創環境」則居 2013 年排名之末，顯示出中國大陸各項環境之建設仍有進步空間，亦表示各產業中仍存有龐大商機，台商可積極找尋合適路徑前往投資發展。根據台灣外貿協會董事長王志剛（2012）指出：「在美麗中國概念提出之際，新能源與資源再生利用等產業擁有龐大商機，此外，中國大陸將大力拓展的清潔能源風力發電更為台商可掌握的商機」。可知在習李新政的引領下，其「五位一體」之發展布局更使中國大陸醞釀出無數商機，而台灣政府更可設立智庫機構以彙整中國大陸未來之發展趨勢與商機，使台商能藉由此一智庫快速掌握發展之方向，隨時做足轉型或深耕之準備，此外，智庫機構除可隨時彙整納入習李新政之各項政策與商機外，台灣政府亦可針對台商發展之需求擬定出合適的政策並協助台商掌握商機，以建立起另一項台商於中國大陸投資之關鍵成功因素。

建言三：建請政府建立資源整合平台解決台商轉型升級困境

根據 2013《TEEMA 調查報告》顯示，在投資風險度的五大構面中的「轉型風險」中的細項指標皆為後半段，其中包括「當地投資結束營運所造成的退出障礙風險」、「台商進行轉型升級過程當地政府政策阻礙或限制」、「政府協助台商轉型升級政策落實不到位」及「台商因轉型升級造成企業供應鏈整合不到位」，可知台商目前面臨轉型升級仍有一定的難度。是故，為使台商能夠順利地發展，除需透過當地的辦事處及政府的協助外，台灣政府應該有一套系統化的策略，協助台商進行升級轉型。北京台協會長林清發（2012）表示：「希望政府能將資源整合，並建立各種資訊平台，讓台商透過平台找到自己需要的資訊，協助他們的轉型工作，目前台灣與中國大陸政府已經有提供基本的協助，但如果能夠將資源做進一步的整合，將使台商更有效的運用資源」。台商正面臨著投資環境逐漸惡化以及強迫轉型升級的雙面夾擊的狀況，因此，建請政府建構資源整合平台，協助台商有效的得到資源，並攜手創造另一波成長高峰。

建言四：建請政府掌握中國大陸特區先試先行優勢協助布局

中國大陸積極推動經貿環境的國際化，以利於未來能與美國洽簽跨太平洋戰略經濟夥伴關係協議（The Trans-Pacific Partnership；TPP），根據中國大陸國務院總理李克強先生於 2013 年 6 月 2 日表示：「將在上海成立『自由貿易試驗區』，在貨物進出、投資與金融外匯上全面自由開發」，顯示成立自由

貿易試驗區將在不影響政府監控前提下積極開放，並減少行政干涉，擴大資金與人員自由化程度，更能加速國際接軌，以增進國家競爭力。此外，中國大陸國家發改委於 2013 年 2 月 23 日表示：「中國大陸將正式成立『昆山深化兩岸產業合作試驗區』，使兩岸產業研發服務、台灣商品檢驗等優惠政策可先試先行」。中國大陸國務院台灣事務辦公室副主任鄭立中於 2013 年 6 月 10 日表示：「中國大陸擁有許多經濟開發區與示範區，因此建議兩岸可透過區域對接，在區域內創造新的合作模式」，可為台灣帶來創新的發展空間。綜觀上述可知，在全球經貿環境的影響下，台灣應關注鄰近國家經濟特區之發展，即時掌握經濟特區的發展趨勢，以能順應時勢擬定相關對策方案，抑或對變化萬千的經貿環境隨時掌握，使雙方能創造出異於往常的合作態勢，也能使台灣更易於全球經貿環境之發展。因此建請政府掌握中國大陸特區先試先行優勢協助布局。

建言五：建請政府設立澎金馬加工出口區降低台商出口關稅

中國大陸台商近年來接連遇到勞動成本上升，使得台商成本競爭優勢下降，然而對台商最迫切是解決土地及勞力成本上漲問題，如同 2013 年渣打銀行（Standard Chartered Bank）數據顯示，中國大陸珠江三角洲地區面臨企業搬遷問題，有 30% 的企業正規劃向製造成本較低的西部搬遷，甚至離開中國大陸，顯示台資企業平均勞動成本增加 20% 到 25%，且出口退稅減少加上國際貨幣走向，迫使人民幣上漲且台幣貶值，嚴重壓縮企業的利潤空間。建議台灣政府於澎湖、金門及馬祖地區設立加工出口區，不僅可以減少企業運輸成本更可以利用加工出口區融合自由貿易區、免關稅區等綜合機能，並且政府可以針對澎湖、金門及馬祖加工出口區廠商只要入區投資即享有海關、貨物、營業稅免稅等優惠，利用澎湖、金門與馬祖地理優勢，大幅降低台商營運成本、簡化行政程序，提供台商全方位的服務，藉以帶動台灣與發展區域經濟發展的動力，創造諸多就業機會，賺取外匯，並提升經濟成長，亦可增加台商回流意願。

建言六：建請政府成立專責機構輔導台商完善大陸退場機制

根據 2013《TEEMA 調查報告》中關於台商選擇「繼續擴大對中國大陸投資生產」的比例由 2009 年的 53.32% 降至 2013 年的 46.12%；台灣國安局局長蔡得勝（2012）指出：「2012 年台商前進中國大陸投資的比例首次呈現負成長，預計逾三成台資於中國大陸台商將面臨倒閉風險」，顯示台商投資於中國大陸比例逐漸降低。此外，受到中國大陸近年來提出「騰籠換鳥」計畫、「工資持續上漲」、「政府扶植民族企業」等情況下，皆使得台商降低於中國大陸持續投資的意願與發展，因而使台商接二連三想撤離中國大陸，將投資發展重點鎖定新興國家或是回台投資。台商退出中國大陸市場為一門學問，根據台北經營管理研究院院長陳明璋於 2012 年 11 月 5 日表示：「關於台商退場需擁有良好策略，且需不疾不徐，絕對不能『打草驚蛇』」，其亦指出：「假使台商若過

早透露想退出中國大陸的訊息，任何該償還的債務皆會接踵而來，其中『員工薪資』、『政府稅務』為台商不能輕忽的兩大關卡」，因 2009 年江陳會簽訂「海峽兩岸共同打擊犯罪及司法互助協議」，使得違法事項只要於中國大陸法院判決確定後，即可跨海求償，扣押台商在台灣資產。由此可知，台商除擬定合宜的退場機制外，因此建請台灣政府成立專責機構輔導台商完善大陸退場機制。

三、2013《TEEMA 調查報告》對中國大陸當局之建言

根據 2013《TEEMA 調查報告》針對 112 個調查分析城市進行「兩力兩度」風險評估調查，並透過問卷分析結果剖析，2013《TEEMA 調查報告》對中國大陸當局政府提出以下六大建言：

建言一：建請中國大陸政府落實兩岸投保協議解決經貿糾紛

根據 2013《TEEMA 調查報告》研究結果顯示，在投資風險度的五大構面中的「法制風險」的排名逐年提升，從 2010 至 2013 年的排名皆為五大構面之首位，而在法制風險的細項指標與排名顯示，「官員對法令、合同、規範執行不一致的風險」、「與當地政府協商過程難以掌控的風險」、「機構無法有效執行司法及仲裁結果的風險」等指標排名皆名列前茅，且 2010-2013 年投資風險逐漸的提升；而在「社會風險」的細項指標當中，「當地發生勞資或經貿糾紛不易排解的風險」亦是逐年提升。由此可見，台商在中國大陸正面臨巨大經貿風險，建請中國大陸政府配套完善的經貿投資政策，讓兩岸交流中可擁有公平的投資環境。台商在中國大陸遇上投資糾紛，和當地廠商出現紛爭的事件時有所聞，海協會會長陳德銘（2012）表示：「中國大陸補貼陸企，陸企低價搶單層出不窮，或竊取台商營業祕密來壯大陸企屢見不鮮。因此，在兩岸產業積極簽訂協議之前，更應先簽訂爭議時發生的公平解決機制，這樣兩岸交流合作才有共創未來的可能」。而財團法人商業發展研究院董事長徐重仁（2013）亦表示：「兩岸服務貿易協議簽訂，可預見更多的台商將會到中國大陸擴點展店，下一步最重要的是推動兩岸同步建立公平仲裁機制，使得不管在台灣或者中國大陸都可有一視同仁的執行標準，使台商在對岸的發展有遊戲規則可循」。因此，若中國大陸政府有一套完善的配套政策，就會有更多的台商前往投資，可望兩岸合作共創新世界。

建言二：建請中國大陸政府完善法治環境避免地方保護主義

根據 2013《TEEMA 調查報告》中的投資風險度評估可知，經濟風險中「當地政府保護主義濃厚影響企業獲利的風險」於 2013 年的排名下降兩名，顯示中國大陸的地方保護主義仍然存在，根據台北經營管理研究院 2012 年 11 月 19 日發布《當前大陸台商投資環境調查報告》亦指出：「台商受到中國大陸投資環境惡化與國際形勢的影響，已有七成的台商不願再加碼投資中國大陸」。由

此可知台商在中國大陸投資環境惡化的情況下，對於加碼投資有所疑慮，並有部分台商已有卻步的情況，報告更指出中國大陸投資環境快速惡化原因多半在於地方保護主義過重、不再提供優惠政策、行政干擾與競爭激增等多項原因，使台商於中國大陸的投資獲利日益困難。中國大陸的地方保護主義仍相當嚴重，雖然中國大陸早已訂定《中華人民共和國台灣同胞投資保護法》與《中華人民共和國台灣同胞投資保護法實施細則》，但此部分仍較偏於中國大陸單方面的規定，對台商的保障仍有所不足，根據全國人大代表許寶成（2013）指出：「儘管中國大陸的法律越來越完善，但地方保護主義仍然存在，且手段更加隱蔽」，顯示中國大陸地方保護主義日益嚴重，且中國大陸已成為台灣對外投資最為密集的國家，在此中國大陸政府更應積極簽署投資保障協議，除有效改善市場競爭不公平情形與市場機制扭曲之情形，更能增加外資加碼投資與進入投資之意願。

建言三：建請中國大陸政府建立兩岸競合機制避免產業紅海

根據瑞銀證券（UBS AG）中國大陸研究報告（2013）指出：「過去中國大陸政府多以提供市場機會來提升中國大陸產業技術，吸引眾多國際企業在中國大陸設廠，提供供應鏈技術升級之機會」，面對中國大陸廠商的崛起，使在中國大陸投資設廠並具技術優勢的台資廠商受到威脅，而有些台資廠商開始選擇與陸資廠商合資，以避免兩岸發生競爭惡劣的關係。由此可知，兩岸產業從競爭走向競合之際，勢必積極協商並建立兩岸產業競合機制，以保障兩岸廠商以全面性和前瞻性，共同朝向國際市場。許多台資企業在中國大陸供應鏈升級之際紛紛陷入訂單被陸資企業拿下之困境，如 2012 年東莞新能源天津力神拿下蘋果公司的電池芯訂單，使陸廠德賽電池獲得下游電池組裝訂單，勢必排擠不少台資廠商的接單量。此外，2013 年 Google 眼鏡的供應鏈就有不少陸資廠商。由此可知，中國大陸企業紛紛興起且勢力正快速擴大，並與台資廠商搶食訂單，面臨搶單威脅，使不少台資廠商放棄競爭。根據海通證券分析師張孝達（2013）指出：「陸資廠商位於蘋果供應鏈的比重持續增加，包含歌爾聲學、安潔科技、賽德電池等廠商」，更加顯示出建立兩岸產業競合機制避免產業紅海已勢在必行。

建言四：建請中國大陸政府研擬公平對等的電子商務經營體系

中國大陸的電子商務行業呈現快速成長趨勢，而產業中不公平競爭的情形亦逐漸浮現，根據全國政協委員張近東（2013）表示：「由於中國大陸的電子商務發展過於快速，相對應的配套措施未能跟上速度，導致電子商務年交易量中，約有一半的交易皆游離於法律之外，且在非稅銷售、假冒品與非註冊經營等現象頻繁出現的情況下，電子商務業中不公平競爭的環境已影響電商行業的健康發展」，顯示中國大陸的電子商務體系仍未完善，產業中的不公平情形更已嚴重影響到整體行業的永續發展，此外，中國大陸的電子商務在脫離法治軌道的快速發展下，對台商的電子商務投資經營而言，實為企業成長與經營的一

大困境。隨著兩岸服務協議的簽訂，台灣電子商務業者已有機會於福建設點，根據台灣經濟部次長卓士昭（2013）表示：「中國大陸承諾台商可將福建作為『試點』，並在部分區域經營電子商務的持股可超過50%」，台灣在服務協議簽訂下已爭取到台商於中國大陸經營電子商務的一條發展路徑，但在中國大陸網路的封鎖管制與產業環境混亂的情況存在下，台商電子商務的發展仍受限制，中國大陸政府應加快電子商務中各個環節的法制建設，以公平的法律化形式有效規範電子商務市場的秩序，創造出更公平的競爭環境，進一步促進電子商務環境的永續發展。

建言五：建請中國大陸政府提升台辦行政位階賦予更多權力

根據東莞台商會長謝慶源（2013）道出：「若海基會在中國大陸設立分支機構，許多糾紛就能馬上解決，台商也就有靠山」，此表示台商在中國大陸面臨的困境，台商在當地發展苦無公平公正解決糾紛的機構，許多台商因此受到不公平待遇，但台商協會在中國大陸並非全能，其行政位階不高，也無公權力作為後盾。因此建請中國大陸政府提升台辦行政位階賦予更多權力，為迫切的需求，不僅能減少糾紛，更能保障台商權利。對於提升台辦行政能力，台灣企業聯總會長郭山輝（2013）表示：「希望辦事處的職能提升，除收發文件、認證、核發、申請證照，也應該具備急難救助等附加功能」，顯示隨著兩岸投資日益增加，台商期盼台辦能提供更健全的服務，然而服務型態越趨複雜，並不是光靠台商協會即能解決，因此提升台辦行政位階，並賦予台辦實質行政權力，甚至可以透過修訂法令，使得台商解決問題有實質法源依據。台商扮演台灣經濟重要的動力，期待中國大陸政府能夠給予台商更多的保障。

建言六：建請中國大陸政府肯定台商貢獻積極協助轉型升級

隨著中國大陸開放許多優惠政策及兩岸經濟合作架構協議的簽署等，吸引台商紛紛赴中國大陸投資，對台灣經濟及兩岸經貿合作關係和貢獻實力卓著。台商是兩岸經濟發展的泉源，對台灣而言，台商出口機器設備及零件等，提高台灣對中國大陸的出口實力；對中國大陸而言，台商引入中國大陸技術、繳納稅賦、提供外匯等，皆開啟兩岸經貿合作的長期發展。根據經濟部（2012）統計數據顯示：「台商赴中國大陸投資的累計總金額，從1991年至2012年4月已高達1,154億美元，且上市公司赴中國大陸投資的金額亦逐年增加」。赴中國大陸投資與兩岸經貿合作緊密已成為台商重要的經營模式。隨著中國大陸經濟轉型及產業升級，將提高中國大陸關鍵零組件和機器設備等的自給率，加上高成本等壓力，使不少台商的訂單減退、經營不佳，面臨轉型困境，對此將降低台商投資所帶動的經貿效果及產生兩岸經濟發展的疑慮。此外，根據中國大陸海關（2012）統計：「2012年1至7月台灣進口總額與2011年同期減少2.84%，在中國大陸占有率僅6.7%」，台商多以出口中間產品為主，然而隨著

中國大陸的自給率提高，間接壓縮台灣對中國大陸出口產品，而出現兩岸產業鏈疏離的危險，建請中國大陸政府協助台商轉型升級機制，避免台商造成斷鏈風險。

四、2013《TEEMA 調查報告》對兩岸政府之建言

根據 2013《TEEMA 調查報告》除針對台商布局、對台灣政府、中國大陸政府提出建言之外，亦提出對兩岸政府之六大建言如下：

建言一：建請兩岸共謀區對區的經貿交流強化合作機制

成立自由經濟貿易區為台灣目前經濟發展的重要規劃，根據廈門台研院經濟所所長唐永紅於 2013 年 7 月 7 日表示：「台灣建設自由經貿區與海西的廈門經濟特區、平潭綜合實驗區形成相互競爭合作的態勢，為無可避免之情況」，而中研院副院長王健全亦指出：「因中國大陸與台灣企業雙方互補性強，只要策略適當得宜，皆可促使雙方製造雙贏機會」，綜上可知，兩岸建立經貿區相互合作，可為彼此帶來優勢。而根據江蘇省昆山市委書記管愛國（2012）表示：「關於昆台經貿合作具有美好的發展前景與寬闊的合作空間，只要能順應潮流、抓準機遇、精誠合作，即可使彼此合作創造新的突破」。此外，廈門市政協副主席黃世忠於 2013 年 7 月 7 日亦表示：「透過自由經貿區的建立，將中國大陸市場與台灣市場的營運優勢結合起來，促進兩岸產業轉型升級，共同打造雙方產業於國際上的競爭力」，由此可知，兩岸經貿區相互合作交流，可使兩岸成為最重要的產業發展夥伴，並可攜手創造相互繁榮之前景。且兩岸經貿區相互合作，有益於雙方產業於國際上發展優勢，且發揮綜效，因此建請兩岸共謀區對區的經貿交流強化合作機制。

建言二：建請兩岸共擬共同辦事處整合綜效開創新藍海

隨著兩岸關係逐漸深化，中國大陸成為台商投資重要據點，但 2008 年以來爆發金融危機，中國大陸出口產生大幅下滑，加之經營生產要素成本提高，使得台商的營收不進反退。根據財團法人海峽兩岸交流基金會董事長林中森（2013）表示：「台商在中國大陸面臨很多發展困境，希冀政府繼續給予更多關懷，為兩岸創造更多就業機會，協助台商度過難關」。東莞台商協會會長謝慶源（2013）亦表示：「希望兩岸辦事機構能儘速成立，過去很多問題都由台商透過管道來解決，但隨環境、時光演變，很多問題已無能為力，若台協未來能結合海基會辦事機構，相信會給台商更多助益」。是故，建請兩岸政府共同設立資源整合平台，協助台商脫離困境，促成雙方共同攜手創造更大的經濟奇蹟。台灣政府在陸委會、經濟部與海基會，都有針對台商所設立的各個服務機構，但其所服務的面向都不盡相同，因此，在協助台商處理問題的同時也造成許多問題上的產生，如流程程序繁瑣複雜，使得台商不知該向何處尋求協助，

進而導致效果不彰。福州台商協會會長蔡聖（2013）即表示：「希望台灣政府能夠建立資訊平台，讓台商可以更有效運用政府所提供的資源」。有鑑於此，政府應積極建構兩岸共同辦事處，讓台商能夠有效的解決問題，以落實保障台商在中國大陸的投資權益。

建言三：建請兩岸共推金融改革開放制度建華人金融圈

隨著台灣中央銀行 2013 年宣布，開放兩岸貨幣清算機制，台灣境內銀行可提供人民幣存匯款及買賣業務，但限制條件諸多，如每筆買賣現鈔交易、每日可匯款至中國大陸的款項皆有上限金額限制、且不能用於投資中國大陸。對此台灣金控董事長劉燈城（2013）指出：「中國大陸經濟體日漸強勢，人民幣地位於國際間的地位越趨強勢，期盼兩岸人民幣業務更加開放，並希冀中國大陸准許台灣成為人民幣境外離岸中心」。由此可知，金融改革議題日益熱絡，中國大陸於國際間地位趨漲，兩岸若能共同開放更多銀行業務項目，不僅可以有利於台商投資策略布局，更有利於提升台灣於國際金融圈的地位。行政院金融監督管理委員會（2013）指出：「2012 年兩岸雙方金融業務往來金額逾 5,798 億美元，相較於 2011 年成長 5%」，顯示兩岸金融交易往來頻繁。而後兩岸金融市場逐步開放，將有助於台灣金融機構增強對中國大陸市場的布局，此外可提供更多股權合作業務、放寬中國大陸企業於台灣上市之標準、直接進行融資業務抑或是加強兩岸金融資訊合作等。如同國台辦發言人楊毅（2013）表示：「兩岸應趁勢加強合作，採取實質性的策略合作，攜手做大做強兩岸金融圈」。由上可知兩岸加強金融改革，將更有利於台灣拓展中國大陸市場以及厚植台灣外匯資金存底，增強台灣於國際間的競爭力。

建言四：建請兩岸共建產業技術標準制度進軍國際市場

隨著兩岸經濟合作架構協議（ECFA）的簽訂，使得兩岸經貿關係進一步的深化，然而，兩岸之經貿發展各有所長，在兩岸產業合作的過程中，影響兩岸產業對接的技術標準問題，目前已成為兩岸產業合作的最大瓶頸。根據華聚基金會董事長陳瑞隆（2012）表示：「兩岸 ECFA 早收清單雖已實施，但許多產品出口涉及產品標準規格　等非關稅貿易障礙，以工具機為例，雖然納入兩岸 ECFA 早收清單，享有零關稅優惠，但標準規格不符，早收優惠仍無法享受」，可知技術標準的建立將成為影響兩岸合作未來經濟發展中的重要議題。為優化兩岸產業發展環境，促進兩岸產業合作制度化與機制化的實現，兩岸必須要共同制定產業技術標準，以實現兩岸產業合作有效對接，並進而提高企業本身的競爭力。裕隆集團發言人蕭明輝（2012）表示：「對於兩岸的合作，不只看到陸資挹注入股，應透過共同制定產品技術標準，例如數字電視視訊標準與數字機上盒規格，讓兩岸產業鏈藉著分工，共同拓展全球市場，這才是兩岸合作的最終目的」。是故，建請兩岸政府應在未來可結合雙方優勢，共同制定產業技

術標準，藉以開創市場新藍海。

建言五：建請兩岸共簽文創產業發展協定保護智財權益

根據 2013《TEEMA 調查報告》中投資環境力顯示，文創環境為中國大陸投資環境力十大構面中排名最後一名的構面，且文創環境中的「對文化創意產權的重視及保護」指標更為 69 項指標中倒數第四名，顯示出中國大陸對於文化創意產業的發展保護仍有待改善。兩岸對於文化交流日益頻繁，根據台灣文化創意產業聯盟榮譽會長李永萍（2012）表示：「兩岸文化交流已進入文化創意的合作階段，且須克服智財權的保護、對原創的追求與市場准入等三點障礙」。是故，兩岸在文化創意產業發展中對於智財權的保護相當重要，兩岸政府更應建立起保護文化創意產業永續發展的共識。根據行政院文化部副部長趙少華（2012）表示：「簽署兩岸的文化交流協議，為的是因應許多兩岸文化機構、藝術團體、藝術家與文化企業的期待，尤其是對於台灣文化創意企業的迫切要求」。可知在兩岸各單位團體的期待下，文創產業發展協定的簽訂對兩岸文創的合作更有加深的作用，並可針對文創產業中各項智財權的保護開啟加強與改善的動作，若智財權能在兩岸文創產業發展協定的簽署下有所改善，定能帶動兩岸文創企業走向國際舞台，形成共同成長並攜手走向國際的局面，因此，兩岸政府應更加積極的重視兩岸文創產業發展協定的簽訂，對於文創產業的智慧財產權益做出保護的動作。

建言六：建請兩岸共創人才培育機制解決缺工薪漲困境

台商在中國大陸投資過程中，缺工、缺人才及漲薪已呈常態現象，且中國大陸政府常祭出新政策令台商措手不及，如中國大陸國務院（2012）發布《國家人權行動計畫（2012-2015）》指出：「將以最低工資標準年均成長 13% 以上為目標，建立工資正常成長機制」，令台商面臨薪漲問題。根據台北經營管理研究院院長陳明章撰寫《2012 中國大陸台商投資環境調查報告》（2012）指出：「台商缺人才與缺工占 68%」，此外，2013《TEEMA 調查報告》之「投資風險度」的五大風險構面亦顯示，「經營風險」中的「當地適任人才及員工招募不易的風險」和「員工缺乏忠誠度造成人員流動率頻繁的風險」兩項細項指標的評分和排名居於末端，更顯示台商普遍面臨嚴重的缺工、缺人才及流動率高的困境。根據華信統領企業管理諮詢顧問有限公司總經理袁明仁（2013）指出：「中國大陸的台商存在缺人才、流動率高及漲薪問題，令台商陷入經營困境，建議政府能協助台商解決缺工問題及培育人才，由生活保障方面的改善有利留住人才，以及扶持企業導入自動化的政策以突破缺工困擾」，由此可知，兩岸政府可透過學校、居住及醫療等方面的生活保障，增加勞工忠誠度藉此留住人才，更可提供培育人才的管道與機制，訓練專業人才，以提供台商有利的經營環境，走出困境。

大陸城市評比
新資訊

第 21 章　　2013 TEEMA 城市綜合實力彙總

第 22 章　　2013 TEEMA 調查報告參考文獻

第 21 章
2013 TEEMA 城市
綜合實力彙總

【1 蘇州昆山、2 蘇州工業區】

城市名稱	1 蘇州昆山		綜合指標	2013年	95.888	綜合排名	A01/01	極力推薦
				2012年	94.502		A01/01	極力推薦

競爭力(15%)	項目	基礎條件	財政條件	投資條件	經濟條件	就業條件	永續條件	消費條件	人文條件	加權平均
	分數	84.5613	94.4736	87.3683	79.9999	82.3683	70.9473	69.8245	85.2631	82.217
	排名	4	6	7	4	12	19	24	10	6
環境力(40%)	項目	生態環境	基建環境	社會環境	法制環境	經濟環境	經營環境	創新環境	網通環境	內需環境	文創環境	加權平均
	分數	4.305	4.317	4.245	4.275	4.244	4.098	4.193	4.160	4.174	4.116	4.221
	排名	2	2	2	2	4	6	2	1	2	3	1
風險度(30%)	項目	社會風險		法制風險		經濟風險		經營風險		轉型風險		加權平均
	分數	1.740		1.551		1.751		1.616		1.558		1.641
	排名	4		1		5		1		1		1
推薦度(15%)	2013年		加權平均	4.358		2012年		加權平均	4.301
			排名	2				排名	6

城市名稱	2 蘇州工業區		綜合指標	2013年	95.095	綜合排名	A02/02	極力推薦
				2012年	91.761		A04/04	極力推薦

競爭力(15%)	項目	基礎條件	財政條件	投資條件	經濟條件	就業條件	永續條件	消費條件	人文條件	加權平均
	分數	84.5613	94.4736	87.3683	79.9999	82.3683	70.9473	69.8245	85.2631	82.217
	排名	4	6	7	4	12	19	24	10	6
環境力(40%)	項目	生態環境	基建環境	社會環境	法制環境	經濟環境	經營環境	創新環境	網通環境	內需環境	文創環境	加權平均
	分數	4.182	4.273	4.303	4.310	4.394	4.292	4.279	3.873	4.146	3.753	4.208
	排名	4	4	1	2	1	1	7	3	15	3
風險度(30%)	項目	社會風險		法制風險		經濟風險		經營風險		轉型風險		加權平均
	分數	1.677		1.629		1.686		1.812		1.788		1.727
	排名	2		4		1		4		3		2
推薦度(15%)	2013年		加權平均	4.321		2012年		加權平均	4.327
			排名	4				排名	4

城市名稱	③ 杭州蕭山		綜合指標	2013年	94.759	綜合排名	A03/03	極力推薦
				2012年	91.071		A05/05	極力推薦

競爭力 (15%)	項目	基礎條件	財政條件	投資條件	經濟條件	就業條件	永續條件	消費條件	人文條件	加權平均
	分數	80.8771	92.3683	90.5262	68.7719	91.3157	75.5789	78.9473	91.5789	82.926
	排名	9	8	4	22	4	10	16	4	4

環境力 (40%)	項目	生態環境	基建環境	社會環境	法制環境	經濟環境	經營環境	創新環境	網通環境	內需環境	文創環境	加權平均
	分數	4.339	4.357	4.161	4.242	4.429	4.058	4.029	3.900	4.250	4.138	4.195
	排名	1	1	4	3	1	8	4	5	1	2	2

風險度 (30%)	項目	社會風險	法制風險	經濟風險	經營風險	轉型風險	加權平均
	分數	1.798	1.616	1.705	1.786	2.018	1.768
	排名	6	2	2	3	23	3

推薦度 (15%)	2013年	加權平均	4.357	2012年	加權平均	4.386
		排名	3		排名	3

城市名稱	④ 成都		綜合指標	2013年	90.736	綜合排名	2013年	90.736
				2012年	89.716		2012年	89.716

競爭力 (15%)	項目	基礎條件	財政條件	投資條件	經濟條件	就業條件	永續條件	消費條件	人文條件	加權平均
	分數	78.7719	89.2104	91.9297	64.2105	84.2104	83.7894	77.1929	83.5087	80.896
	排名	13	11	2	35	10	3	17	11	10

環境力 (40%)	項目	生態環境	基建環境	社會環境	法制環境	經濟環境	經營環境	創新環境	網通環境	內需環境	文創環境	加權平均
	分數	3.764	3.946	4.138	4.132	4.223	4.153	4.026	3.800	3.893	3.728	4.001
	排名	37	24	5	6	6	3	5	14	14	19	7

風險度 (30%)	項目	社會風險	法制風險	經濟風險	經營風險	轉型風險	加權平均
	分數	1.792	1.802	1.748	1.815	2.000	1.821
	排名	5	8	4	5	21	6

推薦度 (15%)	2013年	加權平均	4.457	2012年	加權平均	4.344
		排名	1		排名	5

城市名稱	⑤ 南京江寧		綜合指標	2013年	90.620	綜合排名	A05/05	極力推薦
				2012年	94.014		A02/02	極力推薦

競爭力 (15%)	項目	基礎條件	財政條件	投資條件	經濟條件	就業條件	永續條件	消費條件	人文條件	加權平均
	分數	82.9824	87.3683	78.2455	69.1227	91.8420	58.1052	87.7192	89.8245	79.258
	排名	7	12	15	21	3	48	5	6	11

環境力 (40%)	項目	生態環境	基建環境	社會環境	法制環境	經濟環境	經營環境	創新環境	網通環境	內需環境	文創環境	加權平均
	分數	4.184	4.301	4.079	4.036	4.167	4.125	3.884	3.811	3.798	3.564	4.019
	排名	3	3	6	10	7	4	11	13	22	38	5

風險度 (30%)	項目	社會風險	法制風險	經濟風險	經營風險	轉型風險	加權平均
	分數	1.632	1.691	1.737	1.726	2.066	1.763
	排名	1	5	3	2	29	5

推薦度 (15%)	2013年	加權平均	4.189	2012年	加權平均	4.425
		排名	9		排名	1

城市名稱	6 廈門島外		綜合指標	2013年	89.729	綜合排名	2013年	89.729
				2012年	89.039		2012年	89.039

競爭力(15%)	項目	基礎條件	財政條件	投資條件	經濟條件	就業條件	永續條件	消費條件	人文條件	加權平均
	分數	72.8070	70.7894	70.5263	74.0350	81.0526	60.8421	45.9649	56.1403	67.672
	排名	16	26	25	12	15	40	59	41	26

環境力(40%)	項目	生態環境	基建環境	社會環境	法制環境	經濟環境	經營環境	創新環境	網通環境	內需環境	文創環境	加權平均
	分數	4.068	4.130	4.000	4.021	4.129	3.960	4.036	3.873	3.924	3.805	4.005
	排名	5	6	11	12	10	12	3	7	11	12	4

風險度(30%)	項目	社會風險	法制風險	經濟風險	經營風險	轉型風險	加權平均
	分數	1.727	1.625	1.778	1.906	1.795	1.783
	排名	3	3	6	11	4	4

推薦度(15%)	2013年	加權平均	4.250	2012年	加權平均	4.238
		排名	6		排名	12

城市名稱	7 蘇州市區		綜合指標	2013年	88.451	綜合排名	A07/07	極力推薦
				2012年	86.624		A10/10	極力推薦

競爭力(15%)	項目	基礎條件	財政條件	投資條件	經濟條件	就業條件	永續條件	消費條件	人文條件	加權平均
	分數	84.5613	94.4736	87.3683	79.9999	82.3683	70.9473	69.8245	85.2631	82.217
	排名	4	6	7	4	12	19	24	10	6

環境力(40%)	項目	生態環境	基建環境	社會環境	法制環境	經濟環境	經營環境	創新環境	網通環境	內需環境	文創環境	加權平均
	分數	4.038	4.033	4.032	4.068	4.269	4.154	3.869	3.562	3.865	3.577	3.971
	排名	7	16	9	7	3	2	12	36	17	36	8

風險度(30%)	項目	社會風險	法制風險	經濟風險	經營風險	轉型風險	加權平均
	分數	1.846	1.846	1.851	1.849	2.183	1.899
	排名	9	12	10	7	35	11

推薦度(15%)	2013年	加權平均	4.200	2012年	加權平均	4.295
		排名	8		排名	8

城市名稱	8 蘇州新區		綜合指標	2013年	88.214	綜合排名	2013年	88.214
				2012年	87.050		2012年	87.050

競爭力(15%)	項目	基礎條件	財政條件	投資條件	經濟條件	就業條件	永續條件	消費條件	人文條件	加權平均
	分數	84.5613	94.4736	87.3683	79.9999	82.3683	70.9473	69.8245	85.2631	82.217
	排名	4	6	7	4	12	19	24	10	6

環境力(40%)	項目	生態環境	基建環境	社會環境	法制環境	經濟環境	經營環境	創新環境	網通環境	內需環境	文創環境	加權平均
	分數	3.942	4.048	4.061	3.926	4.094	3.954	3.833	3.827	4.006	3.762	3.953
	排名	11	13	7	19	13	13	14	11	5	14	6

風險度(30%)	項目	社會風險	法制風險	經濟風險	經營風險	轉型風險	加權平均
	分數	1.889	1.758	1.896	1.886	2.083	1.893
	排名	12	7	14	9	31	12

推薦度(15%)	2013年	加權平均	4.163	2012年	加權平均	4.270
		排名	10		排名	10

240

城市名稱	⑨ 天津濱海		綜合指標	2013年	87.955		綜合排名	A09/09	極力推薦
				2012年	93.378			A03/03	極力推薦

競爭力(15%)	項目	基礎條件	財政條件	投資條件	經濟條件	就業條件	永續條件	消費條件	人文條件	加權平均
	分數	80.1754	96.8420	78.5964	95.4385	90.5262	74.9473	76.1403	63.1578	82.986
	排名	11	3	14	1	7	11	19	37	3

環境力(40%)	項目	生態環境	基建環境	社會環境	法制環境	經濟環境	經營環境	創新環境	網通環境	內需環境	文創環境	加權平均
	分數	3.893	4.066	4.024	4.137	4.238	4.116	3.593	3.786	3.851	3.480	3.951
	排名	18	11	10	5	5	5	37	16	18	50	9

風險度(30%)	項目	社會風險	法制風險	經濟風險	經營風險	轉型風險	加權平均
	分數	1.929	1.741	1.835	1.860	2.045	1.864
	排名	13	6	8	8	26	8

推薦度(15%)	2013年	加權平均	4.129	2012年	加權平均	4.412
		排名	11		排名	2

城市名稱	⑩ 重慶		綜合指標	2013年	87.040		綜合排名	A10/10	極力推薦
				2012年	79.188			A18/18	極力推薦

競爭力(15%)	項目	基礎條件	財政條件	投資條件	經濟條件	就業條件	永續條件	消費條件	人文條件	加權平均
	分數	59.6491	96.3157	88.0701	72.2806	77.3683	57.8947	79.649	91.2280	78.281
	排名	41	4	6	15	18	49	15	5	13

環境力(40%)	項目	生態環境	基建環境	社會環境	法制環境	經濟環境	經營環境	創新環境	網通環境	內需環境	文創環境	加權平均
	分數	3.911	4.105	3.921	4.027	4.107	3.872	3.748	3.519	3.897	3.891	3.907
	排名	17	8	16	11	11	17	21	43	13	6	12

風險度(30%)	項目	社會風險	法制風險	經濟風險	經營風險	轉型風險	加權平均
	分數	1.944	1.848	1.929	1.927	1.667	1.874
	排名	17	14	16	13	2	9

推薦度(15%)	2013年	加權平均	4.302	2012年	加權平均	4.133
		排名	5		排名	20

城市名稱	⑪ 上海閔行		綜合指標	2013年	86.671		綜合排名	A11/11	極力推薦
				2012年	81.882			A14/14	極力推薦

競爭力(15%)	項目	基礎條件	財政條件	投資條件	經濟條件	就業條件	永續條件	消費條件	人文條件	加權平均
	分數	81.9297	99.9999	97.8946	71.2280	91.3157	69.6841	91.9297	99.2981	87.240
	排名	8	1	1	18	5	21	3	1	1

環境力(40%)	項目	生態環境	基建環境	社會環境	法制環境	經濟環境	經營環境	創新環境	網通環境	內需環境	文創環境	加權平均
	分數	3.880	4.122	3.784	3.915	4.099	3.968	3.719	3.644	3.877	3.878	3.890
	排名	19	7	30	22	12	11	23	29	16	7	16

風險度(30%)	項目	社會風險	法制風險	經濟風險	經營風險	轉型風險	加權平均
	分數	1.975	1.907	1.796	1.899	2.000	1.898
	排名	19	16	7	10	20	10

推薦度(15%)	2013年	加權平均	4.107	2012年	加權平均	4.235
		排名	14		排名	11

城市名稱	⑫ 無錫江陰		綜合指標	2013年	86.223	綜合排名	A12/12	極力推薦
				2012年	86.247		A11/11	極力推薦
競爭力(15%)	項目	基礎條件	財政條件	投資條件	經濟條件	就業條件	永續條件	消費條件	人文條件	加權平均
	分數	71.5789	87.1052	80.3508	75.7894	70.2631	74.5262	68.0701	83.5087	76.733
	排名	20	13	11	7	28	13	26	11	15
環境力(40%)	項目	生態環境	基建環境	社會環境	法制環境	經濟環境	經營環境	創新環境	網通環境	內需環境	文創環境	加權平均
	分數	3.825	3.957	3.906	4.008	4.061	3.750	3.947	3.853	3.739	3.538	3.882
	排名	25	23	18	13	14	25	6	9	28	43	17
風險度(30%)	項目	社會風險		法制風險		經濟風險		經營風險		轉型風險		加權平均
	分數	1.856		1.842		1.838		1.929		1.858		1.871
	排名	10		11		9		14		7		7
推薦度(15%)	2013年		加權平均	4.207		2012年		加權平均	4.294
			排名	7				排名	7

城市名稱	⑬ 大連		綜合指標	2013年	85.909	綜合排名	2013年	85.909
				2012年	82.028		2012年	82.028
競爭力(15%)	項目	基礎條件	財政條件	投資條件	經濟條件	就業條件	永續條件	消費條件	人文條件	加權平均
	分數	71.5789	89.4736	84.5613	85.9648	77.3683	67.9999	76.4912	66.6666	79.063
	排名	20	10	9	2	18	25	18	31	12
環境力(40%)	項目	生態環境	基建環境	社會環境	法制環境	經濟環境	經營環境	創新環境	網通環境	內需環境	文創環境	加權平均
	分數	3.940	4.097	3.727	3.938	4.160	4.065	3.776	3.824	3.933	3.571	3.922
	排名	12	9	35	17	8	7	18	12	9	37	10
風險度(30%)	項目	社會風險		法制風險		經濟風險		經營風險		轉型風險		加權平均
	分數	2.000		1.815		1.965		1.951		1.950		1.932
	排名	22		9		18		15		15		14
推薦度(15%)	2013年		加權平均	4.132		2012年		加權平均	4.300
			排名	13				排名	9

城市名稱	⑭ 南京市區		綜合指標	2013年	84.404	綜合排名	A14/14	極力推薦
				2012年	80.939		A15/15	極力推薦
競爭力(15%)	項目	基礎條件	財政條件	投資條件	經濟條件	就業條件	永續條件	消費條件	人文條件	加權平均
	分數	82.9824	87.3683	78.2455	69.1227	91.8420	58.1052	87.7192	89.8245	79.258
	排名	7	12	15	21	3	48	5	6	11
環境力(40%)	項目	生態環境	基建環境	社會環境	法制環境	經濟環境	經營環境	創新環境	網通環境	內需環境	文創環境	加權平均
	分數	3.780	4.023	4.187	4.049	3.947	3.975	3.888	3.656	3.813	3.514	3.910
	排名	35	17	3	9	18	10	10	27	21	46	14
風險度(30%)	項目	社會風險		法制風險		經濟風險		經營風險		轉型風險		加權平均
	分數	1.867		1.840		1.965		2.134		1.910		1.973
	排名	11		10		19		30		10		15
推薦度(15%)	2013年		加權平均	4.140		2012年		加權平均	4.218
			排名	12				排名	14

城市名稱	15 青島		綜合指標	2013年	82.312	綜合排名	A15/15	極力推薦
				2012年	88.289		A08/08	極力推薦
競爭力 (15%)	項目	基礎條件	財政條件	投資條件	經濟條件	就業條件	永續條件	消費條件	人文條件	加權平均
	分數	80.5262	86.0525	76.4912	68.7719	77.6315	88.6315	75.7894	79.9999	77.916
	排名	10	15	18	25	17	1	20	15	14
環境力 (40%)	項目	生態環境	基建環境	社會環境	法制環境	經濟環境	經營環境	創新環境	網通環境	內需環境	文創環境	加權平均
	分數	3.914	4.045	3.912	4.164	4.132	4.013	3.568	3.568	3.921	3.808	3.922
	排名	16	14	17	4	9	9	39	34	12	11	11
風險度 (30%)	項目	社會風險		法制風險		經濟風險		經營風險		轉型風險		加權平均
	分數	2.096		2.059		1.878		1.991		2.184		2.016
	排名	37		37		12		17		36		21
推薦度 (15%)	2013年		加權平均	4.047	2012年		加權平均	4.226
			排名	17			排名	13

城市名稱	16 廈門島內		綜合指標	2013年	81.988	綜合排名	A16/16	極力推薦
				2012年	79.319		A17/17	極力推薦
競爭力 (15%)	項目	基礎條件	財政條件	投資條件	經濟條件	就業條件	永續條件	消費條件	人文條件	加權平均
	分數	72.8070	70.7894	70.5263	74.0350	81.0526	60.8421	45.9649	56.1403	67.672
	排名	16	26	25	12	15	40	59	41	26
環境力 (40%)	項目	生態環境	基建環境	社會環境	法制環境	經濟環境	經營環境	創新環境	網通環境	內需環境	文創環境	加權平均
	分數	3.955	4.056	3.857	3.997	3.935	3.906	3.686	3.829	3.637	3.378	3.855
	排名	9	12	22	15	19	15	29	10	38	58	18
風險度 (30%)	項目	社會風險		法制風險		經濟風險		經營風險		轉型風險		加權平均
	分數	2.048		1.969		1.893		1.819		1.875		1.899
	排名	27		24		13		6		8		13
推薦度 (15%)	2013年		加權平均	4.032	2012年		加權平均	4.150
			排名	18			排名	19

城市名稱	17 杭州市區		綜合指標	2013年	81.003	綜合排名	2013年	81.003
				2012年	78.120		2012年	78.120
競爭力 (15%)	項目	基礎條件	財政條件	投資條件	經濟條件	就業條件	永續條件	消費條件	人文條件	加權平均
	分數	80.8771	92.3683	90.5262	68.7719	91.3157	75.5789	78.9473	91.5789	82.926
	排名	9	8	4	22	4	10	16	4	4
環境力 (40%)	項目	生態環境	基建環境	社會環境	法制環境	經濟環境	經營環境	創新環境	網通環境	內需環境	文創環境	加權平均
	分數	3.852	4.162	3.985	3.843	3.848	3.665	3.527	3.682	3.773	4.182	3.835
	排名	22	5	13	26	30	36	49	24	24	1	21
風險度 (30%)	項目	社會風險		法制風險		經濟風險		經營風險		轉型風險		加權平均
	分數	2.000		1.898		2.000		2.149		1.830		1.999
	排名	21		15		20		34		5		18
推薦度 (15%)	2013年		加權平均	4.009	2012年		加權平均	4.009
			排名	18			排名	18

城市名稱	18 寧波北侖		綜合指標	2013年	80.040	綜合排名	A18/18	極力推薦
				2012年	79.675		A16/16	極力推薦

競爭力 (15%)	項目	基礎條件	財政條件	投資條件	經濟條件	就業條件	永續條件	消費條件	人文條件	加權平均
	分數	79.8245	90.7894	80.3508	67.7192	82.1052	61.6842	66.6666	82.4561	75.967
	排名	12	9	11	27	13	37	30	13	17

環境力 (40%)	項目	生態環境	基建環境	社會環境	法制環境	經濟環境	經營環境	創新環境	網通環境	內需環境	文創環境	加權平均
	分數	3.935	3.935	3.817	3.906	3.844	3.871	3.923	3.981	4.016	3.862	3.911
	排名	13	26	27	24	32	18	7	2	4	8	13

風險度 (30%)	項目	社會風險	法制風險	經濟風險	經營風險	轉型風險	加權平均
	分數	2.065	1.984	2.016	2.076	2.532	2.110
	排名	30	27	22	27	73	28

推薦度 (15%)	2013年	加權平均	4.071	2012年	加權平均	3.927
		排名	15		排名	40

城市名稱	19 寧波市區		綜合指標	2013年	78.519	綜合排名	A19/19	極力推薦
				2012年	86.178		A12/12	極力推薦

競爭力 (15%)	項目	基礎條件	財政條件	投資條件	經濟條件	就業條件	永續條件	消費條件	人文條件	加權平均
	分數	79.8245	90.7894	80.3508	67.7192	82.1052	61.6842	66.6666	82.4561	75.967
	排名	12	9	11	27	13	37	30	13	17

環境力 (40%)	項目	生態環境	基建環境	社會環境	法制環境	經濟環境	經營環境	創新環境	網通環境	內需環境	文創環境	加權平均
	分數	4.043	4.037	3.819	3.923	4.051	3.804	3.539	3.722	3.688	3.553	3.836
	排名	6	15	26	20	15	22	45	18	33	40	20

風險度 (30%)	項目	社會風險	法制風險	經濟風險	經營風險	轉型風險	加權平均
	分數	2.058	1.940	1.853	2.053	2.413	2.035
	排名	28	22	11	24	63	23

推薦度 (15%)	2013年	加權平均	3.983	2012年	加權平均	4.215
		排名	20		排名	15

城市名稱	20 上海市區		綜合指標	2013年	76.933	綜合排名	A20/20	極力推薦
				2012年	77.464		A22/22	極力推薦

競爭力 (15%)	項目	基礎條件	財政條件	投資條件	經濟條件	就業條件	永續條件	消費條件	人文條件	加權平均
	分數	81.9297	99.9999	97.8946	71.2280	91.3157	69.6841	91.9297	99.2981	87.240
	排名	8	1	1	18	5	21	3	1	1

環境力 (40%)	項目	生態環境	基建環境	社會環境	法制環境	經濟環境	經營環境	創新環境	網通環境	內需環境	文創環境	加權平均
	分數	3.935	3.977	3.694	3.603	3.801	3.657	3.535	3.710	3.753	3.991	3.746
	排名	13	21	40	49	37	37	46	20	27	5	29

風險度 (30%)	項目	社會風險	法制風險	經濟風險	經營風險	轉型風險	加權平均
	分數	1.935	2.048	2.016	2.002	2.298	2.053
	排名	15	32	22	18	51	22

推薦度 (15%)	2013年	加權平均	3.987	2012年	加權平均	3.959
		排名	21		排名	37

城市名稱	21 無錫市區		綜合指標	2013年	76.868	綜合排名	A21/21	極力推薦
				2012年	76.852		A26/26	極力推薦

競爭力(15%)	項目	基礎條件	財政條件	投資條件	經濟條件	就業條件	永續條件	消費條件	人文條件	加權平均
	分數	71.5789	87.1052	80.3508	75.7894	70.2631	74.5262	68.0701	83.5087	76.733
	排名	20	13	11	7	28	13	26	11	15

環境力(40%)	項目	生態環境	基建環境	社會環境	法制環境	經濟環境	經營環境	創新環境	網通環境	內需環境	文創環境	加權平均
	分數	3.917	3.958	3.903	3.978	3.993	3.865	3.892	3.683	3.590	3.339	3.844
	排名	15	22	20	16	16	19	9	23	43	60	19

風險度(30%)	項目	社會風險	法制風險	經濟風險	經營風險	轉型風險	加權平均
	分數	2.083	2.161	2.047	2.033	2.250	2.100
	排名	34	52	27	21	43	29

推薦度(15%)	2013年	加權平均	3.975	2012年	加權平均	4.183
		排名	22		排名	16

城市名稱	22 南通		綜合指標	2013年	76.501	綜合排名	A22/22	極力推薦
				2012年	77.138		A24/24	極力推薦

競爭力(15%)	項目	基礎條件	財政條件	投資條件	經濟條件	就業條件	永續條件	消費條件	人文條件	加權平均
	分數	64.9122	78.6841	64.2105	64.9122	57.1052	77.0526	61.4035	52.9824	65.039
	排名	31	19	31	31	42	7	35	47	32

環境力(40%)	項目	生態環境	基建環境	社會環境	法制環境	經濟環境	經營環境	創新環境	網通環境	內需環境	文創環境	加權平均
	分數	3.742	3.529	3.833	3.864	3.906	3.933	3.620	3.713	3.928	3.838	3.792
	排名	39	56	24	25	23	14	35	19	10	9	22

風險度(30%)	項目	社會風險	法制風險	經濟風險	經營風險	轉型風險	加權平均
	分數	1.944	1.925	2.029	2.136	1.917	2.015
	排名	16	20	24	31	11	20

推薦度(15%)	2013年	加權平均	3.957	2012年	加權平均	4.128
		排名	23		排名	22

城市名稱	23 上海浦東		綜合指標	2013年	76.371	綜合排名	A23/23	極力推薦
				2012年	68.394		B07/35	值得推薦

競爭力(15%)	項目	基礎條件	財政條件	投資條件	經濟條件	就業條件	永續條件	消費條件	人文條件	加權平均
	分數	81.9297	99.9999	97.8946	71.2280	91.3157	69.6841	91.9297	99.2981	87.240
	排名	8	1	1	18	5	21	3	1	1

環境力(40%)	項目	生態環境	基建環境	社會環境	法制環境	經濟環境	經營環境	創新環境	網通環境	內需環境	文創環境	加權平均
	分數	4.000	4.010	3.804	3.758	3.929	3.429	3.450	3.571	3.565	3.724	3.726
	排名	8	18	28	35	20	67	57	33	49	20	32

風險度(30%)	項目	社會風險	法制風險	經濟風險	經營風險	轉型風險	加權平均
	分數	2.024	2.054	1.924	2.066	1.902	1.999
	排名	26	35	15	25	9	19

推薦度(15%)	2013年	加權平均	3.889	2012年	加權平均	3.848
		排名	32		排名	44

城市名稱	24 北京亦莊		綜合指標	2013年	76.268	綜合排名	A24/24	極力推薦
				2012年	60.874		B14/42	值得推薦
競爭力 (15%)	項目	基礎條件	財政條件	投資條件	經濟條件	就業條件	永續條件	消費條件	人文條件	加權平均
	分數	83.5087	98.9473	70.8771	68.0701	93.6841	65.4736	98.9473	98.9473	81.740
	排名	6	2	24	26	2	28	1	2	8
環境力 (40%)	項目	生態環境	基建環境	社會環境	法制環境	經濟環境	經營環境	創新環境	網通環境	內需環境	文創環境	加權平均
	分數	3.792	3.778	3.852	3.927	3.926	3.743	3.333	3.544	3.565	3.659	3.725
	排名	32	36	23	18	21	26	70	38	51	25	30
風險度 (30%)	項目	社會風險	法制風險	經濟風險	經營風險	轉型風險	加權平均
	分數	2.000	2.007	2.014	2.020	1.944	2.002
	排名	22	28	21	20	12	16
推薦度 (15%)	2013年	加權平均	3.883	2012年	加權平均	3.839
		排名	29		排名	46

城市名稱	25 蘇州張家港		綜合指標	2013年	75.983	綜合排名	A25/25	極力推薦
				2012年	77.270		A23/23	極力推薦
競爭力 (15%)	項目	基礎條件	財政條件	投資條件	經濟條件	就業條件	永續條件	消費條件	人文條件	加權平均
	分數	84.5613	94.4736	87.3683	79.9999	82.3683	70.9473	69.8245	85.2631	82.217
	排名	4	6	7	4	12	19	24	10	6
環境力 (40%)	項目	生態環境	基建環境	社會環境	法制環境	經濟環境	經營環境	創新環境	網通環境	內需環境	文創環境	加權平均
	分數	3.736	3.984	3.926	3.910	3.898	3.639	3.678	3.522	3.963	3.722	3.807
	排名	41	20	15	23	25	40	30	42	6	21	24
風險度 (30%)	項目	社會風險	法制風險	經濟風險	經營風險	轉型風險	加權平均
	分數	2.185	2.083	2.118	2.048	1.944	2.071
	排名	55	43	37	23	13	27
推薦度 (15%)	2013年	加權平均	3.928	2012年	加權平均	4.167
		排名	26		排名	18

城市名稱	26 淮安		綜合指標	2013年	75.825	綜合排名	A26/26	極力推薦
				2012年	75.981		A27/27	極力推薦
競爭力 (15%)	項目	基礎條件	財政條件	投資條件	經濟條件	就業條件	永續條件	消費條件	人文條件	加權平均
	分數	37.0175	56.8421	61.4035	49.4736	40.7894	48.6315	51.5789	39.2982	49.591
	排名	73	40	33	59	61	65	47	68	54
環境力 (40%)	項目	生態環境	基建環境	社會環境	法制環境	經濟環境	經營環境	創新環境	網通環境	內需環境	文創環境	加權平均
	分數	3.859	3.799	4.000	4.007	3.854	3.688	3.894	3.925	3.938	3.692	3.881
	排名	21	34	11	14	28	32	8	4	8	23	15
風險度 (30%)	項目	社會風險	法制風險	經濟風險	經營風險	轉型風險	加權平均
	分數	1.823	1.918	2.078	2.094	2.242	2.050
	排名	8	19	30	28	42	24
推薦度 (15%)	2013年	加權平均	3.984	2012年	加權平均	4.130
		排名	25		排名	23

城市名稱	27 西安		綜合指標	2013年	75.468	綜合排名	A27/27	極力推薦
				2012年	74.940		B01/29	值得推薦
競爭力 (15%)	項目	基礎條件	財政條件	投資條件	經濟條件	就業條件	永續條件	消費條件	人文條件	加權平均
	分數	68.5964	68.6841	79.9999	67.0175	83.6841	60.8421	81.7543	79.9999	73.760
	排名	24	31	13	28	11	40	13	15	18
環境力 (40%)	項目	生態環境	基建環境	社會環境	法制環境	經濟環境	經營環境	創新環境	網通環境	內需環境	文創環境	加權平均
	分數	3.955	4.095	4.035	3.821	3.747	3.864	3.764	3.461	3.737	3.442	3.811
	排名	10	10	8	28	41	20	19	56	29	54	23
風險度 (30%)	項目	社會風險	法制風險	經濟風險	經營風險	轉型風險	加權平均
	分數	2.071	2.061	2.030	2.017	2.273	2.073
	排名	33	38	25	19	45	26
推薦度 (15%)	2013年	加權平均	3.952	2012年	加權平均	3.947
		排名	27		排名	35

城市名稱	28 揚州		綜合指標	2013年	75.228	綜合排名	A28/28	極力推薦
				2012年	77.838		A21/21	極力推薦
競爭力 (15%)	項目	基礎條件	財政條件	投資條件	經濟條件	就業條件	永續條件	消費條件	人文條件	加權平均
	分數	50.0000	58.1578	55.0877	62.4561	47.8947	75.7894	58.2456	50.1754	57.535
	排名	54	39	46	38	55	9	38	50	42
環境力 (40%)	項目	生態環境	基建環境	社會環境	法制環境	經濟環境	經營環境	創新環境	網通環境	內需環境	文創環境	加權平均
	分數	3.824	3.989	3.704	3.915	3.827	3.685	3.704	3.378	3.698	3.799	3.758
	排名	26	19	37	21	35	33	27	63	32	13	26
風險度 (30%)	項目	社會風險	法制風險	經濟風險	經營風險	轉型風險	加權平均
	分數	1.815	1.907	2.051	1.910	2.241	1.985
	排名	7	17	28	12	41	16
推薦度 (15%)	2013年	加權平均	4.059	2012年	加權平均	4.138
		排名	16		排名	21

城市名稱	29 無錫宜興		綜合指標	2013年	74.875	綜合排名	B01/29	值得推薦
				2012年	63.658		B10/38	值得推薦
競爭力 (15%)	項目	基礎條件	財政條件	投資條件	經濟條件	就業條件	永續條件	消費條件	人文條件	加權平均
	分數	71.5789	87.1052	80.3508	75.7894	70.2631	74.5262	68.0701	83.5087	76.733
	排名	20	13	11	7	28	13	26	11	15
環境力 (40%)	項目	生態環境	基建環境	社會環境	法制環境	經濟環境	經營環境	創新環境	網通環境	內需環境	文創環境	加權平均
	分數	3.803	3.940	3.553	3.749	3.904	3.697	3.705	3.674	3.649	3.827	3.746
	排名	29	25	59	36	24	30	26	25	37	10	27
風險度 (30%)	項目	社會風險	法制風險	經濟風險	經營風險	轉型風險	加權平均
	分數	1.930	2.204	1.941	1.989	2.211	2.047
	排名	14	58	17	16	39	25
推薦度 (15%)	2013年	加權平均	3.953	2012年	加權平均	3.220
		排名	24		排名	86

城市名稱	30 合肥		綜合指標	2013年	70.065	綜合排名	B02/30	值得推薦
				2012年	71.672		B03/31	值得推薦

競爭力 (15%)	項目	基礎條件	財政條件	投資條件	經濟條件	就業條件	永續條件	消費條件	人文條件	加權平均
	分數	59.6491	76.8420	75.0877	74.0350	75.5262	61.0526	63.8596	75.4385	71.061
	排名	41	20	19	12	21	38	32	21	21

環境力 (40%)	項目	生態環境	基建環境	社會環境	法制環境	經濟環境	經營環境	創新環境	網通環境	內需環境	文創環境	加權平均
	分數	3.795	3.643	3.780	4.066	3.871	3.642	3.509	3.418	3.848	3.500	3.736
	排名	31	45	31	8	27	39	51	60	19	49	31

風險度 (30%)	項目	社會風險	法制風險	經濟風險	經營風險	轉型風險	加權平均
	分數	2.136	1.847	2.125	2.182	2.330	2.118
	排名	44	13	39	42	55	34

推薦度 (15%)	2013年	加權平均	3.895	2012年	加權平均	4.053
		排名	31		排名	28

城市名稱	31 上海松江		綜合指標	2013年	68.867	綜合排名	B03/31	值得推薦
				2012年	52.891		B24/56	值得推薦

競爭力 (15%)	項目	基礎條件	財政條件	投資條件	經濟條件	就業條件	永續條件	消費條件	人文條件	加權平均
	分數	81.9297	99.9999	97.8946	71.2280	91.3157	69.6841	91.9297	99.2981	87.240
	排名	8	1	1	18	5	21	3	1	1

環境力 (40%)	項目	生態環境	基建環境	社會環境	法制環境	經濟環境	經營環境	創新環境	網通環境	內需環境	文創環境	加權平均
	分數	3.625	3.900	3.608	3.542	3.600	3.488	3.470	3.970	3.775	4.079	3.679
	排名	50	27	50	58	55	57	56	3	23	4	40

風險度 (30%)	項目	社會風險	法制風險	經濟風險	經營風險	轉型風險	加權平均
	分數	2.067	2.150	2.144	2.250	1.838	2.123
	排名	31	51	43	50	6	39

推薦度 (15%)	2013年	加權平均	3.865	2012年	加權平均	3.790
		排名	35		排名	47

城市名稱	32 寧波慈溪		綜合指標	2013年	68.776	綜合排名	B04/32	值得推薦
				2012年	76.957		A25/25	極力推薦

競爭力 (15%)	項目	基礎條件	財政條件	投資條件	經濟條件	就業條件	永續條件	消費條件	人文條件	加權平均
	分數	79.8245	90.7894	80.3508	67.7192	82.1052	61.6842	66.6666	82.4561	75.967
	排名	12	9	11	27	13	37	30	13	17

環境力 (40%)	項目	生態環境	基建環境	社會環境	法制環境	經濟環境	經營環境	創新環境	網通環境	內需環境	文創環境	加權平均
	分數	3.619	3.728	3.595	3.832	3.738	3.583	3.600	3.895	3.683	3.517	3.695
	排名	53	38	52	27	42	48	36	6	35	45	35

風險度 (30%)	項目	社會風險	法制風險	經濟風險	經營風險	轉型風險	加權平均
	分數	2.254	2.083	2.095	2.163	2.190	2.143
	排名	61	43	34	35	37	38

推薦度 (15%)	2013年	加權平均	3.867	2012年	加權平均	4.069
		排名	34		排名	25

城市名稱	33 北京市區		綜合指標	2013年	67.845		綜合排名	B05/33	值得推薦
				2012年	59.252			B17/45	值得推薦
競爭力(15%)	項目	基礎條件	財政條件	投資條件	經濟條件	就業條件	永續條件	消費條件	人文條件	加權平均
	分數	83.5087	98.9473	70.8771	68.0701	93.6841	65.4736	98.9473	98.9473	81.740
	排名	6	2	24	26	2	28	1	2	8
環境力(40%)	項目	生態環境	基建環境	社會環境	法制環境	經濟環境	經營環境	創新環境	網通環境	內需環境	文創環境	加權平均
	分數	3.550	3.850	3.800	3.642	3.983	3.600	3.530	3.700	3.567	3.543	3.681
	排名	57	30	29	46	17	45	48	22	48	41	37
風險度(30%)	項目	社會風險		法制風險		經濟風險		經營風險		轉型風險		加權平均
	分數	2.133		2.169		2.250		2.179		1.975		2.159
	排名	43		53		50		40		18		43
推薦度(15%)	2013年		加權平均	3.820		2012年		加權平均	3.589
			排名	39				排名	65

城市名稱	34 南昌		綜合指標	2013年	67.696		綜合排名	B06/34	值得推薦
				2012年	77.923			A20/20	極力推薦
競爭力(15%)	項目	基礎條件	財政條件	投資條件	經濟條件	就業條件	永續條件	消費條件	人文條件	加權平均
	分數	58.7719	52.3684	60.3508	66.3157	70.5263	77.0526	51.9298	54.3859	61.837
	排名	44	47	39	29	27	6	46	44	35
環境力(40%)	項目	生態環境	基建環境	社會環境	法制環境	經濟環境	經營環境	創新環境	網通環境	內需環境	文創環境	加權平均
	分數	3.784	3.864	3.879	3.815	3.848	3.778	3.573	3.227	3.523	3.636	3.702
	排名	33	28	21	29	30	24	38	80	56	28	34
風險度(30%)	項目	社會風險		法制風險		經濟風險		經營風險		轉型風險		加權平均
	分數	2.106		2.074		2.131		2.071		2.295		2.124
	排名	39		42		41		26		49		35
推薦度(15%)	2013年		加權平均	3.873		2012年		加權平均	4.181
			排名	28				排名	17

城市名稱	35 蘇州吳江		綜合指標	2013年	67.284		綜合排名	B07/35	值得推薦
				2012年	65.973			B09/37	值得推薦
競爭力(15%)	項目	基礎條件	財政條件	投資條件	經濟條件	就業條件	永續條件	消費條件	人文條件	加權平均
	分數	84.5613	94.4736	87.3683	79.9999	82.3683	70.9473	69.8245	85.2631	82.217
	排名	4	6	7	4	12	19	24	10	6
環境力(40%)	項目	生態環境	基建環境	社會環境	法制環境	經濟環境	經營環境	創新環境	網通環境	內需環境	文創環境	加權平均
	分數	3.826	3.825	3.755	3.568	3.681	3.503	3.661	3.561	3.731	3.738	3.677
	排名	24	31	32	54	49	56	31	37	30	18	36
風險度(30%)	項目	社會風險		法制風險		經濟風險		經營風險		轉型風險		加權平均
	分數	2.185		2.226		2.181		2.169		1.944		2.151
	排名	54		61		47		39		14		45
推薦度(15%)	2013年		加權平均	3.739		2012年		加權平均	3.976
			排名	42				排名	33

城市名稱	36 綿陽		綜合指標	2013年	67.030	綜合排名	B08/36	值得推薦
				2012年	66.038		B08/36	值得推薦
競爭力(15%)	項目	基礎條件	財政條件	投資條件	經濟條件	就業條件	永續條件	消費條件	人文條件	加權平均
	分數	43.8596	32.3684	35.4386	48.0701	41.5789	49.6842	36.8421	48.0701	41.942
	排名	61	68	67	61	60	59	71	52	69
環境力(40%)	項目	生態環境	基建環境	社會環境	法制環境	經濟環境	經營環境	創新環境	網通環境	內需環境	文創環境	加權平均
	分數	3.868	3.789	3.825	3.632	3.772	3.895	3.779	3.463	3.886	3.504	3.748
	排名	20	35	25	47	40	16	16	55	15	47	28
風險度(30%)	項目	社會風險		法制風險		經濟風險		經營風險		轉型風險		加權平均
	分數	2.070		2.092		2.112		2.034		2.303		2.109
	排名	32		46		36		22		52		32
推薦度(15%)	2013年		加權平均	3.879	2012年		加權平均	3.879
			排名	29			排名	29

城市名稱	37 德陽		綜合指標	2013年	66.382	綜合排名	B09/37	值得推薦
				2012年	61.723		B12/40	值得推薦
競爭力(15%)	項目	基礎條件	財政條件	投資條件	經濟條件	就業條件	永續條件	消費條件	人文條件	加權平均
	分數	36.8421	26.8421	27.7193	52.9824	40.0000	41.6842	27.3684	35.7895	36.993
	排名	74	72	77	54	64	74	75	70	75
環境力(40%)	項目	生態環境	基建環境	社會環境	法制環境	經濟環境	經營環境	創新環境	網通環境	內需環境	文創環境	加權平均
	分數	3.778	3.825	3.944	3.697	3.694	3.653	3.722	3.544	3.954	3.611	3.747
	排名	36	31	14	39	46	38	22	38	7	30	25
風險度(30%)	項目	社會風險		法制風險		經濟風險		經營風險		轉型風險		加權平均
	分數	1.981		1.979		2.097		2.234		2.056		2.097
	排名	20		26		35		46		27		30
推薦度(15%)	2013年		加權平均	3.811	2012年		加權平均	4.035
			排名	37			排名	29

城市名稱	38 連雲港		綜合指標	2013年	66.168	綜合排名	B10/38	值得推薦
				2012年	75.409		A28/28	極力推薦
競爭力(15%)	項目	基礎條件	財政條件	投資條件	經濟條件	就業條件	永續條件	消費條件	人文條件	加權平均
	分數	44.9122	51.8421	41.4035	44.9122	35.2631	38.5263	45.2631	42.4561	43.089
	排名	60	48	62	68	70	76	62	59	66
環境力(40%)	項目	生態環境	基建環境	社會環境	法制環境	經濟環境	經營環境	創新環境	網通環境	內需環境	文創環境	加權平均
	分數	3.620	3.571	3.704	3.798	3.827	3.588	3.748	3.793	3.710	3.640	3.708
	排名	52	52	38	32	36	46	20	15	31	26	33
風險度(30%)	項目	社會風險		法制風險		經濟風險		經營風險		轉型風險		加權平均
	分數	2.185		2.097		2.046		2.103		2.019		2.083
	排名	55		48		26		29		24		31
推薦度(15%)	2013年		加權平均	3.852	2012年		加權平均	4.021
			排名	33			排名	30

250

39 徐州

城市名稱		39 徐州		綜合指標	2013年	63.053	綜合排名	B11/39	值得推薦
					2012年	69.699		B05/33	值得推薦

競爭力 (15%)	項目	基礎條件	財政條件	投資條件	經濟條件	就業條件	永續條件	消費條件	人文條件	加權平均
	分數	52.2807	75.5262	54.3859	64.5613	51.0526	68.6315	68.0701	52.9824	60.644
	排名	52	21	49	33	45	23	26	47	38

環境力 (40%)	項目	生態環境	基建環境	社會環境	法制環境	經濟環境	經營環境	創新環境	網通環境	內需環境	文創環境	加權平均
	分數	3.688	3.710	3.526	3.627	3.594	3.615	3.631	3.656	3.583	3.580	3.623
	排名	43	40	61	48	56	44	34	26	46	34	42

風險度 (30%)	項目	社會風險	法制風險	經濟風險	經營風險	轉型風險	加權平均
	分數	2.115	2.102	2.250	2.167	2.156	2.168
	排名	40	49	50	37	33	44

推薦度 (15%)	2013年	加權平均	3.816	2012年	加權平均	4.056
		排名	36		排名	27

40 上海嘉定

城市名稱		40 上海嘉定		綜合指標	2013年	62.686	綜合排名	B12/40	值得推薦
					2012年	54.838		B22/50	值得推薦

競爭力 (15%)	項目	基礎條件	財政條件	投資條件	經濟條件	就業條件	永續條件	消費條件	人文條件	加權平均
	分數	81.9297	99.9999	97.8946	71.2280	91.3157	69.6841	91.9297	99.2981	87.240
	排名	8	1	1	18	5	21	3	1	1

環境力 (40%)	項目	生態環境	基建環境	社會環境	法制環境	經濟環境	經營環境	創新環境	網通環境	內需環境	文創環境	加權平均
	分數	3.595	3.810	3.595	3.465	3.794	3.637	3.486	3.362	3.603	3.558	3.586
	排名	55	33	52	65	38	41	55	68	41	39	50

風險度 (30%)	項目	社會風險	法制風險	經濟風險	經營風險	轉型風險	加權平均
	分數	2.143	2.179	2.226	2.163	2.024	2.159
	排名	47	55	48	35	25	42

推薦度 (15%)	2013年	加權平均	3.629	2012年	加權平均	3.589
		排名	54		排名	63

41 蕪湖

城市名稱		41 蕪湖		綜合指標	2013年	62.191	綜合排名	B13/41	值得推薦
					2012年	58.755		B18/46	值得推薦

競爭力 (15%)	項目	基礎條件	財政條件	投資條件	經濟條件	就業條件	永續條件	消費條件	人文條件	加權平均
	分數	47.1929	52.8947	55.4386	64.5613	49.2105	49.2631	32.6316	40.0000	51.119
	排名	56	44	45	32	52	62	74	66	52

環境力 (40%)	項目	生態環境	基建環境	社會環境	法制環境	經濟環境	經營環境	創新環境	網通環境	內需環境	文創環境	加權平均
	分數	3.797	3.518	3.438	3.721	3.688	3.820	3.863	3.500	3.688	3.446	3.661
	排名	30	59	68	38	47	21	13	50	34	53	39

風險度 (30%)	項目	社會風險	法制風險	經濟風險	經營風險	轉型風險	加權平均
	分數	2.125	2.094	2.156	2.143	1.969	2.108
	排名	42	47	44	33	17	33

推薦度 (15%)	2013年	加權平均	3.631	2012年	加權平均	3.940
		排名	51		排名	36

城市名稱	42 鹽城		綜合指標	2013年	61.585	綜合排名	B14/42	值得推薦
				2012年	60.275		B16/44	值得推薦

競爭力 (15%)	項目	基礎條件	財政條件	投資條件	經濟條件	就業條件	永續條件	消費條件	人文條件	加權平均
	分數	46.4912	70.7894	54.7368	55.0877	40.7894	48.6315	66.3157	47.3684	54.003
	排名	58	27	48	49	61	65	31	53	47

環境力 (40%)	項目	生態環境	基建環境	社會環境	法制環境	經濟環境	經營環境	創新環境	網通環境	內需環境	文創環境	加權平均
	分數	3.806	3.556	3.602	3.645	3.667	3.667	3.778	3.633	3.444	3.262	3.625
	排名	28	55	51	45	51	35	17	32	61	69	41

風險度 (30%)	項目	社會風險	法制風險	經濟風險	經營風險	轉型風險	加權平均
	分數	2.093	1.938	2.083	2.278	2.403	2.161
	排名	36	21	32	55	62	41

推薦度 (15%)	2013年	加權平均	3.733	2012年	加權平均	3.827
		排名	44		排名	45

城市名稱	43 鎮江		綜合指標	2013年	61.456	綜合排名	2013年	61.456
				2012年	71.285		2012年	71.285

競爭力 (15%)	項目	基礎條件	財政條件	投資條件	經濟條件	就業條件	永續條件	消費條件	人文條件	加權平均
	分數	54.7368	45.7894	50.8772	64.2105	53.9473	72.6315	56.4912	69.1227	58.289
	排名	47	52	54	35	44	16	41	28	40

環境力 (40%)	項目	生態環境	基建環境	社會環境	法制環境	經濟環境	經營環境	創新環境	網通環境	內需環境	文創環境	加權平均
	分數	3.458	3.696	3.590	3.814	3.854	3.740	3.717	3.508	3.250	3.030	3.605
	排名	72	41	55	30	28	27	24	47	76	84	43

風險度 (30%)	項目	社會風險	法制風險	經濟風險	經營風險	轉型風險	加權平均
	分數	2.181	2.057	2.120	2.137	2.281	2.143
	排名	52	36	38	32	46	37

推薦度 (15%)	2013年	加權平均	3.663	2012年	加權平均	3.893
		排名	47		排名	41

城市名稱	44 寧波奉化		綜合指標	2013年	61.200	綜合排名	B16/44	值得推薦
				2012年	60.358		B15/43	值得推薦

競爭力 (15%)	項目	基礎條件	財政條件	投資條件	經濟條件	就業條件	永續條件	消費條件	人文條件	加權平均
	分數	79.8245	90.7894	80.3508	67.7192	82.1052	61.6842	66.6666	82.4561	75.967
	排名	12	9	11	27	13	37	30	13	17

環境力 (40%)	項目	生態環境	基建環境	社會環境	法制環境	經濟環境	經營環境	創新環境	網通環境	內需環境	文創環境	加權平均
	分數	3.691	3.765	3.657	3.656	3.686	3.559	3.400	3.506	3.529	3.294	3.592
	排名	42	37	43	42	48	51	64	48	54	66	49

風險度 (30%)	項目	社會風險	法制風險	經濟風險	經營風險	轉型風險	加權平均
	分數	2.137	1.912	2.250	2.332	2.368	2.213
	排名	45	18	50	65	59	50

推薦度 (15%)	2013年	加權平均	3.735	2012年	加權平均	3.735
		排名	41		排名	41

城市名稱	45 常州		綜合指標	2013年	61.093	綜合排名	B17/45	值得推薦
				2012年	55.239		B21/49	值得推薦

競爭力 (15%)	項目	基礎條件	財政條件	投資條件	經濟條件	就業條件	永續條件	消費條件	人文條件	加權平均
	分數	65.2631	69.2105	72.6315	70.5263	62.1052	71.5789	58.2456	70.5263	68.325
	排名	30	30	22	20	37	17	38	27	24

環境力 (40%)	項目	生態環境	基建環境	社會環境	法制環境	經濟環境	經營環境	創新環境	網通環境	內需環境	文創環境	加權平均
	分數	3.819	3.586	3.695	3.576	3.828	3.586	3.503	3.186	3.437	3.271	3.564
	排名	27	51	39	53	34	47	53	84	62	68	51

風險度 (30%)	項目	社會風險	法制風險	經濟風險	經營風險	轉型風險	加權平均
	分數	1.966	1.961	2.129	2.180	2.647	2.172
	排名	18	23	40	41	81	40

推薦度 (15%)	2013年	加權平均	3.731	2012年	加權平均	3.604
		排名	45		排名	61

城市名稱	46 寧波餘姚		綜合指標	2013年	60.264	綜合排名	B18/46	值得推薦
				2012年	68.585		B06/34	值得推薦

競爭力 (15%)	項目	基礎條件	財政條件	投資條件	經濟條件	就業條件	永續條件	消費條件	人文條件	加權平均
	分數	79.8245	90.7894	80.3508	67.7192	82.1052	61.6842	66.6666	82.4561	75.967
	排名	12	9	11	27	13	37	30	13	17

環境力 (40%)	項目	生態環境	基建環境	社會環境	法制環境	經濟環境	經營環境	創新環境	網通環境	內需環境	文創環境	加權平均
	分數	3.488	3.850	3.643	3.773	3.921	3.536	3.686	3.524	3.103	2.952	3.589
	排名	64	29	45	34	22	53	28	41	91	91	48

風險度 (30%)	項目	社會風險	法制風險	經濟風險	經營風險	轉型風險	加權平均
	分數	2.206	2.048	2.137	2.306	2.333	2.206
	排名	58	31	42	61	56	51

推薦度 (15%)	2013年	加權平均	3.624	2012年	加權平均	3.860
		排名	52		排名	43

城市名稱	47 馬鞍山		綜合指標	2013年	59.791	綜合排名	B19/47	值得推薦
				2012年	-		-	-

競爭力 (15%)	項目	基礎條件	財政條件	投資條件	經濟條件	就業條件	永續條件	消費條件	人文條件	加權平均
	分數	51.5789	31.0526	43.1579	50.1754	45.0000	52.6315	25.614	29.1228	42.167
	排名	53	70	59	58	56	57	76	73	68

環境力 (40%)	項目	生態環境	基建環境	社會環境	法制環境	經濟環境	經營環境	創新環境	網通環境	內需環境	文創環境	加權平均
	分數	3.828	3.491	3.646	3.505	3.500	3.578	3.513	3.513	3.823	3.741	3.602
	排名	23	63	44	62	64	49	50	45	20	17	45

風險度 (30%)	項目	社會風險	法制風險	經濟風險	經營風險	轉型風險	加權平均
	分數	2.021	1.977	2.078	2.192	2.453	2.142
	排名	24	25	30	43	67	36

推薦度 (15%)	2013年	加權平均	3.744	2012年	加權平均	-
		排名	46		排名	-

城市名稱	48 濟南		綜合指標	2013年	59.770	綜合排名	B20/48	值得推薦
				2012年	72.363		B02/30	值得推薦

競爭力 (15%)	項目	基礎條件	財政條件	投資條件	經濟條件	就業條件	永續條件	消費條件	人文條件	加權平均
	分數	75.2631	67.8947	65.9649	58.2456	84.4736	61.0526	83.8596	81.4034	70.237
	排名	14	32	29	40	9	38	9	14	22

環境力 (40%)	項目	生態環境	基建環境	社會環境	法制環境	經濟環境	經營環境	創新環境	網通環境	內需環境	文創環境	加權平均
	分數	3.478	3.727	3.609	3.689	3.891	3.783	3.557	3.487	3.377	2.963	3.592
	排名	67	39	49	40	26	23	40	52	69	88	46

風險度 (30%)	項目	社會風險	法制風險	經濟風險	經營風險	轉型風險	加權平均
	分數	2.362	2.071	2.060	2.255	2.522	2.220
	排名	70	41	29	52	71	49

推薦度 (15%)	2013年	加權平均	3.665	2012年	加權平均	3.990
		排名	50		排名	32

城市名稱	49 威海		綜合指標	2013年	58.304	綜合排名	2013年	58.304
				2012年	61.547		2012年	61.547

競爭力 (15%)	項目	基礎條件	財政條件	投資條件	經濟條件	就業條件	永續條件	消費條件	人文條件	加權平均
	分數	56.8421	43.4210	58.5964	54.3859	49.2105	70.5263	43.5087	37.5438	52.702
	排名	46	56	41	51	52	20	64	69	50

環境力 (40%)	項目	生態環境	基建環境	社會環境	法制環境	經濟環境	經營環境	創新環境	網通環境	內需環境	文創環境	加權平均
	分數	3.781	3.527	3.729	3.740	3.667	3.445	3.400	3.563	3.500	3.598	3.602
	排名	34	57	34	37	50	66	64	35	58	31	46

風險度 (30%)	項目	社會風險	法制風險	經濟風險	經營風險	轉型風險	加權平均
	分數	2.021	2.070	2.266	2.232	2.547	2.234
	排名	24	40	54	45	75	48

推薦度 (15%)	2013年	加權平均	3.775	2012年	加權平均	3.793
		排名	40		排名	48

城市名稱	50 廊坊		綜合指標	2013年	58.232	綜合排名	B22/50	值得推薦
				2012年	62.178		B11/39	值得推薦

競爭力 (15%)	項目	基礎條件	財政條件	投資條件	經濟條件	就業條件	永續條件	消費條件	人文條件	加權平均
	分數	43.1579	44.7368	52.9824	35.0877	48.4210	68.4210	38.5965	44.2105	46.368
	排名	63	54	51	76	54	24	67	56	60

環境力 (40%)	項目	生態環境	基建環境	社會環境	法制環境	經濟環境	經營環境	創新環境	網通環境	內需環境	文創環境	加權平均
	分數	3.688	3.612	3.744	3.808	3.786	3.629	3.814	3.493	3.542	3.296	3.667
	排名	43	49	33	31	39	43	15	51	53	65	38

風險度 (30%)	項目	社會風險	法制風險	經濟風險	經營風險	轉型風險	加權平均
	分數	2.155	2.045	2.326	2.224	2.420	2.236
	排名	50	29	58	44	64	47

推薦度 (15%)	2013年	加權平均	3.596	2012年	加權平均	3.596
		排名	56		排名	56

城市名稱		51 蘇州太倉		綜合指標	2013年	57.305	綜合排名		B23/51	值得推薦
					2012年	43.435			C11/71	勉予推薦
競爭力 (15%)	項目	基礎條件	財政條件	投資條件	經濟條件	就業條件	永續條件	消費條件	人文條件	加權平均
	分數	84.5613	94.4736	87.3683	79.9999	82.3683	70.9473	69.8245	85.2631	82.217
	排名	4	6	7	4	12	19	24	10	6
環境力 (40%)	項目	生態環境	基建環境	社會環境	法制環境	經濟環境	經營環境	創新環境	網通環境	內需環境	文創環境	加權平均
	分數	3.478	3.478	3.580	3.492	3.623	3.386	3.530	3.643	3.761	3.453	3.544
	排名	67	66	57	63	53	73	47	30	26	51	55
風險度 (30%)	項目	社會風險		法制風險		經濟風險		經營風險		轉型風險		加權平均
	分數	2.203		2.348		2.386		2.255		2.011		2.264
	排名	57		69		68		52		22		58
推薦度 (15%)	2013年		加權平均	3.665		2012年		加權平均	3.681
			排名	48				排名	58

城市名稱		52 宿遷		綜合指標	2013年	56.179	綜合排名		B24/52	值得推薦
					2012年	53.707			B25/53	值得推薦
競爭力 (15%)	項目	基礎條件	財政條件	投資條件	經濟條件	就業條件	永續條件	消費條件	人文條件	加權平均
	分數	32.9824	45.7894	39.6491	40.0000	25.0000	48.8421	45.2631	40.7017	39.788
	排名	75	52	63	71	76	64	62	62	73
環境力 (40%)	項目	生態環境	基建環境	社會環境	法制環境	經濟環境	經營環境	創新環境	網通環境	內需環境	文創環境	加權平均
	分數	3.674	3.491	3.623	3.652	3.478	3.516	3.713	3.643	3.768	3.329	3.605
	排名	47	64	48	44	67	55	25	31	25	61	44
風險度 (30%)	項目	社會風險		法制風險		經濟風險		經營風險		轉型風險		加權平均
	分數	2.232		2.065		2.092		2.289		2.293		2.190
	排名	59		39		33		58		48		46
推薦度 (15%)	2013年		加權平均	3.665		2012年		加權平均	3.700
			排名	48				排名	56

城市名稱		53 湖州		綜合指標	2013年	55.750	綜合排名		B25/53	值得推薦
					2012年	55.550			B20/48	值得推薦
競爭力 (15%)	項目	基礎條件	財政條件	投資條件	經濟條件	就業條件	永續條件	消費條件	人文條件	加權平均
	分數	54.7368	36.5789	48.4210	46.3158	43.9473	79.7894	38.2456	54.0350	49.681
	排名	48	63	58	64	57	4	69	45	53
環境力 (40%)	項目	生態環境	基建環境	社會環境	法制環境	經濟環境	經營環境	創新環境	網通環境	內需環境	文創環境	加權平均
	分數	3.587	3.621	3.705	3.550	3.532	3.553	3.554	3.246	3.603	3.401	3.543
	排名	56	46	36	57	61	52	41	78	42	57	53
風險度 (30%)	項目	社會風險		法制風險		經濟風險		經營風險		轉型風險		加權平均
	分數	2.141		2.053		2.178		2.266		2.587		2.237
	排名	46		34		46		54		77		53
推薦度 (15%)	2013年		加權平均	3.792		2012年		加權平均	3.969
			排名	38				排名	34

城市名稱	54 煙台		綜合指標	2013年	55.472	綜合排名	B26/54	值得推薦
				2012年	57.982		B19/47	值得推薦
競爭力(15%)	項目	基礎條件	財政條件	投資條件	經濟條件	就業條件	永續條件	消費條件	人文條件	加權平均
	分數	67.1929	72.8947	62.8070	68.7719	62.1052	61.8947	58.9473	75.4385	66.163
	排名	27	25	32	24	36	35	37	21	31
環境力(40%)	項目	生態環境	基建環境	社會環境	法制環境	經濟環境	經營環境	創新環境	網通環境	內需環境	文創環境	加權平均
	分數	3.750	3.597	3.588	3.566	3.843	3.691	3.541	3.082	3.500	3.000	3.544
	排名	38	50	56	55	33	31	44	95	58	85	54
風險度(30%)	項目	社會風險		法制風險		經濟風險		經營風險		轉型風險		加權平均
	分數	2.608		2.228		2.272		2.168		2.206		2.256
	排名	82		62		55		38		38		54
推薦度(15%)	2013年		加權平均	3.565	2012年		加權平均	3.753
			排名	57			排名	52

城市名稱	55 蘇州常熟		綜合指標	2013年	52.921	綜合排名	B27/55	值得推薦
				2012年	41.299		C12/72	勉予推薦
競爭力(15%)	項目	基礎條件	財政條件	投資條件	經濟條件	就業條件	永續條件	消費條件	人文條件	加權平均
	分數	84.5613	94.4736	87.3683	79.9999	82.3683	70.9473	69.8245	85.2631	82.217
	排名	4	6	7	4	12	19	24	10	6
環境力(40%)	項目	生態環境	基建環境	社會環境	法制環境	經濟環境	經營環境	創新環境	網通環境	內需環境	文創環境	加權平均
	分數	3.487	3.436	3.526	3.421	3.395	3.138	3.274	3.758	3.553	3.617	3.451
	排名	65	70	60	71	76	88	75	17	52	29	63
風險度(30%)	項目	社會風險		法制風險		經濟風險		經營風險		轉型風險		加權平均
	分數	2.263		2.230		2.296		2.278		2.171		2.255
	排名	62		63		56		56		34		57
推薦度(15%)	2013年		加權平均	3.526	2012年		加權平均	3.290
			排名	64			排名	80

城市名稱	56 長沙		綜合指標	2013年	51.508	綜合排名	B28/56	值得推薦
				2012年	53.590		B26/54	值得推薦
競爭力(15%)	項目	基礎條件	財政條件	投資條件	經濟條件	就業條件	永續條件	消費條件	人文條件	加權平均
	分數	64.5613	79.2105	77.1929	85.2631	81.3157	74.1052	86.3157	50.5263	76.095
	排名	32	18	16	3	14	14	7	49	16
環境力(40%)	項目	生態環境	基建環境	社會環境	法制環境	經濟環境	經營環境	創新環境	網通環境	內需環境	文創環境	加權平均
	分數	3.528	3.373	3.389	3.363	3.509	3.472	3.544	3.656	3.528	3.579	3.483
	排名	58	77	72	77	63	60	42	28	55	35	59
風險度(30%)	項目	社會風險		法制風險		經濟風險		經營風險		轉型風險		加權平均
	分數	2.148		2.361		2.333		2.313		2.319		2.312
	排名	48		70		59		62		54		64
推薦度(15%)	2013年		加權平均	3.478	2012年		加權平均	3.622
			排名	66			排名	59

57 泰州

城市名稱	57 泰州		綜合指標	2013年	51.402	綜合排名	B29/57	值得推薦
				2012年	49.758		C01/61	勉予推薦

競爭力(15%)	項目	基礎條件	財政條件	投資條件	經濟條件	就業條件	永續條件	消費條件	人文條件	加權平均
	分數	48.4210	52.3684	54.3859	57.5438	38.4210	54.5263	51.5789	46.3158	51.549
	排名	55	45	49	41	67	54	47	54	51

環境力(40%)	項目	生態環境	基建環境	社會環境	法制環境	經濟環境	經營環境	創新環境	網通環境	內需環境	文創環境	加權平均
	分數	3.472	3.471	3.636	3.590	3.586	3.458	3.378	3.341	3.568	3.540	3.506
	排名	70	67	46	51	58	62	67	70	47	42	58

風險度(30%)	項目	社會風險	法制風險	經濟風險	經營風險	轉型風險	加權平均
	分數	2.123	2.051	2.171	2.389	2.296	2.226
	排名	41	33	45	66	50	52

推薦度(15%)	2013年	加權平均	3.530	2012年	加權平均	3.776
		排名	62		排名	51

58 珠海

城市名稱	58 珠海		綜合指標	2013年	51.117	綜合排名	B30/58	值得推薦
				2012年	32.556		C22/82	勉予推薦

競爭力(15%)	項目	基礎條件	財政條件	投資條件	經濟條件	就業條件	永續條件	消費條件	人文條件	加權平均
	分數	67.7192	43.1579	60.7017	55.4386	68.9473	76.6315	34.0351	26.3158	54.909
	排名	26	57	37	45	29	8	73	76	45

環境力(40%)	項目	生態環境	基建環境	社會環境	法制環境	經濟環境	經營環境	創新環境	網通環境	內需環境	文創環境	加權平均
	分數	3.685	3.497	3.297	3.421	3.420	3.386	3.496	3.504	3.565	3.696	3.483
	排名	45	62	82	70	74	72	54	49	50	22	61

風險度(30%)	項目	社會風險	法制風險	經濟風險	經營風險	轉型風險	加權平均
	分數	2.058	2.190	2.370	2.450	1.967	2.266
	排名	28	56	65	70	16	55

推薦度(15%)	2013年	加權平均	3.635	2012年	加權平均	3.715
		排名	52		排名	55

59 廣州天河

城市名稱	59 廣州天河		綜合指標	2013年	51.075	綜合排名	B31/59	值得推薦
				2012年	46.754		C05/66	勉予推薦

競爭力(15%)	項目	基礎條件	財政條件	投資條件	經濟條件	就業條件	永續條件	消費條件	人文條件	加權平均
	分數	90.5262	92.8946	89.4736	75.4385	97.3683	52.0000	92.2806	86.3157	84.121
	排名	1	7	5	8	1	58	2	9	2

環境力(40%)	項目	生態環境	基建環境	社會環境	法制環境	經濟環境	經營環境	創新環境	網通環境	內需環境	文創環境	加權平均
	分數	3.524	3.503	3.524	3.480	3.730	3.446	3.248	3.438	3.627	3.524	3.502
	排名	59	61	62	64	43	65	79	58	39	44	57

風險度(30%)	項目	社會風險	法制風險	經濟風險	經營風險	轉型風險	加權平均
	分數	2.556	2.339	2.369	2.327	2.690	2.417
	排名	78	67	64	64	83	73

推薦度(15%)	2013年	加權平均	3.519	2012年	加權平均	3.288
		排名	61		排名	82

城市名稱	60 泉州		綜合指標	2013年	50.938	綜合排名	B32/60	值得推薦
				2012年	54.758		B23/51	值得推薦

競爭力 (15%)	項目	基礎條件	財政條件	投資條件	經濟條件	就業條件	永續條件	消費條件	人文條件	加權平均
	分數	63.5087	52.3684	56.8421	72.2806	68.1578	53.0526	52.6315	73.3333	62.130
	排名	36	45	44	15	30	56	44	24	33

環境力 (40%)	項目	生態環境	基建環境	社會環境	法制環境	經濟環境	經營環境	創新環境	網通環境	內需環境	文創環境	加權平均
	分數	3.474	3.564	3.904	3.591	3.430	3.467	3.432	3.368	3.447	3.353	3.515
	排名	69	53	19	50	71	61	60	65	60	59	56

風險度 (30%)	項目	社會風險	法制風險	經濟風險	經營風險	轉型風險	加權平均
	分數	2.105	2.204	2.362	2.286	2.645	2.324
	排名	38	59	63	57	80	65

推薦度 (15%)	2013年	加權平均	3.553	2012年	加權平均	3.940
		排名	59		排名	39

城市名稱	61 杭州余杭		綜合指標	2013年	50.348	綜合排名	B33/61	值得推薦
				2012年	53.267		B27/55	值得推薦

競爭力 (15%)	項目	基礎條件	財政條件	投資條件	經濟條件	就業條件	永續條件	消費條件	人文條件	加權平均
	分數	80.8771	92.3683	90.5262	68.7719	91.3157	75.5789	78.9473	91.5789	82.926
	排名	9	8	4	22	4	10	16	4	4

環境力 (40%)	項目	生態環境	基建環境	社會環境	法制環境	經濟環境	經營環境	創新環境	網通環境	內需環境	文創環境	加權平均
	分數	3.469	3.670	3.594	3.538	3.469	3.305	3.225	3.475	3.396	3.188	3.450
	排名	71	43	54	60	69	76	84	54	64	72	66

風險度 (30%)	項目	社會風險	法制風險	經濟風險	經營風險	轉型風險	加權平均
	分數	2.354	2.234	2.617	2.246	2.078	2.322
	排名	69	64	83	49	30	63

推薦度 (15%)	2013年	加權平均	3.431	2012年	加權平均	3.773
		排名	69		排名	49

城市名稱	62 廣州市區		綜合指標	2013年	50.005	綜合排名	B34/62	值得推薦
				2012年	36.874		C17/77	勉予推薦

競爭力 (15%)	項目	基礎條件	財政條件	投資條件	經濟條件	就業條件	永續條件	消費條件	人文條件	加權平均
	分數	90.5262	92.8946	89.4736	75.4385	97.3683	52.0000	92.2806	86.3157	84.121
	排名	1	7	5	8	1	58	2	9	2

環境力 (40%)	項目	生態環境	基建環境	社會環境	法制環境	經濟環境	經營環境	創新環境	網通環境	內需環境	文創環境	加權平均
	分數	3.307	3.357	3.311	3.220	3.227	3.420	3.336	3.527	3.614	3.597	3.373
	排名	81	81	80	84	84	69	69	40	40	32	73

風險度 (30%)	項目	社會風險	法制風險	經濟風險	經營風險	轉型風險	加權平均
	分數	2.303	2.438	2.506	2.237	2.057	2.324
	排名	65	76	75	47	28	62

推薦度 (15%)	2013年	加權平均	3.518	2012年	加權平均	3.590
		排名	63		排名	64

城市名稱		63 鄭州		綜合指標	2013年	49.875		綜合排名	C01/63	勉予推薦
					2012年	54.748			B24/52	值得推薦
競爭力(15%)	項目	基礎條件	財政條件	投資條件	經濟條件	就業條件	永續條件	消費條件	人文條件	加權平均
	分數	64.0350	79.7368	82.1052	76.4912	73.1578	54.1052	72.2806	75.4385	73.595
	排名	34	17	10	6	24	55	23	19	19
環境力(40%)	項目	生態環境	基建環境	社會環境	法制環境	經濟環境	經營環境	創新環境	網通環境	內需環境	文創環境	加權平均
	分數	3.345	3.449	3.405	3.656	3.563	3.702	3.543	3.438	2.786	2.993	3.421
	排名	79	69	70	43	59	29	43	58	102	86	62
風險度(30%)	項目	社會風險		法制風險		經濟風險		經營風險		轉型風險		加權平均
	分數	2.286		2.393		2.375		2.245		2.262		2.314
	排名	63		74		66		48		44		61
推薦度(15%)	2013年		加權平均	3.410	2012年		加權平均	3.717
			排名	73			排名	54

城市名稱		64 唐山		綜合指標	2013年	49.312		綜合排名	C02/64	勉予推薦
					2012年	-			-	-
競爭力(15%)	項目	基礎條件	財政條件	投資條件	經濟條件	就業條件	永續條件	消費條件	人文條件	加權平均
	分數	60.8771	67.3684	61.4035	68.7719	61.8421	49.6842	61.4035	45.2631	60.679
	排名	39	33	33	22	38	59	35	55	37
環境力(40%)	項目	生態環境	基建環境	社會環境	法制環境	經濟環境	經營環境	創新環境	網通環境	內需環境	文創環境	加權平均
	分數	3.406	3.455	3.323	3.514	3.542	3.523	3.650	3.513	3.156	2.973	3.433
	排名	75	68	78	61	60	54	32	45	85	87	65
風險度(30%)	項目	社會風險		法制風險		經濟風險		經營風險		轉型風險		加權平均
	分數	2.333		2.047		2.320		2.304		2.625		2.308
	排名	66		30		57		60		78		59
推薦度(15%)	2013年		加權平均	3.550	2012年		加權平均	-
			排名	58			排名	-

城市名稱		65 瀋陽		綜合指標	2013年	49.299		綜合排名	C03/65	勉予推薦
					2012年	30.719			C27/87	勉予推薦
競爭力(15%)	項目	基礎條件	財政條件	投資條件	經濟條件	就業條件	永續條件	消費條件	人文條件	加權平均
	分數	72.6315	86.3157	91.9297	72.2806	79.9999	71.3684	88.421	89.8245	81.698
	排名	17	14	2	15	16	18	4	6	9
環境力(40%)	項目	生態環境	基建環境	社會環境	法制環境	經濟環境	經營環境	創新環境	網通環境	內需環境	文創環境	加權平均
	分數	3.307	3.429	3.371	3.409	3.614	3.426	3.318	3.364	3.682	3.675	3.446
	排名	81	71	73	72	54	68	72	67	36	24	67
風險度(30%)	項目	社會風險		法制風險		經濟風險		經營風險		轉型風險		加權平均
	分數	2.152		2.261		2.426		2.588		2.284		2.393
	排名	49		65		73		79		47		69
推薦度(15%)	2013年		加權平均	3.523	2012年		加權平均	3.523
			排名	60			排名	60

2013年中國大陸地區投資環境與風險調查

城市名稱	66 武漢漢陽		綜合指標	2013年	48.844	綜合排名	C04/66	勉予推薦
				2012年	51.851		B30/58	值得推薦

競爭力 (15%)	項目	基礎條件	財政條件	投資條件	經濟條件	就業條件	永續條件	消費條件	人文條件	加權平均
	分數	84.2104	85.7894	87.0175	74.3859	90.7894	61.8947	86.3157	94.3859	82.619
	排名	5	16	8	10	6	35	6	3	5

環境力 (40%)	項目	生態環境	基建環境	社會環境	法制環境	經濟環境	經營環境	創新環境	網通環境	內需環境	文創環境	加權平均
	分數	3.176	3.563	3.520	3.452	3.716	3.684	3.447	3.365	3.235	2.672	3.422
	排名	91	54	63	67	45	34	58	66	80	102	68

風險度 (30%)	項目	社會風險	法制風險	經濟風險	經營風險	轉型風險	加權平均
	分數	2.549	2.529	2.390	2.424	2.000	2.386
	排名	76	80	69	69	19	68

推薦度 (15%)	2013年	加權平均	3.429	2012年	加權平均	3.744
		排名	72		排名	53

城市名稱	67 桂林		綜合指標	2013年	48.415	綜合排名	C05/67	勉予推薦
				2012年	51.159		B32/60	值得推薦

競爭力 (15%)	項目	基礎條件	財政條件	投資條件	經濟條件	就業條件	永續條件	消費條件	人文條件	加權平均
	分數	42.4561	38.1579	35.0877	36.4912	38.9473	49.4736	52.6315	64.2105	42.903
	排名	66	61	69	75	66	61	43	34	67

環境力 (40%)	項目	生態環境	基建環境	社會環境	法制環境	經濟環境	經營環境	創新環境	網通環境	內需環境	文創環境	加權平均
	分數	3.500	3.687	3.673	3.781	3.718	3.635	3.323	3.515	3.147	3.033	3.539
	排名	60	42	42	33	44	42	71	44	86	83	52

風險度 (30%)	項目	社會風險	法制風險	經濟風險	經營風險	轉型風險	加權平均
	分數	2.436	2.582	2.462	2.467	2.365	2.470
	排名	72	82	74	73	58	75

推薦度 (15%)	2013年	加權平均	3.758	2012年	加權平均	3.758
		排名	42		排名	42

城市名稱	68 保定		綜合指標	2013年	45.637	綜合排名	C06/68	勉予推薦
				2012年	45.848		C07/67	勉予推薦

競爭力 (15%)	項目	基礎條件	財政條件	投資條件	經濟條件	就業條件	永續條件	消費條件	人文條件	加權平均
	分數	61.4035	49.2105	52.2807	42.4561	49.2105	66.7368	50.1754	63.8596	53.007
	排名	38	49	52	70	51	27	52	35	49

環境力 (40%)	項目	生態環境	基建環境	社會環境	法制環境	經濟環境	經營環境	創新環境	網通環境	內需環境	文創環境	加權平均
	分數	3.485	3.487	3.676	3.407	3.490	3.485	3.506	3.282	3.588	3.597	3.491
	排名	66	65	41	73	65	59	52	73	44	33	60

風險度 (30%)	項目	社會風險	法制風險	經濟風險	經營風險	轉型風險	加權平均
	分數	3.078	2.596	2.250	2.471	2.647	2.528
	排名	107	84	49	74	82	76

推薦度 (15%)	2013年	加權平均	3.612	2012年	加權平均	3.575
		排名	55		排名	66

【69 南寧、70 深圳市區、71 福州馬尾】

69 南寧

城市名稱	69 南寧		綜合指標	2013年	45.139	綜合排名	C07/69	勉予推薦
				2012年	52.424		B29/57	值得推薦

競爭力 (15%)	項目	基礎條件	財政條件	投資條件	經濟條件	就業條件	永續條件	消費條件	人文條件	加權平均
	分數	71.0526	53.4210	51.5789	49.4736	62.6315	47.7894	72.9824	71.9298	58.191
	排名	22	41	53	59	35	68	22	26	41

環境力 (40%)	項目	生態環境	基建環境	社會環境	法制環境	經濟環境	經營環境	創新環境	網通環境	內需環境	文創環境	加權平均
	分數	3.647	3.616	3.569	3.584	3.425	3.487	3.441	3.303	3.103	2.941	3.444
	排名	48	48	58	52	73	58	59	72	90	93	64

風險度 (30%)	項目	社會風險	法制風險	經濟風險	經營風險	轉型風險	加權平均
	分數	2.241	2.375	2.392	2.389	2.457	2.382
	排名	60	72	70	67	68	71

推薦度 (15%)	2013年	加權平均	3.459	2012年	加權平均	4.019
		排名	67		排名	31

70 深圳市區

城市名稱	70 深圳市區		綜合指標	2013年	44.201	綜合排名	C08/70	勉予推薦
				2012年	31.127		C24/84	勉予推薦

競爭力 (15%)	項目	基礎條件	財政條件	投資條件	經濟條件	就業條件	永續條件	消費條件	人文條件	加權平均
	分數	86.4911	96.3157	76.8420	74.0350	86.8420	84.6315	83.5087	78.5964	81.814
	排名	2	5	17	11	8	2	10	18	7

環境力 (40%)	項目	生態環境	基建環境	社會環境	法制環境	經濟環境	經營環境	創新環境	網通環境	內需環境	文創環境	加權平均
	分數	3.393	3.395	3.079	3.086	3.270	3.185	3.410	3.705	3.587	3.741	3.352
	排名	77	73	93	89	82	86	63	21	45	16	71

風險度 (30%)	項目	社會風險	法制風險	經濟風險	經營風險	轉型風險	加權平均
	分數	2.349	2.387	2.613	2.418	2.214	2.423
	排名	68	73	82	68	40	72

推薦度 (15%)	2013年	加權平均	3.171	2012年	加權平均	3.204
		排名	83		排名	87

71 福州馬尾

城市名稱	71 福州馬尾		綜合指標	2013年	43.234	綜合排名	C09/71	勉予推薦
				2012年	45.166		C08/68	勉予推薦

競爭力 (15%)	項目	基礎條件	財政條件	投資條件	經濟條件	就業條件	永續條件	消費條件	人文條件	加權平均
	分數	61.5789	64.2105	75.0877	65.2631	75.5262	62.1052	67.7192	62.4561	67.430
	排名	37	36	19	30	21	34	28	38	27

環境力 (40%)	項目	生態環境	基建環境	社會環境	法制環境	經濟環境	經營環境	創新環境	網通環境	內需環境	文創環境	加權平均
	分數	3.444	3.524	3.630	3.556	3.593	3.451	3.233	2.867	3.065	2.611	3.345
	排名	73	58	47	56	57	63	82	102	93	105	77

風險度 (30%)	項目	社會風險	法制風險	經濟風險	經營風險	轉型風險	加權平均
	分數	2.167	2.222	2.264	2.452	2.431	2.327
	排名	51	60	53	71	66	67

推薦度 (15%)	2013年	加權平均	3.217	2012年	加權平均	3.388
		排名	80		排名	76

城市名稱	72 日照		綜合指標	2013年	43.165	綜合排名	C10/72	勉予推薦
				2012年	47.354		C04/64	勉予推薦
競爭力(15%)	項目	基礎條件	財政條件	投資條件	經濟條件	就業條件	永續條件	消費條件	人文條件	加權平均
	分數	41.9298	25.2632	32.6316	46.3158	29.7368	64.4210	46.3158	33.3333	39.889
	排名	67	73	74	64	72	31	58	72	72
環境力(40%)	項目	生態環境	基建環境	社會環境	法制環境	經濟環境	經營環境	創新環境	網通環境	內需環境	文創環境	加權平均
	分數	3.736	3.619	3.481	3.444	3.454	3.382	3.200	3.133	3.241	2.960	3.389
	排名	40	47	66	69	70	74	87	90	79	90	74
風險度(30%)	項目	社會風險	法制風險	經濟風險	經營風險	轉型風險	加權平均
	分數	2.333	2.083	2.347	2.254	2.306	2.259
	排名	66	45	61	51	53	56
推薦度(15%)	2013年	加權平均	3.433	2012年	加權平均	3.588
		排名	70		排名	62

城市名稱	73 漳州		綜合指標	2013年	41.828	綜合排名	C11/73	勉予推薦
				2012年	46.789		C05/65	勉予推薦
競爭力(15%)	項目	基礎條件	財政條件	投資條件	經濟條件	就業條件	永續條件	消費條件	人文條件	加權平均
	分數	42.9824	34.4737	49.8245	56.1403	40.2631	60.2105	42.807	39.6491	47.232
	排名	64	65	57	43	63	44	65	67	58
環境力(40%)	項目	生態環境	基建環境	社會環境	法制環境	經濟環境	經營環境	創新環境	網通環境	內需環境	文創環境	加權平均
	分數	3.402	3.360	3.391	3.455	3.529	3.196	3.243	3.330	3.384	3.311	3.367
	排名	76	80	71	66	62	85	81	71	66	64	78
風險度(30%)	項目	社會風險	法制風險	經濟風險	經營風險	轉型風險	加權平均
	分數	2.087	2.174	2.337	2.320	2.391	2.282
	排名	35	54	60	63	61	60
推薦度(15%)	2013年	加權平均	3.352	2012年	加權平均	3.494
		排名	77		排名	73

城市名稱	74 武漢漢口		綜合指標	2013年	41.344	綜合排名	C12/74	勉予推薦
				2012年	51.837		B31/59	值得推薦
競爭力(15%)	項目	基礎條件	財政條件	投資條件	經濟條件	就業條件	永續條件	消費條件	人文條件	加權平均
	分數	84.2104	85.7894	87.0175	74.3859	90.7894	61.8947	86.3157	94.3859	82.619
	排名	5	16	8	10	6	35	6	3	5
環境力(40%)	項目	生態環境	基建環境	社會環境	法制環境	經濟環境	經營環境	創新環境	網通環境	內需環境	文創環境	加權平均
	分數	3.633	3.505	3.200	3.364	3.489	3.267	3.640	3.187	3.400	2.876	3.380
	排名	49	60	86	76	66	77	33	83	63	97	70
風險度(30%)	項目	社會風險	法制風險	經濟風險	經營風險	轉型風險	加權平均
	分數	2.578	2.425	2.667	2.690	2.567	2.602
	排名	79	75	87	89	76	83
推薦度(15%)	2013年	加權平均	3.267	2012年	加權平均	3.576
		排名	79		排名	67

城市名稱	75 莆田		綜合指標	2013年	39.482	綜合排名	C13/75	勉予推薦
				2012年	28.072		C28/88	勉予推薦

競爭力(15%)	項目	基礎條件	財政條件	投資條件	經濟條件	就業條件	永續條件	消費條件	人文條件	加權平均
	分數	31.7544	25.0000	36.8421	55.4386	27.6316	64.8420	25.614	27.0175	38.642
	排名	77	74	64	45	75	30	76	75	74

環境力(40%)	項目	生態環境	基建環境	社會環境	法制環境	經濟環境	經營環境	創新環境	網通環境	內需環境	文創環境	加權平均
	分數	3.060	3.184	3.444	3.293	3.357	3.185	3.419	3.486	3.389	3.503	3.321
	排名	96	93	67	80	78	86	62	53	65	48	79

風險度(30%)	項目	社會風險	法制風險	經濟風險	經營風險	轉型風險	加權平均
	分數	2.508	2.345	2.393	2.299	2.119	2.326
	排名	74	68	71	59	32	66

推薦度(15%)	2013年	加權平均	3.438	2012年	加權平均	3.500
		排名	71		排名	72

城市名稱	76 武漢武昌		綜合指標	2013年	38.789	綜合排名	C14/76	勉予推薦
				2012年	48.891		C02/62	勉予推薦

競爭力(15%)	項目	基礎條件	財政條件	投資條件	經濟條件	就業條件	永續條件	消費條件	人文條件	加權平均
	分數	84.2104	85.7894	87.0175	74.3859	90.7894	61.8947	86.3157	94.3859	82.619
	排名	5	16	8	10	6	35	6	3	5

環境力(40%)	項目	生態環境	基建環境	社會環境	法制環境	經濟環境	經營環境	創新環境	網通環境	內需環境	文創環境	加權平均
	分數	3.500	3.341	3.167	3.256	3.102	2.965	2.933	3.267	3.185	3.056	3.187
	排名	60	82	90	82	90	95	100	75	83	81	85

風險度(30%)	項目	社會風險	法制風險	經濟風險	經營風險	轉型風險	加權平均
	分數	2.630	2.444	2.549	2.599	2.639	2.565
	排名	83	77	77	81	79	80

推薦度(15%)	2013年	加權平均	3.522	2012年	加權平均	3.688
		排名	65		排名	57

城市名稱	77 嘉興市區		綜合指標	2013年	38.641	綜合排名	C15/77	勉予推薦
				2012年	43.655		C10/70	勉予推薦

競爭力(15%)	項目	基礎條件	財政條件	投資條件	經濟條件	就業條件	永續條件	消費條件	人文條件	加權平均
	分數	59.8245	59.4736	64.9122	55.4386	64.4736	63.7894	52.2807	79.2982	61.984
	排名	40	38	30	45	32	32	45	17	34

環境力(40%)	項目	生態環境	基建環境	社會環境	法制環境	經濟環境	經營環境	創新環境	網通環境	內需環境	文創環境	加權平均
	分數	3.288	3.314	3.483	3.208	3.158	3.200	3.420	3.360	3.517	3.429	3.327
	排名	84	85	65	85	88	84	61	69	57	55	80

風險度(30%)	項目	社會風險	法制風險	經濟風險	經營風險	轉型風險	加權平均
	分數	2.183	2.113	2.350	2.493	2.850	2.404
	排名	53	50	62	76	96	70

推薦度(15%)	2013年	加權平均	3.135	2012年	加權平均	3.539
		排名	87		排名	68

城市名稱	78 泰安		綜合指標	2013年	37.346	綜合排名	C16/78	勉予推薦
				2012年	44.664		C09/69	勉予推薦

競爭力(15%)	項目	基礎條件	財政條件	投資條件	經濟條件	就業條件	永續條件	消費條件	人文條件	加權平均
	分數	43.3333	41.3158	34.0351	45.6140	50.2631	62.7368	61.7543	43.5087	46.221
	排名	62	59	71	66	49	33	34	57	61

環境力(40%)	項目	生態環境	基建環境	社會環境	法制環境	經濟環境	經營環境	創新環境	網通環境	內需環境	文創環境	加權平均
	分數	3.600	3.371	3.489	3.672	3.400	3.450	3.293	3.160	3.233	3.124	3.407
	排名	54	78	64	41	75	64	74	85	81	77	69

風險度(30%)	項目	社會風險	法制風險	經濟風險	經營風險	轉型風險	加權平均
	分數	2.289	2.367	2.608	2.519	2.517	2.488
	排名	64	71	81	77	69	77

推薦度(15%)	2013年	加權平均	3.140	2012年	加權平均	3.529
		排名	85		排名	69

城市名稱	79 汕頭		綜合指標	2013年	36.535	綜合排名	C17/79	勉予推薦
				2012年	37.203		C16/76	勉予推薦

競爭力(15%)	項目	基礎條件	財政條件	投資條件	經濟條件	就業條件	永續條件	消費條件	人文條件	加權平均
	分數	46.4912	32.8947	33.3333	33.3333	29.2105	60.0000	57.5438	40.3509	39.982
	排名	58	66	72	77	73	45	40	64	71

環境力(40%)	項目	生態環境	基建環境	社會環境	法制環境	經濟環境	經營環境	創新環境	網通環境	內需環境	文創環境	加權平均
	分數	3.625	3.262	3.361	3.538	3.667	3.708	3.000	3.133	2.907	2.960	3.345
	排名	50	89	74	59	51	28	94	91	97	89	76

風險度(30%)	項目	社會風險	法制風險	經濟風險	經營風險	轉型風險	加權平均
	分數	2.704	2.576	2.625	2.476	2.542	2.566
	排名	86	81	85	75	74	81

推薦度(15%)	2013年	加權平均	3.422	2012年	加權平均	3.297
		排名	68		排名	81

城市名稱	80 岳陽		綜合指標	2013年	36.264	綜合排名	C18/80	勉予推薦
				2012年	38.053		C15/75	勉予推薦

競爭力(15%)	項目	基礎條件	財政條件	投資條件	經濟條件	就業條件	永續條件	消費條件	人文條件	加權平均
	分數	39.2982	32.6316	29.4737	55.0877	35.2631	67.3684	48.0701	64.5613	45.632
	排名	69	67	76	48	70	26	55	33	63

環境力(40%)	項目	生態環境	基建環境	社會環境	法制環境	經濟環境	經營環境	創新環境	網通環境	內需環境	文創環境	加權平均
	分數	3.500	3.410	3.322	3.400	3.478	3.575	3.387	3.240	3.378	3.324	3.405
	排名	60	72	79	74	68	50	66	79	68	62	72

風險度(30%)	項目	社會風險	法制風險	經濟風險	經營風險	轉型風險	加權平均
	分數	2.733	2.308	2.425	2.543	2.700	2.509
	排名	90	66	72	78	84	78

推薦度(15%)	2013年	加權平均	3.107	2012年	加權平均	3.482
		排名	89		排名	71

城市名稱	81 中山		綜合指標	2013年	35.891	綜合排名	C19/81	勉予推薦
				2012年	35.081		C20/80	勉予推薦

競爭力 (15%)	項目	基礎條件	財政條件	投資條件	經濟條件	就業條件	永續條件	消費條件	人文條件	加權平均
	分數	65.6140	43.9473	57.8947	47.3684	51.0526	74.7368	45.9649	40.7017	53.254
	排名	28	55	42	63	45	12	59	62	48

環境力 (40%)	項目	生態環境	基建環境	社會環境	法制環境	經濟環境	經營環境	創新環境	網通環境	內需環境	文創環境	加權平均
	分數	3.676	3.647	3.353	3.312	3.333	3.228	3.165	3.447	3.245	3.227	3.368
	排名	46	44	76	79	80	81	89	57	77	71	75

風險度 (30%)	項目	社會風險	法制風險	經濟風險	經營風險	轉型風險	加權平均
	分數	2.549	2.485	2.559	2.605	2.426	2.537
	排名	76	79	78	82	65	79

推薦度 (15%)	2013年	加權平均	3.059	2012年	加權平均	3.150
		排名	93		排名	91

城市名稱	82 福州市區		綜合指標	2013年	33.255	綜合排名	C20/82	勉予推薦
				2012年	48.406		C03/63	勉予推薦

競爭力 (15%)	項目	基礎條件	財政條件	投資條件	經濟條件	就業條件	永續條件	消費條件	人文條件	加權平均
	分數	61.5789	64.2105	75.0877	65.2631	75.5262	62.1052	67.7192	62.4561	67.430
	排名	37	36	19	30	21	34	28	38	27

環境力 (40%)	項目	生態環境	基建環境	社會環境	法制環境	經濟環境	經營環境	創新環境	網通環境	內需環境	文創環境	加權平均
	分數	3.150	3.393	3.425	3.346	3.317	3.138	3.210	3.140	3.108	3.064	3.243
	排名	92	74	69	78	81	89	86	88	88	80	82

風險度 (30%)	項目	社會風險	法制風險	經濟風險	經營風險	轉型風險	加權平均
	分數	2.583	2.650	2.688	2.621	2.900	2.682
	排名	80	86	89	84	99	88

推薦度 (15%)	2013年	加權平均	3.350	2012年	加權平均	3.637
		排名	76		排名	60

城市名稱	83 嘉興嘉善		綜合指標	2013年	32.242	綜合排名	C21/83	勉予推薦
				2012年	38.426		C14/74	勉予推薦

競爭力 (15%)	項目	基礎條件	財政條件	投資條件	經濟條件	就業條件	永續條件	消費條件	人文條件	加權平均
	分數	59.8245	59.4736	64.9122	55.4386	64.4736	63.7894	52.2807	79.2982	61.984
	排名	40	38	30	45	32	32	45	17	34

環境力 (40%)	項目	生態環境	基建環境	社會環境	法制環境	經濟環境	經營環境	創新環境	網通環境	內需環境	文創環境	加權平均
	分數	3.381	3.374	3.325	3.231	3.429	3.417	3.267	3.248	3.278	3.163	3.315
	排名	78	76	77	83	72	70	76	77	75	73	81

風險度 (30%)	項目	社會風險	法制風險	經濟風險	經營風險	轉型風險	加權平均
	分數	2.587	2.690	2.577	2.622	2.857	2.656
	排名	81	88	79	85	97	87

推薦度 (15%)	2013年	加權平均	2.952	2012年	加權平均	3.106
		排名	99		排名	92

城市名稱	84 昆明		綜合指標	2013年	31.773	綜合排名	C22/84	勉予推薦
				2012年	34.273		C21/81	勉予推薦
競爭力(15%)	項目	基礎條件	財政條件	投資條件	經濟條件	就業條件	永續條件	消費條件	人文條件	加權平均
	分數	65.4385	69.4736	67.0175	75.4385	73.9473	57.4736	84.5613	56.8421	69.265
	排名	29	28	26	8	23	50	8	40	23
環境力(40%)	項目	生態環境	基建環境	社會環境	法制環境	經濟環境	經營環境	創新環境	網通環境	內需環境	文創環境	加權平均
	分數	3.188	3.311	3.185	3.179	3.196	3.263	3.093	3.100	2.929	2.658	3.136
	排名	90	86	88	86	86	79	90	92	96	103	92
風險度(30%)	項目	社會風險		法制風險		經濟風險		經營風險		轉型風險		加權平均
	分數	2.536		2.469		2.522		2.648		2.714		2.579
	排名	75		78		76		87		85		82
推薦度(15%)	2013年		加權平均	3.193		2012年		加權平均	3.459
			排名	81				排名	75

城市名稱	85 天津市區		綜合指標	2013年	31.740	綜合排名	2013年	31.740
				2012年	39.896		2012年	39.896
競爭力(15%)	項目	基礎條件	財政條件	投資條件	經濟條件	就業條件	永續條件	消費條件	人文條件	加權平均
	分數	80.1754	96.8420	78.5964	95.4385	90.5262	74.9473	76.1403	63.1578	82.986
	排名	11	3	14	1	7	11	19	37	3
環境力(40%)	項目	生態環境	基建環境	社會環境	法制環境	經濟環境	經營環境	創新環境	網通環境	內需環境	文創環境	加權平均
	分數	3.261	3.248	3.188	3.040	3.087	3.060	2.991	3.061	3.138	2.770	3.098
	排名	86	90	87	90	91	91	96	97	87	101	94
風險度(30%)	項目	社會風險		法制風險		經濟風險		經營風險		轉型風險		加權平均
	分數	2.768		2.598		2.668		2.717		2.739		2.690
	排名	92		85		88		90		89		90
推薦度(15%)	2013年		加權平均	3.304		2012年		加權平均	3.479
			排名	78				排名	74

城市名稱	86 三亞		綜合指標	2013年	31.606	綜合排名	C24/86	勉予推薦
				2012年	-		-	-
競爭力(15%)	項目	基礎條件	財政條件	投資條件	經濟條件	就業條件	永續條件	消費條件	人文條件	加權平均
	分數	37.7193	23.1579	49.8245	52.9824	42.8947	69.4736	47.0175	24.9123	45.079
	排名	70	76	55	54	59	22	57	77	64
環境力(40%)	項目	生態環境	基建環境	社會環境	法制環境	經濟環境	經營環境	創新環境	網通環境	內需環境	文創環境	加權平均
	分數	3.300	3.333	3.356	3.446	3.256	3.392	3.187	2.867	2.733	2.552	3.187
	排名	83	83	75	68	83	71	88	101	106	108	87
風險度(30%)	項目	社會風險		法制風險		經濟風險		經營風險		轉型風險		加權平均
	分數	2.422		2.192		2.383		2.457		2.733		2.424
	排名	71		57		67		72		88		74
推薦度(15%)	2013年		加權平均	3.033		2012年		加權平均	-
			排名	92				排名	-

城市名稱	87 東莞市區		綜合指標	2013年	30.838	綜合排名	C25/87	勉予推薦
				2012年	30.773		C26/86	勉予推薦
競爭力 (15%)	項目	基礎條件	財政條件	投資條件	經濟條件	就業條件	永續條件	消費條件	人文條件	加權平均
	分數	84.7368	73.6841	71.5789	56.1403	50.7894	56.0000	82.1052	67.3684	67.012
	排名	3	24	23	43	47	52	12	30	28
環境力 (40%)	項目	生態環境	基建環境	社會環境	法制環境	經濟環境	經營環境	創新環境	網通環境	內需環境	文創環境	加權平均
	分數	3.250	3.221	2.958	3.177	3.208	3.225	3.230	3.160	3.283	2.929	3.177
	排名	87	91	100	87	85	82	83	85	74	95	88
風險度 (30%)	項目	社會風險	法制風險	經濟風險	經營風險	轉型風險	加權平均
	分數	2.733	2.681	2.619	2.593	2.825	2.666
	排名	89	87	84	80	94	86
推薦度 (15%)	2013年	加權平均	3.165	2012年	加權平均	3.242
		排名	82		排名	84

城市名稱	88 石家莊		綜合指標	2013年	29.400	綜合排名	C26/88	勉予推薦
				2012年	32.413		C23/83	勉予推薦
競爭力 (15%)	項目	基礎條件	財政條件	投資條件	經濟條件	就業條件	永續條件	消費條件	人文條件	加權平均
	分數	72.6315	67.1052	61.4035	55.0877	60.0000	77.6841	79.649	73.6841	66.374
	排名	17	34	33	49	39	5	14	23	30
環境力 (40%)	項目	生態環境	基建環境	社會環境	法制環境	經濟環境	經營環境	創新環境	網通環境	內需環境	文創環境	加權平均
	分數	3.050	3.324	3.178	3.267	3.389	3.208	3.267	3.067	3.322	3.038	3.222
	排名	97	84	89	81	77	83	77	96	71	82	84
風險度 (30%)	項目	社會風險	法制風險	經濟風險	經營風險	轉型風險	加權平均
	分數	2.800	2.733	2.775	2.867	2.517	2.758
	排名	95	91	91	96	69	91
推薦度 (15%)	2013年	加權平均	2.980	2012年	加權平均	2.980
		排名	94		排名	94

城市名稱	89 紹興		綜合指標	2013年	29.236	綜合排名	C27/89	勉予推薦
				2012年	35.430		C18/79	勉予推薦
競爭力 (15%)	項目	基礎條件	財政條件	投資條件	經濟條件	就業條件	永續條件	消費條件	人文條件	加權平均
	分數	63.6842	62.3684	61.0526	61.0526	63.4210	65.2631	48.421	55.7894	60.316
	排名	35	37	36	39	33	29	53	42	39
環境力 (40%)	項目	生態環境	基建環境	社會環境	法制環境	經濟環境	經營環境	創新環境	網通環境	內需環境	文創環境	加權平均
	分數	3.431	3.365	3.278	3.372	3.352	3.319	3.244	2.800	2.935	2.579	3.207
	排名	74	79	83	75	79	75	80	108	95	106	86
風險度 (30%)	項目	社會風險	法制風險	經濟風險	經營風險	轉型風險	加權平均
	分數	2.981	2.861	2.785	2.905	3.153	2.911
	排名	102	98	92	98	107	98
推薦度 (15%)	2013年	加權平均	3.406	2012年	加權平均	3.413
		排名	75		排名	77

城市名稱	90 佛山		綜合指標	2013年	29.149	綜合排名	C28/90	勉予推薦
				2012年	27.173		C30/90	勉予推薦
競爭力 (15%)	項目	基礎條件	財政條件	投資條件	經濟條件	就業條件	永續條件	消費條件	人文條件	加權平均
	分數	70.8771	74.9999	75.0877	79.2982	50.5263	73.6841	68.0701	68.4210	71.535
	排名	23	23	19	5	48	15	25	29	20
環境力 (40%)	項目	生態環境	基建環境	社會環境	法制環境	經濟環境	經營環境	創新環境	網通環境	內需環境	文創環境	加權平均
	分數	3.109	3.063	2.990	2.966	3.031	3.086	3.300	3.263	3.177	3.089	3.101
	排名	94	95	97	93	96	90	73	76	84	79	90
風險度 (30%)	項目	社會風險		法制風險		經濟風險		經營風險		轉型風險		加權平均
	分數	2.896		2.711		2.813		2.902		2.531		2.785
	排名	99		90		94		97		72		92
推薦度 (15%)	2013年		加權平均	3.144	2012年		加權平均	3.006
			排名	86			排名	100

城市名稱	91 哈爾濱		綜合指標	2013年	28.527	綜合排名	C29/91	勉予推薦
				2012年	16.540		D12/104	暫不推薦
競爭力 (15%)	項目	基礎條件	財政條件	投資條件	經濟條件	就業條件	永續條件	消費條件	人文條件	加權平均
	分數	72.4561	74.9999	58.9473	57.5438	71.8420	43.5789	83.5087	87.3683	66.674
	排名	19	22	40	42	25	72	11	8	29
環境力 (40%)	項目	生態環境	基建環境	社會環境	法制環境	經濟環境	經營環境	創新環境	網通環境	內需環境	文創環境	加權平均
	分數	2.983	2.895	3.033	2.938	2.744	2.975	3.213	3.413	3.289	3.448	3.068
	排名	101	102	94	94	108	93	85	61	73	52	90
風險度 (30%)	項目	社會風險		法制風險		經濟風險		經營風險		轉型風險		加權平均
	分數	2.889		2.883		2.892		2.905		2.867		2.890
	排名	98		99		99		99		98		99
推薦度 (15%)	2013年		加權平均	3.420	2012年		加權平均	2.918
			排名	74			排名	101

城市名稱	92 深圳寶安		綜合指標	2013年	27.783	綜合排名	C30/92	勉予推薦
				2012年	17.960		D09/101	暫不推薦
競爭力 (15%)	項目	基礎條件	財政條件	投資條件	經濟條件	就業條件	永續條件	消費條件	人文條件	加權平均
	分數	86.4911	96.3157	76.8420	74.0350	86.8420	84.6315	83.5087	78.5964	81.814
	排名	2	5	17	11	8	2	10	18	7
環境力 (40%)	項目	生態環境	基建環境	社會環境	法制環境	經濟環境	經營環境	創新環境	網通環境	內需環境	文創環境	加權平均
	分數	3.114	3.266	2.939	2.997	2.947	2.886	2.964	3.391	3.242	3.136	3.081
	排名	93	88	101	92	102	100	98	62	78	76	93
風險度 (30%)	項目	社會風險		法制風險		經濟風險		經營風險		轉型風險		加權平均
	分數	2.909		2.790		2.920		2.825		2.739		2.837
	排名	100		93		101		93		90		95
推薦度 (15%)	2013年		加權平均	2.950	2012年		加權平均	2.707
			排名	98			排名	107

城市名稱	93 長春		綜合指標	2013年	26.260	綜合排名	C31/93	勉予推薦
				2012年	13.789		D14/106	暫不推薦
競爭力(15%)	項目	基礎條件	財政條件	投資條件	經濟條件	就業條件	永續條件	消費條件	人文條件	加權平均
	分數	64.5613	65.5263	66.3157	70.8771	71.0526	56.0000	75.7894	73.3333	68.065
	排名	33	35	27	19	26	53	20	24	25
環境力(40%)	項目	生態環境	基建環境	社會環境	法制環境	經濟環境	經營環境	創新環境	網通環境	內需環境	文創環境	加權平均
	分數	2.882	2.924	3.020	2.814	2.824	2.912	3.259	3.376	3.382	3.639	3.062
	排名	102	99	95	105	106	99	78	64	67	27	89
風險度(30%)	項目	社會風險		法制風險		經濟風險		經營風險		轉型風險		加權平均
	分數	3.020		2.794		3.015		2.824		2.721		2.870
	排名	104		94		105		92		87		96
推薦度(15%)	2013年		加權平均	2.959	2012年		加權平均	2.127
			排名	96			排名	109

城市名稱	94 海口		綜合指標	2013年	26.167	綜合排名	C32/94	勉予推薦
				2012年	27.777		C29/89	勉予推薦
競爭力(15%)	項目	基礎條件	財政條件	投資條件	經濟條件	就業條件	永續條件	消費條件	人文條件	加權平均
	分數	57.0175	23.6842	49.8245	39.6491	56.5789	56.8421	50.8772	34.3859	45.833
	排名	45	75	55	72	43	51	50	71	62
環境力(40%)	項目	生態環境	基建環境	社會環境	法制環境	經濟環境	經營環境	創新環境	網通環境	內需環境	文創環境	加權平均
	分數	3.313	3.384	3.156	3.010	3.042	2.930	2.800	3.138	2.833	2.821	3.052
	排名	80	75	91	91	95	97	106	89	100	100	95
風險度(30%)	項目	社會風險		法制風險		經濟風險		經營風險		轉型風險		加權平均
	分數	2.729		2.695		2.633		2.674		2.375		2.629
	排名	87		89		86		88		60		84
推薦度(15%)	2013年		加權平均	3.150	2012年		加權平均	3.150
			排名	84			排名	84

城市名稱	95 襄陽		綜合指標	2013年	26.141	綜合排名	C33/95	勉予推薦
				2012年	31.057		C25/85	勉予推薦
競爭力(15%)	項目	基礎條件	財政條件	投資條件	經濟條件	就業條件	永續條件	消費條件	人文條件	加權平均
	分數	37.3684	41.5789	36.8421	63.5087	60.0000	60.6315	50.5263	43.5087	49.432
	排名	71	58	64	37	39	42	51	57	55
環境力(40%)	項目	生態環境	基建環境	社會環境	法制環境	經濟環境	經營環境	創新環境	網通環境	內需環境	文創環境	加權平均
	分數	3.500	3.279	3.308	3.146	3.192	3.256	3.050	3.090	3.217	3.157	3.219
	排名	60	87	81	88	87	80	93	94	82	74	83
風險度(30%)	項目	社會風險		法制風險		經濟風險		經營風險		轉型風險		加權平均
	分數	3.000		2.906		2.806		2.632		3.038		2.828
	排名	103		102		93		86		103		94
推薦度(15%)	2013年		加權平均	3.090	2012年		加權平均	3.026
			排名	91			排名	99

城市名稱	96 溫州		綜合指標	2013年	25.397	綜合排名	C34/96	勉予推薦
				2012年	35.974		C18/78	勉予推薦

競爭力 (15%)	項目	基礎條件	財政條件	投資條件	經濟條件	就業條件	永續條件	消費條件	人文條件	加權平均
	分數	74.3859	69.4736	60.7017	48.0701	63.4210	44.2105	67.0175	75.4385	61.149
	排名	15	28	37	61	33	71	29	19	36

環境力 (40%)	項目	生態環境	基建環境	社會環境	法制環境	經濟環境	經營環境	創新環境	網通環境	內需環境	文創環境	加權平均
	分數	3.063	2.921	3.242	2.885	2.883	2.719	2.610	3.280	3.300	3.321	3.001
	排名	95	100	85	99	104	107	109	74	72	63	96

風險度 (30%)	項目	社會風險	法制風險	經濟風險	經營風險	轉型風險	加權平均
	分數	2.500	2.800	2.606	2.757	2.838	2.714
	排名	73	96	80	91	95	89

推薦度 (15%)	2013年	加權平均	2.915	2012年	加權平均	3.478
		排名	100		排名	70

城市名稱	97 蘭州		綜合指標	2013年	25.096	綜合排名	C35/97	勉予推薦
				2012年	8.802		D17/109	暫不推薦

競爭力 (15%)	項目	基礎條件	財政條件	投資條件	經濟條件	就業條件	永續條件	消費條件	人文條件	加權平均
	分數	52.4561	32.3684	33.3333	54.0350	60.0000	48.6315	53.6842	55.0877	47.696
	排名	51	68	72	52	39	65	42	43	57

環境力 (40%)	項目	生態環境	基建環境	社會環境	法制環境	經濟環境	經營環境	創新環境	網通環境	內需環境	文創環境	加權平均
	分數	2.672	2.732	2.823	2.846	3.063	3.266	3.350	2.913	3.042	3.232	2.974
	排名	111	110	104	101	93	78	68	99	94	70	98

風險度 (30%)	項目	社會風險	法制風險	經濟風險	經營風險	轉型風險	加權平均
	分數	2.813	2.797	2.766	2.607	2.359	2.668
	排名	96	95	90	83	57	85

推薦度 (15%)	2013年	加權平均	3.056	2012年	加權平均	2.680
		排名	88		排名	108

城市名稱	98 惠州		綜合指標	2013年	23.027	綜合排名	D01/98	暫不推薦
				2012年	19.403		D06/98	暫不推薦

競爭力 (15%)	項目	基礎條件	財政條件	投資條件	經濟條件	就業條件	永續條件	消費條件	人文條件	加權平均
	分數	59.2982	48.9473	66.3157	64.5613	49.4736	44.8421	38.5965	42.4561	54.537
	排名	43	50	27	33	50	70	67	59	46

環境力 (40%)	項目	生態環境	基建環境	社會環境	法制環境	經濟環境	經營環境	創新環境	網通環境	內需環境	文創環境	加權平均
	分數	3.234	3.188	2.979	2.933	3.083	2.930	2.913	3.188	2.760	2.634	2.999
	排名	89	92	99	95	92	97	102	82	104	104	99

風險度 (30%)	項目	社會風險	法制風險	經濟風險	經營風險	轉型風險	加權平均
	分數	2.729	2.813	2.844	2.848	2.797	2.820
	排名	87	97	96	95	92	93

推薦度 (15%)	2013年	加權平均	3.094	2012年	加權平均	2.911
		排名	90		排名	105

城市名稱	99 深圳龍崗		綜合指標	2013年	21.117	綜合排名	D02/99	暫不推薦
				2012年	19.527		D05/97	暫不推薦

競爭力(15%)	項目	基礎條件	財政條件	投資條件	經濟條件	就業條件	永續條件	消費條件	人文條件	加權平均
	分數	86.4911	96.3157	76.8420	74.0350	86.8420	84.6315	83.5087	78.5964	81.814
	排名	2	5	17	11	8	2	10	18	7

環境力(40%)	項目	生態環境	基建環境	社會環境	法制環境	經濟環境	經營環境	創新環境	網通環境	內需環境	文創環境	加權平均
	分數	2.813	2.976	2.500	2.590	2.701	2.682	2.458	2.892	2.729	2.887	2.708
	排名	103	96	112	110	109	110	112	100	107	96	109

風險度(30%)	項目	社會風險	法制風險	經濟風險	經營風險	轉型風險	加權平均
	分數	3.069	2.891	2.823	2.839	2.792	2.861
	排名	106	100	95	94	91	97

推薦度(15%)	2013年	加權平均	2.838	2012年	加權平均	2.913
		排名	102		排名	102

城市名稱	100 宜昌		綜合指標	2013年	20.493	綜合排名	D03/100	暫不推薦
				2012年	18.035		D08/100	暫不推薦

競爭力(15%)	項目	基礎條件	財政條件	投資條件	經濟條件	就業條件	永續條件	消費條件	人文條件	加權平均
	分數	47.0175	39.4737	34.7368	72.6315	43.4210	47.1579	45.9649	53.6842	49.146
	排名	57	60	70	14	58	69	61	46	56

環境力(40%)	項目	生態環境	基建環境	社會環境	法制環境	經濟環境	經營環境	創新環境	網通環境	內需環境	文創環境	加權平均
	分數	2.734	2.777	3.104	2.817	3.052	2.945	2.863	3.213	3.323	3.411	2.994
	排名	108	107	92	103	94	96	103	81	70	56	97

風險度(30%)	項目	社會風險	法制風險	經濟風險	經營風險	轉型風險	加權平均
	分數	3.021	2.906	2.945	2.955	2.719	2.914
	排名	105	102	103	102	86	101

推薦度(15%)	2013年	加權平均	2.981	2012年	加權平均	3.067
		排名	95		排名	96

城市名稱	101 太原		綜合指標	2013年	20.310	綜合排名	D04/101	暫不推薦
				2012年	20.067		D04/96	暫不推薦

競爭力(15%)	項目	基礎條件	財政條件	投資條件	經濟條件	就業條件	永續條件	消費條件	人文條件	加權平均
	分數	67.8947	53.1579	54.7368	43.5087	76.0526	42.7368	61.7543	63.5087	56.160
	排名	25	43	47	69	20	73	33	36	43

環境力(40%)	項目	生態環境	基建環境	社會環境	法制環境	經濟環境	經營環境	創新環境	網通環境	內需環境	文創環境	加權平均
	分數	2.988	2.905	2.865	2.868	3.127	2.982	3.057	3.143	2.857	2.830	2.964
	排名	100	101	103	100	89	92	92	87	98	98	100

風險度(30%)	項目	社會風險	法制風險	經濟風險	經營風險	轉型風險	加權平均
	分數	2.746	2.893	3.083	2.908	2.821	2.920
	排名	91	101	109	100	93	102

推薦度(15%)	2013年	加權平均	2.952	2012年	加權平均	2.952
		排名	97		排名	97

城市名稱	102 東莞虎門		綜合指標	2013年	18.879	綜合排名	D05/102	暫不推薦
				2012年	25.517		C31/91	勉予推薦

競爭力(15%)	項目	基礎條件	財政條件	投資條件	經濟條件	就業條件	永續條件	消費條件	人文條件	加權平均
	分數	84.7368	73.6841	71.5789	56.1403	50.7894	56.0000	82.1052	67.3684	67.012
	排名	3	24	23	43	47	52	12	30	28

環境力(40%)	項目	生態環境	基建環境	社會環境	法制環境	經濟環境	經營環境	創新環境	網通環境	內需環境	文創環境	加權平均
	分數	3.043	2.863	2.906	2.893	2.971	2.685	2.948	2.730	2.746	2.944	2.870
	排名	98	104	102	98	100	109	99	109	105	92	105

風險度(30%)	項目	社會風險	法制風險	經濟風險	經營風險	轉型風險	加權平均
	分數	3.101	2.739	2.886	2.966	3.196	2.949
	排名	108	92	98	105	109	104

推薦度(15%)	2013年	加權平均	2.835	2012年	加權平均	3.270
		排名	104		排名	83

城市名稱	103 江門		綜合指標	2013年	17.187	綜合排名	D06/103	暫不推薦
				2012年	17.329		D11/103	暫不推薦

競爭力(15%)	項目	基礎條件	財政條件	投資條件	經濟條件	就業條件	永續條件	消費條件	人文條件	加權平均
	分數	54.2105	37.6316	42.8070	54.0350	39.2105	60.4210	41.7544	40.3509	46.726
	排名	50	62	60	52	65	43	66	64	59

環境力(40%)	項目	生態環境	基建環境	社會環境	法制環境	經濟環境	經營環境	創新環境	網通環境	內需環境	文創環境	加權平均
	分數	3.250	2.743	2.989	2.928	3.022	2.858	2.920	2.987	2.400	2.933	2.903
	排名	87	109	98	96	97	102	101	98	112	94	103

風險度(30%)	項目	社會風險	法制風險	經濟風險	經營風險	轉型風險	加權平均
	分數	2.644	2.583	2.900	3.205	3.267	2.958
	排名	84	83	100	111	112	100

推薦度(15%)	2013年	加權平均	2.807	2012年	加權平均	3.063
		排名	103		排名	95

城市名稱	104 九江		綜合指標	2013年	16.732	綜合排名	D07/104	暫不推薦
				2012年	24.608		D01/93	暫不推薦

競爭力(15%)	項目	基礎條件	財政條件	投資條件	經濟條件	就業條件	永續條件	消費條件	人文條件	加權平均
	分數	42.8070	36.3158	36.8421	45.2631	36.5789	58.3157	36.8421	66.3157	44.139
	排名	65	64	64	67	68	47	71	32	65

環境力(40%)	項目	生態環境	基建環境	社會環境	法制環境	經濟環境	經營環境	創新環境	網通環境	內需環境	文創環境	加權平均
	分數	2.721	2.706	3.010	2.833	3.000	2.971	2.800	2.859	3.108	3.294	2.907
	排名	109	111	96	102	98	94	106	103	89	66	102

風險度(30%)	項目	社會風險	法制風險	經濟風險	經營風險	轉型風險	加權平均
	分數	2.941	2.941	2.853	2.941	3.103	2.943
	排名	101	104	97	101	105	103

推薦度(15%)	2013年	加權平均	2.841	2012年	加權平均	3.227
		排名	101		排名	85

城市名稱	105 東莞石碣		綜合指標	2013年	16.627	綜合排名	D08/105	暫不推薦
				2012年	21.933		D02/94	暫不推薦

競爭力 (15%)	項目	基礎條件	財政條件	投資條件	經濟條件	就業條件	永續條件	消費條件	人文條件	加權平均
	分數	84.7368	73.6841	71.5789	56.1403	50.7894	56.0000	82.1052	67.3684	67.012
	排名	3	24	23	43	47	52	12	30	28

環境力 (40%)	項目	生態環境	基建環境	社會環境	法制環境	經濟環境	經營環境	創新環境	網通環境	內需環境	文創環境	加權平均
	分數	2.660	2.789	2.767	2.917	2.953	2.730	2.992	2.808	2.827	3.103	2.845
	排名	112	106	105	97	101	105	95	107	101	78	104

風險度 (30%)	項目	社會風險	法制風險	經濟風險	經營風險	轉型風險	加權平均
	分數	3.107	2.975	3.030	3.034	3.170	3.049
	排名	109	108	106	107	108	109

推薦度 (15%)	2013年	加權平均	2.640	2012年	加權平均	3.169
		排名	108		排名	89

城市名稱	106 東莞長安		綜合指標	2013年	16.373	綜合排名	D09/106	暫不推薦
				2012年	21.635		D03/95	暫不推薦

競爭力 (15%)	項目	基礎條件	財政條件	投資條件	經濟條件	就業條件	永續條件	消費條件	人文條件	加權平均
	分數	84.7368	73.6841	71.5789	56.1403	50.7894	56.0000	82.1052	67.3684	67.012
	排名	3	24	23	43	47	52	12	30	28

環境力 (40%)	項目	生態環境	基建環境	社會環境	法制環境	經濟環境	經營環境	創新環境	網通環境	內需環境	文創環境	加權平均
	分數	2.750	2.961	2.659	2.815	2.902	2.722	3.082	2.845	2.720	2.474	2.810
	排名	106	97	108	104	103	106	91	104	108	111	107

風險度 (30%)	項目	社會風險	法制風險	經濟風險	經營風險	轉型風險	加權平均
	分數	2.773	2.966	3.040	3.052	3.045	3.003
	排名	94	107	108	108	104	106

推薦度 (15%)	2013年	加權平均	2.686	2012年	加權平均	2.796
		排名	109		排名	106

城市名稱	107 東莞厚街		綜合指標	2013年	15.954	綜合排名	D10/107	暫不推薦
				2012年	25.420		C32/92	勉予推薦

競爭力 (15%)	項目	基礎條件	財政條件	投資條件	經濟條件	就業條件	永續條件	消費條件	人文條件	加權平均
	分數	84.7368	73.6841	71.5789	56.1403	50.7894	56.0000	82.1052	67.3684	67.012
	排名	3	24	23	43	47	52	12	30	28

環境力 (40%)	項目	生態環境	基建環境	社會環境	法制環境	經濟環境	經營環境	創新環境	網通環境	內需環境	文創環境	加權平均
	分數	2.694	2.862	2.629	2.789	2.989	2.883	2.832	2.826	2.763	2.498	2.791
	排名	110	105	109	107	99	101	104	105	103	110	108

風險度 (30%)	項目	社會風險	法制風險	經濟風險	經營風險	轉型風險	加權平均
	分數	3.194	3.177	3.109	2.995	2.903	3.066
	排名	111	112	110	106	100	110

推薦度 (15%)	2013年	加權平均	2.839	2012年	加權平均	3.203
		排名	105		排名	88

城市名稱	108 吉安		綜合指標	2013年	15.103	綜合排名	D11/108	暫不推薦
				2012年	17.853		D10/102	暫不推薦

競爭力 (15%)	項目	基礎條件	財政條件	投資條件	經濟條件	就業條件	永續條件	消費條件	人文條件	加權平均
	分數	32.8070	31.0526	30.1754	36.8421	22.6316	49.0526	48.0701	50.1754	36.782
	排名	76	70	75	74	77	63	54	50	76

環境力 (40%)	項目	生態環境	基建環境	社會環境	法制環境	經濟環境	經營環境	創新環境	網通環境	內需環境	文創環境	加權平均
	分數	3.281	3.152	3.271	2.798	2.521	2.711	2.688	3.100	3.083	3.143	2.958
	排名	85	94	84	106	111	108	108	92	92	75	101

風險度 (30%)	項目	社會風險	法制風險	經濟風險	經營風險	轉型風險	加權平均
	分數	2.667	3.047	2.961	2.955	3.031	2.958
	排名	85	109	104	102	102	105

推薦度 (15%)	2013年	加權平均	2.669	2012年	加權平均	3.020
		排名	107		排名	97

城市名稱	109 東莞清溪		綜合指標	2013年	13.042	綜合排名	D12/109	暫不推薦
				2012年	19.267		D07/99	暫不推薦

競爭力 (15%)	項目	基礎條件	財政條件	投資條件	經濟條件	就業條件	永續條件	消費條件	人文條件	加權平均
	分數	84.7368	73.6841	71.5789	56.1403	50.7894	56.0000	82.1052	67.3684	67.012
	排名	3	24	23	43	47	52	12	30	28

環境力 (40%)	項目	生態環境	基建環境	社會環境	法制環境	經濟環境	經營環境	創新環境	網通環境	內需環境	文創環境	加權平均
	分數	2.763	2.752	2.605	2.571	2.596	2.553	2.579	2.600	2.482	2.511	2.604
	排名	105	108	110	111	110	111	110	110	111	109	111

風險度 (30%)	項目	社會風險	法制風險	經濟風險	經營風險	轉型風險	加權平均
	分數	3.123	3.099	3.237	3.165	2.987	3.139
	排名	110	111	112	110	101	112

推薦度 (15%)	2013年	加權平均	2.637	2012年	加權平均	3.138
		排名	110		排名	90

城市名稱	110 贛州		綜合指標	2013年	11.428	綜合排名	D13/110	暫不推薦
				2012年	14.020		D13/105	暫不推薦

競爭力 (15%)	項目	基礎條件	財政條件	投資條件	經濟條件	就業條件	永續條件	消費條件	人文條件	加權平均
	分數	40.0000	46.0526	42.4561	37.5438	35.2631	32.4210	47.7193	41.4035	40.286
	排名	68	51	61	73	69	77	56	61	70

環境力 (40%)	項目	生態環境	基建環境	社會環境	法制環境	經濟環境	經營環境	創新環境	網通環境	內需環境	文創環境	加權平均
	分數	2.813	2.893	2.760	2.620	2.823	2.766	2.500	2.525	2.708	2.563	2.700
	排名	103	103	106	109	107	104	111	112	109	107	110

風險度 (30%)	項目	社會風險	法制風險	經濟風險	經營風險	轉型風險	加權平均
	分數	2.771	3.086	3.031	2.960	3.266	3.030
	排名	93	110	107	104	111	107

推薦度 (15%)	2013年	加權平均	2.744	2012年	加權平均	3.013
		排名	106		排名	98

【111 北海、112 貴陽】

城市名稱	111 北海		綜合指標	2013年	11.206	綜合排名	D14/111	暫不推薦
				2012年	13.632		D15/107	暫不推薦

競爭力 (15%)	項目	基礎條件	財政條件	投資條件	經濟條件	就業條件	永續條件	消費條件	人文條件	加權平均
	分數	37.1930	21.0526	35.4386	51.9298	28.4210	40.0000	37.193	28.0702	36.667
	排名	72	77	67	57	74	75	70	74	77

環境力 (40%)	項目	生態環境	基建環境	社會環境	法制環境	經濟環境	經營環境	創新環境	網通環境	內需環境	文創環境	加權平均
	分數	3.028	2.960	2.704	2.714	2.843	2.806	2.989	2.822	2.843	2.825	2.848
	排名	99	98	107	108	105	103	97	106	99	99	106

風險度 (30%)	項目	社會風險	法制風險	經濟風險	經營風險	轉型風險	加權平均
	分數	3.426	2.958	2.924	3.111	3.125	3.067
	排名	112	106	102	109	106	108

推薦度 (15%)	2013年	加權平均	2.144	2012年	加權平均	2.912
		排名	112		排名	103

城市名稱	112 貴陽		綜合指標	2013年	11.131	綜合排名	D15/112	暫不推薦
				2012年	11.774		D16/108	暫不推薦

競爭力 (15%)	項目	基礎條件	財政條件	投資條件	經濟條件	就業條件	永續條件	消費條件	人文條件	加權平均
	分數	54.3859	53.4210	57.5438	52.2807	64.9999	58.7368	51.5789	57.1929	55.996
	排名	49	42	43	56	31	46	47	39	44

環境力 (40%)	項目	生態環境	基建環境	社會環境	法制環境	經濟環境	經營環境	創新環境	網通環境	內需環境	文創環境	加權平均
	分數	2.735	2.664	2.598	2.452	2.461	2.449	2.824	2.529	2.529	2.454	2.569
	排名	107	112	111	112	112	112	105	111	110	112	112

風險度 (30%)	項目	社會風險	法制風險	經濟風險	經營風險	轉型風險	加權平均
	分數	2.882	2.949	3.235	3.273	3.250	3.156
	排名	97	105	111	112	110	111

推薦度 (15%)	2013年	加權平均	2.518	2012年	加權平均	2.900
		排名	111		排名	104

■■ 一、中文研究報告

1. Booz & Company（2012），《2012中國創新調查》：創新一未來中國的優勢所在？

2. 中國大陸人民大學（2011），中國宏觀經濟分析與預測報告（2011-2012）。

3. 中國大陸企業家調查系統（2013），經濟轉型與創新：認識、問題與對策-2013中國大陸企業家成長與發展專題調查報告。

4. 中國大陸社科院（2012），2012年社會藍皮書。

5. 中國大陸科學出版社（2011），中國居民消費需求變遷及影響因素研究。

6. 中國大陸商務部（2013），中日韓自由貿易協定可行性聯合研究報告。

7. 中國大陸國務院新聞辦公室（2012），中國的對外貿易白皮書。

8. 中國大陸淘寶網（2013），無線淘寶2012年度電子商務資料報告。

9. 中國大陸烹飪協會（2013），春節餐飲市場分析報告。

10. 中國大陸衛生部（2012），健康中國2020戰略研究報告。

11. 中國全國老齡工作委員會辦公室（2011），2010年度中國老齡事業發展統計公報。

12. 中國招商銀行、貝恩管理顧問公司（2011），2011中國私人財富報告。

13. 中國社科院（2013），中國影子銀行體系發展狀況研究（中期報告）。

14. 中國社會科學院（2012），2012年亞太地區發展報告。

15. 中國建投投資研究院（2013），投資藍皮書：中國投資發展報告（2013）。

16. 中國指數研究院（2012），未來十年（2011-2020）中國房地產市場趨勢展望。

17. 中國科學院（2012），中國現代化報告2012：農業現代化研究。

18. 中國美國商會（2013），中國商務環境調查報告。

19. 中國與全球化研究中心（2012），國際人才藍皮書‧中國大陸留學發展報告。

20. 中國銀行、胡潤研究院（2011），2011年中國私人財富管理白皮書。

21. 中國德國商會（2012），2012年德國在華企業商業信心調查報告。

22. 中國歐盟商會（2012），中國歐盟商會商業信心調2012。

23. 公眾環境研究中心（2012），**2012年城市空氣質量信息公開指數評價報告**。

24. 世邦魏理仕（CBRE）（2013），**中國辦公樓實情報告**。

25. 世界奢侈品協會（2012），**華人春節海外奢侈品消費數據監控報告**。

26. 加拿大亞太基金會（2012），**2012年加拿大企業在華經營狀況調查報告**。

27. 北京大學文化產業研究院（2012），**2012中國文化產業年度發展報告**。

28. 北京尚普資訊諮詢有限公司（2012），**2010-2013年中國農業機械市場調查報告**。

29. 北京國際城市發展研究院（2012），**社會管理藍皮書—中國社會管理創新報告**。

30. 台北市進出口商業同業公會（2011），**2011全球重要暨新興市場貿易環境及風險調查報告**。

31. 台北市進出口商業同業公會（2012），**2012全球重要暨新興市場貿易環境及風險調查報告**。

32. 台北市進出口商業同業公會（2013），**2013全球重要暨新興市場貿易環境及風險調查報告**。

33. 台北經營管理研究院（2012），**當前大陸台商投資環境調查報告**。

34. 台北經營管理研究院（2012），**當前大陸台商投資環境調查報告**。

35. 台灣區電機電子工業同業公會（2003），**當商機遇上風險：2003年中國大陸地區投資環境與風險調查**，商周編輯顧問股份有限公司。

36. 台灣區電機電子工業同業公會（2004），**兩力兩度見商機：2004年中國大陸地區投資環境與風險調查**，商周編輯顧問股份有限公司。

37. 台灣區電機電子工業同業公會（2005），**內銷內貿領商機：2005年中國大陸地區投資環境與風險調查**，商周編輯顧問股份有限公司。

38. 台灣區電機電子工業同業公會（2006），**自主創新興商機：2006年中國大陸地區投資環境與風險調查**，商周編輯顧問股份有限公司。

39. 台灣區電機電子工業同業公會（2007），**自創品牌贏商機：2007年中國大陸地區投資環境與風險調查**，商周編輯顧問股份有限公司。

40. 台灣區電機電子工業同業公會（2008），**蛻變升級謀商機：2008年中國大陸地區投資環境與風險調查**，商周編輯顧問股份有限公司。

41. 台灣區電機電子工業同業公會（2009），**兩岸合贏創商機：2009年中國大陸地區投資環境與風險調查**，商周編輯顧問股份有限公司。

42. 台灣區電機電子工業同業公會（2009），**東協布局新契機：2009東南亞暨印度投資環境與風險調查**。

43. 台灣區電機電子工業同業公會（2010），**新興產業覓商機：2010年中國大陸地區投資環境與風險調查**，商周編輯顧問股份有限公司。

44. 台灣區電機電子工業同業公會（2011），**十二五規劃逐商機：2011年中國大陸地區投資環境與風險調查**，商周編輯顧問股份有限公司

45. 台灣區電機電子工業同業公會（2011），**東協印度覓新機：2009東南**

亞暨印度投資環境與風險調查。

46. 台灣區電機電子工業同業公會（2012），**第二曲線繪商機：2012年中國大陸地區投資環境與風險調查**，商周編輯顧問股份有限公司

47. 安永、長江商學院（2012），**全球經濟放緩的應對之道─中國領先民營企業家的觀點白皮書**。

48. 西北大學中國西部經濟發展研究中心（2010），**西部藍皮書-2010：中國西部經濟發展報告**。

49. 汪玉奇主編（2010），**中國中部地區發展報告2011：「十二五」中部發展思路與對策**，社會科學文獻出版社。

50. 姚慧琴、任宗哲主編（2011），**中國西部經濟發展報告**，社會科學文獻出版社。

51. 美世人力資源顧問公司（2012），**2012年中國整體薪資調研**。

52. 美國貿易全國委員會（2012），**2012中國商業環境報告**。

53. 英特爾（Intel）、四川省社會科學院、成都外商投資企業協會（2013），**IT夢、成都夢：成都IT產業發展回顧、啟示與展望**。

54. 倪鵬飛主編（2012），**中國城市競爭力報告No.10**，社會科學文獻出版社。

55. 博鰲觀察（2013），**小微企業融資發展報告：中國現狀及亞洲實踐**。

56. 富比士（2013），**中國大眾富裕階層財富白皮書**。

57. 華中師範大學中國農村研究院（2013），**中國農民經濟狀況報告**。

58. 華南美國商會（2013），**2013年中國營商環境白皮書**。

59. 華南美國商會（2013），**2013年華南地區經濟情況特別報告**。

■二、中文書籍

1. 牛正武（2012），**南行紀：1992年鄧小平南方談話全紀錄**，廣東人民出版社。

2. 王燕京（2013），**中國經濟：危機剛開始**，領袖出版社。

3. 外參編輯部（2012），**習近平面臨的挑戰**，外參出版社。

4. 仲偉志（2010），**CHINA：尋找中國**，青島：青島出版社。

5. 吳敬璉、俞可平等（2011），**中國未來30年：十七位國際知名學者為中國未來的發展趨勢把脈**，靈活文化。

6. 吳樹（2012），**誰在淘寶中國**，漫遊者文化。

7. 汪在滿（2012），**大困局：中國城市危與機**，山西人民出版社。

8. 周艷輝主編（2012），**處在十字路口的中國**，靈活文化。

9. 施振榮（2012），**微笑走出自己的路：施振榮的Smile學，20堂創業、創新、人生課**，天下文化。

10. 胡鞍鋼、鄢一龍（2010），**紅色中國綠色錢潮：十二五規劃的大翻轉**，天下雜誌出版。

11. 郎咸平（2010），**郎咸平說中國即將面臨的14場經濟戰爭**，高寶出版。

12. 徐斯勤、陳德昇主編（2012），**中共「十八大」政治繼承：持續、變遷與挑戰**，刻印出版。

13. 時代編輯部（2013），**習近平改革的挑戰：我們能期待更好的中國？**，上奇時代。

14. 財信出版（2012），**贏戰2015：淘金中國十二五規劃**，財信出版。

15. 國家發展改革委宏觀經濟研究院課題組（2011），**走向2011：中國經濟展望**，北京：中國經濟出版社。

16. 張開力（2013），**從溫家寶到李克強**，外參出版社。

17. 涼熱（2011），**中國告急：破解中國經濟泡沫內幕**，大堯文化。

18. 莫約（2012），**西方迷失之路：西方的經濟模式是錯誤的**，重慶出版社。

19. 許知遠（2010），**未成熟的國家：變革中的百年中國**，八旗文化。

20. 陶冬（2010），**陶冬看中國：崛起與挑戰**，機械工業出版社。

21. 萬瑞君（2009），**哇靠！這就是中國：新中國經濟貴族**，聚財資訊。

22. 蔡仲希（2012），**西三角：中國財富新高地**，四川人民出版社。

23. 遲福林（2010），**第二次改革：中國未來30年的強國之路**，北京：中國經濟出版社。

24. 遲福林（2013），**改革紅利十八大後轉型與改革的五大趨勢**，中國經濟出版社。

25. 謝國忠（2013），**不確定的世界：全球經濟旋渦和中國經濟的未來**，商務印書館。

26. 嚴衛國（2012），**誰剃光了企業的利潤－中小企業轉型升級之路**，浙江大學出版社。

■ 三、中文期刊、報章雜誌

1. 《天下雜誌》（2010），**中國2015：獨家解密十二五規劃**，第456，9月號。

2. 《天下雜誌》（2012），**2013：亞洲經濟大預測**。

3. 《天下雜誌》（2013），**中國，下一個墨西哥？**，第522期，5月號。

4. 《天下雜誌》（2013），**中國地方債，如何穩住不爆？**，第522期，5月號。

5. 《台灣經濟研究月刊》（2013），**前瞻亞太區域整合新趨勢**，第36卷，第2期。

6. 《財經雜誌》（2010），**後ECFA大潮來襲**，第29期，7月號。

7. 《商業周刊》（2010），**無錨的動盪**，第1205期，12月號。

8. 《商業周刊》（2011），**胡錦濤留給他四大燙手山芋**，第1246期，10月號。

9. 《商業周刊》（2012），**2012中國關鍵報告**，第1258期，1月號。

10. 《產業雜誌》（2012），**加入RCEP的挑戰與出路**，11月號。

11. 《遠見雜誌》（2010），**面對中國加一**，第284期，2月號。

12. 《遠見雜誌》（2011），**史上最大服務業投資潮·徵才潮，黃金10年來了**，第299期，5月號。

13.《遠見雜誌》（2011），**搶賺6個消費中國**，第297期，3月號。

14.《遠見雜誌》（2012），**另類中國奇蹟：移民海外世界第一**，第309期，3月號。

15.《遠見雜誌》（2012），**服務，啟動新中國**，第309期，3月號。

16.《遠見雜誌》（2012），**重慶、成都、武漢、西安四大內需城：台商搶進中西部**，第309期，3月號。

17.《瞭望新聞周刊》（2004），**中國大陸提升軟實力：《北京共識》取代《華盛頓共識》**。

18. 英國《金融時報》（2012），**別再妄談「亞洲世紀」**。

■ **四、翻譯書籍**

1. Backman M.（2008），***Asia Future Shock：Business Crisis and Opportunity in the Coming Years***，吳國卿譯，**亞洲未來衝擊：未來30年亞洲新商機**，財信出版社。

2. Chevalier M.（2010），***Luxury China：market opportunities and potential***，徐邵敏譯，**搶攻3億中國富豪**，台北市：時報文化。

3. Dambisa Moyo（2013），***Winner Take All: China's Race for Resources and What It Means for the World***，黃中憲譯，**當中國買下全世界：全球資源布局戰的最大贏家，如何掌控世界商品的供需網絡**，野人出版。

4. Engardio P.（2007），***Chindia：How China and India are Revolutionizing Global Business***，李芳齡譯，***Chindia*：中國與印度顛覆全球經濟的關鍵**，美商麥格羅·希爾出版。

5. Ferguson and Kissinger（2012），***Does the 21st Century Belong to China?***，廖彥博譯，**中國將稱霸21世紀嗎？**，時報出版。

6. Giobanni B.（1994），***Decameron***，鍾斯譯，**十日談**，桂冠出版。

7. Gordon Chang（2002），***The Coming Collapse of China***，侯思嘉，閻紀宇譯，**中國即將崩潰**，雅言文化。

8. Halper S.（2010），***The Beijing consensus：how China's authoritarian model will dominate the twenty-first century***，王鑫、李俊宏譯，**北京說了算？中國的威權模式將如何主導二十一世紀**，新北市：八旗文化。

9. Jacques M.（2010），***When China Rules the World：The Rise of the Middle Kingdom and the End of the Western World***，李隆生譯，**當中國統治世界**，聯經出版公司。

10. Johnson M.（2010），***Seizing the White Space: Business Model Innovation for Growth and Renew***，林麗冠譯，**白地策略：打造無法模仿的市場新規則**，天下文化。

11. Kissinger H.& F. Zakaria（2012），***Does the 21st Century Belong to China?***，廖彥博譯，**中國將稱霸21世紀嗎？**，時報文化。

2013年中國大陸地區投資環境與風險調查

12. Mahbubani K.（2008），***The New Asian Hemisphere：The Irresistible Shift of Global Power to the East***，羅耀宗譯，亞半球大國崛起：亞洲強權再起的衝突與挑戰，天下雜誌出版。

13. Mises L.（1991），***Human Action***，夏道平譯，人的行為，遠流出版。

14. Morrison I.（1996），***The second curve：managing the velocity of charge***，溫蒂雅譯，第二曲線：企業永續成長的未來學，商周出版。

15. Mostrous Y.,Gue E. and D. Dittman（2011），***The Rise of The State：Profitable Investing and Geopolitics in the 21st Century***，高子梅譯，世界向東方移動：國家參與金融投資的時代來臨，下一波經濟趨勢大解密：政治角力X能源供需，臉譜出版。

16. Naisbitt J. and D. Naisbitt（2009），***China's Megatrends：The 8 Pillars of a New Society***，魏平譯，**中國大趨勢：八大支柱撐起經濟強權**，天下文化。

17. O'Neill J.（2012），***The Growth Map:Economic Opportunity in the BRICs and Beyond***，齊若蘭、洪慧芳譯，**高成長八國：金磚四國與其他經濟體的新機會**，天下文化。

18. Olson M. and Derek B.（2010），***Stall Points***，粟志敏譯，**為什麼雪球滾不大**，中國人民大學出版社。

19. Overtveldt J.（2012），***The End of the Euro：The Uneasy Future of the European Union***，周玉文、黃仲華譯，**歐元末日**，高寶文化。

20. Porter M.（2010），***Competitive Advantage-Creating and Sustaining Superior Performance***，李明軒、邱如美譯，**國家競爭優勢**，天下文化。

21. Richard J.（2010），***Daguo de Mingmai***，程海榮譯，**大國的命脈**，北京：中國人民大學出版社。

22. Simpfendorfer B.（2011），***The New Silk Road:How a Rising Arab World is Turning Away from the West and Rediscovering China***，蔡宏明譯，**錢進中東大商機：中東與中國的貿易新絲路正在改變世界**，梅霖文化。

23. Smith D.（2007），***The Dragon and the Elephant：China, India and the New World Order***，羅耀宗譯，**中國龍與印度象：改變世界經濟的十大威脅**，知識流出版。

■五、英文出版刊物、專書、研究報告

1. Asian Development Bank（2013），***Asian Development Outlook 2013***。

2. BofA Merrill Lynch（2013），***BofA Merrill Lynch Global Research 2013 Year Ahead Outlook***。

3. Boston Consulting Group（2012），***The Dynamics of China's Next Consumption Engine***。

4. British Petroleum（2011），***Energy Outlook 2030***。

5. Citi Bank（2013），***Global Economic Outlook and Strategy***。

6. Coface（2012），***The Handbook of Country Risk 2012***。

7. Council on Foreign Relations（2011），***Five Economic Trends to Watch in 2012***。

8. Credit Suisse Group（2013），***2013 Global Outlook***。

9. Deloitte Consulting（2012），***2012-2015 China Mobile Payment Industry Trend and Outlook report by Deloitte***。

10. Deutsche Bank（2013），***World Outlook 2013***。

11. Economist Intelligence Unit（2011），***Serve the people: The new landscape of foreign investment into China***。

12. Economist Intelligence Unit（2012），***Global City Competitiveness Index***。

13. Economist Intelligence Unit（2012），***Global Outlook 2012***。

14. Economist Intelligence Unit（2013），***World Economy：EIU Global Forecast***。

15. European Central Bank（2013），***EU Macro Economic Environment Prediction***。

16. European Commission（2013），***Spring Forecast 2013***。

17. Fitch Ratings（2013），***World economic growth outlook 2013-2014***。

18. Global Insight（2012），***World Overview***。

19. Goldman Sachs（2013），***Economic Outlook***。

20. Hay Group（2013），***The loyalty deficit***。

21. Hudson Highland Group（2013），***Hudson Report：Employment Trends Q1 2013***。

22. IHS Global Insight（2013），***IHS Top 10 Economic Predictions for 2013***。

23. International Monetary Fund（2012），***Global Financial Stability Report***。

24. International Monetary Fund（2013），***Regional Economic Outlook for Asia and Pacific***。

25. International Monetary Fund（2013），***World Economic Outlook 2013***。

26. International Monetary Fund（2013），***Global Financial Stability Report***。

27. Morgan Stanley（2013），***Spring Global Macro Outlook***。

28. Natixis（2012），***Have all the consequences of the rise in producer costs in China been drawn?***

29. Pettis M.（2013），***The Great Rebalancing：Trade, Conflict, and the Perilous Road Ahead for the World Economy：Princeton Univ Pr***。

30. PricewaterhouseCoopers（2013），***CEO Confidence Index***。

31. Scotiabank（2013），***Global Forecast Update***。

32. Standard & Poor's（2013），***S & P Global Half Year Economic Outlook***。

33. The Heritage Foundation and The Wall Street Journal（2012），***2012 Index of Economic Freedom***。

34. The New York Times（2013），***Falling Out of Love With China***。

35. The Organisation for Economic Co-operation and Development（2013），*OECD Economic Outlook*。

36. The United Nations Office on Drugs and Crime（2013），*Transnational Organized Crime in East Asia and the Pacific–A Threat Assessment*。

37. The World Bank（2012），*China 2030: Building a Modern, Harmonious and Creative High-Income Society*。

38. The World Bank（2012），*Doing Business 2013*。

39. The World Bank（2013），*East Asia and Pacific Economic Update*。

40. The World Bank（2013），*Global Economic Prospects 2013*。

41. Times（2013），*China's 'Second Tier' Cities：That's Where the Money Is*。

42. United Bank of Switzerland（2012），*Global Economic Outlook 2012-2013*。

43. United Nations Conference on Trade and Development（2013），*World Investment Report*。

44. United Nations（2013），*World Economic Situation and Prospects 2013*。

45. World Economic Forum（2010），*Global Competitiveness Report 2010-2011*。

46. World Economic Forum（2011），*Financial Development Report*。

47. World Economic Forum（2011），*The Global Enabling Trade Report 2011*。

48. World Economic Forum（2013），*Global Power City Index*。

國家圖書館出版品預行編目資料

大陸新政拓商機：中國大陸地區投資環境與風險調
查. 2013年：台灣區電機電子工業同業公會著. --
初版. -- 臺北市：商周編輯顧問, 2013.08
面；　公分

ISBN 978-986-7877-35-2（平裝）

1.投資環境 2.經濟地理 3.中國

552.2　　　　　　　　　　　102016177

大陸新政拓商機
——2013年中國大陸地區投資環境與風險調查

作　　　者◎台灣區電機電子工業同業公會
理　事　長◎郭台強
副理事長◎歐正明・鄭富雄・翁樸山
秘　書　長◎陳文義
副秘書長◎羅懷家
地　　　址◎台北市內湖區民權東路六段109號6樓
電　　　話◎（02）8792-6666
傳　　　真◎（02）8792-6137
總　編　輯◎王學呈
文字編輯◎阮大宏・田美雲・黃興邦・姚柏舟・羅友燦・林彥文・陳怡君・
　　　　　曲天合・鄭雅綺・段芊卉・詹于瑤
美術編輯◎吳怡嫻
出　　　版◎商周編輯顧問股份有限公司
地　　　址◎台北市中山區民生東路二段141號6樓
電　　　話◎（02）2505-6789
傳　　　真◎（02）2505-6773
劃　　　撥◎台灣區電機電子工業同業公會（帳號：50000105）
總　經　銷◎農學股份有限公司
印　　　刷◎詠富資訊科技有限公司

ISBN　978-986-7877-35-2
出版日期◎2013年8月初版1刷
定　　　價◎600元